中外语言文学学术文库

美学语言学
——语言美和言语美

Aesthetic Linguistics
——The Beautiful: Language & Speech

钱冠连　著

华东师范大学出版社
East China Normal University Press

图书在版编目（CIP）数据

美学语言学：语言美和言语美 / 钱冠连著. —上海：华东师范大学出版社，2017
（中外语言文学学术文库）
ISBN 978-7-5675-6876-1

Ⅰ.①美… Ⅱ.①钱… Ⅲ.①语言美学 Ⅳ.①H0-05

中国版本图书馆CIP数据核字（2017）第218063号

美学语言学——语言美和言语美

著　　者	钱冠连
策划编辑	王　焰
项目编辑	曾　睿
特约审读	汪　燕　汪建华　胡顺芳
责任校对	孙祖安
封面设计	金竹林　英汉文

出版发行	华东师范大学出版社
社　　址	上海市中山北路3663号　邮编 200062
网　　址	www.ecnupress.com.cn
电　　话	021-52713799　行政传真 021-52663760
客服电话	021-52717891　门市（邮购）电话 021-52663760
地　　址	上海市中山北路3663号华东师范大学校内先锋路口
网　　店	http://hdsdcbs.tmall.com

印刷者	上海商务联西印刷有限公司
开　　本	710×1000　16开
印　　张	22
字　　数	384千字
版　　次	2018年1月第1版
印　　次	2018年1月第1次
书　　号	ISBN 978-7-5675-6876-1/H.943
定　　价	66.00元

出版人　王　焰

（如发现本版图书有印订质量问题，请寄回本社客服中心调换或电话021-52717891联系）

《中外语言文学学术文库》
编委会

总 序
GENERAL PREFACE

改革开放以来，国内中外语言文学在学术研究领域取得了很多突破性的成果。特别是近二十年来，国内中外语言文学研究领域出版的学术著作大量涌现，既有对中外语言文学宏观的理论阐释和具体的个案解读，也有对研究现状的深度分析以及对中外语言文学研究的长远展望，代表国家水平、具有学术标杆性的优秀学术精品呈现出百花齐放、百家争鸣的可喜局面。

为打造代表国家水平的优秀出版项目，推动中国学术研究的创新发展，华东师范大学出版社依托中国图书评论学会和南京大学中国社会科学研究评价中心合作开发的"中文学术图书引文索引"（CBKCI）最新项目成果，以中外语言文学学术研究为基础，以引用因子（频次）作为遴选标准，汇聚国内该领域最具影响力的专家学者的专著精品，打造了一套开放型的《中外语言文学学术文库》。

本文库是一套创新性与继承性兼容、权威性与学术性并重的中外语言文学原创高端学术精品丛书。该文库作者队伍以国内中外语言文学学科领域的顶尖学者、权威专家、学术中坚力量为主，所收专著是他们的代表作或代表作的最新增订版，是当前学术研究成果的佳作精华，在专业领域具有学术标杆地位。

本文库首次遴选了语言学卷、文学卷、翻译学卷共二十册。其中，语言学卷包括《新编语篇的衔接与连贯》、《中西对比语言学—历史与哲学思考》、《语言学习与教育》、《教育语言学研究在中国》、《美学语言学—语言美和言语美》和《语言的跨面研究》；文学卷主要包括《西方文学"人"的母题研究》、《西方文学与现代性叙事的展开》、《西方长篇小说结构模式研究》、

《英国小说艺术史》、《弥尔顿的撒旦与英国文学传统》、《法国现当代左翼文学》等；翻译学卷包括《翻译理论与技巧研究》、《翻译批评导论》、《翻译方法论》、《近现代中国翻译思想史》等。

　　本文库收录的这二十册图书，均为四十多年来在中国语言学、文学和翻译学学科领域内知名度高、学术含金量大的原创学术著作。丛书的出版力求在引导学术规范、推动学科建设、提升优秀学术成果的学科影响力等方面为我国人文社会科学研究的规范化以及国内学术图书出版的精品化树立标准，为我国的人文社会科学的繁荣发展、精品学术图书规模的建设做出贡献。同时，我们将积极推动这套学术文库参与中国学术出版"走出去"战略，将代表国家水平的中外语言文学学术原创图书推介到国外，构建对外话语体系，提高国际话语权，在学术研究领域传播具有中国特色、中国高度的语言文学学术思想，提升国内优秀学术成果在国际上的影响力。

《中外语言文学学术文库》编委会

2017年10月

序一
PREFACE

　　钱冠连教授历三年艰辛，酝酿和撰写了《美学语言学》。在这段时间里，为了美学语言学的理论建构，他同我有经常的切磋。现在，钱冠连这本书付梓了，我想为美学语言学的研究说几句话。

　　美学语言学参照美学的方法来研究语言中的问题，或者说，要对语言和语言运用中的美学问题作出理论上的诠释。不言而喻，这既是美学，又是语言学。

　　翻开美学论著，用文学作品来阐释美学的例子比比皆是。这容易给人以误解，以为这也是讨论语言中的美学问题，因为文学作品是用语言文字写成的。其实，多数情况下这是讨论以语言文字为工具所营造的美，正如讨论以画面上的线条、明暗，以音符的高低延续为手段所营造的美一样，而不是讨论语言或言语自身的美。为了研究语言和语言运用中出现的种种审美现象，包括语言美和言语美，就要有专门研究语言审美规律的学科，这就是美学语言学。

　　美学的研究有悠久的历史，现代意义上的语言学研究也有将近一个世纪的历史了，各种边缘学科性质的语言学纷纷创立，为什么美学语言学却姗姗来迟呢？这也许同我们的一个传统观念有关：语言文字纯粹被作为一种工具看待。庄子曾用"筌者得鱼而忘筌"、"蹄者得兔而忘蹄"来反复比喻"得意而忘言"；刘禹锡甚至说"义得而言丧"。也许是人们过于专注作品中的意境美和义理美，因而要"忘言"，甚至要让"言丧"，所以一直以来对语言自身的美学问题没有给予应有的重视。

　　文学评论家和语言学家雅可布逊说过这样一段话："当一个词语被当作词语得到接受之时，而不是作为被命名物的简单替代物或某种情感的迸发，也就是说，当词语及其句式、含义，其外部和内部的诸形式不再是现实世界的冷漠象征，而是具有其自身的分量和独特的价值时，诗性便得到了体现。"雅氏是一位形式主义者，他十分看重语言形式，他这段话讨论的是诗中语言的地位。我们不妨借用雅氏这段话来审视语言自身的美学地位，承认语言也"具有自身的分量和独特的价值"；这样，我们就应该承认有一门独立的学科，对语言中涉及审美的各种现象及其"独特的价值"作出规律性的说明。美学语言学正是要在这方面作一些探讨。

现代语言学注意区分语言和言语；美学语言学既研究语言美，又研究言语美。语言是一种人工客体。人类在建构自己的语言时，把自己的审美观念灌注到这一人工客体中。语言美是人的本质力量对象化到语言中去的一种感性呈现，人类在自己所创造的这一人工客体中直观自身，从中感觉到主客体之间的和谐和融洽，从而产生愉悦感。这正如马克思所说的，人类"懂得处处都把内在的尺度运用于对象"，"按照美的规律来构造"（马克思：《1844年经济学哲学手稿》，1979，中译本），因而使语言具有美的内在规定性。语言美是一种审美潜能，使语言的运用产生美感成为可能。这一潜能的实现，体现在言语运用中美的创造和美的欣赏，这就是言语美。语言可以实现多种功能，产生多种效应。从审美角度来说，语言运用者在一定的交际目的的支配下，形成一定的审美心理结构，并产生相应的心态、行为，发挥自己的能力，调动语言中各种美的潜能，创造出所需要的言语美，达到理想中的审美效果，以便言语交际有利于人们的生存和发展。因此，人类的语言审美活动，是植根于人类生存和发展需要的。美学语言学从历史唯物主义出发，以上述观点作为理论建构的基石，展开语言美和言语美的研究。

言语美首先体现为合目的、合规律的形式——语音的和书面的。任何崇高、睿智的思想，都可以用多种语言形式来表达；平平的语句，不一定能表现出言语美，只有那些具有美学价值的语言形式，才可以将这些崇高、睿智思想中闪光的意境美、义理美映衬得更为夺目。美学语言学不再研究语句中的意境美、义理美，而着重研究这样或那样的语言形式为什么能使崇高、睿智的思想架上语言翅膀，更深入地飞进读者心窝。这就是说，美学语言学要研究言语美"自身的分量和独特的价值"，而不一定依附在内容上。一些语言形式所表达的内容十分普通，有时甚至还可能欠文雅，但仍然能使人得到一种美感，这也是语言运用中的事实，就算脱裙子这看来有点不雅的事，在曹雪芹笔下却表达得富于情趣——憨湘云醉眠芍药裀，呆香菱情解石榴裙。同时，有些言语美感的确又是同意义（内容）联系在一起的。悉尼唐人街的主要街道名为Dixon Street，悉尼的唐人不按"洋人"的名字来译，而别出心裁地译为"德信街"，寓"通德履信"之意，这是（音的）形式与意义俱佳的例子，但抽出意义，光是形式就乏善可陈了。有一种妇科冲洗药，厂家定名为"洁尔阴"，下面是发生在一药房柜台前的对话，使人们深切感受到这一命名的"不美感"：

女顾客：小姐，我要"洁尔阴"。

女售货员：大吉利事！（一边收钱，一边给药）拿回去洁你自己啦！

女售货员的不快，当然同药名的意义有关。美学语言学试图说明上述种种不同的言语行为、交际类型在不同层次上的语言形式的美感和"不美感"的生成机制和有关规律，并且同一定的社会意识和民族观念联系起来，以便求得对语言美和言语美的一般规律及其具体运用的更深刻的认识。

以上说明了钱冠连的《美学语言学》一书结构的三大组成部分：美学语言学的学科独立品格、学科理论框架以及语言美和言语美的一般规律和具体规则。钱冠连的研究，力图做到以马克思主义的哲学思想为指导，充分运用当代美学和语言学研究的成果，对美学语言学中的问题提出自己独创而又合乎实际的见解，以便具有理论深度和实践意义。我能读到的美学语言学的论文不多；至少，据我所知，钱冠连在撰写本书时能直接参考借鉴的美学语言学的论述极少。我希望《美学语言学》能够通过上述三大部分的讨论，为美学语言学的理论建构打下基础，促进美学语言学这一学科的成长。

徐盛桓

于陋斋

序二
PREFACE

　　冠连兄请我为他的《美学语言学》写序，这是个荣誉，也是个难题。这件事我踌躇了许久，深知自己的美学功力不足以肩此重任。但为了友情，更为了一次学习，我还是写了份答卷，但愿它无损原著的精髓和作者的风采。

　　提起美学，我始终认为这是外语学人不可少的一门知识。因此，为了弥补这方面的缺憾，在天命之年拜读了两本美学著作，一本是王朝闻的《美学概论》，另一本是杨安仑的《美学通论》，算是亡羊补牢吧。我当时对美学与文学翻译的关系，有几分兴味，写过一篇《文学翻译中的美学原则》，发表在《翻译通讯》上。拙文发表后，引起学界的关注，自己也感到有一点欣慰，即使我不去继续研究，别人去深入探讨，我也算抛出了一块引玉之砖。我当时曾经萌发过一个念头，如果锲而不舍研究下去，加上个人多年的译事经验，也许可以写出一本翻译美学之类的读物。后来，拜读了在香港执教的我国译学大家刘宓庆先生送给我的他的新作——《翻译美学》，受益匪浅。这就是我与美学的情结。但，不写书不等于与美学断绝往来。我们在生活中常常讨论美与丑的事，我也往往参与其中，或评头品足，或借题发挥。

　　美同每个人都有千丝万缕的联系。离开美，我们的生活就会变得索然平淡。可以毫不夸大地说，世界上没有一门学科像美学那样多姿多彩。美学的触角无孔不入，几乎伸进了所有的学科，无论是自然科学，如数学、物理、化学、生物学、生理学，还是社会科学，如人文科学、技术科学（如建筑科学中有建筑美学、装饰美学）以及人体美学、教育美学、文艺美学，"衣、食、住、行"哪个方面也离不开美学。把美学用于实际无可厚非，但美学最本质的东西不能丢，不能因此贬损美学的真正价值。现在有些人把美学泛化、庸俗化，什么都想贴一个美学标签，是我们不愿看到的。以对美学浅层次的涉及为例，现代女孩子们的美容美发、衣着打扮、追求时尚美，已不是什么新鲜事。崇尚人体美之风滚滚而来，催生出一个多姿多彩、美轮美奂、令人神魂倒错的浮躁世界，使本来并不丑的美女，由于一味追求外在的美，而终身致残，这难道还不该引起对美育的全民关注吗？由此延伸到人们对美学的关注，是自然的事。

图书市场上带"美学"字样的书，举目可见。然而，钱氏《美学语言学》是填补语言学空白的一本力作。读钱氏《美学语言学》和他在另外一些作品中关于美学的论述，可以看出他的美学思想有很深的根基。

写《美学语言学》这样的专著，前无古人，外无洋人。比利时鲁汶大学和布鲁塞尔自由大学两校哲学兼语言学教授Hermann Parret在评论中提到，欧美目前的语言学研究没有与之相当的研究课题。可见，这是一种独立的创造。钱先生在《美学语言学》中运用了数学、物理、化学、天文、生物、艺术、美学以及系统论等学科的基本理论，使美学语言学成为一个独立的、开放的系统，学科之间的借鉴、融合、互补成就了这部创新之作。

钱先生有一篇脍炙学界的文章《人品向学品的正负迁移》（《外语名家论要》，外语教学与研究出版社，1999），这篇文章不仅是言语美的代表作，更是一篇展现钱先生学术风格、特点和理念的陈述。他是一位实践淡泊名利的学者。他认为，淡泊名利会坦然面对两种可能的结局："其一，经过努力达到什么水平就是什么水平，不能作'玉磬击明堂'，也甘愿作'瓦缶奏陋室'。他不因争取不到那个力不能及的辉煌与大器而走向消极甚至觳觫自扰。其二，因为没有负担，纾舒从容，顺其自然，神闲气定，倒能迅速接受真理，他反而成了大器。"钱先生正是遵循这样的理念，使他在短短的十几年就成就了四部学术专著——《美学语言学》、《汉语文化语用学》、《语言全息论》与《语言：人类最后的家园——人类基本生存状态的哲学与语用学研究》。

他认为："生活质朴，性格开洒自如者，出手的文笔可能带上明快流畅的美学风格。即使在所谓纯学术论文中也会自然透露出激情与活气，不板脸孔也可以说出深刻道理，举重若轻，方显出智慧幽默……这是中国学者论文里需要的一种美学风格和气质。"（同上）他这样说了，也这样做了，正所谓"文如其人"。

我们讲，美无处不在，美学也可以处处出场，然而，并非每个人都能在这大千世界中尽享美带来的愉悦和力量，并非每个人都能在这纷繁万物里认识美的规律，掌握和运用美的法则。

美学是一门分支庞多、博大精深的学科，也是一门同人们生产、生活息息相关的学问。历代中外学者，都有精辟的美学著述。我国历史上著名的文论大师刘勰的《文心雕龙》，可以说是人类美学史上的一颗耀眼明珠。而今天可以说，钱冠连先生的《美学语言学》不啻为珠中之一。由此而生的另外一个问题是：中国为何不该争取培养出自己的大家与学派？教育部主管的《中国外语》在创刊词中就提出，要催生中国语言学流派。钱先生的美学思想就是一派，可以参与世界对话。我们要大力提倡创新意识、理论意识和学派意识。钱先生有专文讨论了这个问题。

钱先生追寻最平常、最普通的言语活动现象，探索语言美和言语美的基本规律，见人之不见，言人之未言。仅举一小例即可见钱先生观察言语之细心。在英语中Bye—Bye原有俗语之说，远没有Good—Bye正式。但传入我国之后，流行甚广，老少妇孺皆可脱口而出，迅速取代了汉语中的"再见"。这里正是语言美的规则起了作用。"拜拜"音节响亮便于延长，老远就能让对方听到，而"再见"则是辅音结尾，延长程度和响亮程度，都稍逊于"拜拜"。再从"拜"的字义来看，与传统的拱手作揖之态相合，颇有旧仪之风。钱先生对这一语言现象，如此认同，以客观的态度来探察其流行的原因，是很值得语言学者学习的（据苏新春《广州日报》文）。

钱先生《美学语言学》的问世，向世人宣告了一门新兴语言学科的诞生。这个学科一经提出，就受到国内外学者的重视。自《美学语言学》面世以来，先后就有《光明日报》、《外语教学与研究》的评介，以及比利时鲁汶大学和布鲁塞尔自由大学两校哲学兼语言学教授Hermann Parret的评论，在国际语用学会会刊Pragmatics上发表的国际语用学会中心教授Yan Nuyts的评论。此外，《羊城晚报》、广东电视台岭南台与珠江台、《书摘》与《外国语》等刊物上均有评论，可见《美学语言学》影响之深远。为了让读者更多地了解此书，我在《外语与外语教学》工作时，还特别发表了钱先生的《美学语言学说略》。

《美学语言学》中有许多精辟论断、绝妙之笔随处可见。我这里不是写评论，而只想再复述作者高远的睿见。研究美学语言学应该揭示语言这个小宇宙和自然大宇宙形成和谐统一关系的方式和规律，以及人对语言变异的审美干涉。钱先生对这个命题的讨论并没有结束。他从美学切入研究语言学，等于把观察语言的角度又增加了一个，它可以使我们更逼近语言王国的迷宫。而语言结构的变化在不断地接受审美意识干涉中日臻完善，语言的发展与变化由于人们对语言美和言语美的追求而越发深刻。这个结论应该是符合科学认识论的。

语言结构和层次上的审美选择，照应了生命的和谐状态。钱先生把语言系统和生命系统放在一个大宇宙系统中探讨，指出自然大宇宙的运行有节奏，语言的运行也有节奏；自然宇宙美的表现形式同语言美的表现形式相同：同就同在统一性和多样性、简单性和复杂性、秩序和谐与整一以及对称性。这些形式美特征一一在语言结构和层次上表现出来，在大自然宇宙中也一一得到印证。我要指出，这正是语言全息律在《美学语言学》中的展现。这说明，他在之后写作的《语言全息论》正是《美学语言学》非常逻辑的发展。我以为，钱先生的论述无疑是受了庄子哲学思想的影响。庄子强调运用整体性综合思维方法，运用形象思维方式认识世界和完成审美活动，故有"原天地之美而达万物之理"的宏论。把天地之美贯通到万物之中，可以解开许多疑团，可以创造许多新的奇迹。

以上讲了个人对美学语言学的感悟、钱先生的美学思想和学者风范以及创建美学语言学的哲学追求。

是为序。

张后尘
于北京

自序
PREFACE

　　这本书在鄂西的一个山沟里开始酝酿，在珠江三角洲停笔，历时四年（1988—1992）。着笔之时倒是常有激动，现在息墨却无"释倒悬"之轻松，也不敢轻松。一个东西不成器，还枉费了读者的热情，罪莫大焉。"在历史过程里，事物的发生和发展往往跟我们闹别扭，恶作剧，推翻了我们定下的铁案，涂抹了我们画出的蓝图，给我们的不透风、不漏水的严密理论系统搠上大大小小的窟窿。"（钱钟书："汉译第一首英语诗《人生颂》及有关二三事"，杭州：浙江文艺出版社，1982，第332页）铁案尚可推翻，蓝图尚被涂抹，不透风、不漏水的严密理论系统尚遭搠扎，何况我这散钱未串、引弓不满之作？倒不如放聪明一点，不去强求创理论定系统，只求说出自己的（也许是新的）感受。好比捏泥人，不怕缺少了什么部位，倒是怕捏出来的部位不显神采与灵气。抱定了这个宗旨，写起来就少了许多包袱。若有蹈迹承响，自是功力不够，决非偷懒而陈陈相因。只要人们合上书后说这么一句"还算提出了一个问题"，那我就达到了目的。

　　理论形成的初期甚至在形成相当长一段时间之内，总是与我们所希望的那个外在东西若即若离，甚至根本看不见。我们不应该苛求理论一开始就表现出实用性。在科学史上，早期看不到任何实用迹象的理论，后来都一一地引起了大规模的实际应用。一般地说，成熟的理论，范畴化成功了的理论，总是在等待着实用出现的契机，或者它引导出一种实用的契机。而一些主张实践唯一的人，等不到这种契机出现时，便指责理论无用。

　　规律是哪里来的？规律不是事物自然地向人"报告"的，是人认识出来的（日常用语："规律是人总结出来的"），规律是人为的一套概念。概念只有人才有能力形成，事物本身是不会把内在的东西向你"说"出来的。正因为如此，人主动追求认识对象，是非常重要的。人去主动认识规律的这个倾向，就是理论意识。

理论属性的另一方面，理论本身就具备独立的知识形态。实践的知识是知识，理论的知识也是知识。有一些理论，可能永远也找不到实用的契机，永远也引导不出一种实用的契机。这种看起来永远的空头理论，具有非外在的、不显形的性质，它使人的素质得到根本的提高，从而使人会思考，找到解决所面临的一切问题的办法。可是，许多人都把这种无形的"用"当作无用。使人的素质得到根本的提高、会思考、能解决问题的"用"，在许多人的眼里居然就不算是有用，这不是大大折损了理论的价值了吗？有些人只愿学习对象知识（如果用英语，则可用object knowledge），即具体的学科领域里的内容，而不愿学工具性知识（metaknowledge），即管理知识的知识，给别的知识提供营养的知识。

"理论无用"这样的误解的生成，在于要求从理论中变出一种可见的物质形态来，这就完全抹煞了理论知识本身作为知识的价值。理论能不能以一个和谐的范畴去解释一个对象，能不能本质地（或科学地、逻辑地）认识对象，把握对象，这样的认识价值上的要求，才是对理论的第一要求。一个理论认识使人深刻地认识了对象，从理性上把握了对象，对于理论来说，它就已经够格了。所以我们说，首先要求理论有实用价值或理论唯一的作用是有实用价值，本身是一种偏理。

你对理论的考察，只需要问它本身是否具有知识的价值，能不能以一个和谐的范畴去解释一个对象，能不能本质地（或科学地、逻辑地）认识对象，把握对象，如果是，它就过了关。它们能不能在语言教学上或者别的什么方面派上用场，那不是它们的事，是后续的工作，是另外一个人的工作。我们不能要求任何理论都包打天下。

无"实用"的学说，往往有"虚用"；它虽然无"外在的用"，却有"内在的用"；无"有形的用"，却有"无形之用"，它潜藏着大用。一个追求实用的民族，当然会强大起来，这个民族如果不排斥虚用的理论，必会以深刻的认识能力、深沉的精神力量支持自己目前的强大，争取未来的更强大。

这里，我要特别对翻开这本书的青年读者说几句话。人们常问一本书有无可读性，我捉摸，这意思是问书有无趣味，有无吸引力。我常常觉得奇怪，理论书为什么就一定要闹到许多人（甚至圈内人）看不懂、看不下去的地步。我在写作过程中，常常找我家里的青年读者瞧瞧，他们看了有笑容，我就放心了。我努力收到这一点效果，也许和本书的下面几个特点有关：既然拿日常生活中真实的话语作审美对象，那就应该让会说话（写话）的人都看得懂，看得出名堂，否则，我这理论就不能解决实际问题，要它何用？因此，书上拿来作为论证的例子都是真人嘴里的真话，皆有案可稽，除非原记录者出了差错或弄了虚假，我的立案却是真实的。以往的著作均取材于文学作品中的人物的对话，那是因为研究目的不同。本书以言语美为重要研究对象，理所当然要拿真实的日常话语作研究的原材料，此其一。其二，本书要算美学和语言学的交叉（如果真的交叉成功了的话），它就有一个难处须解决："关于美学的范畴和主要概念，从来就是相当混乱的；有关的哲学用语，也是往往各有各的用法而意义也不一致，这也显然表明美还是没有成为科学的标志。"（蔡仪：《新美学》（改写本）第二卷序）美学尚存这么多麻烦，我拿来用在本书里的东西，就只好拣最基本的、大家容易接受的部分。另外一个难处也得解决，言语美论的框架是前无借鉴的，我解决这个困难的办法是：一切从实际出发。我不想用相邻学科的系统来套本书。读者可以从本书目录里发现这一点：我领悟了实际材料中的什么就写什么，需要立什么名就立什么名。正因为从实际出发，就可能容易读下去。

　　为这本书付出心血和劳动的，有我许多师长和朋友。我要感谢他们。王宗炎、桂诗春、李锡胤、伍铁平几位先生，给初稿的导论部分提了许多具体的意见，没有用心费时地读稿，这些具体意见是提不出来的，可见他们帮助的诚心诚意；我的朋友黄谋燕、汤贤均、李植玛、张国辅几位先生，在美学、文化、语言、音乐、民俗等方面给了我许多指点，提供了许多信息与资料。特别是黄谋燕先生，对我美学问题的求教，每信必复，指导谆谆，鼓励良多。徐盛桓在我写作的整个过程中，从框架到细节，都给了无私的指教，并通读了全书稿，作了校订；我所在单位的两位领导——广东外语外贸大学语言所所长陈楚祥先生和《现代外语》主编张达三先生，始终爱护我、关心我，为我的写作与作品出版创造了必要的条件。在这里，我要对他们一一说声"谢谢"——满含深情的谢谢。

于白云山下冬收斋

目录
CONTENTS

目录
CONTENTS

美学语言学

第一章
导论

第一节
什么是美学语言学

在概述什么是美学语言学之前，先介绍几个会经常用到的术语：言语活动（或言语事件）和言语行为；语言和言语；语言（的）美和言语美。

言语活动指人们运用语言（包括书面语言和口头语言）而进行的活动：言语活动可以是两人或两人以上合作进行的，如交谈、相互问候、交换意见与情况、打听与回答，等等；也可以指单人的活动，如叫卖、发誓、赌咒、讲演等。以上多在口头进行。从书面语言来说，例子有新闻报道、征婚广告、论文书信等。总之，运用语言的活动就叫言语活动（speech event）。一次言语活动的始终称为一次言语事件。言语行为即用语言实现的诸如陈述、提问、警告、宣告、请求、命令、抱怨、许诺、拒绝等行为。过去人们认为言语只是说话，说话又算不得行为，英国哲学家、语言学家奥斯汀（J. Austin）费了一番工夫论证说话本身就是行为，称之为"言语行为"（speech act）。言语行为

1

都是言语活动，但一项言语活动（言语事件）可能包括若干言语行为。

语言和言语。语言是指表情达意的符号系统，而言语（parol）[瑞士语言学家索绪尔（F. de Saussure）用此术语和语言（langue）形成一个二项对立]是指人们口头和书面上实际说出的话。由此可见，语言是总的符号系统，言语是个别人的话语。区分这一对概念对美学语言学至关重要。由语言和言语的区别而到"语言（的）美"和"言语美"的区别是本书从头至尾都要注意的。

语言（的）美与言语美是两个不同的概念。在个体的言语活动和言语行为中，言语片断的美学价值、美学特征的总和，构成了言语美。语言（的）美指语言体系固有的审美属性，是语言体系表现出来的美学价值、美学特征的总和。它是言语美得以表现的基础；言语美则是语言美在具体环境中的体现。也就是说，语言美是一种潜在的美，而言语美却是外在的美。

什么是美学语言学？

美学语言学是研究语言的审美属性、研究日常言语活动和言语行为，既作为交际活动又作为审美活动时的特点和规律的学科。它是美学与语言学的交叉学科。

美学语言学要研究言语里的美，要研究人们创造和欣赏言语美的特点和规律，还要研究言语的丑，但这归根到底是为了研究在一定条件下变丑为美的特点和规律。

美学语言学不只是研究言语形式美，还研究内容美。因此，在这个领域里也碰到了内容美和伦理道德——善的联系与区别的问题。

我们说言语里有美的创造和欣赏的问题，是因为语言本身有审美属性，而言语的美可以从语言学角度加以说明。

美学语言学的最基本的研究对象是日常口头和书面的言语活动以及言语行为——有美学价值的言语使人感到适耳适目、适意适情；还有语言体系及其各种"部件"的建构——它们表现出人们按照美的规律建造语言的种种努力和结果。

美学语言学的任务是阐明整体意义上的人如何按照美的规律来建造语言体系和个别人如何按照美的规律来建造自己的言语。具体地说，它要揭示口头的或书面的言语活动和言语行为如何获得和如何表现出美学价值的普遍规律；揭示人在建构语言体系及各种部件时，顽强表现出来的审美选择意识及所体现出的审美选择的规律；揭示语言作为民族审美观念的载体的方式与规律；最后，它还应该揭示语言这个小宇宙和自然大宇宙形成和谐统一关系的方式和规律，揭示人对语言的审美干涉。

言语的哪些特征才算美，才能引起美感？为了讨论言语美不美，首先要概括出一些言语美的基本品性。本书作者提出可供讨论的言语美的基本品性如下：

（一）说话人在恰当的语境中选择了恰当的话语，即话语的安排既适合社会背景又适合语篇背景（上下语、上下文）。

（二）说话人在语言形式上选择了优美的音韵和适当的节奏，选择了符合形式美法则的言语表达实体。

有关的详细讨论在第二章第三节与第四章第一节中进行，这里仅就最紧要的问题作些交待：上述概括中的"形式美法则"是指"秩序、和谐、整一和对称"等特征。什么是"恰当的话语"？不符合道德规范、人类历史进程的话语算不算"恰当"？这些问题将在第三章讨论。这是言语美基本品性的概括，也可以用来作判断标准、认识标准；但人类现实生活中的言语，实际上是美与负美的结合体。

美学语言学有两个支柱理论，一是言语美的特征和规律（详见第四、五两章），二是语言结构、层次的审美选择（详见第三章）。但语言的美的直接的表层的显现却是言语美。或者说语言的美给人感觉到的必先是言语美。当然语言结构层次上的美的形式与规律也是非常重要的，对于这一部分的论证篇幅很大（第三章），又在论述言语美的特征和规律之先展开，可见本书作者对此之重视。因为语言结构、层次也是人们按美的规律创造、修改而成的结果（就是本书作者所说的审美选择的结果），它们是言语美的基础。

言语美实际上分两个层次表现出来：第一个层次里的言语美，其特点是语言形式美特征突出，即从语言形式上就可以听出（看出）音韵节奏的齐一与变化、对称与均衡、比例与和谐，此时的言语活动本身就是审美对象，这是言语美的首要层次；第二个层次的言语美，其特点是语言形式美特征隐退，即从语言表达实体上看不出（听不出）音韵节奏的齐一与变化、对称与均衡、比例与和谐，但话语被当成了审美媒介，传达出来的是意象，引出的是意象美，但文艺美学管不了它（不是文学作品中人物对话），因为这里的话语是地道的日常生活的真实话语，不能把这样的美推到文艺美学中去研究。将言语美划分出两个层次，是因为语言既可以是语言使用者的审美对象，又可以同时是语言使用者的审美媒介。这样的划分，既较好地使美学语言学与文艺美学分了家，又较好地照顾到日常言语活动中实际上存在着的不同的美。详细讨论请见第二章第五节：第二个层次的言语美及其生成机制。

第二节
美学语言学的酝酿

把语言学和美学两者联系起来进行比较研究，西方学者早有考虑，也有行动。但是，构建一门独立的学科——美学语言学，似乎不曾有过正式的结果。尽管如此，将这两者联系起来考虑，使它们最终结合成《美学语言学》一门独立的学科，无疑是美学和语言学发展的要求，也是言语交际活动的要求。

西方当代的美学研究中，传统的课题已遭冷落，实证的、语言学的、语义学的倾向十分显著，这归根结底还是溯源于索绪尔学说的文艺符号学的创立和发展对美学的进步作出了贡献（Roland Barthes，1884；罗兰·巴特，1987，译者前言：第16、28页）。

西方学者强调情感内容与符号形式是有机的统一体，认为"艺术就是情感的符号"。卡西勒尔认为，"美必然地而且本质上是一种符号。"他们把语言作为一种符号系统来论述美学中的语言问题，提出了某些颇有启发意义的观点，企图建立起一套语言学与美学统一或者干脆就是一回事的理论。意大利哲学家、历史学家和美学家贝·克罗齐（B. Croce，1866 — 1952）就是两者重合论的代表人物。早在1902年出版的*Estetica come scienza dell'espressione e linguistica generale*（《作为表现的科学和一般语言学的美学》）的第一部分"美学原理"中，克罗齐断然宣称："美学与语言学，当着真正的科学来看，并不是两事而是一事。"（克罗齐，1958：159）这个结论，似乎没有多少人响应。

少数的响应者之中有一位叫萨丕尔（E. Sapir，他曾经和沃尔夫一起率先提出著名的"萨丕尔–沃尔夫假说"），他认为他从克罗齐的美学语言学重合论中获益匪浅："当代作家中对人文科学有影响的，能了解语言的基本意义的人极少，克罗齐是其中一个。他指出了语言和艺术的密切关系……语言的形成和历史过程不只本身有意义，而且非常有诊断价值，能帮助我们了解思维心理学上的一些疑难问题和人类精神生活上的那种奇怪的时代趋势；即所谓历史，或进步或进化。"（Edward Sapir，1921）萨丕尔这里谈到了语言有助于解决心理学、人类精神生活上的认识问题，对语言的审美认识无疑具有启发作用和"诊断价值"。他不无赞美地指出："语言是我们所知的最硕大的、最广博的艺术"；"每一种语言本身都是一种集体的表达艺术，其中隐藏着一些审美因素。"（同上书，第10章、11章）。为什么是"集体的表达艺术"？这是一个带有深刻启迪意义的问题。

另外一位响应者叫卡尔·福斯列尔（德国拉丁语族语言学家，1872—1949）。他也把语言看成是精神创造的现象。1904年他在其纲领性著作《语言学中的实证主义和唯心主义》中指出，"由于语言的创造性质，语言应看成是美学因素"，不过，他把语言与艺术混为一谈，因而遭到了《语言学说史》的作者康德拉索夫（Н. А. Кондрашов）的批评。（《语言学说史》，武汉：武汉大学出版社，1985，中译本）

克罗齐本人也没有把文章继续做下去。关于这个问题的讨论，在本书的最后一章还要继续，因为这对本书的立论颇为有益。虽然他的整体的立论我们不敢附和，但他的许多片断论述却放射出智慧的火花，给我们不少启迪。尤其是他在《美学的历史》（克罗齐，1984，中译本）的第十二章中提出的一个观点颇具智慧："被洪堡特开创的语言学概念的根本更新应在更精细的学科即诗学、修辞学和美学那里引起反响，并应在改造它们的过程中统一它们"（重点号为译本原有），虽然他所说的"统一"是指使"语言学和美学的等值性取得完整的形式"，即他反复强调的两者的重合，因而是本书作者不能接受的，但他主张语言学应在美学那里引起反响，却是极有眼光的。本书，从某种程度上来说，便是"语言学在美学那里引起反响"之作。

语言是一个多维世界，语言研究也应该是多元的。语言学的分支学科层出叠现，似乎证明了这一点。纽迈耶（F. J. Newmeyer，1986）对此深有感触，他注意到"语言学天地很宽，各派虽然目标不同，方法各异，并非不能相容。人文学者可以大讲语言创造的美学问题而不讲语言体系，社会语言学派可以大讲语言的社会问题而不研究人脑中的语法模式，生成语法派可以致力摸索结构和规则而不问其他，各自发展，互相补充"。（着重号为引者所加）王宗炎先生对他的这一主张加以肯定，说："这个建议心平气和，视野比较宽。"看来，在对语言进行多维多元的研究这一点上，中外学者观点是一致的。这就给《美学语言学》的出世留下了余地，创造了宽容的气氛。反过来，让语言现象跟其他意识（如审美意识）联系起来，才能格外发挥语言的功能，阐扬语言学的原理。

美学语言学的一个至关重要的问题是语言能否成为审美对象。西方学者对此也有讨论。伊森伯格（A. Isenburg）在《语言的审美功能》（Isenburg，

1973）中提出了一个悖论：（1）如果审美对象纯粹作用于感官，那么语言就不可能是一种审美对象，因为语言不是纯粹作用于感官的；（2）然而审美对象的确是作用于感官的，因为不作用于感官的事物不可能被我们直接感觉和欣赏，而没有被直接感觉和欣赏的东西不会是审美对象；（3）但是，语言也是能够成为审美对象的。能否拨正这个悖论，其意义远远超出问题本身。现在我们将此暂搁，在第二章、第三章里将有详细讨论。

西方最新的解构主义（*deconstruction*）的倡导者德里达，追随尼采之后，也认为要从语言角度，即从形式、修辞、比喻的角度去探讨哲学和美学（见杨同翰《西方文化概论》第442页）。

英国语言学家杰•利奇（Geoffery Leech，1983）在其《语义学》的第四章"语义学与社会"中提到了语言的美学功能。他认为诗歌具有一种独立的美学功能。这种功能可以解释为，"语言的使用是为了语言的成品本身，而不是为了别的其他的目的。"这类美学功能和理性意义的关系至少和情感意义同样密切。但是从语义学的观点来看，重要的是诗歌是语言交际"充分展开"的一种形式：一切可能的交际渠道，各个层次和不同类型的意义都可以不受任何限制地使用。诗人和读者在交际过程中对意义都异常敏感。然后，他接着指出了语言的五种基本要素与语言的五种功能恰好一一对应。这五种功能中就有美学功能，与它对应的语言要素是"语言内容本身"即Message（内容）——Aesthetic Function（美学功能）。其余的要素与功能对应是：话题要素对应信息功能；讲话者（写作者）要素对应表达功能；听者（读者）要素对应指示功能，交际渠道要素对应酬应功能。

显然，利奇所谓的语言的美学功能局限于诗歌中。可是本书在讨论言语活动的审美属性、审美价值（最基本的层次）和语言体系及各种部件的建构的审美选择时，将基本上撇开诗、文学、戏剧等已经成为艺术品的语文成品为例证，只选取日常生活的真实的言语活动为例证，其理由将在本章第三节里交待。

西方对语言学与美学结合起来的零散研究不少，以后各章里将有机会介绍。

我国对这两者结合的研究的兴趣，也不亚于西方。自古以来，有影响的哲学家、文艺理论批评家都曾涉足这个领域，提出了对后人有启发的意见。

汉代哲学家王充在《论衡•自纪篇》里说："口则务在明言，笔则务在露文。高士之文雅，言无不可晓，指无不可睹。……夫文由（犹）语也，或浅露分别，或深迂优雅，孰为辩者？"这里是在讲口语与笔语的关系和对口语与笔语的要求。动嘴说话要明白，提笔作文应通畅。写成的作品要"雅"，进而要求"优雅"。这就明白地指出了语言引起的美感。

后来南朝（梁）的文学理论批评家刘勰在其巨著《文心雕龙》（50篇）的第三十一篇论"情采"中，把语言分为形文、声文、情文三类。不消说，这里包含了语言与美的交融关系。第三十三篇"声律"指出："异音相从谓之和，同声相应谓之韵。"这是对语言形式美的科学抽象，对美学语言学具有重大意义。王力引用了这两句话之后指出："'同声相应谓之韵'这一句话好懂：韵就是韵脚，是在同一位置上同一元音的重复，这就形成声音的回环，产生音乐美。"（王力，1980：457 — 458）"什么是'异音相从谓之和'呢？范文澜先生认为是'指句内双声叠韵及平仄之和谐'（范文澜：559页）。这是对的。"（王力，1980：458）第三十五篇"丽辞"指出："故丽辞之体，凡有四对：言对为易，事对为难，反对为优，正对为劣。言对者，对比空辞者也；事对者，并举人验者也；反对者，理殊趣合者也；正对者，事异义同者也。"王力先生对此解释道："拿今天的话来说，言对就是不用典故，事对就是用典故，反对就是反义词或意义不相同的词相对，正对就是同义词或意义相近的词相对。"王力并说这是"著名的对偶原则"（王力，1980：456）。刘勰似乎为语言形式美定下了两种基调，一是对偶，二是声律。这是了不起的贡献，使我们今天对探求言语美的基本品性也好，探求言语活动的美化策略（言语求美律）也好，有了一个基本线索。（详见本书第五章）因为言语美是《美学语言学》的支柱之一（支柱之二是语言结构和层次上的审美选择，详见本书第三章），《文心雕龙》第三十三篇讲声律，第三十五篇讲丽辞。所谓丽辞，就是对偶。"古典文论中谈到的语言形式美主要是两件事：第一是对偶，第二是声律。"（王力，1980：456）"总起来说，古典文论中谈到的语言形式美，不管是在对偶方面，或者是在声律方面，都是从多样中求整齐，从不同中求协调，让矛盾统一，形成了和谐的形式美。"（王力，1980：460）我们在本章还要谈到形式美的法则，就会发现刘勰《文心雕龙》讲的语言形式美和现代科学、现代美学里所谈到的形式美多么合拍，多么一致！

近代和现代，国内语言学界对语言的审美价值论及颇多。这种论及多是片断的，尚无克罗齐那样的鸿篇巨著专门论述美学与语言学的关系；这种论及多是附带的，论诗时谈及诗的音韵美，在论翻译时谈及信达雅，就把"雅"归入审美层，有的直接提出翻译的几个"等值"几个"美"；在论文学时谈及运用语言的美，在论语音、论词汇、论结构时，也谈及它们的美学意义。

有件事却值得我们特别一提。我国一代美学大师朱光潜先生，在抗日战争后期写了一篇很有意义的文章："散文的声音节奏"（朱光潜，1988：219—225）。说它有意义，是因为美学家出面谈论了一个一般语言的美学问题。所谓"一般语言"，是指纯文学语言之外的语言，也指非文学性作品的语言。

"段落的起伏开合，句的长短，字的平仄，文的骈散，都与声音有关。"（1）

"说话时，情感表现于文字意义的少，表现于语言腔调的多。"（2）

"读有读的道理，就是从字句中抓住声音节奏，从声音节奏中抓住作者的情趣、气势或神韵。"（3）

"我读音调铿锵、节奏流畅的文章，周身筋肉仿佛做同样有节奏的运动；紧张，或是舒缓，都产生出极愉快的感觉，如果音调节奏上有毛病，我的周身筋肉都感觉局促不安，好像听厨子刮锅似的。我自己在作文时，如果碰上兴会，筋肉方面也仿佛在奏乐，在跑马，在荡舟，想停也停不住。如果意兴不佳，思路枯涩，这种内在的筋肉节奏就不存在，尽管费力写，写出来的文章总是吱咯吱咯的，像没有调好的弦子。我因此深信节奏对于文章是第一件要事。"（4）

"语体文必须念着顺口，像谈话一样，可以在长短、轻重、缓急上面显出情感思想的变化和生长。"（5）

"你须把话说得干净些，响亮些，有时要斩截些，有时要委婉些。"（6）

以上这些论述给了我们什么启发呢？

第一，必须讲究语言外形式的美，请回头体会第（1）、（2）、（3）、（5）和（6）段。

第二，语言外形式的美不是无缘无故的，是和人的生理、心理相关的，从而论证了语言外形式的美是有客观根据的。请再体会第（4）段，它指出了"美听"（与颜色、线条、形状的"美观"相对）的客观依据。

第三，不要以为只有诗、文学作品才有言语美的问题，而一般语文和说话行为（言语行为）里没有美学问题可言。对此，朱先生特别提醒道："一般人谈话写文章（尤其是写语体文），都咕咕喽喽地滚将下去，管他什么声音节奏！"（同书）而他的文章是主张平常说话写文章是应该讲究声音节奏的。我们以为这一点，意义尤其深刻。它实际上拓展了审美对象：由文学语言伸展到了非文学语言。

最后作者想要指出的是，这六段文字，尤其是第（1）、（3）、（4）、

（5）和（6）段，告诉了我们怎样创造和欣赏言语美的一些基本方法和原理。而这一点正是语言美学作为一个独立学科所要解决的根本课题之一。

对语言中的审美因素（请比较萨丕尔所言"每一种语言本身……隐藏着一些审美因素"）有明确的注意与阐述的，是王力。他在研究《文心雕龙》的基础上，指出存在着语言形式美；并且指出语言形式美（古典文论中提到的）主要是两件事——对偶与声律；在此基础上作了理论阐扬——"语言形式美……是从多样中求整齐，从不同中求协调，让矛盾统一，形成了和谐的形式美。"（王力，1980：460）尤其是提出如下命题："这些美都是音乐所具备的，所以语言的形式美也可以说是语言的音乐美。"（着重号为引者所加）这是个重要的命题。窃以为，语言中"隐藏"着审美因素，在很大程度上与语言的音乐性质有关（详见本书第三章第七节，第四章第三节）。

终于在最近几个年头，在中国，出现了将语言学和美学结合研究的呼吁，美学语言学单独作为一个学科的研究才初见端倪。

中外学者，我们的前人与同辈，不同程度地涉及了语言的审美价值问题。他们的各种努力与探索，或在宏观或在微观上，都具有推动这门学科最终形成的战略或战术价值。他们的考察与置疑，无论从哪一个角度，都是这门新学科成熟所必经的步骤。当这种孕育越来越成熟，条件越来越具备时，美学语言学就会有瓜熟蒂落的那一天。

第三节
美学与语言学结合的生长点

美学是研究人和现实之间的审美关系的科学。简言之，美学主要是研究审美规律。它不仅仅研究美，主要还是研究审美活动的规律及对美的创造和欣赏的规律。审美活动是人的实践活动之一。

语言是人类社会的最重要的社会现象。从多种角度去观察，就会得到有关语言的多种认识。从交际功能角度看，语言是交际工具；从思维功能角度看，语言是一种特殊的心理行为；从信息功能角度看，语言是诉诸听觉的符号系统。

要是从美学角度看，语言还是审美对象。

那么，语言里面有没有客观存在着的美呢？迄今为止，人们研究语言最多的方面还是它的功能：交际的、思维的、信息的，表情的、美学的——诗歌的功能，就是说，语言令人类感到须臾不可离的东西还是上述功能。这当然是对的。可是这太平常、太司空见惯的用途往往掩盖了另外的价值。伍铁平教授在回答"世界上哪种语言最美？"的问题时指出："根本不存在哪种语言最美的问题"，但他肯定了"任何语言（指索绪尔所说的语言，即由语音、语法、词汇组成的交际系统）都能最好地为本民族的交际服务，都有其优美的特点"（伍铁平，1983）。这就是说，语言之于人，不仅有用，还在于它有美的吸引力。雕花茶壶能作茶具——实用价值，也能供欣赏——审美价值。不要忘了，人们对任何工具都有两个层次的要求：实用的和审美的。正是这两个层次的要求（伟大的"癖好"）共同创造了一个色彩万千的语言体系（语言"小宇宙"）。

总的来说，语言学和美学结合的生长点问题有两个关键。一是语言是否有审美属性？其二，语言的审美属性能否从语言学角度予以说明？

语言是否有审美属性，决定了它能否成为审美对象。前面提到伊森伯格的悖论：语言不可能成为审美对象；语言也是能够成为审美对象的，（详见第一章第二节）只能表明当时对语言机制的不甚了了。现在，语言的秘密也非全被透彻了解。人类语言是一种比自然现象复杂得多的微妙现象。用是否"纯粹作用于感官"这一点来判定语言是否可以作为审美对象，显然是把主要问题弄丢了。作为语言的艺术品如诗、戏剧、小说是审美对象已被大家证实。一般的言语活动和言语行为能够成为审美对象尚未被人普遍认可，本书就在为此努力。问题不在它们是否"纯粹作用于感官"，而在事物本身作用于人的感官之前是否具有美的属性。自然界美的事物（如山、水等）和人造的美的事物（如图画、雕像等）不仅能作用于人的感官，尤其本身就具有产生美感的性质。语言的存在离不了人，这是一方面。但它一旦由人说出，就产生了具体可感的状态——语音的流动，作用于旁人和自己的听觉，这是其二。尤其是三：它可以使人产生美感，即使人感到适耳舒心、适情适意、适志适神。这就是说，语言有引起美感的物质属性（即"审美属性"）。有些话语并不能引起美感，反而引起丑感，这并不妨碍言语活动可以成为审美对象，这和失败的图画和雕刻并未影响成功的图画和雕刻成为审美对象是同一道理。这里要强调两点：第一是有具体可感的状态（线、形、色、音）组成了美的形象；第二是具备引起美感的物质属性。说言语可以成为审美对象，正是根据这两条（详见第二章）。

言语活动和行为能具备审美属性，是因为语言系统是个类生命结构（详见第二章第四节）。语言的审美选择是生命的表现。

那么，语言的审美属性能否从语言学角度予以说明？回答也是肯定的。也只有从语言学的角度阐明它才能与文艺美学划清界线（当然也有联系）。本书的"言语活动的美"（第四章）、"语言结构和层次上的审美选择"（第三章）、"言语求美律"（第五章）和"民族的审美观念与语言"（第六章）就是谨守语言学角度的努力。

第四节
美学语言学的研究对象与任务

1. 美学语言学的研究对象

美学语言学的研究对象是确定的：一是具有审美价值的言语活动与言语行为，二是表现出审美选择过程的语言结构和层次，三是语言与民族审美价值观念之间的关系。

让我们先看看研究对象之一的具体的言语活动。言语活动大致上有如下项目（参见Verschueren，1987）：

恶意使用：敲诈、吹牛、撒谎、歪曲渲染、淫秽话语、假称冒认……

销售广告：沿街叫卖、文字广告、电视广告、图配文广告、摊贩叫卖、上门推销（软销售）……

辩论争执：政治辩论、诡辩、解释、证实、道德之争、驳斥、鉴定发言……

计数计算：数数、计算……

求爱求婚：调情话、求婚……

描写描述：地点描述（例：居住介绍、路线介绍）、人物介绍（例：自我陈述）、报告（例：新闻报道）……

评　　价：责怪、评论、埋怨、赞扬……

感叹喧嚣：强烈感叹（例：赌咒、发誓、大骂）、哭叫着回答……

幽默言语：玩笑、学舌、逗乐嘲讽、幽默话……

教　　练：职业教练（工作教练）……

言语游戏：双关语、猜谜……

工具性语言（metalanguage）交际：报道言语（例：间接引语、自由间接引语、引用）、重复说（例：重复、总括、用别的方式再说

　　　　　　——转述、浓缩、简括）、翻译（例：口译、机器翻译）……

劝　　说：促膝谈心、激烈的劝说……

宣　　传：政治宣传、民事宣传……

典礼仪式：教堂活动（例：做礼拜、洗礼、西方婚礼）、庙宇活动（例：做佛事、念经）、婚礼、治疗套话、挑战应战、开业（工）典礼、奠基仪式、惩办仪式……

自言自语：

粗鲁言语：相骂吵架、骂街……

带艺术的说话：用唱歌的调子说话、讲故事……

夸　　张：（非恶意滥用）

自　　夸：

讲价还价：

公开表白：

……

　　如上述的言语活动作为客观对象和人们对它所产生的审美感知，就组成了一对主体与客体的审美关系。

　　这里，特别要指出的是，诗、小说（尤其是长篇名著）、戏剧（包括电影）中的对话和叙述语不宜作研究的主要语料，虽然它们是公认的审美对象。这一部分言语活动作为文字成品流传于世，已是公认的艺术品，毫无疑义的审美对象，也是人们进行审美再创造的刺激物，已经纳入古今中外诗论或文艺学、文艺美学、艺术美论的讨论范围之内。本书一般情况下不拿它们作为研究对象，并不是否认它们的审美价值。恰恰相反，是在充分承认它们的审美价值的前提下，作者作了技术性的安排：干脆把这部分不提，免去与文艺美学或诗论重复的累赘。若拿它们作本书的语料，一则抢走了诗论和文艺美学的课题，二则不利于美学语言学独立体系的建立。为了获得有效的说服力，只有在人们容易忽略其审美价值的对象（日常言语活动）身上发现美，发现审美价值，美学语言学才能获得无可否认的存在价值。还有，口语是语言本身的一个最基本的方面，又是传统语言学忽略了的一个方面，后者只重考证文献、推寻故训。本书如果也重文轻言，读者势必仍然怀疑日常口语到底是不是审美对象。所以，坚持拿现实或历史上的真实言语活动或语篇作语料成为本书的显著特点。这样做，还有如下的考虑：文学作品中的语言与日常生活中的语言是有很大区别的。前者经过了写作人的反复锤炼，着意用美的尺度与规律去生成话语，后者却是脱口而出的即时生成，文化修养与审美情趣（理想、要求）是在一刹那间综合冲脱而出，这就增加了表现美的难度。如果在这些真实的日常言语活动中发现了美，岂不更令人信服地证实了：在不能反复锤炼，只能脱口而出的条件下，也能按照美的规律建造言语活动吗？

这样看来，文艺美学对文学语言的研究是以研究意象世界中的人与现实之间的审美关系为出发点，而美学语言学研究日常言语活动则是更多地关心语言的审美形式和审美内容的统一与和谐。两者都被研究，但两者所得的结果与落脚点却不同：文学语言被文艺美学研究，日常的言语活动被美学语言学研究，前者得的结果用来说明意象世界中人和现实的关系（当然也映射现实世界中的人和现实的关系），后者所得结果用来说明语言美的形式和美的内容的结合。

美学语言学研究的第二个对象是表现出审美选择过程的语言结构和层次。

作者认为，语言使用的过程就是两个选择的过程。一个，发话人为了使话语（一方）与话语目的和环境（另一方）相互适应而作的选择，其根本目的是让自己能生存下去并生存得好，所以可称为适应选择，是语用学研究的重大课题。另一个，发话人为了让话语接受人得到能引起美感的语言实体而作的选择，叫语言的审美选择，是美学语言学研究的重大课题。适应选择和审美选择的主体都是发话人。语言的实用价值在适应选择里体现，语言的审美价值在审美选择里体现。

我们听到的每一句话，看到的每一个语篇，都是说话人或写话人为了让听话人或阅读人获得信息——实用效果和审美效果而反复筛选的产物。

那么，他们在语言结构的哪些环节上筛选？表现出审美选择（适应选择是语用学的课题，我们在此不管）的相应的语言结构和层次有哪些？

审美选择可以在语言结构的任何一个点上实现与展开。本书第三章所提供的这些结构和层次是：符号——渠道——语言变体——言语风格——交际类型——言语行为——语音——用词——句法——语篇。

美学语言学的第三个研究对象：语言和民族的审美观念之间的关系。

在这个题目之下，我们大致上要研究：（一）语言与民族审美观念各自在文化层次中的位置；（二）集团语言活动中的民族审美意识；（三）民族审美观念对句段的影响；（四）民族审美观念对词语的渗透。

2. 美学语言学的任务

美学语言学的任务，就其总体而言，是弄清整体意义上的人如何按照美的规律来建造语言体系和个别人如何按照美的规律来建造自己的言语。

"动物只是按照它所属的那个种的尺度和需要来建造，而人懂得按照任何一个种的尺度来进行生产，并且懂得处处都把内在的尺度运用于对象；因此，人也按照美的规律来构造。"（马克思，1979，中译本）所谓"尺度"，即规律、标准。"任何一个种的尺度"和"内在的尺度"并不等同于美的尺度。问题是上述两个尺度都应区分为"实用尺度"和"美的尺度"。那么，"人的需要尺度，包括实用和美观两方面的尺度。所以，人不仅按照实用的规律，而且也按照美的规律来塑造物体。符合实用尺度生产的产品就实用，符合美的尺度生产的产品就美（当然是指能成功实现预定计划的实用和美的尺度的生产）"（王世德，1987：59）

自然地，人的最方便、最实用、最得心应手、彻底地属于个人所有的工具——语言，也是按实用尺度和美的尺度来创造的。首先让它实用，其次让它"美听"。

作者的这个信念是建立在如下的认识基础之上：（1）劳动使人的本质力量对象化并使自然成为"人化的自然"（马克思，1965，中译本）；（2）人在对象世界中"直观自身"（马克思，1965，中译本）。于是，人类能够在语言体系的创造和言语活动中打下自己意志的印记，也能在语言结构和言语活动中"直观自身"。找出这样的印记，找出"人按照美的规律来构造"语言体系（详见第四章）与言语活动（详见第五章）和言语行为的规律，这就是美学语言学的任务。

第五节
美学语言学的研究方法

根据不同的研究对象采用不同的方法。美学语言学能用得着的研究方法大致上有"假说——形成——验证"法、归纳法、对比法、文化投影法等等。

1. "假说——形成——验证"

这种方法有以下几个特征：①假说是以事实和科学知识为根据的；②假说具有推测的性质；③假说是人的认识接近客观真理的方法。

本书将本着下面四点精神展开论述：①以事实作根据，但不能等待事实材料全面系统地积累起来以后才作假说。②必须运用已有的科学知识，但又不能被传统观念所束缚。本书将本着这个精神对现有的理论提出某些不同的看法与读者共同商讨。③假说不仅要圆满地解释已有的事实，而且还要包含有可能在实践中检验的新结论。作者将抱着坦诚的态度以某些新的结论向学者们请教。④假说的结构必须简明。

（1）一个假定：语言和一切言语活动总是倾向于既有实用价值又有审美价值。

这个假定的演绎过程如下：

所有的人的产品和工具总是倾向于既有实用价值又有审美价值，语言和一切言语活动都是人的产品和工具，所以，一切言语活动总是倾向于既有实用价值又有审美价值。

对这个假定的简要说明：

小前提中的"产品"，是指语言创造品，虽然没有一般产品那样可以进入流通领域等属性，却在使用价值上和产品一样，且是人类创造的产物。小前提中的"工具"一说，是大家都已认可的。所谓一切言语活动总是倾向于既有实用价值又有审美价值，是指言语活动除了交际、思维和信息功能等以外，还有供人欣赏的美的形式和美的品质。而且，言语活动的美的形式和美的内容不可分割。

（2）这个假定所据的科学原理

科学原理①：劳动使人的本质力量对象化并使自然成为"人化的自然"；人在对象世界中"直观自身"；"人按照美的规律来构造"（马克思，1979，中译本）。

科学原理②："人只须要了解自己的本身，使自己成为衡量一切生活关系的尺度，按照自己的本质去估计这些关系，真正按照人的方式，根据自己本性的需要去安排世界"（恩格斯，1965，中译本：1卷：655）"劳动者不仅造成自然物的一种形态的改变，同时还在自然物中实现了他所意识到的目的。这个目的就给他的动作的方式和方法规定了法则（马克思，1965，中译本：23卷：202，着重号为引者所加）。

（3）对这个假定进行验证的美学根据

本书所采用的验证方法是用在大宇宙（大自然）中普遍存在着的形式美、美的法则、美的概念去检验作为审美对象的言语活动，看看在这些言语活动中也是否存在着形式美、美的法则、美的概念的显现，如果有这样的显现，不仅这个假定得以证实，而且"自然大宇宙与语言小宇宙是统一、和谐的"这一命题也得以证实。

作为验证剂的形式美的法则和科学美学的一些基本概念有哪些呢？为了不使这个问题过于繁琐，我们不将形式美的法则（规律、内涵，如下列第五点、第六点）和科学美学的基本概念（如下列其余各点）分开来叙述，而是综合在一起交待如下：

第一，统一美

辩证唯物主义认为，世界的统一性在于它的物质性。科学美学认为，宇宙的统一性就表现为宇宙统一的美。因此，凡是能够揭示宇宙统一美的理论，就被看作是美的科学理论。

第二，多样性的美

多样性是与统一性同时存在的一个科学美学概念。自然界的美是各式各样的，这丰富多彩的大千世界就是多样性的美。科学美学的审美理想就是从多样性中寻求统一性，从统一性中演绎出多样性，才能对千姿百态的宇宙美作出科学美学的解释。

第三，简单性的美

宇宙是按照最优化系统的进化路线发展起来的。宇宙的进化与环境之间最佳的匹配，就构成了一种简单性的美。宇宙美是按最简单的原则构造出来的。这是简单性的美的第一种理解。第二种理解认为，人们对宇宙美的认识是按照最简单的原则进行的。第三种理解认为，自然科学在对自然现象进行描述与抽象时，应当遵循奥卡姆剃刀的原则[1]。就是说，要求理论的假设性前提尽量地少，可是得到的演绎结论却要尽量地多。第四种理解认为，应当费力最少收获最大。这就是说，最适合学习的知识是体系化、条理化的知识系统。思维经济原则由此演化而得。简单性的美对于科学理论具有重要意义。

第四，复杂性的美

客观世界的美本身并不是简单的，而是以复杂的形态存在于自然界中的。简单性的美学要求，并不是抛弃自然界复杂的美的现象而只选取简单的美的现象。随着美的自然现象进化阶梯的上升，宇宙的美不是越来越简单，而是越来越复杂。自然界美的现象，也并不是越简单就越美。简单性的美是对于科学理

---

1 Occam's Razor：W. Occam (1290 — 1350)，英国唯名主义哲学家。他推行一种经济原则或节俭原则：任何科学的解释都不应含有任何多余的成分。

论而言的，而复杂性的美则是对于自然界美的现象而言的。

第五，秩序、和谐与整一：形式美的内涵

秩序就其原意而言，是事物在空间或时间上排列的先后。这也可转意作为层次、等第的理解。在科学美学中，秩序又可作为规律来解释。

和谐就其原意而言，是配合适当、匀称的意思。在科学美学中，它可以有合调、匹配、等当、协调、合度等意思。在早期的科学思想中，把和谐作为科学美学的一个基本概念提了出来。实际上自然界既和谐又不和谐。从宇宙整体来说，熵（参见第二章第四节：言语美的生成机制增加就是一种最大的不和谐。可是负熵流的存在，又使这个局部有限的世界显得十分和谐。

整一就其原意而言，是整齐划一的意思。在科学美学中，它还有规则、完整、无一例外等意思。它与秩序有点相近，也含有秩序、条理、不凌乱等意思。可是从科学美学的角度看，这个概念更强调的是有规划，无缺憾等方面。整一与缺陷是对立的统一，从整一中出现缺陷，然后又走向整一，这是科学理论由低级到高级发展的必然途径。

音乐美（与语言的外形式息息相关）就是秩序、和谐与整一的完美体现。

第六，对称性的美

对称性的美并不局限于客观事物外形的对称。音乐、数学方程式、阴阳学说和八卦学说（如果摒弃夹杂其中的封建迷信和神秘传说的话）……都蕴涵着奇妙的对称性的美。很多科学家就是因为坚信宇宙美具有对称性这一特点，而终于作出了划时代的科学发现。

第七，演绎美与归纳美：逻辑美

演绎法与科学美学简单性的原则是完全符合的。能够从最简单的假设前提出发，得到某种结论的方法就是演绎法。这也就是简单性的美。

归纳美在经验自然科学中，为很多实验科学家所钟爱。归纳法在把美的自然现象抽象上升为美的科学理论的过程中，显示了很大的作用。

归纳美与演绎美在科学美学中的作用，也是对立统一的关系。对于绝大多数的科学理论来说，它既有演绎之美，又有归纳之美。从这两个基本概念，进一步可发展出逻辑美这一基本概念。对于科学理论的审美价值来说，逻辑美是非常重要的一条标准。一件完美的科学艺术品，在逻辑美方面也应当是无懈可击的。

第八，数学美

毕达哥拉斯提出"整个世界就是一个数，就是数的和谐"的命题以后，数学美一直是科学美学研究的一个重要课题。随着数学向其他各门学科的转移渗透，数学美也得到了越来越多的其他科学家的推崇。

数学美的具体特征包括精确性、严密性、简单性、唯一性、完备性、对称性、统一性等等。

与语言有血肉关系的音乐美，其基本原则是数量原则：音乐节奏的和谐是由高低、长短、轻重各种不同的音调，按着一定数量上的比例所组成的。（有人甚至认为，音乐同数学一样，是解开宇宙之谜的第二把钥匙）

第九，形式美和内容美

自然美的外观表现，可以看作是自然界美的事物的形式美；而自然美的内在规律，则可以看作是自然界美的事物的内容美。自然界的内容美可以通过多种形式来表述，数学语言、符号语言、数字语言、形象语言、图表语言、计算机语言等，都可以成为自然规律的表述形式。在众多的形式中，寻找最适合表现这种规律的语言，就是对科学理论（包括语言美学在内的理论）形式美的追求。形式美与内容美是对立与统一的关系，语言的形式美与内容美是不可分割的。

上述九条在科学美学中普遍存在着的美的概念、美的法则、规律、内涵（徐纪敏，1987：序论第七节）不是绝对的，也在发展之中，只是目前能被多数人接受，有争议的项目不列在内。

上述各条能否在语言体系内得到验证呢？语言小宇宙与自然大宇宙应该有和谐统一的结构与系统。自然现象与社会现象（比如语言）有许多相通的地方。全书将提供这两者相通的证据。条件成熟之后，我们再讨论"自然大宇宙与语言小宇宙形成了统一与和谐的关系"这个命题（请参见本书第七章第一节）。

现在我们用这九条来验证本书的假定——一切言语活动总是倾向于既有实用价值又有审美价值——本书赖以立论的基本理论之一。

（4）对这个假定进行验证的两个例子

为了说明"假设——验证"的研究方法，且举两例。假定是：一切言语活动总是倾向于既有实用价值又有审美价值。

验证例一：

电视广告画面：一袋袋活力牌洗衣粉。配文字，"活力28，沙市日化"。广播员声音，"Huólì èrbā, Shāshì rìhuà"。

它的实用价值是明显的：推销货物。

现对它的审美价值验证如下：

第一，两个落尾字押韵：[bā]与[huà]，能延长拖音，又押韵，因此美听，是为音韵美。

第二，八个字音，刚好是四个词，前半句两个词，后半句两个词，节奏平稳、对称，表现了节奏的对称性的美。

所以，验证结果是：这条广告老幼妇孺皆可朗朗上口，既有提供信息、推销商品的实用价值，又有音韵悦耳、节奏和谐的审美价值。

验证例二：

万人集体言语行为。20世纪80年代前期与中期，中国女排迅速崛起，有一次与外国某一强队相遇，形势于己不利，但郎平在关键时刻毫不手软，频频扣杀得手，使中国女排转败为胜。在此种情景（语境）下，体育馆三万多观众情不自禁，有节奏地齐声高呼（且反复多次）：

1/4 ‖ X │ X │ X X │ X ： ‖

　　郎 │ 平 │ 打 得 │ 好

（好似京剧西皮流水记谱法，黑点为强拍，即"板"。本应该是有板无眼（"眼"即弱拍，即"得"字不带点），但此处言语事实出现了"打得"合占一拍，出现了一小节之内的有板有眼。

齐声高呼同时击掌，形成一板一击掌。全句五个字四次掌声（因为"得"字变为弱拍空了掌）。全场气氛异常活跃，女排斗志高昂，加上与这样的口号齐呼配合得极为和谐巧妙，不仅现场观众"心驰"，荧屏下的妇孺老少也"神往"。

那么，第三节中"得"字能不能独占一拍，也变成强拍呢？若大家这样呼；

1/4 ‖:X │ X │ X │ X │ X ： ‖

　　郎 │ 平 │ 打 │ 得 │ 好

那么，第一个后果是拉慢了节奏，与中国观众急切求胜心情不合拍。第二，"得"字独占一拍，虚词得到了强调，减弱了后面实词"好"的分量，减弱了"好"字的韵味。而此时必须突出"好"字，才与当时的言语行为的目的——赞扬郎平，要求女排一鼓作气拿下最后一局——合拍。

有趣的是，观众并非来自一个单位，这就排除了事前统一口径的可能性。也就是说，这个节奏是当时三万多名观众共同的审美选择。这个选择的一致程度令人赞叹。

对这个万众齐呼的口号验证的结果说明，这次集体言语行为（伴随的击掌也应算上）既有实用价值——赞扬郎平，要求女排打胜，又有审美价值——场内场外观众心驰神往，是为美的享受。

2. 美学语言学的对比法、文化投影法研究举例

用对比法、文化投影法来研究语言与民族审美观念的关系是很适当的。

汉语有这样一组涉及龙的成语、词语：龙飞凤舞、龙凤呈祥、龙袍、龙颜、龙腾虎跃、望子成龙……

英语里涉及dragon（龙）的成语：the blind dragon（Кунин，1956: 307）解释为：旧时上流社会家庭雇用来监督少女生活行动的中年妇女，严厉的人，青年男女初谈爱情时的陪客，the old dragon解释为"老敌手，老对头"（见同一书），但据《英汉成语辞典》（商务印书馆）解释为"恶魔、魔王"。

俄语里对дракон的解释：刘泽荣大辞典该词第二个义项（转意）：残酷的人。С. Ожегов词典解释：1. Сказочное чудовище в виде крылатого огнедышащего змея（神话里长翅吐火的蛇，似大怪物）。

表层现象是：汉语里对"龙"的概念的引申沿着吉祥、权力和力量的方向取象征意义，英语和俄语沿着凶恶、恐怖的方向取象征意义。但通过文化投影法，探知其深层意义是：中国人的审美价值观念里头，龙是值得敬、值得拜、值得赞美的。中国人自喻为"龙的传人"。这是中国汉民族的文化认同，于是词语中对这种审美观有了观照和反映。英、俄却没有这种文化传统，当然也没有产生这样的审美价值观念。这就是文化投影的不同。通过三种语言的比较才能看出不同的文化投影，所以对比法也参加了研究。

第六节
言语美是全息的正负美

对于本书来说，最困难的任务莫过于指出各种言语活动之美时还要同时克服一个习惯障碍和解决一个新出现的问题。

习惯障碍是，我们只习惯于承认诗、文学中的语言是美的，于是很难承认一般言语活动可以作审美对象。

新出现的问题是，言语活动中存在着大量不美甚至丑的东西，这些东西怎么能叫人去欣赏呢？

我们的看法是：习惯可以改变，言语活动中丑的东西也是美学语言学研究的对象。关于这点，我们明确地表述为：美学语言学，研究语言里的正负美。我们分两方面较为详细地讨论。

第一，语言一旦具体到每个人头上总是表现为言语行为和言语活动，而且人总是不忘赋予它们双重的价值：实用的与审美的。我们在第一章第四节里用两例（电视广告"活力28，沙市日化"和万人击掌齐呼"‖郎｜平｜打得｜好‖"）验证过这一假定：一切言语活动总是倾向于既有实用价值又有审美价值的。

言语活动中的人总是自觉或下意识地根据自己的审美水平把自己的情趣和个性投入话语之中。天天说，时时听，却难说难听；天天写，时时读，却难为了自己也别扭了别人，这能够想象吗？如果语言成了这个样子，就不会是很有用的东西了，就会被人抛弃。语言的生命力（伴随着人一代代传下来）在于使用价值和审美价值相得益彰，不可分割。就是说，它传递了信息，表示了行为，还能让听（读）的人适耳适意，赏心怡情。

单个人的言语活动，起因于实用（交际、传达、思维等），要把自己所感所知说给旁人知道；但它超过实用，要找好话说，要把话说好，使旁人在话的内容上和形式上同时得到愉快——这就是所谓"拣好听的说"这一美化言语的最一般的策略（详见第四章第二节）。这一策略表明，人要追求意义，顾及功利，对"不宜说"话题进行心理补救，也表现自己美的风度和气质。有话都可说得出，而且说得好，这就需要说话人（写话人）头脑里有两把尺子——实用尺度和审美尺度。是不是有这两把尺子，并不取决于这人是否有丰富的语言知识和美学知识，倒是更多地取决于个人的生活经历、人生态度、性格修养、文化水平和生成话语的能力。这样才能解释上至总理官员、教授学者，下至厨娘门卫、平民百姓中都有能说会道、巧言善辩之人的原因。

这里权举三例。

人人大酒楼（北京某个不大的酒店）餐厅经理介绍他们经营方针（对来访者）说："品种多样，突出特色，五元吃饱，十元吃好。"（木西，《人人酒楼为人人》，《人民日报·海外版》，1991-10-22）没有学位的经理可是没忘记在内容虽一般的话语里将形式和音响调弄得有滋有味、有板有眼——四个音节一组，特别是后头两个四音节（五元吃饱、十元吃好）对仗与音韵都顾到了。另一例（汤永成、丁帮元：《银剪绝艺》，《人物》1987年第4期）：

孙百万（一个富人）："剪花样的到大厅来，成何体统！出去！"张永寿（剪花样艺人）（不阴不阳地）："你家有良田千顷，不及我薄技在身。我千里不带柴和米，万里不带点灯油，走到哪里，吃到哪里！"想这位剪花样艺人不曾研究过修辞课本，但说起话来照样顺着言语美的感觉走：前头说了"良田"，后头不忘对上"薄技"，前头说了"千里不带"，后头照应"万里不带"，前面有三字"柴和米"，后面不多（点灯的油）不少（灯油）刚好对应三字"点灯油"。这个美的感觉何其准！例三，作家（白桦）对三毛（台湾作家）说："我不讲欢迎，因为你本来就是这里的人；我也不说再见，因为你还会再来。"（张乐平：《我的"女儿"三毛》，《上海滩》1989年第6期）事实上是说了"欢迎"，事实上是道了"再见"，语面和深层意义错位那么远，听话人从此所捕捉到的意义多么丰富。以上三例说，无论说话人本人的职业和文化修养如何，言语活动中他还是不忘赋予双重的价值，实用的与审美的。

第二，显然，并不是每个人都能自觉地生成符合美的尺度的话语，因而美学语言学肩负着审"丑"的任务——研究丑之所以是丑，违背了哪些美的法则才生成丑的话语，以及怎么变丑为美的话语的规律。说话丢三落四，逻辑混乱，交际失误以致失败（不符合实用尺度），我们不曾有一时怀疑到语言有交际、思维和信息功能存在。同样，许多人讲话并不美，我们也不必怀疑语言的审美价值的存在。作为美的负范畴——丑，正是被美学语言学研究的一个方面。

语言的美是全息的正负美（学）。它研究的对象不是割裂的美或丑，而是正负美。割裂的美与丑只存在于人的认识之中。在现实生活里美却是水乳交融的正负美结合体，它全息地体现在人类现实生活的每一宏观与微观对象中，美与负美互相转化，千变万化。

语言的美之所以被人称作美，是因为它具备了可被人欣赏的属性与价值，可被人拿来与丑对比的价值。

言语美不必只是津津乐道言语的美而避讳言语活动中的丑。要是我们真正承认在现实生活中美与负美是水乳交融的结合体正负美，割裂的美与丑只存在于人的认识之中的话，那我们对下面例子就不会简单地否定其中的美感成分，相反，我们会承认那就是现实生活中普遍存在的美与负美水乳交融的结合体：

这里有两例。注意下例对话中刘杰的回答。大学生："你怎样估计你自己？"刘杰："夸我、捧我、吹我，我自己知道我没有那么好；骂我、攻我、[散布我的谣言]，我自己知道我没有那么坏。"整个答话内容的哲理、逻辑是无懈可击的。话语中的人格的力量也是强有力的。命题的真假值我们暂放一边。以言语美而论，方括号中应是两个音节才符合整齐律，六个音节的安排显然破坏了整个话语节奏的和谐，这便是负美。但这负美却是和整个语篇的美共生共存的。这六个音节的破格当然也不能说明说话人的无能，因为谁也不能出口成诗。第二例：杜志明对单文盛（一年老郎中）说："你知道吗，徒弟找师傅不易，师傅找[个好]徒弟更难。"（刘小明：《运动队里的老郎中》，《人物》1985年第1期）按照形式美的法则，这句话也可以这样说："……徒弟找师傅不易，师傅找徒弟更难"，意思就是"找个好徒弟"。当然，原话也很好。因为说话人边想边说，即使形成了意义深刻、初具美的规模的话语，也不易完全排除负美（注意原话中方括号里的两个字），而留下一点点美中不足，但毫无必要责怪，因为世上无一人能做到出口即珠玑，美与负美共存才是生活的本相。

那么，言语活动为什么总是表现为美与负美的结合体呢？原因大致有两个方面。

语言体系的物质形态——声音，决定了说话活动的瞬息消失性。这是原因之一。

作为审美对象的言语活动和其他审美对象（如雕刻、绘画、文学）的创造过程有一个很大的区别，即前者创造过程不能表现为积累过程，而后者创造过程却能表现为积累过程。第二刀、第二笔、第二个词（文字书写）过去之后，第一刀、第一笔、第一个词（文字书写）仍然存留在那里。直到最后一笔，前面的创造形成的样式仍积累在那里，这就提供了修改机会，最后形成的艺术品是修改错误形式的积累。口语活动则不行，声音既出，转瞬就消失，没有任何积累，也没有任何修改错误的机会，所以口语活动很有可能成为正确与错误，美与丑先后出现随之消失的音感印象序列。

因此，口语活动是一个不能修改错误的音感印象序列。随想随说，边想边说，未经深思熟虑，由此而得一个美丑交融的结合体的音感印象序列。

那么，经过深思熟虑说出或写出的言语成品可以排除负美成分吗？也不能。雕刻、绘画、文字作品也是美丑结合体。国画中某一笔显得难看，同其他部分合起来却很美。看来，根本原因，还是美与丑、有用与无用、得体与失调等等，无绝对标准。老子说："天下皆知美之为美，斯恶已；皆知善之为善，斯不善已。"（邵汉明、陈一弘、王素玲，1995：7）建立一个美的绝对标准，那个美便会闹出陋习来。对立统一，统一中有对立。加上口语的即时性、语言使用人的水平、知识和技巧等原因，人的言语活动中的负美几乎是不能排除的。文化修养高深的人并非只说出完美通畅的句子和语篇，平民百姓也并非不能说出哲言智语。好的语篇并非字字珠玑，坏的篇章也并非句句混账。

所以，美学语言学也研究丑陋差错的言语活动的规律以及丑陋差错向美好正确的言语转化的规律。这样就比较全面地体现了美学语言学的理论和实践的价值。这一点是作者敢向读者诸君提请特别注意的地方。

第七节
本学科的理论与实践意义

1. 进一步深化对语言本质的认识

对语言实质的探索，各类语言学家都投入了相当艰苦的努力并有许多收获。

从功能入手的，内结构一时看不见就看外表现，这是通过外现信息推测内结构的"黑箱法"。

从句法入手，选定句法作为实践其理论主张的最佳领域，以探索人脑的语言机制。乔姆斯基的做法如此。他甚至认为，最终得诉诸人脑生物学才能解释"基本原则一共只有几条，具体搭配千变万化，人类语言多种不同"的语言现象。

实践心理学认为（如创始人冯特），对人类语言的研究是洞悉人类心智的最好途径，从而把语言和心智现象紧紧联系起来。

现代解剖学提供了语言的生物学基础，它说，人类口腔、鼻腔、唇、舌、声带这些发音器官也是为适应语言的需要逐渐调整进化而成的。

神经语言学声称，大脑的构成和语言的关系是它研究的对象，神经语言学从失语症入手，认识大脑和语言的关系，提出了语言信息处理和存储的方式的一些理论设想。

认知心理语言学考虑语言和认知的关系，企图探索语言在全部知识编码形式中的地位，还探索语言在认识过程和认知能力发展中所起的作用。（沈家煊：《心理语言学评述》，《北京外语学院学报》1988年第2期）

应用语言学的研究对象是语言教学（人怎样教和学语言），可以反过来看语言的性质和特征。

研究语言就是研究人自身的行为，这就加大了难度。这同人研究自然物与其他学科不同。自然物质以及某些学科和人清清楚楚地脱离了关系。人在研究上述东西时，可以改变各种控制因素去寻找研究对象（如小麦生长和微积分）的最佳研究方案。但人研究语言却等于人研究自己。凡是牵涉人的因素的科学就难办，因为试验的控制因素不好掌握。即使把脑袋搬开人身的试验（脑袋能存活8秒钟的记忆）初见希望，也无法让脱身的脑袋开口讲话。

但是，对语言的实质的认识显然在逐渐深化。许国璋指出："我们今天治语言学，不能离开历时与共时；语言与言语；能指与所指；组合与聚合；价值与关系这些概念，因为它们把语言的实质各用一个二项对立说透了，起了一语道破的作用。"（许国璋，1991：95 — 146）这里说的是索绪尔对语言实质的揭示。索氏之后，更多的语言性质被人们理出一条线索来：任意性、线条性、冗余性、离散性、模糊性、随机性等。

这说明，每增加一条研究途径，就多了一个观察语言奥秘的窗口，就多一些、深一些对语言实质的发现。

把语言的实际活动作为审美对象来考察和解释会看到别的视角所看不到的东西，会解释别的理论解释不了的某些现象，即使在解释别的理论已经解释过了的语言现象时，也会更丰富更深刻地补充以往的认识。作者抱着这一信念，发现言语美有它深刻的生理根源，从人是一个耗散结构，论证出语言是有生命意识的体系，所以人在言语活动中表现出来的审美选择是个生命现象。另外，作者发现人的言语是个不能修改错误的音感印象序列。这就出现了一个深刻的矛盾：人要追求和实现言语美和语言的美，却又不可避免出现丑（话语是个不能修改错误的音感印象序列），于是可能造成语言的变化受到越来越清醒的、越来越自觉的审美意识的干涉。这个矛盾不完结，语言的变化发展和审美意识的干涉便不会完结。从这个意义上说，语言的变化和发展的部分推动力也来自于人对言语美和语言的美的追求。

2. 开辟认识美的本质的另一个途径

对美的本质的探索，日益与有关学科如心理学、生理学、数学、信息论、控制论、系统论、社会学、考古学、经济学、工程学、建筑学等发生密切联系。如果说上述种种不同领域、不同角度的结合不断给美的探索提供了新的途径，为什么美学和语言学的结合不能给美的探索提供新的途径呢？

而且，语言学给美的探索提供的新途径与其他学科的方式不同。数学、信息论、控制论、系统论、考古学、经济学等，这些学科的自身，摆脱了人本身的因素。而言语活动和言语行为是人发出的。美感是人对于审美对象生成的愉悦感觉。语言与美感两者都生根于人本身，这中间有什么样的深层的联系呢？

语言既是人审美思维的工具，又是审美对象，一兼二，这两者是怎么转换的？转换研究对美的本质的认识将会有什么样的推动？这也是本书作者认为具有积极意义的理论问题。

3. 对言语美的创造与欣赏有指导意义

这有两个方面的意义。一是增强人们对于言语美创造与欣赏的自觉性，二是将在具体途径上启发人们对于言语美的创造与欣赏。这对于提高人的文明素质，改善社会风气，显然是有好处的。

这个方面，本书第五章指出的言语求美律是有实践意义的。比如形式美律、偏离律、求新律、给出形象律、白话律、语不及律、调动感官美好感受律、错位律、逻辑律等，对于自觉创造言语美显然具有指导作用。

本书的若干章节，如"语言的美的属性"（第二章第二节）、"言语活动的美"（第四章）、"语言结构和层次上的审美选择"（第三章），都对言语美的创造与欣赏或直接或间接地具有实践和理论意义。

4. 对语言体系的完美发展有积极推动作用

传统说法一直在告诉人们，语言的发展有它自己的规律性，任何人（是个人？是集体？）的干预都是无能为力的、愚蠢可笑的。它的发展也是不可测的。任何人所做的哪怕是小心翼翼的干预也会遭到嘲笑和批评。

本书作者发现，人创造了语言，也能干涉语言的发展，本书将以大量证据证明人对语言有审美干涉。在审美选择和审美干涉的基础上，对语言变化的方向作出某些干预是有可能的。

本章结语：

哲学及一切科学问题的趣味，似乎不在结论而在问题本身。问题就意味着探险。用问题去探出一个丰富的世界。美学语言学既是新构建的，就不免有一个较长时间的等待验证过程。

全书论证的语料以汉语为主，辅以英、俄两种语言。以汉语为主者，是因为母语提供的信息多些、厚实些。赵世开先生指出："从策略上说，语言的探索，都应当从自己的母语开始。"美国语言学家A. M. Zwisky强调："不管你会提出什么样的理论框架，你的母语为你提供的机会更多一些，道理很简单，比起其他语言来，你的母语为你提供的信息会多一些。"辅以其他语种者，是为了证明论题的普遍性。

第二章
两个层次的言语美及其生成机制

第一节
美学语言学的审美起点

美学理论是麻烦的，某些基本问题争论了两千多年尚无定论，比如说"美的本质"，就没有公认的定见。我们现在用哪一种意见去审视语言问题呢？怎么也不能一会儿用这种意见去观照一下，得一个语言的审美系统，一会儿又用那种意见去观照一下，得另一个语言的审美系统。像这样，岂不是破坏了美学语言学的理论上的恒贯、整一性吗？

因此，首先得确立一个审美起点，用以指导本书的从始至终的叙述、论证。但我们将避开关于美的种种分歧看法及其论战，尽量采取多数人大致上都能够认可的观点和看法。但是不幸得很，不可能处处都能成功地避开这些分歧，那我就亮出自己的观点，诚挚地向读者作个交待。必须有这样的交待。不如此，整篇文章就做不下去了。

美在于美的客观事物本身，而美感这种意识活动之所以是美感，就只能是客观的美引起的。语言的美要能引起听话人、阅读者（说话人、写话人自己也在内）的美感，首先就要人们能对语言的美有所认识，也就是首先就要主观意识能对客观的美有反映。美和美感关系这样的看法，是唯物主义的观点。也就是说，美是客观的，美感是主观的，美是美感的根源，美感是美的反映。这是唯物主义反映论[蔡仪《新美学》（改写本）第二卷序]。我对于言语美的一系列观点就是以此为开端的，这也应该是美学语言学的审美起点之一。

但是，美与美感的这种关系，还不便简单地直接地搬卸到语言的美与它所引起的美感之间来。自然美景之美直接呈现在人面前，引起观景人的美感，但人不在，美景之美仍在。创作品（如画、雕刻和文学作品）经过了创造人的美的表现成为美的实体，引起观赏人的美感，但人不在，创作品之美仍在。言语美（语言的美的直接的表层的显现）与欣赏人（听话人、阅读人）之间的关系却不是这种直接面对面的关系。言语美一定要通过说话人（写话人）负载出来，听话人（阅读人）才能加以欣赏，此时才是引起美感的阶段。也就是说，语言美与欣赏者的美感之间必然要插进说话人（写话人）。语言美不能直接面对听话人（阅读人），只能由说话人（写话人）这个负载体去面对听话人（阅读人）。没有了说话人，语言美就失去了附体，因而实际上就取消了言语美。可能会有这样的疑问：脱离写作人而直接面对读者的文学作品中的美那不仅仅是言语美，第一章已经作了这样的区别，是可以理解的，那么，脱离写话人而独立存在的书面语篇（信件、广告……）是有言语美的，怎么能说这样的言语美不能直接面对欣赏人呢？是的，书面的语篇的美好像脱离了写话人这个附体，可是，说话是永远不能脱离说话人的。整个语言体系大厦是建立在说话这个基础之上的。有声言语才是语言第一位的、本质的部分，书面语篇是第二位的、记载性的部分。文字只是让我们听到它背后的某种声音，语文成品（语篇）只是向我们提供声音，召唤出早已贮存在我们头脑中的音感印象来。因此，还是应该认为言语美与欣赏人之间的关系不是直接面对面的关系。由此而得出美学语言学审美起点的第二点：言语的美是以有声语言的美为基础的，即是说，是以可听形式的美感为基础的，语言的可视形象（文字的造型、句子形状排列等视觉形式）的美是第二位的、非本质的部分。因此，我们以大量篇幅讨论言语活动的乐音趋向（见第四章第三节），说话的美与负美（第四章第四节），言语求美律中的形式美律（尤其是音韵节奏、整饬化现象、押韵，见第五章第一节），就很有必要了。

美学语言学的审美起点是：

（1）美是客观的；

（2）言语的美是以有声语言的美为基础的。

第二节
语言的美的属性

美是事物形式和内容符合人类审美要求的属性，但这种属性不是单一的，而是多方面的，多层次的。人类的审美要求，应该包括事物的形式美与内容美两个层次的结合。有一种意见认为，以美的形式而论，又分为外形式的美与内形式的美。外形式的美，是指声、色、形、线按比例的组合，具体地说，是指声波的振动频率、光波波长、基本七色彩、各种形状和线条的使听觉、视觉引起兴奋、怡悦的物质形式；进一步，要有中看的色彩、好听的声响，按恰当的比例组合，有多样变化（不使人耳目觉得单调乏味而厌倦），又有和谐统一（不使入耳目觉得杂乱无章而厌烦）。内形式的美，指材料和结构能恰当生动地表现出内容美。

就语言而论，我们以为，语言的形式美就是指语言的声音——语音——的美。语言的内容美就是指语音和语言结构能恰当生动地表现出人的意思、观念及意象，即在恰当的语境中选择了恰当的话语。

以语言的形式美而论，就是语音按恰当比例组合，多样变化，和谐统一。简括之，语言的形式美要落实到语音的美，语音的美又和音乐美有本质的联系。

语音的美和音乐的美有着深刻的本质的联系。认识这一点对认识语言固有的审美属性具有重大意义："人为什么欢愉、喜悦地感受音乐？"与"人为什么欢愉、喜悦地感受语音的美？"两者具有奇妙的相通之处。对于"音乐是什么？"的回答能够（1）完全地回答：语音的美为什么能使人怡悦地接受？（2）部分地回答：为什么说语言里存在着固有的审美属性？

那么，音乐是什么？日本学者林建志和宗像信生在运用电子计算机终端输入一种大肠杆菌的遗传密码时，给每个碱基字母标定一个音符：G标"2"（re），C标"3"（mi），T标"5"（so）……按其碱基序列谱成了旋律，打奏出来竟是一首乐曲，优美动听。世界第一支遗传密码乐曲诞生之后，美国加利福尼亚大学细胞生物学教授戴马同音乐家合作，录制出了《遗传密码组曲》。英国人谱写了《遗传密码变奏曲》，公开演出获得巨大成功，音乐大师感叹，称它为"大自然制作的音乐"。诺贝尔奖候选人美国霍普医学研究所特邀研究员大野乾博士，在诺贝尔化学会议上报告了他的研究课题"遗传基因音乐"，引起了科学家们的震惊。他提出的"基因重复产生进化"的假说，与"相同旋律或相似旋律的重复（即变奏，引者注）组成乐章"这一音乐作曲原理有惊人的相似之处。遗传密码隐含着优美的旋律，那么，反过来猜想：优美音乐是否能转换成遗传密码呢？科学家们将世界音乐大师们的作品译成遗传密码，与碱基序列对照，终于发现：人胰岛素中的一种碱基序列乐谱，与肖邦的《葬礼进行曲》第三乐章中间部的音符排列几乎完全一致！那岂不是说，人类的繁衍就是类似音乐发展的一条长河？或者说，人的本身是包含了无数信息的一首凝固的乐曲？或者，音乐是否就是人们对自身的一些遗传密码的某种不自觉的破译？（赵大鹏：《人是一首凝固的乐曲吗？》，《奥秘》1991年第12期）上述资料说明，人之所以欢愉地感受音乐，原因在于人自身的隐含的优美旋律与外在音乐发生了和谐共振。优美音乐与遗传密码可以互相转换的事实（毕竟是现代实验，而且目前尚未见任何异议）还告诉我们，人几乎要求外界的所有声音都变成音乐，以期与体内的碱基序列"乐谱"共振，是人自身生理机能的需要：让竹管发出音乐（笙、箫、笛等），让金属发出音乐（号、簧、钹……），让木头片发出音乐（木琴……），让各种丝弦发出音乐（琴或弦乐器），让石头、碗、洋铁筒发出音乐，甚至有人（一个欧洲人，中央电视台播出过他的表演）碰上什么敲什么，也能发出和谐悦耳之声。吉林省集安市清河镇农民金昌福，用手指敲击牙齿可弹奏出歌曲与京剧段子（《曲从口中来，音自牙上来》，《人生与伴侣》，1992/7，第24页）。人这样乐此不疲是受什么驱使？是遗传密码中隐含着的优美旋律即碱基序列。这就难怪人们对高级的言语美的成品——诗，都愿意朗诵、喜欢朗诵的了；这就难怪人们对顺口溜、对子和一切音调优雅、节奏和谐的话语（还要有意义）都愿意听、喜欢听的了。或者可以这么说，人总是要把有声的语言序列千方百计地"谱成音乐"，即使谱不成音乐，也要将声音编排得尽量悦耳一点，将其节奏编排得尽量和谐一点。我把这种现象叫做"语音的乐音化趋向"。其内在动力在于体内的碱基序列"乐谱"要求语音与其和谐共振。这就难怪语言的声、韵、调、节（奏）之学兴起最早而方兴未艾了。这就难怪人们要拣好听的（话）说了（详见本书第四章第二节）；这就难怪人们的言语活动中有那么多的"音乐倾向"了（详见本书第四章第三节）；这就难怪人们在语言结构和层次中那样精心设计其序列节奏、形式排列了（详见第三章全部）；这就难怪人们在言语活动中使用了那么多的求美策略了（详见第五章全部）。当然，这也就解释了语言小宇宙与自然大宇宙那么合拍的原因了（详见第七章第一节）。

"人是一首凝固的乐曲"的假说解释了：语音的美引起人的美感；部分的

解释了：语言里存在着固有的审美属性。当然，语言中能引起美感的不只是语音之美，但它毕竟是语言的外壳的审美属性。下面三例都是人利用这种审美属性创造出美、引起美感的证明。例①：老舍经常到戏院和艺人拉家常，有一次他说："北京人习惯遛早，见面问个好，肚子吃饱，逛逛天桥"（新凤霞：《老舍请吃糖瓜》，《团结报》，1990-01-24）。例②：1992年1月19日在吉隆坡中国奥林匹克足球队以2比1小胜日本队之后，教练徐根宝发火，批评他的队员说："你们说要拼。拼是这样的吗？……要是下几场这样打，碰谁输谁！"（《羊城晚报》，1991-01-20，第四版）例①中，老舍的这个语篇，共四句，使用了[ao]作韵脚（早、好、饱、桥），像是快板书，但这却是实实在在的日常话语。像这样通篇押韵的话语段落不易得到，说话人本身是造诣颇高的艺术家，但例②的说话人却并非是语言造诣很高的专家，他说的"碰谁输谁"却也是对语音之美的利用：两个[shui]是押内韵，这四个音节的安排显得节奏急骤（料定必输的意义鲜明，不含糊）。如果我们问，没有汉语里头本来存在着的韵母占优势和单音节成词的特点，说话人能得到例①中这样的乐感吗？显然不能。如果汉语没有以意合为主要联句手段的汉语句式特点，说话人能得到"碰谁输谁"这样紧凑的四字浓缩句吗？也不能。再高明的说话人也不能超出语言中的物质事实去生出一个什么音乐感来。显然是先有审美属性，后有审美效果。有什么样的语言事实，就有什么样的美的外形式。换了另一种语言事实，在创造音乐感觉时，就会有另一种美的外形式。现在将语言事实换成英语，看看会有什么样的有别于汉语音乐感的美的外形式，从而更好地证明语言的美来源于语言审美属性。说英语的人普遍爱用分裂不定式（如to boldly go，to better equip等），其中一个很重要的原因是它们与轻重相间的节奏（the te—tum te—tum rhythm，"得大得大"式节奏）相吻合，而这个样式的节奏从莎士比亚时代起就受到喜爱（详见本书第三章第七节），被认为是最佳节奏的选择，"得大得大"（轻重轻重）念起来自然流畅，错落有致，跌宕相兼。由以上三例见之，语言固有的审美属性是第一位的，语言的美的外形式的生成以及言语美感的生成都不能脱离原有的语言审美属性。语言外形式的美，即语音按恰当比例的组合、多样变化；和谐统一，直到语音的乐音化趋向，都有审美主体方面的内在根据——人体内的碱基序列"乐谱"要求语音与其和谐共振——暂时就讨论到此。

现在我们可以说，语言具有审美属性，是因为它有具体可感的状态：语音，说话声音，语音的乐音化趋向——美的声音形象。

理解这样的一个结论，我们还要涉及一般的美学原理（王世德，1987）。美是这样一种属性：它表现在可用视听感官直接感知的具体的社会形象和自然形象上，它能使人产生兴趣、情感，激起人产生愉悦的美感。美又是这样一种价值：它是对人而言的一种可欣赏的、能满足人的精神审美要求的价值。语言，当它作为审美对象时，能引起我们的美感，因为它本身具有这种符合我们审美理想、趣味、观点和情感的能满足我们审美要求的属性。一般地说，艺术美和产品美，其中熔铸进了作者的审美理想（观点、趣味、感情），但是作品作为审美意识的物化形态，作品是客观存在的，其作品的美也已是客观存在的。也就是说，并非人感到它存在它才存在，人不感到它存在时它就不存在。语言的审美属性也是这样，上面就专门讨论了这样的属性。但可能有人说，没有了人，言语活动也就没有了，语言美（应该是"言语美"）也就无从谈起，这岂不是说，人感到它存在它才存在，人不感到它存在时它就不存在吗？其实，这是两件事，应分开来说。没有了整个人类，也就没有语言，语言的美确实无从谈起。但某个人的不存在或他不曾感知或不愿感知语言的美，并不妨碍语言的美的客观存在，因为人们已经用一套完整的符号体系记录了它的存在，将语音和语音的乐音化趋向"凝固化"了：语音学（音位学等）、文字、语言成品（文学成品和非文学成品）等（也许还有第二层级的词汇学、修辞学、句法等）都是语言的物化形态。总而言之，个人消逝了或个人不曾（不愿）感知语言的美并不妨碍语言的美的存在，因为语言体系仍然存在，语言的物化形态仍然存在，其他人的言语活动依然进行，语言的美的属性和价值就会存在。但是，这里有另外一个命题不可与此牵扯和混淆。这另外一个命题是：没有说话人，言语美就失去了附体（承载体）。

语言的美之所以被人称作美，是因为它进入审美关系（人与当成审美对象的语言之间的关系）之前，就具备了可被人欣赏、可被人称作美的属性、价值，可被人拿来与丑对比的价值。第三章"语言结构和层次上的审美选择"各节就充分展示了这些可被人欣赏、可被人称作美的属性和价值。所以说，语言的美的存在先于人的审美感受。如果某人对语言没有审美能力或者某个时候没有审美心境和客观条件，没有与它发生审美关系，只是对那一个人说来等于没有现实意义的美。这个时候，不能把依存于人类才有意义的美，说成是必须依存于这个审美个体才有意义。语言的美对于某个审美个体没有现实意义（比如某人没有听人讲话，也没有阅读活动），不等于对这个语言圈内的人们也没有现实意义。

客体（语言）的美，主体（听话人和阅读者）的审美能力和审美感受，在两者构成的审美关系中是对应的，互为对象的，失去了一方，另一方也就失去了意义，虽然对一方来说等于是一个不现实的存在，但实际上它还是存在于现实世界中的。这里用得着马克思的一句话："某一物的特性不是从它对他物的关系中产生的，而只是表露在这种关系之中。"（马克思，1963：1卷，35页，中译本）所以，语言的美的存在是第一性的，先于人的审美感受和审美能力的。

人在直观自己的语言产品时，发现其中有自己的力量（理想、情感、趣味）被植入（即人的本质力量对象化了），因而产生愉悦之情，这是对的，但不能因此说人欣赏任何言语活动的美的内容，都是欣赏自己的本质力量。这是个复杂的问题，需要进一步探讨。在这里我们只是简单地提及一个事实：人有审美理想也是人的本质力量之一。对于符合或者体现这种本质力量的言语活动，当然会被欣赏。美（包括言语美），为什么能使人愉悦，激起美感？因为美是事物可感形象中符合或体现人们审美理想的属性和价值。

以上讨论的是作为客观对象的语言的自身的美的属性。

以下开始论述言语美的生成机制。

第三节
人和语言形式美的同构对应

从本节开始．就讨论言语美的生成机制。人和语言形式美同形同构是这个机制里的一部分。只是为了强调语言形式美有相对独立性，才将人和语言形式美的同形同构问题单独提出叙述。

所谓形式美是指构成事物外形的物质因素的自然属性（色、形、音）有规律的组合所呈现出来的审美属性。形式美有相对的独立性。"形式美"与"事物美的形式"是有区别的。"事物美的形式"与它的美的内容的联系是直接的、紧密的；而"形式美"与内容的联系则是间接的、曲折的，因为"形式美"实际上是对形式所具有的审美属性的抽象概括，具有与内容相对的独立性。形式美与内容的联系就不在此详细提及了。

形式美的法则（规律）主要有下列几条：齐一与节奏；对称与均衡；比例与和谐。这些法则是人类历史发展过程中长期积淀而成的，像逻辑的格一样被固定下来。所以，形式美具有相对的独立性。但这些法则不是凝固不变的（易健德：《美学知识问题》，长沙：湖南大学出版社）。

形式美的法则还可以说是"形式美内涵"：前人探索美的定义中，指出美是整齐、对称、平衡、有恰当比例、多变统一、结构和谐等，都是对于形式美内涵的探索（王世德，1987：260）。

形式美的相对独立性，得到许多人肯定。当代物理学家李政道在回答毛泽东问题时指出"平衡的各个部分产生的形式美就是对称"。

上述形式美法则（或规律）在时间里也得到表现，这一点对形式美迁移到语言里来是个关键。语言表现在时间里，词与词的吐出间隔总是先后的，组成一串音节时，就有条件按照形式美的法则来安排音节了。齐一与节奏，对称与均衡，比例与和谐，不仅能在空间（线与形）中得到表现，也能在时间里得到表现。空间与时间同时是物质（语言的物质形式是语音）运动的存在形式。离开了时间，言语美的内容——人的本质力量，人对意义的追求，则无从体现。肯定这一点对于解释语言的形式美具有极重要的意义。既然说话人是按照时间先后顺序吐出有语义的音节来（语言的线性），很自然地，听话人就不能从长宽高的量度上看到上述的形式关，只是从时间先后上听到的。耳朵同样能感受到齐一与节奏、对称与平衡、比例与和谐，因此也同样能得到美的愉悦享受。没有这样一个沟通，研究语言的外形式的美就不可能了。

那么，为什么说语言形式美有客观依据呢？人的生理机能（人体是极为复杂的耗散结构）与社会历史条件共同决定了心理机制与精神要求。声波的振动频率在16—20000赫兹之间，才是人类正常的耳膜可以接受的。不够或超过，太弱或太强，使听觉难受，且声音的响度超过160分贝会使人的耳膜穿孔，超过170分贝以上则会致人于死地，哪里有美的感受可言？可见人的生理机制影响形式美的形成。某些声音（音韵与节奏的组合）使人感到了最恰当、最舒适，符合人的生理要求，就能引起快感。快感是产生美感的前提、基础，也是美感的伴随现象。人对于单调而不变化的事物，对于杂乱堆砌而不统一的事物，对于倾斜不平衡（不对称、不稳妥）的事物，从生理和心理上都会感到不舒服，这也是人何以会肯定（用眼睛肯定或用耳朵肯定）形式美、产生美感的根据。用舒缓、轻松、优美的音乐给人治病，就是一个佐证。同样的话语，以嘶哑的嗓子和杂乱的节奏说出，或以正常的嗓音和正确的节奏说出，两者给人的审美感受是大不一样的，又是一个证明。人或动植物的身体结构在正常状态下多方面呈对称状态。"自然赋予我们欣赏对称的能力，看到畸形时就产生不愉快的印象"（普列汉诺夫，1983：342—343页，中译本）。这意思是说，人本身的体格对称，自然地，看外界对称的事物就顺眼赏心，对失调的事物就看不顺眼。同样,对称的视觉美感自然地迁移到听觉美感,听到对称与均衡的音韵与节奏就顺耳,听到不协调、不和谐、不成比例的音韵与节奏就心烦意乱。

人和事物美同形同构是产生美感的根据,格式塔心理学派就是持有这样观点的。这一学派用物理学来研究心理,提出"同构对应"的原则。其含义是,人的内在的心理结构同外在事物的形式结构是和谐、统一的。主体之所以感觉到客体的比例美,是因为主体有一种心灵的比例,可以与组成客体美的一定比例相适应。或者说,这类适宜于人类生理条件的事物运动的节奏感,在与人类长期相处中,使人类建立了一种良性的条件反射。亚里士多德把和谐建立在有机整体概念之上,认为不仅对象中的各个部分安排要见出秩序,形成融合的整体,而且体积大小也要与人的心理感受相适应才能见出和谐。关于"同构对应"的心理原则,俗语曰:"风马牛不相及"(语自《左传》僖公四年,服虔注:牝牡相诱谓之风);还有"夫牛鸣而马不应者,异类故也"(《列女传》卷四,《齐孤逐女传》),可谓异构不对应。"殊类异路,心不相慕;牝牛牡猳,鳏无室家"(《易林》"革之第四十九·蒙"),也是从反面证明同构才能对应。《论衡·奇怪篇》曰:"牝牡之会,皆见同类之物,精感欲动,乃能授施。若夫牡马见雌牛,雄雀见牝鸡,不相与合者,异类故也。"这里都可看成是"同构对应"的旁证。

由一定的频率构成的有节奏的和谐的声响,与人耳的鼓膜振动、人体内部的血液循环、脉搏的跳动等生理机能相适应,这样的声响对人类来说才是一种悦耳之声。某些语音给人以美感的根据就在此。言语美的品性之一——说话人在语言形式上选择了优美的音韵和适当的节奏,选择了符合形式美法则的言语表达实体——的根据亦在此。

语言形式美特征在言语活动中的体现,以下三例可见。这三例展出,有两个目的,一是说明第一层次的言语美,二是为了在第五节讨论第二层次言语美时要和这三例对照。

例(1)人人大酒楼餐厅经理介绍他们经营方针时说:"品种多样,突出特色,五元吃饱,十元吃好。"(木西:《人人酒楼为人人》,《人民日报·海外版》1991-10-22)——句式的整齐美。

例(2)盖叫天的口头禅:"我在台上试,你在台下看。"——话语的节奏美。

例(3)王殿安说:"栽桐树,喂母猪,三年发个大财主。"(李準:《教农民致富的人》,《新观察》1981年第6期)——话语押韵。

第一层次的言语美大致上是如此模样：句式整齐美，节奏美，押韵。

第四节
言语美的生成机制

上一节我们讨论人与语言形式美同构对应的时候，就是在讨论言语美的生成机制。只是语言形式美有相对的独立性，我们才将它单独成节加以论述。现在我们较为全面地论述言语美生成机制。

按照徐盛桓意见，言语美生成机制是：语言有美的内在规定性，人有审美内在规定性，两个内在规定性同构产生美感。

我以为这个思想是有启发的。言语美生成机制表现为：两种动态平衡结构——人体（及心理）动态平衡结构与语言系统动态平衡结构——发生契合、和谐与共振，其结果是引起言语美感。在言语美生成的场合，在语言结构和层次的审美选择过程中，都会发生这两者拥抱、契合的生动过程。语言系统不拒绝人的审美意图并且与人的审美意图拥抱，其中必有缘故。这缘故便是语言系统与人的生理（及心理）结构都是动态平衡结构，两者便自然相互对应与契合。

"言语美生成机制"与"言语美感的生成"是两个既有联系又有区别的概念：前者是人（说话人与听话人双方都在内）与语言体系相互契合（同构）的过程，过程启动、运转所得的结果是后者。言语美感的生成是言语美生成机制的最后一个阶段。言语美感的生成仅指美感已得到，言语美生成机制还揭示言语美感生成之前的全部过程。顺便要交待的重要问题是，言语美感不仅受话人有，发话人也有（否则，他就不会重复使用言语美策略。大量事实业已证明，说话人能够自己欣赏自己的话语）。

言语美生成机制的描述应分成：语言的美的属性（第二节已讨论）、人和语言形式美同构对应（第三节已完成）、两个动态平衡结构的契合与拥抱（下面将展开）。

两个动态平衡结构的契合的描写：耗散结构——人就是耗散结构——肉体到心理动态平衡——从心理的动态平衡到言语求新求美　语言模仿生命动态平衡——人的需要是语言自组的推动力——人体内碱基序列要求语音和谐——从言语的生命意识看两个动态结构的同构。

（1）耗散结构

耗散结构学说（比利时学者普利高津提出）证明，保持绝对的平衡和永远安静状态，并非符合人的本性，因为人的机体是耗散结构。耗散结构是由无机物向有机物、由动物向人发展的漫长历史过程中生成的一种特异性质的结构。其特异性在于，它与支配一切物理、化学事实的热力学第二定律相抗衡。热力学第二定律是说在任何一个孤立系统中，存在着一种动能不断减少的趋势，这是一种不可逆过程，而且最终导致宇宙趋向死寂。耗散结构学说却与此相对，认为并非所有结构都服从"动能不断减少，最后趋向死亡"的规律。耗散结构具有与总的死亡相对抗的特异性质。对抗能量从何而来呢？一是不断地从外界汲取，二是结构自身吐故纳新，这样完成了与外界交换能量的过程。同时，这个结构才保持了稳定有序的状态。由于它总是不断地汲取和耗散，所以，才被称为耗散结构。在平衡结构（宇宙间大多数事物具有平衡结构，都在不断地向一种死的绝对平衡发展）中，一旦由外部的刺激造成它的非平衡状态，它总要在热力学第二定律的支配下自动地向原来的平衡状态发展，直到恢复到原来的平衡状态为止。然而对于一个耗散结构来说，它却时刻保持一种非平衡状态，一种时刻循环和运动的状态，正是这种循环和运动，才使它不至于陷入绝对平衡的死亡状态。循环和运动一旦停止，这种"对抗"活动就不能再进行下去，生命随之终止。

（2）人就是耗散结构

宇宙中有形形色色的耗散结构（如激光），人是极为复杂的耗散结构。人远离了绝对平衡状态，其组织极为复杂，运动和循环极为精巧，所以才能有效地以生命的非平衡（极为有序的非平衡）与死亡相对抗。人的生命存在可以说是一种与静态的绝对平衡有了本质区别的动态平衡，是一种在不断地汲取能量和耗散能量的过程中达到的平衡。

（3）从肉体生命的动态平衡到心理的动态平衡

耗散结构所呈现的肉体生命的动态平衡特征，会不会在更高的水平即心理水平上有所反映呢？回答是肯定的。大量事实证明，人的瞬息多变的精神生活其实也是一种动态平衡的结构。人的欲望不会达到绝对的平衡的状态。一种需要满足了，又会产生更高的要求，永远是一个欲求——满足——再欲求——再满足的无止境的过程。暂时的满足、圆满、安静、平衡，只不过是过程的大的整体的一部分，它们永远是暂时的和稍纵即逝的，只有运动、奋斗才是永恒的。人的精神生活大抵如此。构成人的精神生活的东西似乎有两面，既有奋斗、冲突、痛苦的一面，又有达到一个有限目的时的圆满、和谐、安静的一面。人的快乐是什么时候产生的呢？达到一个有限目的那一时刻，确实产生了快乐，但更重要的快乐部分是与整个动态平衡过程联系在一起的。人追求愉悦和快乐是永无休止的过程。在这个永无休止的追求中，生命的活力得到发挥和表现。

（4）从心理的动态平衡到言语的求新、求美的创造

现代语言学研究表明，人的言语行为就是在做事（以言行事），也是一个心理过程。对抗死亡、远离绝对平衡的特征（即反熵倾向）必然会在人的言语行为中得到反映。这个反映便是，人类在自己的言语活动中，永无止境地追求创造的快乐，美的享受。他为了追求美、追求创造的快乐，就在言语活动中做永无休止的选择。选择的结果自然是得到相对地、一定程度地满足审美要求的发音系统、词汇系统、句子结构和语篇章法。个体的人也在无休止地选择，选择的自然结果也是一种和母语语言体系既相承又有独特风格的符合他自己审美要求的发音、词汇、句子、语篇的言语习惯。而且，个体的人的言语行为中表现出无止境的创造性（对创造的奖赏是美的享受），以更新、更巧、更令人愉悦的语言形式区别于别人。这种语言求新、求美的创造倾向正是心理的动态平衡的活的表现。人会不断地在自己最重要的最频繁的实践活动——语言使用——中树立新的难题、新的目标。新的难题和新的目标会不断地激发出新的能力，当这些能力成为生命力的一部分时，便汇成更强大的生命力和更复杂更高级的"需要"，即人的"需要"，这些"需要"渐渐作为一种特殊的信息，渗入人的基因之中，成为体现人之本性的最基本的需要——即创造的需要，人一天不创造，这一天便失去了存在的价值，也就感到不快和烦恼，只有重新创造，快乐之火才能重新点燃。人的任何一次感觉和发现，如说话用词的新发现，对某个词发音的新变异的观察，都是在创造。从内部看来，创造既是旧的能力的发挥，又是新的能力的生成。任何一种生命的基本能力，都在寻找机会表现自己，表现便是生命，因为生命的基本能力的表现总是伴随着生机和快乐。人在语言使用中的丁丁点点的新尝试和新创造是他生命的一个部分。从宏观上讲，每一门语言的相对完善的系统都是这样通过人的不断创造（伴随快乐和美感）而得到的。从微观上讲，个人使用语言时，生命的表现欲望以不断创造的行为呈现出来，满足自己，也使别人得到愉悦。人的内在的生命力，具有种种基本的表现，它在与种种不同的外部事物遭遇时（如小孩长到一岁左右，就遭遇到母亲对他的语言刺激），会作出种种不同的反应。假如外部事物是一个生命结构或一个动态平衡的结构，它作出的反应便是迅速的、强烈的和愉快的。小孩很喜欢和母亲或另外的婴儿对话——实际上是哇哇作语状，这样

一种反应本质上是一种契合和拥抱，是灵魂同自己的对话，是对自我本质的发现，是对同构的欢迎。如果外部事物是一种"死"的结构（如母亲顺手抓一个瓶盖作为玩具递给婴儿），一点也不具有生命的活力，它的反应就十分微弱，更谈不上愉快（婴儿玩瓶盖时间短暂，过一会儿便将它丢在一边）。如果外部事物是个异己结构，它看上去就讨厌，甚至听而不闻，视而不见。当然，这种愉快感的产生，是因为这种生命的结构在瞬息间展示出生命的整体和全过程，通过同构和共鸣的作用，使主体在极短的时间内经历了生命体毕生可能经历的快乐。在同复杂的艺术品或一张登记相片遭遇时，在同有节奏的声音或散乱嘈杂的声音遭遇时，人总是能迅速地同前者（艺术品、有节奏的声音）认同并共鸣，对后者（登记相片和散乱的声音）冷漠和厌恶。原因是前者体现了生命的运动和有序的平衡，后者则接近于绝对的平衡和无序。因而前者看上去（听起来）比后者愉快得多。审美的愉快产生于生命的自我发现，任何事物，只要呈现出生命的表现，只要我们看见其中的生命动态平衡，就能造成审美的愉快。那么语言结构是个什么结构？它为什么能接受人的审美意图建造自己？语言是个生命的动态平衡结构吗？

（5）语言模仿生命动态平衡结构，它自身是个动态平衡系统

语言结构（系统）不能像人那样吸取外界的物质（吸氧气，吃食物），也不能像人那样耗散能量、排除废物（发热，呼出二氧化碳，排出汗与大小便），所以它不是耗散结构，不是生命的动态平衡结构，可是它模仿了生命的动态平衡。论证如下：

①从系统论看语言结构的动态平衡。钱学森对系统及其方法论的论述（钱学森、于景元、戴汝为，1990）："开放的复杂巨系统存在于自然界、人自身以及人类社会。"人既是社会系统内的子系统，又是语言系统的创造者与操纵者。语言至少涉及人自身以及人类社会。如果"按照系统的形成和功能是否有人参与，可划分为自然系统和人造系统"（钱学森、于景元、戴汝为，1990）的话，语言是人造系统。"如果按照系统与其环境是否有物质、能量和信息的交换，可将系统划分为开放系统和封闭系统"（钱学森、于景元、戴汝为，1990）的话，语言是开放系统。语言的开放系统性质揭示如下：周围的环境（人类社会与自然界）生动的变化，不断往语言系统里（暂时将人这个参数模糊起来、隐蔽起来）增加新词、新说法，语言系统自己淘汰旧词、旧说法。这就是语言系统与其环境发生了信息交换。人向人工智能机器发出语言指令，用语音信号代替敲击键盘，面对话筒说话就可以实施指挥，同时显示字幕。（刘

敬智：《它将你带入导弹现场》，《光明日报》，1989-06-24）机器做出相应的行动：指挥军事训练、生产等；反过来，机器自己显示的信号与符号，让人借对机器的行为进行纠正和修改。这是语言系统和人工智能机器（装有语音识别系统）发生了信息的交换。最重要的一个揭示是：语言系统必须将人（事实上已经是将人）拉了进去，通过人，语言系统与社会系统发生了生动的、全面的信息交换。这就是社会的经济、政治和意识形态的发展和语言系统得以交换信息的原因。人是社会系统里的一个子系统，人又是语言系统的创制者和操纵者，因此，人成了社会系统与语言系统交换信息的活中介物。"如果按系统状态是否随时间的变化而变化，可将系统划分为动态系统和静态系统"的话，语言则是动态系统。语言的历时研究正是它随时间的变化而变化的证明。从系统论看语言，语言便是人造的、开放的、动态的复杂巨系统。

　　这个人造的、开放的、动态的复杂巨系统是这样模仿生命动态平衡的：（a）语言系统与其环境发生了信息交换。（b）语言系统随时间变化。例如，每一门民族语言的语音学、词汇学、句法、语篇理论都为我们分别提供了一条完整的动态的发展图线，这些图线各自按系统（语音、词汇、句子结构、语篇结构）表现为一种流动的曲线。看看汉语语音系统，从古汉语的语音发展到现代汉语的声、韵、调的状态，中间经历了多少运动才形成今天的模样。看看各民族语词汇库，淘汰了多少旧词，增加了多少新词，才形成今天的容貌。直到今天，语言的各种曲线图还在流动、变化，而且永不会停止这种流动与变化，这正好说明了语言系统有自己的"反熵倾向"——对抗死亡的倾向。这些不正是语言系统对生命动态平衡结构的模仿吗？我们承认语言是非生命系统。但是，"在不违背热力学第二定律[1]的条件下，耗散结构理论沟通了两类系统（指生命系统和非生命系统）的内在联系，说明两类系统之间并没有真正严格的界限，表观上的鸿沟，是由相同的系统规律所支配。"（钱学森、于景元、戴汝为，1990）说"语言模仿生命系统"是符合上述耗散结构理论（沟通了两类系统的内在联系）的，也是符合事实的。

　　②从同构反应看语言结构的动态平衡。本节第（4）点中，我们谈到人的内在生命力在遭遇外部事物时会有种种不同的反应，婴儿对语言的反应是迅速

1　热力学第二定律："非生命系统通常服从热力学第二定律，系统总是自发地趋于平衡态和无序，系统的熵达到了极大，系统自发地从有序变到无序，而无序却不会自发地转变到有序，这就是系统的不可逆性和平衡态的稳定性。"（钱学森、于景元、戴汝为，《一个科学新领域》，《自然杂志》1990年第1期）。

的、强烈的和愉快的，这在本质上是一种契合和拥抱，是对自我本质的发现，是对同构的欢迎。当然，婴儿对语言的如此反应也是对逗撩他的大人的反应。我们看看同是耗散结构的动物对语言的反应，实践记载，海豚、熊、猴、八哥、鹦鹉、狗对人类语言的反应也是迅速、活跃和愉快的。你也可以说，这也包含着上述动物对训练人的反应。须知，一个人对另一个人的语言反应也是包含在这个人对另一个人的反应内的。我们当然并不认为语言是个活物。借此，我们只是为了说明语言是动态平衡结构。如果语言对婴儿和某些动物是异己的、格格不入的，婴儿和某些动物就会无动于衷，冷漠以对。但是，语言声音和讲话的人脱离，如只拿录有人的指令的录音机对着上述动物，讲话本人不同时露面（于是就没有了言语的生命意识的可见部分），动物是不会（至少没有实验证明）对录音机里发出来的语言指令作出迅速、活跃和愉快的反应的。这一个设想刚好证明，语言结构是人的专利品，人对语言的操纵是不可剥夺的。也许，婴儿对挑逗他的大人与语言的反应是融合的，这就是为什么大人逗撩婴儿时特别注意发出特殊的、好听的（悦耳的）、温柔的语调的原因。这说明，逗撩人认为语言里有某种可以利用的能引起婴儿兴趣的东西。这个东西，用我们的话来说，一是语言的乐音性质，二是言语的生命意识[参看本节（8）]。

③从语言系统的自组织过程看语言结构的动态平衡。徐盛桓受哈肯的协同学（synergetics）和普利高津的耗散结构理论的启发提出："语言变异的过程，是语言系统自组织的过程。"（《语言变异与语言系统》，《现代外语》1991年第1期）什么是自组织过程？耗散结构理论、协同学都认为，系统的演变过程是一个自组织的过程。"自组织过程，可能由系统以外的环境之改变引起，也可能由系统内各要素的变化引起，包括要素的量和质的变化和要素排列次序的变化。系统内外的某些变动，动荡了系统原来的结构，由相对有序变成一定程度的无序，系统就会自行重组，恢复秩序、恢复功能。系统的演变，就是为了进行合理的自组织；所以，系统演变的目的性，就是系统的自组织性。系统的自组织运动，从系统的内部制约着系统演变的方向和目的。因此，演变是有方向的、有目的的，不会完全是随机的、任意的，完全由外部因素决定的。……变异的结果是要实现结构的合理重组，而且是以原先的结构为依据。"（重点号由引者所加）请读者注意"自组织过程可能由系统以外的环境之改变引起"，"系统内外的某些变动动荡了系统原来的结构"，"进行合理的自组织"，"实现结构的合理重组"，前两句话，说明自组织的变动的引起，有内部也有外部原因；后两句话，说明自组织和重组的合理性，从这里

可以看出语言结构不拒绝接受人的审美需要的根据所在。在我的眼中，这外部原因（系统以外的环境之改变）是——首先是（至少不排除是）人的需要、人的意图；"合理的自组织"与"合理的重组"是不会排除合乎美的法则的自组与重组的。徐盛桓认为，系统结构的不完整部分，往往是该系统结构相对来说不太稳定的部分，不稳定会成为触发变异的契机；变异的目的是为了使系统实现自我调整，在自组织过程中朝着使整个结构变得较为完整、较为稳定的方向演变。在一个要素众多的复杂体系中，如果有不稳定的要素存在，那么系统结构会为这些不稳定要素所驱使而动荡重组，直至产生新的稳定结构。以上这些论述，就是在描写语言结构是个动态平衡的结构。徐盛桓这一研究的意义在于对语言变异的流向（方向）有预测作用。但是在我的眼中，系统结构的"动荡重组……直至产生新的稳定结构"无异在说"语言系统的平衡是动态性的平衡"，它与人的审美意识很容易契合与拥抱。

上述①、②、③说明了语言系统在模仿生命动态平衡，它本身是一个动态平衡的系统。

（6）人的需要是语言自组运动的推动力

语言系统确实存在着自组运动，动荡重组。但是，这个动荡的推动力是从何而来？假若推动力纯粹来自语言系统内部，语言结构早就走向了死寂。因为完全自足的纯封闭系统（孤立系统）中，存在着一种动能不断减少的趋势，而且是不可逆过程，这是热力学第二定律所支配的趋向死寂的过程。可是语言没有死亡，这是大家都承认的事实。那么，语言动荡重组就不是真正的彻底的自组运动。人的需要——假若它当作语言系统以外的因素的话——成了语言不断自组的最后推动力。只要坚持耗散结构理论，就一定会得到这个结论。徐盛桓先生很清楚这一点，在交待语言自组运动变化的原因时，就指出了"可能由系统以外……也可能由系统内……"和"系统内外的某些变动"，是非常明智的。

今天看来，要论证语言自组的最后（层次在最后，但并非唯一的）推动力是人的因素、人的需要，应该是不存在多少困难的。

人在操纵语言，人当然要对语言结构进行各种需要的干涉（实用的、审美的）。使语言趋向一致化的几个原因是：秩序（order）、经济（economy）和优美（betterness），而秩序、经济和优美刚好是人追求的目标。要说语言系统不断自组有"指令"的话，这个"指令"便是来自人们对秩序、经济和优美追求的心理。

但是，确实有一些事实使人们相信人对语言系统是无法干预、无能为力的。例如，据萨丕尔看来，"语言的沿流是有方向的，只有按一定方向流动的个人变异才体现或带动语言沿流（drift）……个人变异是第二位的，语言系统演变的方向则是第一位的。语言中的每一要素都有它自己的沿流……每一个词、每一个语法成分、每一种声调和重音，都由看不见的、不以人意志为转移的沿流模铸着。"个人不能随心所欲地改变语言，这是事实。但真实的语言从来都是个人性的，因而个人的需要总是能成为变化沿流的"候选"因素。法国语言学家马丁内（Martinet，1962）认为，系统演变的目的是在人的需要和结构完善两者之间保持某种张力。语言变化事实能否成立须经功能的筛选（criblage fontionnel，参见申小龙：《系统演变的功能主义解释》，《外语教学与研究》1992年第1期），功能（语言的）包括表达、思维推理、称谓、审美、交际。"功能是确定语言事实的标准。"（Martinet，1962）上述功能哪一项不是语言在人们社会生活中完成的？"系统的状态由功能决定，对功能的认定则在于言语过程中人的选择。这就从本体论上把系统的存在和'人的需要'紧密地联系了起来"（申小龙，同上）。功能语言学的纲领，马丁内概括为："就人类的语言、为人类的语言而研究人类的语言。""人类时刻都在危及和不断改变着语言机制的平衡，并且使它在新的形式下恢复平衡。"（Martinet，1962）系统演变的动力正是由于社会的人的参与。马丁内认为，言语活动中存在着从内部促使语言运动发展的力量；这种力量可以归结为人的交际和表达的需要与人在生理上（体力上）和精神上（智力上）的自然惰性之间的基本冲突。交际和表达的需要始终在发展、变化，促使人们采用更多、更新、更复杂、更具有特定作用的语言单位，而人在各方面表现出来的惰性则要求在言语活动中尽可能减少力量的消耗，使用比较少的、省力的，或者具有较大普遍性的语言单位。这两方面的因素相互冲突的结果，使语言处在经常发展的状态之中，并且总能在成功地完成交际功能的前提下，达到相对平衡和稳定。（Martinet，1962）马丁内这里提出的"内部力量"不是指语言系统内部。在他的眼中，人的交际和表达的需要与人的惰性之间的冲突是促使语言发展的内部力量，这是值得注意的。这样一来，人的审美需要对语言各个环节的影响，这就很自然地成了语言变化的一种推动力。这个冲突的两方（需要与惰性）都体现了人的需要。"这说明语言系统演变不单纯是一个结构自身调整完善的问题。它的动因是人的需要，它的归宿仍然是人的需要。"（申小龙，同上）顺便说一句，马丁内所指出的"促使人们采用更多、更新、更复杂、更具有特定作用的语言单位"的情形，正好帮助我们解释了"拣好听的说"这一美学语言学现象，第四章第二节便详细讨论它。

（7）人体内的碱基序列"乐谱"要求语音与其和谐共振，这本身就是对语音的审美改造

人的本身是包含了无数信息的一首凝固的乐曲，音乐是对人体的一些遗传密码的破译。人自身隐含的优美旋律与外在音乐发生和谐共振，人几乎要求外界的所有声音都变成乐音，以期与体内的碱基序列"乐谱"共振。语音的乐音化趋向的动力在于人体内的碱基序列，它要求语音与其和谐共振，这本身就是对语音的审美的改造。（详见第二章第二节：语言的美的属性）

（8）从言语的生命意识看两个动态平衡结构的吻合

言语的生命意识是和语言的物理、生理属性紧密相关而又有区别的一种生命现象。

言语的生命意识可以从听和视两个方面感受出来或表现出来。言语生命意识的可听表现是指超出简单而机械的发音之外的与生命律动和情感变化对应或同步的声、气、息（语音学尚未描写过），它表现单个说话人的某种特殊的生命状态，生命现象。某种生命状态之下才能发出某一类声、气、息，也只有这类声、气、息才能表现这类生命状态。与生命状态同步的声气息，一人一样，百人百样。

言语生命意识的可见表现是指与话语和谐配合着的说话人的面相与身势。它也表现了说话人说话时的生命状态。

现在详细讨论言语生命意识的可听部分。不错，语音的物理属性帮我们认识了语言与自然界其他的声音一样都是物体振动而发出的声波，语音的生理属性帮我们认识了语言是人的发音器官发出的声音，表现为一系列发音器官的动作，现在语音学里描写过的音素就是按语言的物理属性或生理属性划分出来的最小的语音单位。物理属性和生理属性都属于语音的自然属性。对这方面的研究是语音学的范围。拿人的音质来说，脆、尖、圆、厚是天生而就的。语音学里分析出来的音素也只能是发音器官自然成之。语言生成器和机器人发出来的就是这样简单而机械的音。可是单个人讲出来的话，发出来的声音显然有着超出上述简单而机械的音之外的东西。这些东西在语音学里都没有得到描写。语言学里分析过的音素和音位都把生命气息过滤掉了。1981年3月14日茅盾的口述："亲爱的同志们，我自知病将不起，在这最后的时刻（气喘声音开始加大，黑点为本书作者所置），我的心向着你们。（气喘起伏不能再说下去）"

（宋玮：《茅盾最后的愿望》，《中国文化报》1991-3-31）茅盾上述的话语部分都可以在汉语语音讲义里得到描写，唯一漏掉的部分是：混合在话语之中的"气喘声音"和"气喘起伏"。可能有这样的异议，语音学管不了这些东西。可是最让人摆脱不了的是这些生命的气息总是与话语纠缠着、混合着。你不管它，它总是有。本文就是企图对这些与生命现象和情感同步的声、气、息加以描写与分析。

钱锺书评陈师道（北宋后期诗人）的《后山集》时指出："读《后山集》，就仿佛听口吃的人或病得一丝两气的人说话，瞧着他满肚子的话说不畅快，替他干着急。"（钱锺书，1990：卷6：266）这"一丝两气"就是附着话语一块儿吐出来的，这就是附着在音素里的生命迹象。刘勰《文心雕龙·夸饰》有言，"谈欢则字与笑并，论戚则声共泣偕。"（参见周振甫，1980；陆侃如、牟世金，1997：472）什么与笑并出？什么共泣偕同？是字与声。字与声是语音，那笑与泣呢？正是个体的生命情感。最有启发意义的是"并"与"偕"，那刚好说明只管音素不管与音素并偕的生命气息是个缺陷。"音节者，神气之迹也，字句之矩也；神气不可见，于音节见之，音节无可准，以字句准之。"（钱锺书，1990；刘大櫆：《海峰文集》卷一《论文偶记》）音节里有"神气"的轨迹，或"音节就是神气的流露"，这就够明确了。"神气"是生命现象，是掺和在话语里的生命现象。钟嵘《上品》里对李陵的评语："生命不谐，声颓身丧，使陵不遭辛苦，其文亦何能至此！"（钱锺书，1990）先有"生命不谐"，后有"声颓"。生命与声音的关系是何等清楚地得以表述。《全汉文》卷四六王褒《洞箫赋》说"潜气内转，哀音外激"（钱锺书，1990）；《全晋文》卷四五傅玄《琵琶赋》说"哀声内结，沉气外激"（钱锺书，1990），这里，"潜气""哀音""哀声""沉气"都是在描写言语里的生命属性。洪堡特（Humboldt, W.V., 1795, *Uber Denken und Sprechen*）说："在人拥有的各种能力中，发声最适合于表现他的内心感受，因为人所发出的声音正如人的呼吸，充满了生命力和激情。"他的命题是"发声充满了生命力"，本书主张言语有生命意识，洪堡特应该是赞成的。

言语生命意识的可听部分的具体描写是可能的，现在试描述如下：

语速、停顿、节奏、句调这四项，目前是语音学里的重要研究课题，可是对它们的描写是残缺不全的，漏掉了生命属性的。这四项刚好是人的生命状态自觉控制出来的，非发音器官自然成之。

语速：激愤、惊诧、安闲、怡然……时，语速是不同的。可见正是上述生命状态调动了话语速度。

停顿：泣不成声时破坏了按意群停顿规则，可是交际不会发生误差，听话人从未感受到说话人停顿不妥，这类停顿反而将内在感情表现得更淋漓尽致，正是停顿无声胜有声，可见停顿是生命表现，不是发声器官自然成之。有时讲话兴之所至，言词滔滔，一泻千里而未停，反而引来意想不到的赞叹与附和，又是证明。

节奏：是情绪和生命状态的精心安排，生命状态要求节奏与自己同构。

句调：讲话时某些句调刚好与约定俗成唱了反调。语音学里规定用降调的地方，实际话语用了升调。如在剧场里对演员的精彩演出喝彩，大家不约而同叫"好"，其调值是35或215，即由3或2降1再升到5，至少保持高平调55。这正是人群的情绪在控制句调。在语言学里，规定用升调的场合，正是说话人处于惊异、喜悦、疑惑时；规定用降调的场合，刚好是说话人处于自信、果断、稳沉时。句调的这两种分野，正好与两种存在着的生命状态相匹配。

丹田音：这种发声非长驱直入，声气逗留于胸腔，送出之后又有拉回，再送出，在这两种对立力量（伸张力或凝聚力）中达到统一的音不是简单机械音，而是生命潜力的演示。唱戏、唱歌、诗朗诵常用这种发音。

吞声忍气：内疚、恐惧、惭愧等状态下讲话时，就有这种吞音现象。常言的"欲言又止"属于此种情况。（英文试用hem and haw）

泣声：最大特点是气多于音。当人处于悲愤、苍凉、感伤等状态下讲话时就常出现泣声。歌唱演员（成熟阶段）就能借用它以表现极度哀伤。（英文试用choking）

娇声娇气：被宠爱之中的人（甚至某些动物）发声娇滴滴，那正是爱的生命的律动。（英文试用in a seductive tone）

滞音：任何情感的激动都可能引起说话声气不流通。（英文试用sluggish/stagnant sound）

怨声怨气：哀怨、埋怨说话之中所具有的独特声、气、息。（英文试用grievance）

哽咽：悲痛之极或喜悦之极，声、气、息使喉咙堵塞，此时生命状态表现为声、气、息的冲动，冲动来不及则阻滞。（英文试用sobs/choking with sobs）

屏声屏气：说话中有意地闭住气，制造某种设想的谈话效果，或者因外界原因而暂时抑止呼吸。所谓"有意地闭住气"，就表示与自然的发音有很大的

区别。（英文试用breathless）

平声静气、柔声细气、小声小气、低声下气、粗声粗气、恶声恶气、高声大气、大声吼气、冷声冷气、阴阳怪气、唉声叹气、嗲声嗲气、有声无气……

上述声气息的共同特点是生命活动主动控制发音器官，使简单的音之中加进了生命律动的气息。

与生命和情感同构的声、气、息有如下5个特征，表现其独立于语言物理的、生理的属性之外的性质。

第一个特征：可区别性，或称"指纹"现象或独有性。每一个人的声、气、息像他的指纹那样，不与第二人相重合，所以可以在不见相貌的情况下根据声、气、息辨认区别人。文学家认识到这一点，在自己的人物形象塑造中有意运用"区别性"到了出神入化的地步；公安人员利用声、气、息的区别性查稽案件牵涉人员；生活中母亲利用区别性猜出屋外的叫门人是自己儿女中的哪一个，妻子在众多男人的声音中可听出自己的丈夫。但言语合成器和机器人却无此种独特的气息，只有永不改变的声音。言语合成器正朝这一方向（加进气与息）改进。

第二个特征：某些无标记的句子，配上两种对立的生命意识的声、气、息，就会有两种对立的语义。"你干得好啊。"是无标记的句子（句法书上引出的句子都是无标记的句子）。一旦实际上被单个人说出——例如被两种不同的声、气、息充载，情形就大相抵牾了。用舒坦和充足的声、气、息（配上明媚的面相、身姿）说出它，是称赞言语行为。用滞阻和粗哑的声、气、息（例如咬牙切齿）说出它，则是威胁或警告言语行为。

第三个特征：是第二个特征的发展，即某些无标记的句子，配上不同生命意识的声、气、息，就会有多种不同的语义。以"你这死鬼"为例。

配上沙哑的声、气、息说出，"你这死鬼"表示斥责与厌恶言语行为，配上力竭声嘶喊出它，则表示痛骂；用屏声屏气、轻言细语说出，则表示亲昵；用娇声娇气说出，则表示打情骂俏或假骂真爱；高声大气说出它，则可能示意对方采取一个动作（如"你还不快走！"或"你把这水壶提开！"等）；叹声叹息说出它，则可能表示被迫同意对方的提议或行为（如"我只好让你拿走这笔钱了"或"我只好同意你亲我了"等）。我们还可以配上更多的声、气、息类型得到更多不同的语义。

第四个特征：言语生命意识的两种表现与话语形成不可分割的三项配合。下列三句话的三项配合图示如下：（见下页）

话语、生命意识可听表现、生命意识可见表现三项配合是同步开始、同步进行，这是三项配合的第一个特征。三项配合的第二个特征是不可分裂性。所谓"不可分裂"，是指三项配合得和谐一致，不会产生如下的怪事：口里说的是Я тебя люблю（I love you），却用粗声大嗓，脸上冷冰冰死板一块；嘴里说Beware of the dog时，脸上却是嘻皮笑脸，说话的速度慢吞吞，充满柔情蜜意；上万观众齐呼"郎平，打得好！"却全是忍气吞声或泣声，脸上是松垮垮的肌肉状态。如果第一件怪事发生了，那说话人必有语用含义，暗示"我压根儿厌恶你"；如果第二件怪事发生了，那说话人必是个惯搞恶作剧的人物，希望别人被狗咬，要不就是神经不正常；如果第三件怪事发生了，那上万观众岂不是全得了精神分裂症？

话语（无标记）	生命意识可听表现	生命意识可见表现
Я тебя	柔声柔气	眼：含情
люблю.	慢节奏	身段：仪态万千
Beware of the dog	大声大嗓	脸：严肃、正色
郎平，打得好！	快节奏	眼：放光
（齐呼）	大声大嗓	脸：肌肉紧张
	快节奏	身躯：有节奏摆动

（言语生命意识两种表现和话语三项配合图）

第五个特征：说话人生命衰竭或死亡，话语停止，机械语言和与生命同步的声、气、息一齐消逝。这说明言语的声、气、息是生命现象，而语言却不管单个说话人的生死存亡以规则（符号系统）形式潜存下来。

言语生命意识的可见部分是指说话人的面相、身势。面相、身势尤其表现在眼睛变化、脸面颜色变化、手势与身姿上。面相、身势是说话时的生命外在表现。面相、身势有表情达意作用，它们本身就是图像符号系统里的一部分，和言语同步发生时，对言语活动有补充功能。有一种意见认为，面相、身势能独立于言语之外。即前者能独立于后者之外。但言语不可以不要面相、身势，即言语永远不能独立于面相、身势之外。另有意见认为，说话时有人的脸面是毫无表情的。其实，到了脸面毫无表情变化这个份上，话语压根儿就说不出了。心理学家的实验证明，人们因拒绝而说"不"时，心跳加快，脸部肌肉紧张。看上去"毫无表情"，其实是脸面肌肉与眼光变化太小太微，肉眼不易察觉而已。R. Hartman（*Dictionary of Language and Linguistics*的作者之一）说"身势与语言有联系，但不是语言的本质部分"。看来还需要分析。面相、身势不是语音部分，但作为言语生命意识的可见部分．却不是可有可无的。因为它（面相、身势）只能"可有"，不能"可无"。面相、身势是人体自觉活动（配合言语）的结果：肌肉、骨骼、血液、内脏活动、腺体和内分泌腺的变化，植物性神经的反应，中枢神经指挥的外在表现，等等，这一切都是生命存在和情感现象，与言语同步同构，显然是言语的生命意识的可见部分。（拙文："面相、身势必须与话语一致"，《外语教学》1989年第1期）

言语活动三项和谐配合的旁证：话语是第1项，言语生命意识的可听部分是第2项，言语生命意识可见部分是第3项。简言之，第1项为无标记话语（句法上描写的句子无标记，一到活人的口里即变成有生命的标记了），第2项是与生命同构的声、气、息，第3项为说话人的面相、身势。这三项的配合是和谐的：话语内容和相应的面相、身势与相应的表现生命存在的声、气、息总是统一的。现举若干旁证以证实三项统一的存在。

旁证之一：句法里没办到的事，文学里办到了。句法里描写的句子既无面相、身势标记，又无声、气、息标记，但文学作品却在努力补充这种标记。

著名短篇*Art For Heart's Sake*（Rube Goldberg）中，共有话轮42个，为了补充生命意识标记，作者用了如下这些工具性语言描写说话人的声、气、息：gently persuaded（轻言细语劝道），grunted（咕噜了一下），in a tone like a rasping cough with all the implications of a sneer（语调粗厉刺耳，分明是讥笑），childed（心焦斥骂），said quietly（静悄悄地告之），a vigorous "Rot!"（粗声大嗓地回敬了一个"胡扯！"），with a grunt of satisfaction（喉咙里满意地咕噜了一声说），mumbled（声音不清晰），chuckled（说话时嘎嘎笑），whispered（轻轻耳语），groaned（说话时有呻吟），snapped（声音尖快地说，用了两次）。小说作者为何不像句法里描写句子那样地记录句子？这对塑造人物有什么作用？这里我们暂不管它，只是指出这个事实：言语中的声、气、息存在是一事实，尤其重要的是，言语中的声、气、息刚好表现了活生生的人的生命状态。

《祝福》（鲁迅）中总共话轮57个，而标有面相、身势标记的话轮27个，所占百分比是47%。

Война и мир[1]俄文版534面到623面，共90页的篇幅中，总共有话轮216个，带有面相、身势标记的话轮108个，所占百分比是50%。

---

1 Л. Толстой, 1962, Война и мир, *ГОСУДАРСТВЕННОЕ ИЗДАТЕЛАТЕЛЬСТВО ХУДОЖЕСТВЕННОЕ ЛИТЕРАТУРЫЫ, МОСКВА.*

上面旁证所显示的道理是，言语交际中的声、气、息与面相、身势的确存在，且与另外一项（话语）同步地存在，没有标记面相、身势的话轮并不表示它们不存在，只是表明作家不可能每个话轮都去标上它，或这样的表情仪态人们凭对白就可以感受到，不必文学家赘言。

旁证之二：（话）剧本里的对话印在纸上，但多数看不到生命标记，有生命标记的毕竟是小部分，正是演出，才使剧本"活"了起来。原因在哪里？演员念台词时灌注了自己生命的声、气、息。

生命意识的可见部分对言语交际的作用，限于篇幅，不可能详尽讨论，我们暂且概括地指出下列四点：

第一，补充信息量的不足。缺言少语不一定都碍事，因为面相、身势可以把漏掉了的信息补足起来。

第二，鉴别信息的真假。言语中的假话被面相"出卖"（脸红而被对方识破），真话因真情的眼睛发出坚定的光使对方确信其真。

第三，调理话不对题。说话风与牛不相及不一定都碍事，有眼光或动作可能把不相关的话题接渡起来。

第四，澄清模糊不清的方式。说话人用一个肯定的手指方向，明确的眼珠的示意，有针对性的手或脚的动作，一个脸色的急转，就可以把许多说不明道不清的话弄个清楚明白。

研究言语生命意识的第一个意义：对语言能力先天论（linguistic nativism）有一定的解释能力，并对打开语言"黑箱"作出提示。（下略。参见钱冠连，1991）意义之二：顺着言语的生命意识这个思路可以发现更多的与其他系统的交叉点，逐渐接近语言的全息图象（下略，参见上书）。意义之三：丰富了应用语言学的理论基础，对外国语教学的理论和实践有着深刻的启发意义（下略）。意义之四：言语的生命意识对语言的审美选择具有很强的解释能力。现在解释如后：

生命的气息（声、气、息）总是和话语纠缠着、混合着，所以，言语的美不美就是话语与声、气、息配合得美不美。音素里附着了生命迹象，所以，语音的审美选择，实际上就是生命迹象对语音作出的符合美的尺度的选择。音节就是神气的流露，人的精神世界的流露（没有美的音节就没有整个语言的美），所以，没有神气配合的音节（机器人讲话的声音、语言合成器里发出来的声音）就打动不了听话人，当然没有神气配合的音节就不可能是美的音节了。生命不谐，则声颓，生命和谐，则声振；那么语音、语调乃至整个话语的和谐反过来就关照了生命的和谐。说到底，语言的美的效应就应该是人的生命和谐的效应的一部分，因语言里各个层次上的审美选择分别关照了生命的和谐状态。语速、停顿、节奏、句调，不消说，这四项都是一种生命状态，单论节奏，就是情绪和生命律动的相等时间的重复。因为生命状态要求话语节奏与自己形成同构。声、气、息与面相声势与话语的三项配合为言语美提供了赖以寄托的本体，因为言语永远不能脱离面相、身势，所以言语美也不能脱离面相、身势。人类语言层层剥，层层分，都有生命意识贯穿，所以语言各个层次的审美选择，都有生命意识贯穿。

这里有几个尚待进一步讨论的问题需作交待。

第一，言语的生命意识怎样在句法中得到记录和描写？有必要寻找一整套科学的方法去记录这样的生命意识。这对外语教学和语用学有很积极的意义。

第二，本文提出的"言语有生命意识"的命题，不能等于"语言有生命属性"。后者是不存在的。生命属性是蛋白质存在形式的活的产物，是可以被感官感知的。言语中的声、气、息是可以听见的，面相、身势是可以看见的。语言结构是抽象的规则系统，不是生命的存在形式。

第三，语言的物理的、生理的、心理的属性与言语的生命意识有着什么样的关系？物理属性强调了振动发出声波，生理属性说的是一系列发音器官的动作，心理属性表现语音的发出与接受要受大脑中枢神经的支配和控制。无疑，这些属性是言语表现的基础。但言语的生命意识却有它自己独特的形态（可以描写如1.3节）和独特的性质（如1.4节）：可区别性；配上两种对立的生命意识，无标记句子就会有两种对立的语义；配上不同的生命意识，无标记句子就会有多种不同的语义；言语、声气息与面相、身势三项和谐配合；言语与说话人共生死存亡。这些特点都是语言的物理属性、生理属性和心理属性所概括不了，也是未曾描写过的内容与对象。

现在让我们回顾本节以上八点分析，以得出关于两个动态平衡结构的契合过程的全貌。

（1）耗散结构

（2）人就是耗散结构

（3）从肉体的生命动态平衡到心理的动态平衡

（4）从心理的动态平衡到言语的求新、求美的创造

（5）语言模仿生命的动态平衡，它自身是个动态平衡系统

　　①从系统论看

②从同构反应看

③从语言系统的自组运动看

（6）人的需要是语言自组运动的推动力

（7）人体内碱基序列（"乐谱"）要求语音与其和谐共振

（8）从言语的生命意识看

由此，我们可以慢慢地看出一点眉目来，（1）到（4）揭示了人体（肉体）与心理都是动态平衡，（5）说语言系统本身是个动态平衡系统。综合（1）到（5），岂不是说，言语美生成机制是两种动态平衡——人体动态平衡结构与语言动态平衡结构——的契合（和谐、共振、适应）吗？第（6）点是支持心理动态平衡的，第（7）点是支持人体（肉体）动态平衡的，第（8）点也是支持肉体动态平衡的，但是它可以引出这样一个命题：言语美生成机制是生命和谐效应的一个部分。（语言各个层次上的审美选择分别关照了生命的和谐状态）我认为以下就是言语美生成机制的表现：

从语言具有审美属性出发，人体（及心理）动态平衡结构与语言休系动态平衡结构发生契合、和谐与共振，其结果是引起言语美感。

第五节
第二个层次的言语美及其生成机制

第一个层次的言语美，是指利用了语言形式美的话语里的美。利用语言形式美的话语，是指上一节里这样类型的话语（第3节结尾）：

例（1）人人大酒楼餐厅经理介绍他们的经营方针时，说："品种多样，突出特色，五元吃饱，十元吃好。"（句式的整齐美）

例（2）盖叫天口头禅："我在台上试，你在台下看。"（话语的节奏美）

例（3）王殿安说："栽桐树，喂母猪，三年发个大财主。"（话语押韵）这三个例子的典型意义在于，话语本身当成审美对象，它的实用价值是自不待言的，只是这里不涉及罢了。

那么，第二层次的言语美是指什么呢？先请看下面例句：

例（4）曹慧英评论中央电视台12演播室青年节目时说："主持人长得很甜。"（中央电视台，1991-12-21）

例（5）北京的一个小孩："别看他们块头不小，踢起球来，一个个像像大

个。"（黄作晖：《容志行，中国足球队的主将》，《新观察》1981年第4期）

例（6）国家女篮队员私下窃语："跟着李哥说不定咱们还真有点希望。"（张力平：《中国教练大调动内幕》，《工人日报》1991-8-4）

例（7）摄影师："先生，我就要开拍了，请看着镜头。"

方声洞："不，我就要看着我儿子"（方贤旭：《我的父亲方声洞》，《粤海同心》1991年第6期）

例（8）丰子恺说："人做得好的，诗也做得好。樽前有了苏步青的诗，桌上酱鸭，酱肉，皮蛋和花生米，味同嚼蜡，唾弃不足惜了。"（陈星：《苏步青与丰子恺的诗画之交》，《人物》1989年第2期）

例（9）八一男篮总教练马清盛说："什么叫教练，教练就是敢说向我看齐。""什么亨，我先做，我能办到，什么明星，统统都得给我做到。"（张挺：《恰似当年，胜似当年》，《解放军报》1991-11-05）

上述9个例子，最明显的共同点是没有表现出形式美特征来，但却具有另外的美学价值。例（4）"主持人长得很甜"是在遵守语言形式常规的前提下话语意义的出新（只有"瓜很甜"等说法，"某人长得甜"是出新）。例（5）以话语为媒介提供了一个意境（图像）：傻大个踢球，那块头大，脚不灵的笨拙样子是令人逗乐的。例（5）不是语言形式美的表现，语言仅仅作了审美的媒介，为我们提供了一个生动的意象，或者说，听话人受了语言的刺激，在头脑里形成一幅生动的画面。是画面美，不是语言形式美。例（6）是简单质朴的大白话后面藏着深刻、新鲜的思想："跟着李哥"就是按照李亚光（国家女篮教练）的训练思路和新的战术，可能取得胜利。例（7）"我就要看着我儿子"，使的是"语不及"策略（话面上听不出点明意思的字眼儿，却让人悟出话语深处的意思），说话人（方声洞）与自己的儿子永别，1911年从日本运送军火回国参加辛亥革命，做好准备牺牲；例（8）是用话语（酱鸭，酱肉，皮蛋和花生米）调动听话人的感官的美好感受。例（9）是用正正经经的语调、堂堂皇皇的样子说出一个大家都知道的错误命题（教练就是敢说向我看齐），收到意义深刻、隽永的效果。总而言之，这些话语都不是言语本身表现了形式美的特征，它们引起了不同程度的美感，是由于采用诸如创造意象（例5）、意义搭配出新（例4）、白话律（例6）、语不及律（例7）、调动感官美好感受等方式引起了美感。简言之，是意象等引起了美感，不是语言形式引起了美感。

于是，一个重大的问题出现了：语言内容引起了"意象"，将"意象"引入语言的美学价值之中，就回到一般美学中去了，语言成了审美媒介，不是本书讨论的语言自身作为审美对象的问题了。

怎么办？

抛弃这一部分不研究，就等于是否认明明白白的语言事实：生活中就是有这样的话语，它们引起了美的意象，却并不具备形式美的特征（音韵节奏的齐一与变化、对称与均衡、比例与和谐）。它们当作审美媒介创造意象时，与文学作品中的语言（按功能）就完全一致了，但确确实实是说话人随想随说而得，不是像创造文学作品那样反复琢磨而得。

我们的出路是将这一部分话语的美划出来，称作言语美的第二个层次，仍然在美学语言学里研究。

第二个层次的言语美，是地道的日常生活真实话语以非形式美特征表现的方式（主要是提供美的意象）创造的美，引起了人们的美感。第二层次的言语美与文学语言的美又同又不同——同者，都创造了美的意象；不同者，前者是实用价值为主，美学价值为次，后者是美学价值为主。第二层次的言语美与第一层次的言语美又同又不同——同者，两者都生成了美；不同者，前者不具备形式美特征，后者具备形式美特征。我们在美学语言学里仍然研究第二个层次的言语美，既坚持了把语言当成审美对象（第一层次的言语美）和语言的美的客观性立场（语言有审美属性，不以人的主观态度为转移），又照顾到了一个事实，即第二层次的言语美是每一个说话人都可以在日常言语中即时生成的，不能因为这类言语美产生了意象（语言成了审美媒介）就把它推到文艺美学那里去。我们这样把言语美分成两个层次，不是因为嫌麻烦不够而自找麻烦，实在是因为语言既可以是语言使用人的审美对象，又可以同时是语言使用人的审美媒介这一事实的存在。窃以为这样的划分既较好地使美学语言学与文艺美学（尤其是与文学）分了家，又较好地把日常言语活动中的美都关照齐全了。

第一个层次的言语美的生成机制，我们已在本章上一节作了大量的论证。现在，我们用下面的篇幅专门讨论第二个层次的言语美（语言作审美媒介生成了意象美）的生成机制。

第二个层次的言语美生成机制的全过程，可分为两个方面阐明。

一、作为审美媒介的语言和第二层次的言语美创造

语言学中所说的"语言创造性"，大致上是这样一个意思：人能利用有

限的语言手段生成无限多的句子和话语。另有所谓"生成语法"（generative grammar），试图用一组规则来界定和描写一种语言的全部合乎语法的句子，而不包括任何不合语法的句子。讲这种语法的人，认为那些有限的规则能生成出许多句子。（参见Chomsky，1965）

言语美的创造是这样一种活动：说话人在进行言语活动时，利用了语言的审美属性，即表现在可用听觉感官直接感知的一串有意义的语音流上，且能使听话人产生兴趣、情感，激起听话人产生愉悦的美感的属性，也使用了语言的审美价值，即可让听话人欣赏的、能满足听话人的精神审美要求的价值。

由此看来，言语美的创造活动包括了语言的创造但高于一般的语言创造。可以说，言语美的创造是特殊的高级的语言创造。

按克罗齐的观点，言语活动可以是说话人的审美媒介，当它把审美形象外射（externalization）出去时，又成了听话人的审美再创造的刺激物。从审美活动形成了形象或意象这个阶段开始，人在心中已完成了腹稿。借用物理的媒介（语言、乐音、颜色和线条等）传达出去，外射出去，成为可供人（也包括自己）欣赏的语言（其实是言语）。

言语在审美活动中的生成是一种创造性的生成，它无法将现存的产品直接往外拿，由说话人临时创生的话语，拿出去的意象也是与别人不同的创造品。这里涉及两种创造：意象的形成是创造性活动，反射这意象的言语活动本身也是一种创造。这两者可能是兰因絮果，也可能是互为因果。所以洪堡特下述的观点是正确的："不要把语言视为死的产品，而应视为创造……是不断重复于外的、使有节的音调成为思维表现的心灵的工作。"（Humboldt, W. V. 1999；洪堡特，1997）他又指出，"不同的语言，不同的民族，都是人类精神以不同的方式、不同程度的自我显示的结果。语言是精神的不由自主的流射。"（Humboldt, W. V. 1999；洪堡特，1997）洪堡特提出语言能够利用有限的手段进行无限的创造，正是指的一种超规则的、类似艺术创作的、无法限定的且不可预测的创造，不是如Chomsky的语法推演。人的话语，严格说来，每一次都是创造。时间的推移，空间的转换，要讲的话，每一次都不是一样的，每一次都要临境生成。正是开口或拿起笔之后，讲了几个词语或写了几行字之后，一个人的思考才会喷涌，记忆才会激活，想象才会翱翔，感情才会迸发，思考才会愈益深刻，于是出现了妙语连珠或神来之笔，出现了不仅对听话人（读者）是新鲜的，而且对说话人本人也是新鲜的言语行为、思想、形象和成品。这就进一步解释了语言的创造和言语美创造的关系：因为语言具有创造性，才能创造出美的言语来。前者是后者的基础，但后者却又高出前者。

　　创造品（说话和写作）是在创造的过程中，也只能在创造的过程中完成。离开了这个过程，说话人（写作者）所拥有的最多只是一个蓝图，一个轮廓，一种明于心但不现之于口（纸）的腹稿。这种创造有时见之于文学作品和诗，有时见之于演讲，甚或"神聊""侃大山"。一旦这种创造展开，前言挑动着后语，一个思想火花引燃另一个思想火花，一个形象激活着另一个形象。

　　关于语言是审美媒介，还需要进一步阐明。克罗齐在发挥洪堡特关于语言是创造这一思想时说，语言的内部形式既非逻辑的概念，也非身体的声音，而是人们对事物的主观见解，是幻想和情感的产品，是概念的个体化。把语言的内部形式同身体的声音结合起来是内部综合的作品。（克罗齐，1984：169）克罗齐所谓的"内部综合"是指审美思维活动。而语言，本应当是审美媒介，但在他那里却与审美是一回事了（请参见第七章第三节：克罗齐美学与语言学重合论的哲学根源）。彩虹（色、形、线之美）只能是审美对象，不是审美媒介。但语言既可以是听话人（阅读人）的审美对象，又可以同时是说话人（写作人）的审美媒介，原因在于语言中窥见人的心灵活动和审美心理活动，彩虹却只是彩虹本身，没有人的心灵活动的加入。当然，把审美活动外射出来，有语言（文字符号）作媒介，也有非语言作媒介。比如，雕刻刀、画笔……都可以把意象表现出来。此时，雕刻家和画家是把观念结合到材料（石头、泥巴、木块、画布、羊皮纸……）里去了。根据什么来判断他们作品的水平？根据观念与材料结合的水平。"根据这个结合，这个内心的深处，来判断它是真正天才的作品，还是靠雕刀和画笔把被割裂的观念艰难痛苦地复写到材料上。"（Humboldt, W. V. 1999；洪堡特，1997：105 — 118）关于语言是审美的创造活动的媒介，克罗齐还有一句话值得重视："表现品固然不少，但是它究竟是什么，是这个还是那个，要看说话人的历史的与心理的情景而定。……文字的真正意义（逻辑的意义）并不存在，它是构成概念的人临时临境所赋予它们的。"（克罗齐，1958：51）他在这里的用意还不在否定词的逻辑意义，而是强调，某一个词的真正意义并不在思想中抽象地存在，每个人的审美思维都不一样，尽管用的是同一个词作媒介，可各个所赋予的含义并不一样。这并没有破坏词的概念的恒一性，只是强调了语言作审美思维的媒介时的创造性：临时临境所负载的含义不一。对于语言是审美思维的媒介的讨论，好像与言语美关系不大，好像说的是文学作品中的语言，其实媒介问题与言语美的关系极深，原因在于审美思维的结果不仅产生了语言的艺术成品（诗、小说、戏剧），也产生了有审美价值的一般言语活动和言语行为。后者为美学语言学提供了广阔的活动天地。

此处我们要交待的是，言语美的创造的具体规律和表现将在第四章（言语活动的美）与第五章（言语求美律）里详细展开。

二、第二个层次的言语美感生成机制

下面我们论述言语美创造的过程：第二个层次的言语美感生成机制的第一步：说话人解决审美思维与语言表达的矛盾，克服了障碍（得到胜利），生成言语美。这是与"语言创造性和言语美创造"密切相关的一个问题：审美思维和语文表达的关系。克罗齐坚持这样的意见：想得好，就写得好。一些人反驳说：也有想得好而写得坏的。也就是说，这些思想存在于表现之外，或者尽管表现的语文不佳而思想仍在。对此，克罗齐反驳道："某些书想得好而写得坏，只能指在这些书里有某些部分、某页、某段或某句想得好而写得也好，其他部分（也许是最不重要的）却想得坏也写得坏，没有真正想好，所以也就没有真正表现出来。拿维柯〔G.B. Vico.（1668—1744），意大利哲学家〕的《新知》（*Scienza Nuova*）一书来说，真正写得坏的地方也就根本没有想得好。如果放开大部头著作不谈，且专看一个短句。一个单句如何能想得好（清楚）而写得含糊呢？"（克罗齐，1958: 31）中国人说："名正则言顺，"也是同一道理。把我们的思想（概念）一直留在直觉形式里，可以不可以？可以。这样的直觉形式是一种简化的或者说是一种特殊形态的语文表现。所谓"特殊形态"，是说自己是够清楚的，但是传达给别人还不够清楚。这是一种不易传达于别人的形态。很多时候我们宁愿让它留在这种简化（或特殊）的形态里。克罗齐说，"不过从审美的方面说，我们所讨论的是两者不同的直觉成品，每种里面各有不同的心理元素。这个道理可以消除……内蕴语言与外现语言的区别仅仅来自经验的分别"的说法。（克罗齐，1958: 33）"内蕴语言"是留在直觉形式里只让自己清楚的一种简化形态的语言，"外现语言"是完全的审美思维（由直觉推向了意象形成阶段）的、别人也能透彻了解的形式语言。由此可见两种语言的区别不仅仅在经验，国内许多学者涉及内部语言与外部语言的区别时，不知是否对上述黑点强调部分的叙述感到有可取之处？现在回到克罗齐上头来。他指出"艺术与科学既不同而又互相关联；它们在审美方面交会"是正确的，本书从这一观点获益甚大。可惜他把美学与语言学当成一回事，不只是堵塞了他自己发展的路，也堵塞了别人跟进的路。每个科学作品同时也具有某种美学意义，只是读者的心思集中在了解科学作品的科学思想细节上吸取它的真理，很少注意到审美的那一面。我们可以考察每个科学作品：它的语文明晰、精确、完美地在我们面前展开，没有太过或不及的句子，而有恰当的节奏和音调（文字提醒读者须用什么发音器官做出某种动作，发出声音，听出文字背后的声音），这样的语文可以反观某科学作品想好了，推进到了完美的审美思维阶段；它的语文含糊零乱、没有把握、带尝试性，从这样的语文反观到作品没想好或想得坏，还停留在直觉阶段。当我们这样注意某一科学作品时，我们就是在注意科学思想的审美方面。可是克罗齐不是这样看问题，却说"每个科学作品同时也是艺术作品"，这和他主张美学就是语言学出自一辙了。克罗齐还有一个很奇特的观点，也是与"审美思维与语文表达的关系"相关的，那便是：一本书或一幅画本身不能算是艺术，但是人可借它窥见艺术。克罗齐所谓的艺术，纯属心灵活动，与我们现代人把成品当艺术大相径庭。"窥见"就是心灵的活动。他所谓的"表现""直觉""审美的活动""心灵的审美的综合""艺术创作"等词实际上都是同义的，即通常所谓的"腹稿"。那么，看得见的艺术成品（画、建筑物等）他都归入"物理的事实"之内，不是艺术，只是让你借它观照作者的心灵与意象，一言以蔽之，艺术只在心中。（参见同一书第十三章）有人反驳说：艺术家着手去画、刻、写，才完成了他的艺术品，所以艺术品的美是在审美的美之后而不在前，克罗齐不无讥笑地回答："这对于艺术家的程序不免是一种肤浅的看法。"艺术家如果没有事先在想象中把所要着的笔看清楚，从来就不着一笔。先有成竹在胸，后有画竹在纸，这是经验。如果艺术家没先看清楚就下笔，那就不是使他心里的表现成品（因为还不存在）外射，而是当作一种尝试，要找一个出发点便于再思索、再凝神退想。怎么用语言把审美意象表达出来？参考克罗齐的回答，简述如下：某甲感到或预感到一个印象——可以是一个形象的印象，情感印象，过程印象，信息印象，但我们首先权当它为形象的印象——还没有把它表达出来，而在设法表现它。他试着用种种不同的字句，来产生他所寻求的那个"表现的成品"（由克罗齐的术语"表现品"扩展而得，借以与"表现"相对），那个东西一定存在，只是还没有找到。他试用词语组合M（即语音组合M），用某一种语调和节奏，但是觉得它不恰当，没有表现力，不完善，丑，就把它丢掉了；于是他再试用词语组合N（即语音组合N），用另一种语调与节奏，结果还是觉得它丑，又扔掉；那个表现成品还在扑朔迷离之中，时闪时避。经过许多其他不成功的尝试，有时离开瞄准的目标很近，有时离它很远，可是突然间（几乎不求自来），他碰上了所寻找的表现成品，水到渠成。霎时间他享受到审美的快感或美的东西引起的快感。丑和它所附带的不快感，就是没有能征服障碍的那种审美活动；美就是得到胜利、克服了障碍的表现活动。（克罗齐，1958：129）其实，人在演讲、作学术报告、被咨询、被采访、答辩、动员讲话、写作实用文章时，同样有这样的寻找表现成品的过程：苦苦寻觅，一再试用，反复选择，像是在天涯，又像在咫尺，须推磨，须运转，为得一恰当字句，大有"非旬月不可"的气概。这个表现成品一经到手，便击节，便拍案，便摇头晃脑，便手舞足蹈，便眉飞色舞。这是出现了审美快感。一般言语活动里同样存在着形象思维的展开，灵感的捕捉，都要以语言选择作为基础，并且以选择到最贴切的话语形式作为说话人（写作者）克服障碍、成功表现的客观标记。形象最终要落实到话语的审美表现力上。这又证明审美思维不得不借助于语言。概括之，审美活动中，总是要选择最能引发美感的最贴切的话语形式作为表现成品表现出来。

综上分析，我们发现，审美思维与语言表达的矛盾过程就是第二个层次的言语美生成机制的第一步。克服障碍，得到胜利，成功表现，就是第一步结果。这个层次的言语美感生成机制的组成应该有两个部分：（1）说话人创造言语美（本节的上面部分）；（2）美的言语激唤起听话人的美感。下面讨论第二部分。

语言不仅是概念，也可以是表象，它通过描写、叙述，可以引起再造事物的形象或者引起特定情绪，简言之，语言的美引发听话人（阅读者）审美再创造，再创造出一个与发话人（写作人）一样的美的意象来。语文成品（克罗齐心目中的艺术品，我们在这里借来用作代表说出的话语与写成的读物）只是刺激听话人（阅读者）的心理组织，使原存在说话人（写作人）心灵中的审美形象再现于听话人（阅读人）的意识之中。言语美起到了它应有的作用。文字成品是某种符号，提醒我们须用什么发音器官做出某种动作，才能发出某种声音，不开口的阅读人也能听出文字，听到声音。——发出声音的口语是第一位的，语文成品只是召唤出音感来（钱冠连，1990），这正是我对言语美品性的两个概括中不涉及文字成品的原因——语文成品将看不见的变成语言接受人心中的画面（如《纽约时报》让北京人看，北京人心中想象出纽约股票市场的画面）；语言成品使听不见的也变成接受人心中的声音（如现代中国人"听见了"三闾大夫屈原的"问天"的哭号，浮现出他悲愤地呼天问地的情状）。从某种意义上看来，语文成品都是对语言接受人的一种刺激，一种引发。刺激之后的审美再创造是接受美学研究的课题，本书不详细讨论。简述第二层次的言语美感的生成的第二步是：美的言语成为刺激信号，言语接受人再创造了（复制出）发话人心目中原有的意象，此后，接受人心中升起兴趣、情感和欣赏的愉悦感。需要稍加说明的是，所谓"再创造出（复制出）发话人心目中原有的意象"只是理想的境界。日常生活中不可能复制出完完全全的"原有的意象"，这样的不完全的"原有的意象"是由多方面因素造成的，研究这些因素要多方面超出语言学的范围，因此就不往下谈了。尤其要说明的是，听话人虽能复制出与说话人大致相重合的"原有的意象"[见例（1）]，但这"意象"也不一定是图画或画面或图景，也可能是近似于图像的图式[见例（2）、例（3）]，甚至完全不是图画，而是信息、抽象的哲理、摸不着看不见的理念和思想[见例（4）、例（5）]：

例（1）：中央电视台《正大综艺》节目主持人杨澜："站在赵忠祥的身边，就似乎是有了一种依靠。镜头前，他总是那样沉稳，使你本来一颗半悬的心也落了下来。"（李克：《访赵忠祥》，《广州日报》1992-02-11，九版）

例（2）：刘英："这一路怎么来的？"

张浩："有车坐车，没车走路。"

（刘英：《在大变动的年代里》，《人民日报》海外版1991-06-25）

例（3）：谢添："每个人都有一根发笑的'痒痒神经'，喜剧是笑的艺术，要想方设法去碰观众的'痒痒神经'。"

《广东电视报》1992-01-30，第四版）

例（4）：吴国桢："财长XXX不学无术，但专做有学有术的事情，焉有不闯大祸的。"

（江南：《萨瓦娜访吴国桢》，《人物》1985年第2期）

例（5）：苏步青对中学数学教师讲习班学员说："名师不一定出高徒，严师才能出高徒。"

（章甫、张弛，《此身到老》，《文汇报》1991-10-02）

例（1）杨澜的话一经说出，听话人（或阅报人）看过电视，脑海里会出现杨澜与赵忠祥并排而站，手拿话筒的画面，赵忠祥微笑、端庄、稳重、诚挚而善良的形象也会像说话人头脑中出现的那样复制在听话人头脑里。这不奇怪，因为那画面是说、听双方在交谈前就共有的，说话人的声音刺激听话人复制出一幅画面。例（2）中张浩的答话也可以勉强算作刺激复制出（在听话人刘英脑海里）一幅图式，因为听话人也经历过坐车与走路的情景。例（3）中说话人说的"碰观众的痒痒神经"，听话人也可以大致上想象出一个被搔了"痒痒神经"的人是如何大笑而欲罢不能的滑稽情状，即图式。例（4）、例（5）的话语则完全不能刺激出一幅图画，但这并不妨碍这两段话语具有可被人欣赏的、能满足人的精神审美要求的价值。例（4）将某某的"不学无术"与财政部长特别需要"有学有术"对立起来，形成强烈反差，闯大祸的道理说得透，且言之铿铿，语之锵锵，盖因说话人身临其境将"不学无术"成语与自造的"有学有术"形成对比的缘故。说此话值得欣赏，不为过分。例（5）是一种哲理，是一种意义，所以被听话人传为美谈。这例（4）与例（5）说明，听话人美感机制的生成结果里，不一定要复制出一幅幅图画或画面，"原有的意象"也可以是图式，也可以是信息、理念与思想。这样理解"在听话人头脑里再创造出发话人心目中原有的意象"，更符合日常的一般言语活动。只要说话人与听话人生活在同一个物质世界里，信息、理念与思想虽然是抽象的，但也可以复制、再现、再创造。道理很简单：这些信息或理念或思想或知识，在言语活动之前便是交际双方共有的。例（4）中的"财政部长需要大学问"，例（5）中的"严师出高徒"，不正是言语活动之前交际双方共有的（共享的）信念与思想吗？

以上便是第二个层次的言语美生成机制的两个部分：从说话人的审美思维与语言表达的矛盾过程与结果（克服了障碍的表现活动）到听话人再创造出发话人心目中原有的意象（图像、信息、理念、思想），升起欣赏的愉悦感，大致上是两步。

作为小结，我们想强调，第一个层次的言语美的生成机制（第四节）是主要的、第一位的；第二个层次的言语美的生成机制对于美学语言学是第二位的，但对于语言生成美感的事实来说，它却是绝对不可忽视的一个部分。另外，我们想提醒的是，无论是哪个层次的言语美都是在话语交际价值实现的同时伴随发生的。但交际价值的利用与美学价值的利用，在人的交际中，前者是第一位的、自觉的，后者是第二位的、时而自觉时而盲目的、有人自觉有人盲目的。

第六节
言语美感场

人们的审美要求确实是多样的，有差异的，但并不是毫无规律、原因、评品标准可言的。审美理想和要求归根结底是人们生理、心理、生活方式、文化修养、政治、经济等社会历史条件决定的。那么，社会历史条件相同的人们，生活方式相仿的人们，就有可能（仅仅是可能）有相通的审美要求（情趣、理想）。就语言而言，社会相约和历史因袭就成为审美要求的诱导、启示因素，使人对语言的千差万别的审美趣味逐渐形成共通的部分、公认的部分。这说明人的审美趣味不仅有差别性，也有趋群性。人的趋群性奠定了审美的社会相约的基础，审美的社会相约是人的趋群性的表现之一。某一个语言集团、民族、地域往往有共同的审美要求和公认的美，这就是审美的社会相约表现。比如语言的口头禅，某个班级、村庄、工厂，往往是由"这样够味儿"、"大家都这么说，我也这么说"的审美的社会相约推动形成的。所谓"够味儿"，即够得上欣赏味儿，所谓"大家都这么说"，即社会相约性。目前（本书写作的这个时期）北京地区流传的口头禅"整个儿"（"你整个儿是个大骗子""我整个儿大傻瓜呀"）和广州地区流传的"不好意思"（相当于普通话"对不起"，英语的sorry），正是社会相约推动形成的。每个说话人都会有听话人或听众，少则一个，多则几十（听课）、成百上千（听演说）、成万（听斯大林哀悼列宁演说）、成百万（听丘吉尔对德宣战演说）说话人那样地说出那样的话，这样地说出这样的话，一定是觉得他所说所讲能传达出他的神理气韵和他与听众共享的理想与信念，能引起听众的美感共鸣。说话人有把握让自己的演说受到听众的欣赏，他不会去冒险说些大部分听众都不欣赏的话。由此见之，他与听众之间一定有某种审美相约性所造成的审美共通趣味。成千上万的听众如痴如狂地向说话人欢呼便是这种审美相约存在的证明。审美相约有时间性、阶段性，随时代的不同而有所不同，这一点也是我们应当注意的，在此就不详细讨论了。

这里，我们要特别说明"言语美感场"对于形成语言审美情趣的社会共通性起了推波助澜的作用。什么是"言语美感场"？每个人都是说话人兼听话人，此时是说话人，彼时是听话人，人是一个，角色可二兼。这样，人人都可以利用语言的固有的审美属性生成（创造、发出）言语美引起别人的美感，人人都可以接收（领受、欣赏）言语美。这就形成了语言集团的言语美感场，如下图所示：A是言语美感场中任何一个人，他利用语言固有的审美属性生成了美的言语，显示了言语美，引起听话人B（言语美感场中的另一个人）的美感，这个人在愉悦（美的享受）的同时也记住了A的发出言语美的策略，当他（B）扮演说话人角色时，他也会如法炮制或另创新法去引起听话人C（言语美感场中的另外一个人）的美感，如此传承下去……这就是语言集团中单个人之间的言语美生成（创造、发出）与接受（领受、欣赏）的循环过程，找不到开头，也没有结尾。如图示的言语美感场：

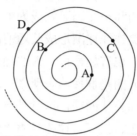

作为语言集团，就在世世代代的繁衍中，积累了一套言语美策略。不断模仿和突破使这套策略常用常新。

大体上大家都认为整齐、平衡、匀称、多样变化的统一的语音听觉能引起美感，认为杂乱、失重、单调、畸重畸轻的语音听觉为不美。这也是言语活动的审美的社会相约。

言语活动的审美的社会相约有着明显的地域区分。趋群性最容易在地域因素上显现。某一地域的人对于某一种公认美和另一地域的人往往有很大的不同。使用同一种语言的人，甲地公认这种发音（声调、重音、拖韵、用声）、词语和句式是美的，乙地却公认那一种发音（声调、重音、拖韵、用声）、词语和句式是美的。这种审美相约的地域性往往是形成语言变体、方言、不同语言的一个方面的原因。此前的语言学家在研究方言和语言变体（扩大言之，一种语言）的形成原因时没有注意到审美趣味（要求、情感）的社会相约（现象）及其区域差别，不能不说是个缺陷。漏掉了审美的社会相约及其地域差别这一因素谈语言变体和方言的形成，总不免有"少了一条腿"的感觉。

审美的社会相约也有阶层的区分。但是，以语言而论，不允许阶层的区别走得太远。假若语言真形成了阶层的对垒的审美相约，交际便成了问题，于是不同阶层的人们的审美相约性便会相互让步、相互接近、相互接纳。看来，语言的实用性成了一个自动调节器，使审美的社会相约的阶层区分不致发展到壁垒沟壑的地步。

审美的社会相约性也具有民族、种族、职业的区别。这些区别在语言里表现十分突出。此前，在研究不同民族、种族、职业的语言差异时，也忽略了他们的语言审美社会相约性的差异，使得这些研究中有某些困惑点总是不得解释，不免有牵强附会、顾此失彼的缺陷。

语言的审美要求之所以形成共通的部分，也由于历史因袭在起作用。审美的社会相约的结果，也可能在历时的维度上承袭下来。当然，承袭下去的也可以逐代失去。一个时代的人要接受上面一个时代的审美启示，使语言中的优美成分越来越多。这便是语言结构、层次中优美的因素越来越多，合理的因素越来越多，粗糙的东西越来越少，不合理的东西越来越少的语言审美选择历时过程。在历时因袭中进行的语言审美选择使一门语言变得越来越符合实用和审美双重尺度，可说是语言发展的一个规律和大趋向。

第七节
语言审美价值的特点

语言的审美价值是指：可让听话人欣赏的、能满足听话人的精神愉悦要求的价值。语言的审美价值有如下四个方面的特点：

第一，作为审美价值负载者的语言，具有独特完整的形式。美的言语使人（审美主体）感到赏心悦耳，这与它独特完整的形式分不开。那便是：（1）发育完满的能区别其他声音的语音，包括：声韵配合形成音节的规则，重音与轻读音相间规则，声调规则，语调规则，节奏规则，体现生命意识的规律（迄今为止尚无人描写，本书试写于第三章第十一节），等等；（2）发育完全的（不是没有缺陷的）句子结构规则，包括：构词规则、构成词组规则、构成简单句子规则、构成复合句子规则、构成句群规则、构成语篇规则，等等；（3）话语符号的任意性、线条性、冗余性、随机性、离散性、模糊性，等等。

语言的上述独特完整的形式，使自己能与世界上其他任何声音都毫不含糊地区分开来。且不说与雷声、山崩地裂声、树叶摩擦声等轻而易举地区别开来，就说与动物呼唤声（传递信息的呼唤）也能不费力地区分，尤其是与音乐——有音韵、有调声、有重轻音节相间、有节奏、有旋律等与语言相似性最大的声音——也能清楚、明确地区别开来。其中最主要的一点是，语音有能指与所指（signifier — signified）的对应，音乐之音却没有类似的对应。以英语而论，star（星）这个词（能指，表示成分）就是和"明亮的天体"（所指，被表示的成分）对应，不和别的对应；反过来，"明亮的天体（星）"就只和star对应。以汉语而论，[xing，星]和"夜晚天空中闪烁发光的天体"也有如此的对应，反之亦然。但音乐之音就没有它的相应的唯一的所指了，如"悲怨情

65

绪"，假设是"所指"的话，那么，它的"能指"（表示成分）却没有相应的那一个，"二泉映月"曲可表示悲怨愤懑，"江河水"曲也可以表示悲怨，京剧里二黄倒板也可以表达悲怨，我们可以找到100首或更多的中外名曲表达悲怨情绪。可见音乐之音找不到相应固定的"所指"。当然还有一些别的形式可以借以区分音乐与语言。我的意思是说，音乐有审美价值，语言有审美价值，但两者审美价值的结构特点因为有不同的形式而不同。须知，一个客体要获得审美价值，必须具有独特的完美的形式因素。语言就具有独特完美的形式因素。

第二，作为审美价值的载体的语言，蕴含有满足主体（语言使用人，尤其是听话人）某些社会、精神方面需求的作用和意义。不待说，语言的某些形式特征——优美的音韵、和谐的节奏、表情的声调、富有生命意识的声、气、息与面相、身势的配合——使主体感官舒适，身心愉悦；更重要的是其中蕴含了丰富的社会意义，能满足人们社会精神多方面的需要。这种社会意义表现在：（1）语言符号参与了人创造意义世界的活动。这个问题在第四章（言语活动的美）第二节（拣好听的说：言语活动中的美学追求）中有详细的阐发，在此简要地作如下提及：人不仅创造了物质世界，也创造了并继续创造着一个意义世界；人说出的话语，都有一定的意义，不是指"语义"，不是指"所指"（signified），即人创造出了超越自己生存的意义世界；人对自己言语活动的美化只是他企图超越自己的纯存在去追求意义世界的一个表现而已；语言符号参与了人创造意义世界的活动是最值得幸庆的事。人要弄清人生的意义、世界的意义、意义本身以及怎样使用意义；语言就是人生；语言是精密的有社会意义的符号，许多真实的观念、真实的意义通过语言作为载体传播开来；话语的意义把人的精神一步步引导到某一个特定的情景，意义引导了精神活动；言语美创造的部分动力来源于人对意义的追求。（2）语言符号参与了人创造物质世界的活动。语言加速了物质世界的发展，语言使创造物质世界的活动走上可靠的现实的轨道，语言使人与人之间的各种关系明确化、界定化；没有语言，社会文明是不可能进步的。语言蕴含着的丰富的社会意义不论是它本身本质所固有的，还是由人通过联想、想象等心理活动所赋予的，它在审美价值结构中的地位和意义都是一样的。

第三，作为审美价值的载体的语言，存在着对人的功利目的性。功利目的是主体活动的引导，不管主体自觉与否，他总是把有益与否——传递信息、借以思考——作为衡量语言（及其他事物）或活动的一个尺度。从起源看，审美价值是在事物使用价值的基础上产生并分化出来的，随着人类审美活动的展开，审美价值才逐渐具有了独立的意义。人类最初的审美活动总是从欣赏与自己生存、发展等生命、生产活动直接相关的产品及其他对象开始的。劳动工具是人类最早的审美对象，这从对劳动工具的改进过程及装饰发展的情况便可得到证实。后来，随着人类审美实践的发展，直接的功利性淡化升华为形象的显示，从而功利观念就隐含在美的形象之中了。给人扇风解凉（解暑）的手折扇便是这样：非常精美的扇面与扇骨使人不忍拿它扇风，只将它当艺术品收藏，虽然它还是能扇风解暑。这说明美感观念中隐含着功利观念，美的感性形象中隐含着人类的功利性，审美价值的观念里深蕴着人的功利观念。

语言的功利目的是不言而喻的：传递信息、思考、交际。但语言是人使用的工具，人要将他手中的一切工具加以改造——按美的规律、用美的尺度加以改造，语言也没有能挣脱出这种改造，但是它仍有功利目的。

第四，作为审美价值的载体的语言，成为审美主体（语言使用人）自身的本质力量的确证。事实上，迄今为止我们在所使用的语言的结构和层次里都可看到人自身理智地复现自己（能动地、现实地复现自己）的印迹，即现在我们所使用的语言结构是历代的人按照人的要求（实用的、审美的）选择的积累，这是从语言结构上看的；从语言使用的个别活动即言语活动上看，它更成为主体自身本质力量的显现，一如老太婆剪窗花，工匠雕门廊，小姑娘绣荷包那样一往情深、一心专注地露出自己的心灵幻影，语言成为使用人投射自己心灵幻影的最得心应手的对象。所谓"文如其人"，就是语如其人。什么人说什么话，话语里隐藏着人的性格（小说家创造形象的最重要的手段），就是人在话语里确证自己的本质力量。马克思指出：人不仅像在意识中那样理智地复现自己，而且能动地、现实地复现自己，从而在他所创造的世界中直观自身。没有什么东西能比得上言语活动那样方便自如、那样真正现实地直观人自身。语言是真正的伴随着人而又看不见的由人创造的世界。

有独特完美的形式，蕴含丰富的社会和精神意义，存在着对人的功利目的，让人直观自身，这四个特点，是语言具有审美价值的几个特点。

第三章
语言结构和层次上的审美选择

小引
什么是语言审美选择

语言是地地道道的人创造的世界。人在这个世界里可以直观自身。人在语言这个世界里理智地、能动地和现实地复现了自己（参见第二章第七节：语言审美价值的特点）。一代一代的人接受上一代人的审美启示，语言结构中优美的东西便沉积起来，粗糙的东西越来越少。在历史因袭中进行的语言审美选择使一门语言变得多方面地符合实用和审美双重尺度，可说是语言发展的一个规律和大趋向（参见第二章第六节：言语美感场）。第二章第五节里我们还说过，在第二层次言语美生成机制里，选择到最贴切的话语形式可作为发话人克服障碍、成功地表现意象（信息、理念与思想）的客观标记。进一步，这一章里我们具体地、逐一地看看语言的结构、层次，从符号到语篇（即从第一节到

第十节）——是如何按美的规律建造的。

所谓"语言审美选择"是指：

（1）在一切言语活动、言语行为中，人总是要选择能够迎合自己生命的动态平衡的需要、并引起舒心悦耳的美感的话语形式，即选择某个言语表达实体是从审美的目的出发的。

（2）语言的一切结构层次，是人按照美的规律和意图建造而成。或：人总是从美的意图出发并选择美的框架形式将它们构建。

语言审美选择的第一点，留待第四章（言语活动的美）和第五章（言语求美律[求美策略]）去详加讨论。语言审美选择的第二点，就在本章展开。

第一节
符号的审美选择

让我们先看看下面几例交际形式：

例（1）:北京第十一届亚运会体操赛场上，中国队频频领先，中国国旗频升，国歌连奏，此时，观众席上冒出这样一幅标语：中国体操队 👍！

例（2）:男女厕所分别用穿裤男人像 🚹 和穿裙女人像 🚺 作区分标志。

例（3）:玻璃制品装箱外印有 🍷 。

例（4）:1990年10月5日《羊城晚报》第二版上，报道了1987年10月11日西德一丑闻：某一位州长的尸体在日内瓦某一旅馆的浴池内漂浮着。发表这一消息的栏目是这样安排的：国际 ⊞ 闻录。

例（5）:会拉二胡的中国人有时可能会在心中苦闷独处时奏出《病中吟》。

例（6）:注意A、B对话中B的回答方式：

A：怎么样，你儿子考大学，"鲤鱼跳龙门"了吧？

B：（愁眉不展，用撒开的手掌无力向外扇动几次）。

例（7）:张学良捉了一只鸟，又买了一个笼子，把鸟放进笼里，然后派人送到蒋介石那里去。蒋收下，回送了一个更大的笼子。[1]

例（8）:1929年从美国回来的刘某某担任南京市长，结婚时，收到冯玉祥

---

1 李大维：《给张学良伯伯的信》，《文学报》1990-06-14。

"贺礼"一份：一大捆诉状（告刘的状纸）。[1]

不消说，上列8例中各种符号翻译成自然语言是不难做到的。这8例告诉了我们什么呢？

语言使用人面临的审美选择的第一个层次就是符号：语言符号和非语言符号之中，哪一种更适合用在什么场合，是由多方面因素——其中包括审美目的这一因素——选择的结果。语言并不是唯一可用的符号。当使用人觉得在某种特殊场合中使用自然语言并不美的时候，他就毫不犹豫地放弃它，选择另外的非语言符号。第一个层次的语言审美选择是在语言符号与非语言符号之间进行的。以上8例的具体分析可以证明。

从例（1）看，如果横幅标语是"中国体操队数第一"，则"数第一"显然不如用"竖起的大拇指"图像。"数第一"仅仅是"数第一"，没有更多的启示、附加意义。在中国，竖起大拇指经过社会约定定义为最高级的赞赏，其附加意义却非常丰富，尤其是骄傲、自豪感的附加，远非"数第一"所能兼及。彼时彼地，面对一次次升起国旗、奏起国歌，用这种大拇指图像，显得独有风采。这一图像，转写出来的汉语语符可以有很多："顶呱呱""妙极了""超群了""拔尖儿了""夺冠啦""盖帽儿啦""技压群芳""独领风骚"，等等。这一图像还能启发人更多的想象，更多的美的解释和补充。这说明，符号（非语言的）在和语言符号相佐时，可以代表言语表达式，有时还更实用或更美。

从例（2）看，男女身像更直观地区别男女厕所。这种标志在城乡被广泛地接受，除了实用目的之外——方便了不识字的文盲，还有美学的考虑：这样描图画像更体面、悦目，美化了城市环境。

例（3）中的高脚玻璃杯，通常要和"小心玻璃"等语言符号共存，增加了信息成分。

例（4）中的"丑"字垫有黑色方底，似乎有更多的审美意义。它传递了额外的信息——"乌七八糟""黑暗""见不得阳光，见不得人""藏在阴暗角落中的事和人"，还传达出了编辑对这一丑闻的评价和态度。"审丑"是为了"审美"。

例（5），以《病中吟》曲代替哭泣或倾诉。拉琴人对曲子本身理解得越深，他的运弓抚弦技巧越是娴熟，他就越是能细腻地"表达"自己的（不是原作曲者的）呻吟，其效果就比使用自然语言更完美。值得一提的是，他是独自

---

[1] 见湖南人民出版社出版的台历1987年11月17日那一天的背面。

一人运弓施指，不是为了让别人欣赏原曲之美，而是拉琴人自诉，即在说话。

例（6），B用动作而不选用诸如下面的语符"我儿子未考取大学"，是由他难堪的心境决定的，那一脸愁云不一定比用自然语言更美，但确实比话语直白更深地表达了说话人的怨子不争的失望情绪。

例（7）中，张送蒋的鸟笼是代替了这样的自然语言："小鸟是我的猎物，我是你的猎物。"蒋送回张的大鸟笼代替了这样的话语："你再捉鸟吧，我有的是笼子！"他俩这样的符号选择都收到了回味无穷的效果，令后人生出回肠荡气的感叹。如果张、蒋两人用纸条把上面的话写上，传来递去，会怎么样？至少蒋害怕留下话柄。张之为张，蒋之为蒋，使他们不可能有这样表皮的交际选择。

例（8）中，冯玉祥以一大捆诉状代替婚礼贺词，是说：有人告你，看你还美不美？或者说：有人受你害，我给你泼一盆冷水。但这种设想的说法都无触目惊心的效果，冯的选择是有道理的。

上面8例分成两种情况。一是完全抛弃自然语言，选择非语言符号；二是依托自然语言，选用非语言符号[看例（1）、（4）]。但是，所谓"完全抛弃"自然语言，其实仍要在大的语言环境中才有可能。因此，绝对的完全抛弃自然语言的情形是不可能产生的。这里暂时按下不提。

但是，若问人们为什么有方便的语符在手而不用，却另寻他法，这却需要讨论。大体上说，原因有二：人们表现交际意图时，常常不忘"美化"；其二，语言符号表达交际意图或审美感受时，并非万能万神，还有它局限的一面。这便是人们暂时抛开它、拣起（换用，或部分换用）别的符号的原因。但这样的两个原因只是初步的分析，我们要从另外的符号系统也有审美功能以及语言符号和其他符号在交际中的关系上，作进一步讨论。

第一，人是进行符号活动的动物，人类创造文化的历史就是以自己的符号活动创造文化的历史，人类文化的各种形式（宗教、神话、语言、科学、艺术、工艺品，等等）可看作是人以他自己的符号活动创造出来的"产品"。人的本质力量之一是他能利用符号去创造文化。"因此，一切文化形式，既是符号活动的现实化，又是人的本质（力量）的对象化。"（董学文）把人及其本性完全消融在符号活动中的理论固然有它的偏颇之处，但很有必要指出的是："符号化的思维和符号化的行为是人类生活中最富于代表性的特征。"（卡西尔，1985: 35）所以，数学家用一连串的数学符号表述其思想结果，印第安人射来一箭向你传递出他与你决一死战的信息，在中国，亲人死了戴黑色袖章或白花（1949年以前披麻戴孝）表示哀悼，约会中的情人往往选择意中人喜欢的颜色与样式的衣服前去赴约。这些符号都经过了社会的约定，约定性是符号的本质特征。即使是有了发达语言符号系统的现代人有时也故意用非语言符号来取代语言符号——符号化的行为是人类生活中最富于代表性的特征。上述8例是证明，下面再拣一例以证之。淘气的朋友不用言语，有时借用京剧里约定的一套符号，去回答朋友：甲："你先请！"（指游览中的庙门）乙：不言，装着用水袖掸鞋数次。乙的动作是京剧程式化"语言"（一套代表进门与接受邀请的符号），他暂时抛弃了现代语言里的"好，那我就先进了"之类的说法，表明游山玩水时特有的愉快和朋友之间的随和气氛。这是美的符号的选择。非语言符号不能也，是不符合审美心境而已。但并非凡是用别的符号不用语言都是美的选择。如激战中的足球裁判员用手势不用语言，那并不是为了审美，而是因为沸腾的场地谁也听不清裁判员的声音，只好打手势。

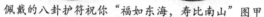

佩戴的八卦护符祝你"福如东海，寿比南山"图甲

獾与喜鹊：欢天喜地　图乙

　　言语交际中有可能利用来作审美选择的非语言符号，似乎应该包括：身姿、面相、目光、说听双方接触状况、衣着、饰物、静默、辅助语……这是一个开放性的系列。前文字符号阶段的符号：手势语、信号、结绳、画记号……和文字符号同时存在的表达符号还可以有：人的饮食起居等行为举止；音乐、舞蹈、绘画、游戏、仪式、竞赛等活动；人的服饰、器具、信物等；人所创造的建筑物。即便是现代，有的场合还是要选择非语言符号来传情达意——如果比口说言传还要符合审美心境的话，如上列8例可以说明。又以器具器物为例。中国1949年以前，女方把女儿的生辰八字庚帖送到男方，是说"同意把女儿嫁给你家男儿"。中国汉族少年向贵宾献花或献领巾，俄罗斯人给贵客送面包和盐，中国藏族人向客人献洁白的哈达。这都是器具器物比说话更美的例子。上面说的人的表情姿态符号，是与语言共生的，在第二章第四节（言语美的生成机制）有详细的论述。此时，语言交际的规律是：同时选择两种符号（语符和非语符）传情达意。旧时中国人佩戴的八卦护符，它既有八卦以示神灵在身帮人驱鬼避邪，又有汉字"福如东海，寿比南山"之意，那当然也有美

化衣着的意思，如图甲所示。同样的意思，现代中国人给老人送画，画的是老寿星、万年松，两旁分别写有"福如东海，寿比南山"。这一点，在下面叙述中要更加详细地讨论。

第二，人类思维以语言符号为基本操作工具，其他符号为辅助手段。人际交际中，语言是一切符号的基础和母体。语言符号必须与其他符号混合使用，这既可补偿语言符号的局限性，更重要的是，其他符号只有以语言符号为参照才能获得意义。这是符号层次上进行审美选择时要注意的一点。

尽管其他符号可以参加人际交流，但必须强调语言是一切符号的基础。原因之一是，符号的发生最早就是语言。语言从原始符号中脱胎而出（标志着自觉意识的确立），其他符号才能作为系统而确立。原因之二，语言符号最自然地、最直接地与人们的生存活动联系在一起，人自出生起（从出娘胎时）就首先接受了语言符号，人类最常用的符号系统就是语言符号。[1]上面图示里八卦护符上又写着"福如东海，寿比南山"说明，选择其他符号只有以语言符号为参照才能获得美的意义。下面的例了更典型：为了向朋友祝愿愉快，我们不选择诸如"祝您愉快"之类的话语，代之以更美的形式，比如说送一幅画。画的是獾与喜鹊（如图乙）。这寓意是什么呢？欢天喜地。獾的具象，参照了"欢"的字音与义，召引天上的喜鹊"欢"起来；喜鹊的具象，参照了"喜"字的音与义，召引地下的獾得"喜"——合起来是"欢天喜地"。两个具象当然很美，但要挖掘出它们的意义（"祝你快乐"），最终是参照了语言符号"欢天喜地"才获得的。

综上所述，我们可以发现，人在进入言语交际之前，已经进行了一次不露声色的选择：是用语言符号还是非语言符号？在进行第一个层次的选择时，其中就有审美因素（当然也会有实用因素）左右着说话人。

有一点须说明：这一节只谈了非语符的选择，没有谈语符的选择，因为本书就是讨论语符的美和语符的审美选择的，故此节略去。

1　参见杨春时：《艺术符号与解释》，北京：人民文学出版社，1989年。

第二节
渠道的审美选择

在符号系统中选定语言符号之后——选定非语言符号的情形我们这里就不问了，它们是文化学或其他学科的事情——说话人就该选择语言交际第二步：采取什么传达渠道——口说、笔写、邮件（书信）、电话（电传手段）、大众媒体（报纸、期刊、著作、电台广播、电视、电影），这些渠道中的哪一种更能为说话人所用？除了实用目的影响这种选择以外，审美目的能否影响这种选择？下面就渠道的不同来回答上述这个提问。我们马上就会发现，渠道的选择中显然有审美目的的干预。

第一，一个最引人注目的、又最典型的例子是选择信件表白爱情（即通称的"情书"）。情书好像是古往今来、本土外域通行的表白爱情的渠道，以至情书搜罗可成册成卷，后人赏读不厌。某些男女抛弃口诉而授施笔端，研究个中缘由，对于渠道的审美选择的理解是有帮助的。舍弃口诉（东方人比西方人更多），是因为：（一）当面说，由羞而怯、由怯而乱语次，既谈不上表白自己，又不能取悦对方，其后果是少男少女不堪忍受的；（二）即使有胆诉说者，也不能深思熟虑，不能尽言其美。两种情形都有这种危险：美好情感由于面叙时拿不出美的言辞（不包括滑头话）而丧失殆尽。用书面传达的好处是：美好情感由于美的言辞更加显得高尚、真实与得体；接受人由于时间充裕（不像面诉时稍纵即逝），心领神会的程度大大优于面聆。电影、小说中谈恋爱时的口头面诉那是假口语，剧中人说出来的爱情表白正是作者精心设计的，不是元口语，要说有什么价值，那只能是文艺美学所承认的美学价值，与美学语言学所承认的美学价值是两回事。因此，文艺作品中所表现的口诉爱情不能用来证明口诉比笔诉更美。作者在这里不是主张笔诉爱情比口诉爱情更美，只是在探讨笔诉爱情（书面渠道）中的审美干预。

第二，明明是可以见面的两者（朋友、上下级……）不面议，而采取陈书传信（非情书）的形式，又是一个审美目的干预渠道选择的例子。书信的选择，一般地说，是为了克服空间障碍，而不是为了美的选择。若说全然如此，那就大谬了。明明是天天见面的朋友或上下级（且不说上面提到过的可以见面的男女情人），有什么事不好当面说道，有时却要写信陈书？可以面见皇帝提出辞官请求的晋人李密，为何大写其《陈情表》（为侍奉祖母而辞官）?诸葛亮不是可以随意与他的前后两个主子当面论古谈今吗？何劳他动笔写出前后

《出师表》？在西方，书信为什么能成为一种准文学形式？说书信的选择纯粹是为了克服远距离的障碍，显然是不能自圆其说的。

书信形式对于表情传意（理所当然也有传消息的作用）的特殊魅力和震慑人心的力量，历来被人们铭记并屡试不爽。"书信是生命的安慰"，法国启蒙运动思想家伏尔泰（Francois Marie Arouet de voltaire）如是说，确实是再贴切不过了。父母收到远方游子的家书时那种心理体验正是生命的安慰；科学技术工作者向国家恳切陈述某某工程应兴建的建议书信写完时的那种轻快、自慰、自豪的心理回味也正是生命的安慰。

另一个更美妙的动机促成人们选择书信渠道：它便于留下历史印证让别人或后人去考察，去欣赏。"去考察"者，有档案作用，这不是表现美的欲望；"去欣赏"者，那必有让人分享美的愿望。书信保存越久，越被人看成是剖露写作者行为思想机密的魔箱。书信所记，有的充满激情，有的暴露赤裸裸的隐私，有的表现困厄危亡，有的勾勒登峰造极时的心境，这些东西经过历史的酿造，都会成为醇香的美酒陶醉后来的阅读人。书信记载下写作人朗朗的声音，拓印下写书人真实的相貌，年代越久远，越有作审美对象的资格。我们有为数颇多的真实书信让后人欣赏时拊掌称绝、琅琅上口——这些都是言语美的表现，也正是原写信人审美目的的现实化。大凡能出表具书的人（诸葛亮、李密不过是范例而已）总是出手不凡。明知自己写作能力苍白无力者，怕是不会冒险动笔。因为书信不仅要把话留给别人，还要让人读之动情。要回家照拂老母或请战出师，仅就一事，也不须大笔大墨，他们的考虑显然超出了表现其一事之外。这个"之外"是什么呢？是令阅读人大恸大悲（如英国南极探险家司各脱遇难前致英国公众的信）或感喟万端（如20世纪30年代美国大冤案当事人Vanzeiti致Dante Sacco的信）的情状与心理。应该说，这刚好是他们（写信人）预料中的美感效果。

第三，在大众媒介（报纸、电传、期刊、广播、电视等手段）的选择中，有没有审美目的的干涉呢？这就要参考言语美的品性的命题：在适当的语境中选择了适当的话语（详见第四章第一节）。窃以为，这一品性也可以当作原则在渠道的选择中使用：在恰当的语境中选择恰当的渠道。

假如我们要祝寿、贺生日、贺当选、庆乔迁，选择大众手段中的哪一种？一个电报两句话比长篇大论的书信更逗人欢喜，留的印象更为深刻。硬是取长篇书信渠道，被祝贺的人反而淡了胃口。用电报，必须字斟句酌，更体现出美。中国抗日战争时期的西南联大，集一代宗师和文理泰斗于一堂，办学八年后留下了一所云南师院（即如今的云南师大）。云南师大在举办西南联大五十周年校庆时，杨振宁发一简短贺电："中兴业，须人杰。"这样精美简隽之电文比长文大论哪里会逊色呢？六个字，说道半个世纪浪淘沙，八千里路云追月；六个字点评了宽容如海、智慧如云、坚定如山的联大为中华民族培养大批人杰的历史；六个字钩起华北陆沉、中原板荡、三吴烽火、九夏蜩螗的民族危急回忆。另外，电文明显地表现了第一层次的言语美：音节数目对称，且押韵。

上述原则（在恰当的语境中选择恰当的渠道）运用的另一个例子是为了推销商品采取什么渠道广而告之？电视、广播电台、报纸、沿街叫卖都是可供选择的渠道（后一种是言语活动）。这里除了实用目的之外，显然也有审美目的。不过做商业广告的审美价值深深地嵌入功利之中。用电视，有声有色有图像有音乐，利用了声和色的形式美；用广播，有声有音乐，也能利用声音的乐音化趋向；用报纸，虽无现实化的声音（文字却能提示出声音），却能利用图像线条之美。虽然电视有声有像、广播有声有乐、报刊是文图并茂，却有"多用生厌"的缺陷（且不说那"王婆卖瓜式"或欺骗人的广告如何引起丑感）。这就要求避免形式美的多次重复，另辟蹊径，寻找更新更美的渠道。这方面的例子实在太多，恕不赘述。

对于一场大火、一次惨案、一桩空难、一次地震等大灾大难的报道选取笔头（也有口头、广播）诉诸报刊（大众媒介）的审美干涉也值得注意。这一类的报道，够不够"佳作"，往往看它是不是超过了就事论事与超过了多少与怎样超过。1906年旧金山大地震引发大火，浩劫空前。柯里尔周报（Collier's Weekly）请小说家杰克·伦敦（J. London）赴现场采访。他写的灾情报道，提笔一行便得标题San Francisco Is Gone（旧金山灰飞烟灭），赫赫然，触目惊心，通篇文字优美简约，要声有声（写火声、建筑物倒坍声、人的惊恐嚎叫声、救火器具的啸鸣，等等），要色有色（火的颜色变化、火势变化等），难怪稿费高达每词两角五分。倘若仅从事实出发，不作美的表现（排句、对偶随行可见，字句锤声，铿锵可闻）效果会如何？当时的美国，恐怕用这一渠道传达这一事件是最理想了，也最便于审美干预了。1945年原子弹炸日本，记者劳伦斯（W. L. Laurence）以Destiny Chose Nagasaki（天命捉弄了长崎）为题，为人类描写了蘑菇云诡影，启人深思：科学带给了人类什么？福兮，祸兮？如果记者只记炸弹、废墟（参见黎剑莹：《英文新闻名著选粹》，经世书局，台湾板桥市），不作美的处理，效果会怎样？

总的说起来，从渠道的审美选择中我们可以得到的几个结论是：（1）交际渠道的选择不是可有可无的，而是必须选择才能达到交际目的；（2）影响渠道选择的因素，主要是实用和审美；（3）渠道的选择中审美干涉是明显的，究竟选取哪一渠道，用得着的指导原则是：在恰当的语境中选择恰当的渠道。

第三节
语言变体的审美选择

语言变体是一种语言在特定的群体场合中使用的语码（code）。所谓"特定群体"，是指特定的社会—文化含义的群体。举几个极端的例子，汤加语（Tongan，Tonga为汤加群岛，在西太平洋，为英国保护地）里面的"尊敬专用语"；新几内亚有些语言里的"打猎专用语"。同样是使用汉语，某学者对他的同事用的是科学术语很多的普通话，转过身来对他的湖南老乡却说地地道道的长沙乡下方言；某军人与战士一起说的是战士中常用的普通话，一旦奉命打入匪帮窝子，便改口用黑话与匪徒们周旋："匹似一家眷属，或共事僚友，群居闲话，无须满字足句，即已心领意宣；初非隐语、术语，而外人猝闻，每不识所谓。盖亲友交谈，亦如同道同业之上下议论，自成'语言天地'，不特桃花源有'此中人语'也。彼此同处语言天地间，多可勿言而喻。"（钱锺书，1990：卷3：248）这里所指出的"同道同业……自成语言天地"，显然就是特定的社会—文化含义的群体。下面我们列出可供审美选择的语言变体：

全国标准语

方言：区域方言（某国某一地区所用）

社会方言（某一社会阶层的人所用）：

完备语码（发达的语码，多用形容词、复杂的句法结构和代词）

局限语码（不发达的语码，词汇狭窄，多用附加问号和多用手势帮助表意）。

隐语、黑话

俚语

行话：官场语言、航空行话、商业行话、新闻行话、艺术语言、法律行话、文学圈语言、医药行话、政治行话、宗教行话、科学行话、技术行话、运动行话

也许还有和男性语言相对的女性语言、出口即是成语式的语言和与文化（种

族）认同的交际语言。

下面分层讨论之。但首先我们要指出的是，在选择语言变体时有审美干涉。选择语言变体时，有下列因素须考虑：谈话双方的教育程度、文化素质、种族背景、性别、年龄——这些因素是语言学家通常要注意到的内容。本书要补充的因素是审美目的：为了审美目的而选择不同的语言变体。

第一，汉语标准语确立（确立之前是选择）中的审美干涉。在中国，普通话（现代汉语的标准语）成为中国政府官方语言，同时，已经得到中国人民（不仅是汉族还有其他少数民族）的认同：以北京语音为标准音，以北方话为基础方言，以典范的现代白话文著作为语法规范。基础方言的选择和标准音的确立是包括审美观念在内的社会文化历史发展的结果。也就是说，汉民族经过长期的实用和审美尺度的双选择（摸索）逐渐认识到，以北京语音为标准音，以北方话为基础方言，以典范的现代白话文著作作为语法规范，既是很有用的（交际、思考等），也是很美的——说起来悦耳，传情，达意。

大家这样共识的证据是：（1）各方言区的人在非强迫的状态下自觉学习普通话，以说普通话为荣；（2）少数民族自觉学习汉语普通话，以会操普通话为荣；（3）海外华人已承认普通话为"国语"，他们之间交谈虽用原有方言，但心怀"国语"意识，对外国人却以普通话为依据；（4）港、澳、台实际上已承认普通话为标准语。证明之一是别有风趣的所谓"香港普通话"被大陆人接受，这里绝不是说香港普通话可以等同于全国标准语，而是指出香港同胞努力说普通话的精神受到大家肯定。证明之二是，台湾人"在公开的场合都说国语，使我感到十分亲切，觉得台湾可说是全国推行普通话的模范省。台静农教授说这得归功于魏建功、何子祥诸先生。他们数十年经历艰难与辛酸，终于以苦行僧的精神把国语运动坚持推行至今，取得了昭昭在入耳目的成绩"。（陈漱渝：《丹心白发一老翁》，《团结报》1990-01-31）；（5）外国人学习的汉语正是普通话，而不是中国大陆的某个方言。"美国之音"（VOA）、"英国广播公司"（BBC）以及澳大利亚广播电台的中文节目全用汉语普通话广播。以上五个方面的证据说明普通话已被全体中国人选中，已被外国人承认。

这样令人赞叹的大面积的认同确有个中奥妙。领土面积和中国相差不多的加拿大与小得多的威尔士、瑞士、荷兰、比利时等地区与国家，世世代代受语言不统一的麻烦的困扰，而中国的普通话才推行40多年，就得到普遍认同。中国政府没有以任何武力相加就推广了普通话，究其原因，中国人的民族心理趋向大一统以外，现代汉语标准语的优美不能不说是它自身的巨大优势。

现代汉语标准语的优美品性（不是指说话人好听的嗓音，也不是指他善于使用美的言语策略）何在？我们可以从美学角度说一说清楚：为什么那么大片领土、那么多人口乐意用这种标准语而没有麻烦？

汉语标准语音所固有的审美属性吸引了方言区的人们乐意用它作为标准语。优美的语音表现在：

（1）乐音占优势又加上四个起伏的声调便于造成乐音般的旋律。这个优点对比欧洲语言和英美语音看得更清楚。汉字是一个字代表一个音节。汉语音节的相对音高及其升降变化就好像乐音的"调值"。俄语中出现的辅音的频率大大高于汉语，不仅有两个辅音连缀，甚至有三个、四个辅音连缀：вч——（вчера），стр——（страна），встр——（встречать）；英语里辅音连缀的情况也常常发生，spr——（spring），ctf——（respectfully），scr——（scratch）。汉语没有这样的辅音连缀，就避免了这样的不方便：辅音中间不夹元音就不便延长，不能延长就形成不了悦耳的乐音，这是一。二，在口腔内形成阻、滞、爆、破、冲、夹的情形多，于是说话多费气力，多费唇舌。没有外语常识的中国人听外国人歌剧时，总感到演员是在"说话"，不是在咏唱，原因就在于他们的阻、滞、爆、破、冲、夹的音太多。

（2）汉语音节的结构特点便于形成乐音。汉语语音的最大特点是以音节为基本单位，音节与音节的界限十分清晰，可辨度大，非常有利于表现节奏，

而节奏与旋律是音乐的基本因素。作词作诗利用了这个特点安排了规整又有变化的节奏单位，这个原理一旦运用到话语中去，便可得到有节奏的音节流，显得朗朗铿锵。说到出口成章，有才华的人可以办到；但说到朗朗上口，有才华的人讲辅音太多的语言，就有困难了。但辅音太多的语言也有它自己的习惯办法造成节奏、造成乐音般的效果，但对比汉语音节的结构特点，它却多有一层难处。

（3）音节重叠是汉语音节富于审美表现力的另一大特点。有了音节的重叠，不好押韵的易于调整韵脚，缺了拍的易于补上，节奏不齐的易于调整变齐，不对称的易于变对称，不和谐的易于规整成和谐。哪怕是文化素质不太高的中国人都有这样习得重叠音节的语言能力。比如，有人说："诸事要我安排，大家都问我，长年累月如此，把我五马分尸也不行啊。"如果运用音节重叠，稍微变通一下说成："事事要我安排，人人向我请示，天天如是，年年如此，把我五马分尸也不行啊。"如此变通之后，话语的音、韵、节奏的对称与

和谐状态好多了，琅琅相扣，悦耳传情，说话人牢骚中夹杂着自得的情绪表露得更充分了。中国人因为久习而不察音节重叠对于语言的审美的运用有多大的便利之处，所以，只有对比外语才会发现，音节重叠真是汉语得天独厚的美。英语除了极个别的词可以连说两个（如very very beautiful"太美太美了"）以外，看不出别的词还能随便重叠相加的使用了。俄语也只是在口语里听到Очень очень хорошо（"很好很好"）之类的重叠说法，相同的词叠加，再无别例了。

（4）汉语音节结构形式另一个突出的审美特征是双声加叠韵，形成乐音更有条件了。如慷慨、坎坷、消息等词是双声，而徘徊、贪婪、霹雳（舞）、翠微（路）、零汀（洋）是叠韵。双声而不叠韵的词更多。这也许不算汉语独占的语音优势，英语里也有类似的双声和叠韵，双声如safe and sound（平安无损），twist and turns（曲折变化），尾韵如hustle and bustle（喧闹），by hook or by crook（千方百计地），等等。这都是形成乐音的语流条件。

（5）汉语大多数音节以元音结尾，造成开音节，便于押韵，便于延长，形成乐音。这一点也是中国人久习而不察的优美之处。会说外语的中国人懂得辅音结尾的词加上另一个辅音开头的词放在一块儿说是何等费事：take special care，the bottom step，kept bringing Henry into the conversation（分别是"特别关心"，"最低的一级（楼梯）"，"老是让亨利参加谈话"）。请看更大的麻烦是：辅音结尾加上另一个词的开头辅音容易形成四个辅音连缀，阻滞太多，如上面的kept bringing便出现了四个辅音连缀。这样的情形还不少见，received from[1]（从哪儿收到），stopped briefly（短暂停留），ten minutes through the conversation（谈话开始以后十分钟）都是例子。回过头来看汉语，大部分音节以元音收尾，念起来是多么顺畅。

以上五个特点只是向我们展示了汉语普通话语音的审美属性，它为形式美提供了依据，也吸引了方言区的人们乐于使用它。乐于使用与被迫使用，效果是不同的。"乐于使用"的基础是审美属性吸引人们自觉选择。中国普通话能如此成功推行，这么大片领土的这么多人没有语言纠纷，我认为，这不仅仅是中央政府推行所奏效，也归功于汉语标准语本身的美的效力（它吸引了方言区人们乐于接受它）。由此看来，苏联政府当初强行推广俄语，其消极后果20世纪80年代开始暴露，教训当记取。

第二，区域方言选择中的审美因素。与本乡本土的人交谈，人们可能暂时

1　注意[…ved…]中e不发音，实际上形成了[…vd fr…]四个辅音连辍。

不用全国标准语而选择区域方言，这有没有审美的因素起作用呢？让我们首先把讲方言的尽可能多的原因先摆出来：（1）乡土情感认同；（2）乡土语音的音感、语感最牢靠，最顺口，可称之为"语感本能"；（3）方言土语在特定的语境中有较为方便地成为审美对象（第一层次言语美）或审美媒介（第二层次言语美）的条件。

现在我们对第三种可能性作细致的说明。闽南老乡之间交谈，如果想说人人有平等权利与机会，各有各的谋生之道，不必担心挨饿，是用全国标准语说"每一根草会沾一点露水"，还是说[tsit ki ts'au，tsit tiam lɔ]（一枝草，一点露）?选择后者是绝大多数的。以形式的美而论，"一枝"[tsit ki]对"一点"[tsit tiam]，"草"对"露"（[ts'au]对[lɔ]），话语简明，拍节对应，比全国标准语相应的说法要美。这就是说，方言区的说话人用方言土语的语音规律和结构规律创造了它独有的美的形式。又如，闽南老乡之间多半不会说国家标准语"到了大寒还不冷，人与动物都不安宁"，而说[tai han put han，dzin ma put an]（大寒不寒，人马不安），道理如第一例中美的形式的分析：方言区的人们按照方言土语的语音和结构规律创造了它独有的美的形式。我们可能会说，普通话"大寒不寒，人马不安"不是也非常美吗？美倒是美，可是闽南老乡此时却不愿将自己早已念顺口的[tai]改念[da]，[put]改念成[bu]，[dzin]改念成[ren]，——此时是第二种可能（乡土语音语感最牢靠）起作用。（以上二例中，闽南话的国际音标取自李壬癸：《闽南语的口语传统》，《语言学研究》第二辑，北京：书目文献出版社1986年。但徐盛桓认为，"大寒"的"寒"的音标应是[kua]）

湖北西部和中部的某些地方，把普通话里的"甲鱼"称"团鱼"，将"蝙蝠"称"檐老鼠"，将雨后天现"彩虹"称"晒杠"，将麻将牌"满番"称"满贯"，将"厕所"称"茅厕[SI]"，将"大、小便"称"解溲"。我曾就这六对用语作过调查，调查对象是10个懂普通话的中年湖北人。我的问题是：（1）你这个湖北人若是碰到湖北人，是愿说前者（普通话词语），还是愿意说后者（方言词）？我强调"愿意不愿意"，而不是"标准不标准"。他们（10人）一致挑选后者。对于（2）为什么要这样挑选？有答案如："过瘾些""味道足些""自然了""习惯了""从小这么说""对熟人说普通话，别人说你夹生（夹生：半吊子，出风头，神气，自我显示）""方便些"。10人有7个答案。第二种说法（"味道足些"）有4人说。这一系列答案中，"过瘾些"与"味道足些"大致可以归纳为美的因素的选择。后几种可归列为乡土认同与语感本能。所谓"过瘾"与"味道足"是得意入神的心态，因而我判断为生成了美感。

四川人说"抬滑竿儿"，"竿"先用阴平调，后儿化成音，那份轻松、得意的神气，真叫人羡慕。如果硬要让他们之间交谈时取消这个说法，用国家标准语说"抬轿子"，那肯定是不肯听命的。

如果硬要将广西壮族的下列山歌（山歌不是文人创作，是言语活动之一）改成用标准语唱出来，会怎么样？

哥是江岸竹一排，妹是杨柳塘边栽；

有心移柳傍竹种，风吹竹柳紧相挨……

（陈寿民：《广西民族的分布与语言的分析》，广西文献（台湾），1982年第16期）

不能设想改唱普通话的后果会如何。我们不会忽视，山歌民谣之美正是根据方言的特点而生成的。设想，面对刘三姐一类的么妹子，你将"堆打堆"、"不用锥"、"多把嘴"改成普通话相应的词语和发音，那种煞味口的别扭劲儿不是十分滑稽可笑？

我在此特别声明：丝毫不存在贬低普通话（全国标准语）价值的意向。这里有一个问题须说明：普通话的优美与方言土语的优美是建立在略有不同的语料（地方语音、基础方言、语法规范）之上的无法互相代替的美。建立在略有不同的语料之上，于是就有了或多或少不同的声音联想，不同的语义情趣，不同的结构感觉，一句话，不同的美感。这样的三个不同，形成了各个方言独到的美的魅力。旁证之一是：诸多方言产生了丰富多彩的地方戏曲——以美而论，黄梅戏不同于越剧，不同于粤剧，不同于豫剧，不同于汉剧，不同于秦腔，不同于梆子，不同于四川清音。"且我国的吴语、湘语、粤语等方言区，相当于（甚至大于）英、法、德、意等民族国家，我们的方言区就相当于他们的国家语言或民族语言"[1]这样看来，许多影片为了推广普通话，硬让深深扎根于方言之上的有影响的人物讲普通话，使本来丰满生动的舞台形象变得不可信，因为真人的美的气质是潜伏在他用方言的言语活动和言语行为里的。出现这种现象，其美学的失策就在于用普通话的美代替方言的美，我上面的看法正是说这两种美无法互相代替。同样的失策，是有些省、市电视台每天来五分钟的"大家都说普通话"的教学节目，却让充满京韵京腔京味（很天然地接近普通话）的家喻户晓的电视连续剧重新配上本地方言。这就把人搞糊涂了。美学

---

1 段生农：《应充分发挥方言的艺术魅力》，《人民日报·海外版）》1989-11-07。

意义上的失策是明显的了。这样做的用心也是微妙的：那么多、那么好的推广普通话的机会都设法推掉了，每日五分钟又有什么用呢？那五分钟的说教是做给中央政府看的，更多时间将标准语翻译成方言的实干是为本地人欣赏的。当然，方言是一个地区的母语，不可能也没有必要消灭它。但像上面那样弄巧成拙的捉迷藏似的游戏，既不是真正地推广普通话，也不利于发挥方言的特殊的美。

综上述我们可以概括，区域方言选择中的审美出发点，是每个方言有建立在自己语料基础之上的美感——不同的声音联想，不同的语义情趣，不同的结构感觉，别的方言的美无法代替它，普通话（标准语）的美也无法代替它。

第三，社会方言选择中的审美因素。社会方言是指某一社会阶层（不管他们是否处于同一地区）的人所偏爱的语言。完备语码与局限语码就是所谓社会方言的两种不同的方言。其实社会方言并非真是方言。用完备语码（发达语码）的人，文化素质高，语言能力强，多用复杂的句子结构，多用形容词，层层叠叠，最终能完整地交待出主题与述题（或者主语、谓语）。句子层次虽然多，但意思明确、完整，且无懈可击。用局限语码（不发达语码）的人，词儿面狭窄，发问时，说到哪儿就在哪儿用疑问词，多用附加问句，多用代词而少用名词，多用手势以补足不会说的话，多用非语言手段克服语码困难。

同样是哭亡人，为作古之人吊孝，恩格斯在马克思墓前的讲话，有一句长达126个词（Just as...been the case.可参见《名人演说一百篇》，中国对外翻译出版公司、商务印书馆香港分馆，1987年北京版，第274页）而章法不乱，思想缜密。这是用完备语码成功之例。不成功的例子更多。有的人牺牲了清楚的思路而求句子的长叠，代价太大，因而不可取。敢于使用完备语码的人并不多。特别在面对大庭广众时，没有讲稿在手，绝大多数人都倾向于挑选短句，意在简明，吸引听众注意力。但是毕竟有不少人敢于用发达语码，而且做得很理想。问：这里有什么东西引诱这部分人敢于这样去"铤而走险"（冒文理不通之险）呢？

长而完备的句子有它独特的美、独特的魅力，表现在：

（1）能成功地说出复杂句子的人，多是才华横溢，文化修养深厚的饱学之士。复杂句子的逻辑美与说话人的人格之美相得益彰。中国的鲁迅、闻一多等人，本身才德昭著，他们演讲中成功的复杂句子为他们人格的美增添了光彩。1927年4月8日，广州黄埔军官学校请鲁迅演说。鲁迅演说中短而精的句子固然不少，长而妙的句子也多。其中有一句："在自然界里也这样，鹰的捕雀，不声不响的是鹰，吱吱叫喊的是雀；猫的捕鼠，不声不响的是猫，吱吱叫喊的是老鼠；结果，还是只会开口的被不开口的吃掉。"那天演讲，比这更长的句子还有。结构复杂，可是思想深刻，语颇隽永。这种句子的美和鲁迅作为民族魂的灵魂之美，是胶合一气的。你无法分得清楚，到底是鲁迅的话语美还是他本身的风格（人格）美吸引、激励着你。可是美学语言学还是侧重在语言材料上：复杂完备语码的逻辑之美是不可忽视的。《导论》第五节之（3）第七项指出："从这两个基本概念（演绎美与归纳美），进一步可发展出逻辑美这一基本概念。对于科学理论的审美价值来说，逻辑美是非常重要的一条标准。一件完美的科学艺术品，在逻辑美方面也应当是无懈可击的。"复杂的句子更有机会施展说话人的逻辑力量。也许正是这一点吸引语言能力强的人选择社会方言中的完备语码，鼓励许多人敢于冒风险去说出（写出）长而美的句子。

有些人羡慕复杂、完备语码所显示出来的优美效果，却忘记了自己也许并没有这样的逻辑力量，也拿长句子去装饰自己，不免弄巧反拙，走向美的反面。误解在这里：他们以为结构复杂、思想精美的句子是临时想说便能说成功的，不是长期积累、集腋成裘；他们不能透过"轻松显示"和"天成流露"看到说话人此前的千锤百炼，他们不能看到结构复杂的句子必有内部的主从、主述、主谓的清晰展开，才能得到思路的清晰展开的。

但是，并非一定是词多（音节多）的长句才有显示逻辑美的机会与手段。短句子形成了逻辑严密的语篇，同样具有逻辑美。

（2）复杂句子征服人的魅力还来自听众期待心理所产生的美感。大凡复杂的句子架势一拉开，听众"等着瞧"的心理就同步形成。复杂句子到后来若能在恰到好处的地方收场，就会有预料之中的美的享受。听众往往报之以掌声、喝彩、赞叹或赞赏。听众期待心理越是迫切与专注，越有可能潜伏不美的后果。复杂长句若不成功，负美感效果也很强烈。说话人有必要对此有充分的估计。

期待心理产生的可能的负美感效果，有如下情形：

①句子复杂而文理文气不通。这样的负美感历来被人所厌忌，不断遭到批评和嘲笑。

②句子复杂而思想贫乏。这样的负美感生诸肤浅。

③说话人语言能力驾驭不住复杂的句子结构，说到后来，或前言不搭后语；或根本上失去了述题，让前面的主题孤零零地摆在那里，像个断了尾巴的大头金鱼，其不协调不和谐之处赫然；或附加之词许许多多，主题述题却"一片汪洋都不见"。中国"文革"期间，凡开大会（大批判、大庆祝），台上

讲话人——开口便是"在……指示之下……，在……帮助之下，在……的协助下，在……怒吼声中，在……大好形势下"，说到后头，对不起，忘记还应该说什么了，便就此打住，转到下面一句去了。当初这些话，令人好笑而不敢捧腹，令人"前仰"却不敢"后合"。

在结束社会方言选择中的审美因素的讨论时，我们想强调说明，使用局限语码（词汇狭窄，多用附加问号，多用代词，多用手势帮助表意）并非一定不美。句子美不美还是要看它是否符合言语美的基本品性，在恰当的语境中选择了恰当的话语，在语言形式上选择了优美的音韵和适当的节奏和符合形式美法则的言语表达实体。

第四，隐语、黑话的选择也有审美因素吗？隐语、黑话（jargon，cant）是某社会或职业团体，尤其是社会下层特有的行话。隐语和黑话有两个相同的特点：（1）借用国家标准语的语音外壳，传达特殊的内涵意义；（2）目的都是为了避开大多数人耳目。隐语的主要目的是避开大多数人耳目。黑话与隐语的不同之处是，黑话更强调内容的阴险凶恶，不可告人：杀人越货的策划，攻占城池的商定，坑蒙拐骗的图谋。

如果有人放弃国家标准语不说，选择隐语、黑话，显而易见的目的是让大多数人听不懂。隐者，躲避也；黑者，见不得人矣。他就是要"见不得人"。黑话多在盗贼、黑帮、匪帮、绿林好汉、梁上君子之间通用。钱锺书注意到黑话现象："一个社会、一个时代各有语言天地，各行各业以至一家一户也都有它的语言田地（原文如此），所谓'此中人语'。譬如乡亲叙旧、老友谈往、两口子讲体己、同业公议、专家讨论，等等，圈外人或外行人听来，往往不甚了了。缘故是：在这种谈话里，不仅有术语、私房话以至"黑话"，而且由于同伙们相知深切，还隐伏着许多中世纪经院哲学所谓彼此不言而喻的'假定'（supposition），旁人难于意会。"（钱锺书，1990：卷6：3—4）旁人难以意会，就取消了第三者的"听话权"，于是只有在特定圈子内有实用价值，这好像就是隐语黑话的"基本定性"了。这样的选择好像没有什么审美因素可谈了。

其实，就讲隐语、黑话的人而言，他们仍然有个遵循美的规律的问题，仍然有审美选择的问题。例如，他们嘴里说的"梅花"，肯定不是指梅花，可能是个女人，或一个地方，或是别的特殊约定，再往深下探究，为什么用"梅花"代表"女人"，这本身不就是一种选择吗？在圈内人看来，他们也有他们特殊的共通的审美情趣，他们的用语也就反映这种审美情趣。而且，既是在人类社会，他们与人类社会就会有部分沟通的审美心理与情趣，这同样可能迁移到他们的用语当中去。不能说他们杀人越货就会将梅花这样人类共同认为美的东西看成是丑。不少作品里、档案里记载着的黑话念起来一串串也是顺口、压韵的，这就雄辩地证明了，黑话也讲音韵，也讲节奏，即也讲究形式的美。如土匪互相鉴别身份时的对话："天王盖地虎"对"宝塔镇河妖"，"么哈？么哈？"对"正晌午说话，谁也没有家"，"脸红什么？""精神焕发"，"怎么又黄啦？""防冷涂的蜡！"第一轮上句，"天王""地虎"就对得好，下句"宝塔""河妖"也对得好；跨句对，"天王"与"宝塔"，"盖"与"镇"，"地虎"与"河妖"，都对得工整；后头的押韵："哈""家""发"蜡"均押[a]韵，也都不含糊。这个例子可以不可以说明，断言"隐语、黑话里无美可言"是失之简单了？

第五，俚语选择的审美因素。俚语是粗俗的口语，常带有方言性。《大辞典》（台湾三民书局出版，刘振强）提供的例子是"豹死留皮，人死留名"。《现代汉语辞典》（社科院语言研究所词典编辑室）指出俚语是"粗俗的或通行面极窄的方言词，如北京话里的'撒丫子'（放开步子跑）、'开瓢儿'（打破头）"。既然俚语的主要特点是粗俗，为什么却常挂在人们的嘴边？人们放着标准语不说，选择俚语的审美心理是什么？俚语的审美价值何在？

（1）诙谐生动，粗俗却有表现力。常用的词司空见惯就失去表现力，换上一个生动逼真或者怪诞可笑的说法，就会变得有趣。这是俚语能站住并发展的原因。对酒鬼贪杯，湖北地方的俚语是"灌马尿""灌黄汤"，表现了说话人对贪酒的厌恶评价。武汉地区有一种否定动作的俚语说法"鬼的母妈+V."——"鬼的母妈喜欢你"（谁也不喜欢你），"鬼的母妈相信你"，"鬼的母妈晓得"，等等，否定了动词，却趣意盎然。人们并不因为它的粗俗而少用。英语中这样的俚语也是极多而极有生气的。"肚脐"（navel）趣称belly button（在肚皮上嵌了一颗钮扣），把墓地叫做boneyard（放骨头的院子），把机械检修工称为grease monkey（加润滑油的猴儿），"发发慈悲吧！"说成Have a heart!（你得有颗心），"跑"不说run而说Leg it（动动腿），vital statistics原义为"人口动态统计"，指出生、死亡、婚姻三项数字统计，以后当成另一个俚语"女性的三围"，指胸围、腰围和臀围，都可谓滑稽、诙谐。俚语称外科医生为sawbones（锯病人的骨头），称辩护律师为mouthpiece（无非是一张嘴巴片子），称以美色骗取男子钱财的女人为gold-digger（掘地三尺以掏金），称常在旅馆闲混和追逐女人的男子为lounge lizard（闲混的蜥蜴），称未婚得子而独力抚养其子的母亲bachelor mother（像男光棍的母亲），称守财奴为moneybags（简直就是装钱的袋子），称满嘴空话的人为windbag（说话像风吹过，嘴巴就像放出风的袋子），都在诙谐中含嘲讽，具有否定评价。（英语俚语转引自王爵鸾：《英语俚语及其风格特征》，《外语学刊》1991年第1期）

（2）求新脱俗的心理和追求美的心理几乎是孪生而来。说话或写作时，人们都尽可能地摆脱老一套的、平淡无奇的词语和陈词俗套。"俚语的主要特点来自使用它的动机，一种追求新颖别致，追求生动鲜明，追求信息灵通、赶上时代甚或稍许超前的愿望。"（Perrin. Barnhart. C. L. R. K. *The World Book Dictionary*，1981）在20世纪80年代，广州人几乎不在口语里说"移动式电话机"而以俚语"大哥大"代替，那说话时"爱煞人"的神气，那分"赶时代甚或超前的愿望"在言语的可见部分（面相、身势）显得清清楚楚，多么自豪和帅气。可是到了20世纪90年代末到21世纪初，俚语"大哥大"又被更简短的学名"手机"所取代。"谈恋爱"多以"拍拖"取代，"与某某拍拖啦"，不仅在羊城满耳皆是，在香港也是使用频率极高的一个俚语，在小报上几乎张张都见一两个。又如，说"解雇某人"以"炒谁的鱿鱼"取代，"搞第二职业"以"炒更"取代，后两种在粤港人口里几乎是使用频率排前几位的俚语。试比较英语"解雇某人"以give him the air取代dismiss的情形，会发现这样的更换在欧美人那里也有同样的求新心理。

（3）俚语使用人之间的关系显得亲昵。它是一种不拘礼节的非正式语言，能给谈话双方带来熟悉随便的气氛，从而便于互相接近和消除隔阂，打破拘谨。这个因素不属于追求美的方面，就不继续讨论了。

第六，行话选择的审美意图。行话指含有专业词汇和句式的口语或书面语，如法律行话、医学行话，等等。（王宗炎，1988: 197）它可以是指一个特定群体所用的特殊语言变体。这群体或者有共同的职业，或者有共同的兴趣，因而有其特定的语言变体。一种行话与其他行话的区别，常见于其所用的独特的词汇。有些词语本身虽并不特别，但某一社会群体却有其特殊用法。在乒乓球运动行话中，"擦边"（英语用touch）是挂边球的意思，"拦击"（英语用volleyed）是不让球落桌就提前击球的意思。（干宗炎，1988: 321）

行话，也可以称行业话。某一社会集团或职业集团所使用的一套术语和语词，但该社会的其他成员并不使用，并且经常是不理解这套术语和语词（R.R.K.Hartmann and F.C Stork: *Dictionary of Language And Linguistics*），但为什么还会有声有色地存在呢？

作为特定的语言变体，行话很可能是显示职业优越感、自豪感的表现。这样的显示是有益的，也是不可避免的。认为行话是"不好的文体"是没有根据的。它容易误解为故弄玄虚。实际上各行各业都可能"故弄"这样的"玄虚"——捡煤渣的老人与乞丐协会的成员也都在"故弄"着，他们各自都有行业特有用语与句式。行话里的种种味道——功利性、技巧性和人情味组合成特殊的美。

商行里的人说"进进出出笑颜开，人人满意；挑挑选选花色全，件件称心"。照相师开口便称"取景、采光、按快门，抓拍、逆光、取暗箱"。酱菜行业不免要说"金鼎酸成皆适口，玉缸滋味好充肠"。客栈老板说"相逢皆萍水，小住息风尘"。船家叨念"无浪行千里，有风送万程"。应该说这些行话意尽情不尽，听话人如果是隔行的人，还有新鲜感，有什么理由轻贱它们？难道要裁缝师傅不用"截长补短、舍旧成新"之类，要菜园农民不说"种豆得豆，种瓜得瓜"之类，要乐器制作人不提"流水高山，金声玉振"之类，要碑帖制作人不讲"残碑古迹、妙墨新华"之类的话语？我们能够让他们不吗？其实，听中药店老板讲"大将军、骑海马、身披穿山甲，过常山，去斩草寇；小红娘、坐荷车、头戴金银花，到熟地，接见槟郎"之类的行话，那算是别有一番风情。听印染店职工说起"鹅黄鸭绿鸡冠紫，鹭白鸦青鹤顶红"，就会有一片五光十色的世界。澡堂老职工介绍"汤泉浮沉客"，你就跃跃欲试。理发人夸起"磨砺以须，问天下头颅几许？及锋而试，看老夫手段如何"，你还真愿意闭着双目让他试刀。老戏人、票友戏言"台上莫漫夸，纵做到厚爵高官，得意无非俄顷事；眼前何算，且看他丢盔卸甲，下场还是普通人"时，你会懂得台上人"发疯"，台下人"犯傻"的个中痴情。竹器匠人表白"虚心成大器，劲节怀奇才"时，你还会觉得有些人生哲理可以受取。以上这些话，里面有一部分是行话，大体上像是赞赏这些行业的巧语乖联，这正得益于行话的孕育，这刚好说明行话的美的潜能值得开掘。它的巧比乖喻正是人们乐于接受的原因，引起美感的根据之一。

为了说明行话的巧比乖喻是引起美感的一个根据，这里举一例。据有些人说，他们喜欢听围棋赛的现场直播讲解，还不是因为他们对围棋那么内行，主要是因为讲围棋的高手们使用的语言有味道。作者受其启发，专门留意了1990年2月17日第四届中国围棋十强战马晓春对聂卫平之战的现场解释用语。不消说，讲解人是用了围棋界的行业用语。我记录了一部分，今且实录如下：

（1）"这一块活得不舒服"，比喻来自：人活得不自在，活得艰难，难以施展。（以后还要打劫？）

（2）"这一块得了实惠"，比喻来自：某人得了便宜，占了一点利益，看得见摸得着的东西，非口惠。（占了几目、占了地盘？）

（3）"这里很厚实"，比喻来自，东西做得不单薄、扎实、牢靠。（地盘巩固，对方打不进子？）

（4）"这一块很难逃出来"，比喻来自：亡命之军，急不择路，拼命突围。（被对方围死？）

（5）"这里活得太难受"，比喻来自：同（1）。

（6）"那是不能忍受的"，比喻来自：人失败的心理状态，要改变窘迫之境。（与对方拼杀的决心？）

（7）"很舒服地长了一个"，比喻来自：人心安理得、放心的、无忧愁的心态。（长一子而无受阻受挫之虞？）

（8）"快逃命呀"，比喻来自：同（4），比（4）更有趣（再不冲出去这一块就被吃掉了？）

（9）"这里不干净"，比喻来自：卫生用语。（形势不明朗，有废着、有后手要补，分不清得与失？）

（10）"那块形状太难看了"，比喻来自：打扮梳妆之后，脸面丑陋。（分不清得与失，且有危险？）

（11）"这不是邀请白子进来？"比喻来自：请人入室做客之状。（黑子失着，等于有意放白子占自己的地盘？）

（12）"自己地面确实了"，比喻来自：对自己所有之物放心。（对方的子打不进？）

（13）"不过活得苦一点"，比喻来自：经过努力奋斗，成绩不理想。（费了许多着才活了一块地盘？）

（14）"这是无理的想法"，比喻来自：评论有争执的双方的想法有理无理。（下子的判断不对？）

（15）"这样一来，处于被告的立场"，比喻来自：法庭原告与被告的辩白。（形势被动挨打，让对方占了数目，还不好反攻？）

（16）"黑棋遭到严厉的搜括"，比喻来自：受人家盘剥欺凌而不能反抗。（黑棋被白棋挤了又挤，占了又占，失掉了多目）

真是巧比乖喻！这不像是看棋听棋，倒像是听人吵架，看人厮打，观两军对阵，论彼此长短。这些比喻是偏离手法、求新手法的运用。行话有行话的美。这一行的用语串到那一行，发生迁移，迁移的效果却很有趣，这个"趣"

来自偏离常规，产生新异形象；来自比喻贴切，从一个画面、一个感觉比到另一个画面、另一个感觉，这两个画面或两个感觉之间，看似牛头不对马嘴，实是一打就中的。

第七，母语与外语选择时的审美意图。外语对于母语，也是一种语言变体。对外国人讲外语，不算审美的选择，只是迫于要沟通、要交际。可是我们发现，讲母语的人在讲本族语的听者面前却也有暂时离开母语而选择外语的情况，这就需要讨论了。这种情况下讲话人使用了混合语码。使用混合语码的原因大致上有：（1）为了保密，会外语的本族人间，暂时操外语，不会外语的第三者成了聋子，达到保密目的之后，又操起母语。这种情况与审美选择无关。（2）为了一种特殊的情趣，而使用混合语码。初通外语，甚至只知三言两语外国话的本族人之间，常有这种情形。中国年轻人互相打招呼时用"哈罗"（Hullo），道再见时用"拜拜"（bye — bye），而且，城市人甚至乡下人之间的"拜拜"倾向越来越明显[1]。用日语单词打招呼的情况早就有了。1989年9月5日，《围城》电视剧创作人员黄蜀芹与孙雄飞在钱锺书、杨绛住宅讨论《围城》电视剧改编问题，双方用汉语，谈着谈着，钱先生说："Auteurism, the media is the message.媒介物就是内容，媒介物肯定作品。用电视、戏剧来广播，它的媒介物跟意义不同了，就不能把原来的内容肯定。诗情要变成画意，一定要把诗非改不可，好比画要写成诗，一定要把画改变，这是不可避免的，这种改变是艺术的一条原则。"（孙雄飞，1990/03）"媒介物就是内容"后面的那些话是针对Auteurism的解释。作为学贯中西的钱先生来说，英文句子说完就可以了，后边的汉语句子是解释性的，具有重复的性质。而真正的味道却在The media is the message（媒介物就是内容）。这个语音形象在他脑子里保存了许久，此时正好是说出它的语境（时间、地点、听话人）。对于钱锺书来说，选择与前面的说话人（孙、黄）不同的语符，在母语里夹杂上三言两语外语，是最适意的，最能传达本意，也是最够味儿的，因而也是美的。后来，钱锺书补充道："方鸿渐是个被动的主角。Things happen to him"（孙雄飞，1990/03，英语句子的意思是"许多事情都碰巧发生在他头上"——本书作者译）这里又是一次语码混用，也同样是从实用、审美的双重角度考虑的选择。20世纪50年代，我国中学普遍开设俄语，鉴于当时历史与国情，中苏之间往来颇多，中学生在汉语言谈之间时时有"Хорошо!"（好！）一语冒出，这纯粹出于对美的追求：Хорошо有颤音，好听，明亮清晰，语义也比较符合双方积

---

[1] 到本书再版时，bye—bye这个用语几乎可作"再见"的同义语收入词典了（可惜中国词典学家不大容忍外语直接进入汉语词典）。

极交流的意向，正符合青少年美的表现欲望。大家翻开《傅雷家书》，可以发现许许多多中、英、法文混用兼使的例子，本书不再一一罗列。

现在我们梳理一下混合语码的第二种情形（为了一种特殊的情趣），就可以发现这特殊的情趣是：

（1）追求异国情调。青少年中较多。

（2）追求形象、表情、达意、传神。学人学者之间的交流较多。

（3）追求语音响亮明朗，追求另外一种音韵与节奏，创造新鲜感觉和奇异效果。

以上三点都是以美感效果的创造为目的的，因而这种混用语码的情形都是审美选择。

可是，在最合适讲外语的情况下不讲外语，这样的选择是什么性质的？让我们仍然从事实出发来寻找答案。美籍物理学家李政道在领取诺贝尔物理奖时，在场的各国著名科学家和瑞士社会名流，都以为这位风度翩翩的天才学者将用英语或世界语致辞。意料不到的是，他用了他的母语：汉语。外国人虽然听不懂，却显然感受到了那种抑扬顿挫的语调，宛若天之神曲那么美妙动听。那诗一般的语言简直像圣灵之光照耀会场。[1]显然，李政道选择汉语不是为了交流目的，若为交流，他用汉语那岂不是南辕北辙？英语他同样得心应手而不用，显然是为了文化认同。他用此向世人表明他是中国人。如果到此为止，那还不是这位天才学者的全部意向。以他对科学的敏锐感觉，他同样地感到了汉语的"抑扬顿挫的语调，宛若天之神曲"会给会议带来什么样的效果。事实证明，天之神曲的圣灵之光照耀了会场。一位科学家对语言的感受与他对这种感受的审美把握比一般人更明晰。在能讲外语的场合而不用外语，这种心计既聪明又微妙，让你在怡情怡神中接受这种心计，这同样需要较高的美学修养。

第四节
语体的审美选择

语体是一个人说话和写作的格调，它随时变化，由非正式到十分正式，看具体情景、对象、地点、话题等而定。语体有的庄重，有的随便。语体和风格有密切联系。根据个人使用语言的特点，语体的选择可分为下列项目：

正式程度（随便语体即非正式口头语，庄重语体）

1　苏方学：《日魂》，《中国作家》1990年第2期。

使用古词、古文（咬文嚼字）

陈词老调（陈词滥调）

讲究词的搭配（喜抠词的规范搭配）

套话、公式化用语

成语、谚语

语体的选择并非一定是出于审美目的，相反，有相当多的语体变化是出于非审美方面的原因：情景的、对象的、地点的、话题的、交际渠道的和其他的种种原因。虽然讨论这些方面有许多有趣的故事可以叙述，我们只好忍痛割爱，只讨论有审美意图的语体选择。

上列的每一项语体变化与美或负美不存在着一对一的、固定的联系。例如不存着这样的联系：非正式的口语产生美感，庄重语体产生负美感。如果是这样，岂不干脆分成两种语体——优美的和不美的语体——就万事大吉了？我们也不能说，说话（或写作）越正式，多使用古词、古文，讲究词的规范严整的搭配，成语谚语满口飞，便越能引起美感，反之就引起负美感。

在选择语体时，从言语美的品性（恰当的语境中选择了恰当的语体；在语音形式上选择了优美的音韵和适当的节奏．选择了符合形式美法则的言语表达实体）出发来考虑的选择，才能产生美感。

第一，语体的正式程度与优美效果不成正比，语体的正式程度适合语境，语言实体符合形式美法则或规律，才会有言语的美。1949年3月初的一天深夜，值班警卫员驳壳枪走火，子弹穿过周恩来住房的玻璃窗打在墙上。一阵慌乱之后，身居要职的周恩来对抱头呜呜大哭的小兵说："莫哭莫哭，好了好了，莫的事。"（例1）时过不久，驳壳枪走火事件妥当处理毕，周恩来高兴地说："好，好，一枪打掉一个错误，值得嘛。"（例2）[1]。例句（1），身居高位的周恩来面对愧怕交加的谈话对象，选用了随便语体，使用了地道方言和重复手段，显得亲切、可信，像大人逗小孩，像慈父对爱子，劝说殷殷。其音响，因重复（ABAB式）加强了"莫"与"好"的效果。其节奏，因"莫哭莫哭，好了好了"成[重轻重轻，重轻重轻]相间；于是出语便自然流畅。例句（2），正式程度加大，语含哲理，具有身居要职的指挥员总结教训的理论深度。当时，警卫战士自发地搞起比值岗、比贡献的活动，警卫团领导火上加油地说："谁值岗坚持时间长，谁的贡献就大，就是睡觉，也要睁一只眼睛。"战士长期处于疲劳和高度紧张之中，出问题是必然的——周恩来话中的"打掉一个错误"即

1　参见：《周恩来警卫员手枪走火的风波》，《羊城晚报》1990-11-14

指此。"一枪打掉一个错误"是偏离常规的搭配，有着新奇的审美效果（请参见本书第五章第二节"偏离律"）。例（1）与例（2）的美，都没有与语体的正式与非正式程度直接挂钩。例（1）是语音品性与意切情真，例（2）是言语求美律（偏离律）表现。例（1）的非正式语体与例（2）的正式程度较大的语体只是各自适合了语境而得到了审美价值。

第二，语体的审美选择中，古词、古文的使用比较稀少。因为这种选择中有两个必要条件：一是说话人有深厚的古词、古文的基础，二是听话人至少能听懂，最好能理解，否则，说话人古词、古文即使恰当运用，对于听话人，其审美价值也为零（没有实现）。

从审美目的出发，古词、古文运用恰当，可以有下列的长处：

（1）栩栩如生地描述或传达本来就是古人、前辈的话语。转述古人前辈话语时，用现代、当代词语不是不可，但是毕竟没有那种直接感受与真实感受了。

（2）中国古词、古文特别讲究韵律和节奏，若能直接用古词、古文转述，就能利用现成的韵律与节奏。用现代汉语转述，可以做到意思详尽，但丢掉原有的美的语言形式却也十分可惜。1946年7月，黄炎培先生造访延安，将他的担心与忧虑和盘托出，直问毛泽东："历代王朝几经更迭，其兴也勃焉，其亡也忽焉。如何摆脱恶性周期率，共产党有没有找到好办法？"（电视片：《世纪行》）黄炎培先生为什么在白话里换用了古词、古文？难道他不能顺口换成"立国时火红，亡国却也十分迅速"之类的白话？他为什么选择原古文？这里可能有两层考虑：引用古词、古文以加重历史色彩，加重告诫是出于历史教训的分量，这是实用目的；出于审美目的，那便是重叠与意义的对称运用：

其兴也勃焉

○●○●○

其亡也忽焉

○●○●○

这样的重音（黑点）对称使节奏变得非常鲜明，另一个好处是把要强调的意义对比得大为突出："兴"对"亡"，"勃"对"忽"，审美选择也反过来加强了实用效果。

（3）另外一个微妙之处是，恰当使用古词、古文，在听话人能听懂的前提下，可以表现说话人的风雅和特殊的神态。在不能听懂的人面前选择古词、古文，会受到来自听话人的抵制；在能听懂的人面前使用，会受到来自听话人的鼓励，听话人觉得说话人是在抬举自己，瞧得起自己，因而受到说话人的风雅和特殊神情的感染。不过古词、古文的选择只能间或地进行，长篇累牍用古语说话，没有必要，也不可能。长篇古文信件必是双方早有默许，双方都有授受的条件。没有特殊缘故，长篇古文出现在现代报刊杂志上恐怕要冒天下之大不韪。一篇文章从头至尾用乔叟或莎士比亚式的语体印在当代英美报刊上恐怕要引起大哗。在近代中国，这样的特殊情况出现过一次：《人民日报》在20世纪80年代之初，以廖承志先生名义写的一封致台湾国民党人的信（呼吁台湾、大陆早日团圆）就是用漂亮的古词、古文。发表在大陆报纸上，但真正针对的读者对象却是大家心照不宣的。台湾国民党元老或蒋介石先生的同辈或同事读到它，至少觉得大陆是尊敬他们的，优美的文词有助于勾起他们同根认同的美好感情和情绪。

第三，对陈词老调的选择，从任何意义上讲，都很难引起美感。有人说，鲁迅笔下的孔乙己口里的陈调腐词不是有审美价值么？其实，那完全是另外一回事。言语美论不以文学成品中的人物言语为研究对象，因为那已经不是原生言语，而是被作家美化了一道的言语。生活中的口头的陈词俗语有用，缺了它显然不行。一个人一天之内总要说几句套话俗语，但是，并不具有审美价值，说话人也不怀任何审美目的。

陈词套话从根本上与追求新奇对立，因此它很难引起美感。陈词套话的滥用，却引起负美感效应。"文革"中开会发言的第一句话每每是"东风劲吹红旗飘……"下面接着发挥的，或是打击"走资派"，或者大年除夕夜号召社员出工，或者豆芽烂了怎么救补，或者公布应该结扎上环的名单。后面主题纵有千千万，我前面只有我的"东风劲吹红旗飘"那一句。这样陈而又陈，套而又套的陈词套话，谁听了都会厌恶、嘲笑，没有什么美感可谈的。

上面提到，文学成品中，人物嘴里的陈词滥调却有审美价值。陈词滥调成了创造人物的手段，已经不是原生言语。它传达了作家对这个人物的评价，批评的、贬斥的评价。读者读过这些陈词滥调之后不但不反感，或许会大加欣赏。契诃夫（А. Чехов）创造的独白话剧О Вреде Табака（抽烟之害）中的伊万·留金（И. Нюхин）一口气说了1337个词，全是陈词滥调，废话连篇，前言不对后语，可是读者却颇为赞赏。赞赏的是作者对这个人物的如此处理，不是赞赏这些话本身。这就很有趣：真实生活中的人说了陈词滥调，听话人不能接受。文学作品中的人物如此说话却能引起读者的欣赏（即引起美感）。这个不同是怎么回事呢？生活中的听话人是陈词滥调的受害者和牺牲品，所以不能接受；文学作品的读者却是陈词滥调的旁观者，旁观者具有与当事人完全不同的心理。受害者永远不会具有欣赏危害物的心理，而旁观者却有可能。阅读人接受的是有审美价值的人物形象，而不是陈词滥调本身。

第四，讲究词的搭配与用词规范这样的语体选择，正是说话人企图把话语变得更准确、更美的一种积极措施，具有审美意义。词的严格的规范搭配，即严格的句法形式，有助于形成逻辑美。如果口语和笔语通篇都是规整的词的搭配，话语将准确、流畅，且无懈可击，法律事务、谈判活动采用这样的语体，十分必要，但是，日常口语活动中这样的语体往往不易持久，就是能持久，也有呆板沉闷之嫌，反而使话语不美。严格的程式，没有丝毫变化，和生活本来的多变与灵活的现实节奏不合拍，就难以引起美感。

在准确与优美两项中只能选择一种的极少数情况下——宣判、宣告、国事谈判时，人们往往选择准确，这是完全可以理解的。但是，不能以为在极端情况下人们是根本无暇顾及优美。在个人生死攸关时刻，比如绑赴法场途中，犯人还拱手求沿街看热闹的人说："请老少爷们叫个好！"这样的话语和言语事件，老北京是听过、见过的。人们在危困的言语活动中也不忘快活和豪气。具有启发意义的是，人们往往在背后善意讥笑死抠字眼的人的呆傻气、书生气和迂腐气，正表明了对新鲜、活泼、具有优美品性的话语的向往。有没有生活中的孔乙己呢？大千世界，哪样人没有？如果有，必成为人们嘲笑的对象，这事件本身就是对言语美的肯定，对语体不合语境的批判。

第五，套话和公式化语言选择中的美感分析。具有某些特定使用范围的语言变体，往往具有相对稳定的形态。稳固形态的语言变体的生成有诸多的原因。

社会规约性。只要社会存在，这个规约就会存在。套话和公式化语言在这个意义上说是与社会共存的，"万寿无疆"的。中国人日常碰面时问好的来言去语（"你好！""你好！"与"上哪儿？""办点事儿"，等等），简单不过，也是套话与公式化语言，有什么必要革新与抛弃？

审美趋群性。大家都觉得这样说或那样说"挺帅"、"过瘾"、"有味儿"、"有趣"，就没有必要"反潮流"。比如陌生人打招呼，问一件事就分手，"贵姓？""不敢，贱姓×"，大家觉得这样礼貌、得体，从而在交际中受益，对陌生人恭维也只能到这个程度，萍水相逢，问完事就永别，既不怕笑脸热语损失什么，也不用近一步亲热，套话就往往容易在一段时间内固定下来。但时代因政治生活的剧变或快变，套话也剧变或快变的情形也是有的。套话的变化反映出社会文化背景和人们审美观念的变化。例如向陌生人问路的套话的变化：

（1）"先生（小姐），请问……"1949年前沿用。

（2）"同志（同志哥、同志姐），请问……"20世纪50年代、60年代、70年代沿用。

（3）"师傅，请问……"20世纪70年代中期开始出现。

（4）"先生（小姐），请问……"20世纪80年代又开始出现（回潮）。

"同志／师傅／老大爷（老大娘），请问……"也仍同时存在。1949年以前，给被问路人奉送一个"先生"与"小姐"，有身份、有地位、有钱的人听了不觉亏损什么，无身份、无地位、无钱的人听了觉得受抬举。已婚的妇女被称"小姐"，年龄轻了一大截儿，得到没变老的安慰。这样一对称呼是美的，用得较广泛（当然还有别的称呼）。殊不知世事难料，到了20世纪90年代，由于"小姐"的滥用，这个称呼又开始变味儿，特别是有色情味的三陪女人被称为"小姐"之后，正经女人很反感被人称之为"小姐"。20世纪50年代、60年代，到70年代，大家觉得"革命战友"称呼最荣耀，被人称为"同志"最满足。社会上也流传着高干要求别人称自己为"同志"的美丽的传说。这三十多年中，有相当多的人受政治运动冲击被剥夺了称呼"同志"的权利，于是这个称呼的价码就直线上升。有人在遗嘱中要求赐称"同志"，并声言只要称"同志"就心满意足了。熟人不肯赐称"同志"的"牛鬼蛇神"们在萍水相逢的陌生人面前临时享受了"同志"称呼所带来的恢复政治地位的口惠待遇。于是，以"同志"开头的问路套话稳定了三十多年。"同志哥"、"同志姐"是它的变体。20世纪70年代中期，我国北方开始流传"师傅，请问……"这一问路套语逐渐打过长江，跨过珠江，在广州街头也居然可闻。一个徒弟对他师傅的尊称，怎么被那么多人喜欢和接受，使人迷惑不解。是不是与"工人师傅"——中国的领导阶级有关？但同样广泛运用的"农民伯伯"和"解放军叔叔"并没有进入问路套语之中，是不是因为与"农民"相连的"伯伯"，与"解放军"相连的"叔叔"，在辈分上太让被问路人占便宜（老大称少小为"伯伯"）或太让被问路人吃亏（少小称老大为"叔叔"）?而且对妇女（被问路人）称呼伯、叔显然不妥。问路时称人"叔、伯"者有之，但终不成套语。这且作一悬案以待察考。20世纪80年代开始，"先生／小姐，请问……"模式又抬头，这显然与外国人、港澳台同胞大量入境有关。本书作者发现，20世纪80年代伊始，知识分子在学术活动中就很热衷于这个称呼，某学者，某教授之后尾以"先生"流传开来。我还发现，早在20世纪60年代、70年代极个别的称"先生"的例子可以在高干中找到，共产党员称党外人士为"某某先生"，这可能有非常微妙的好处；一是尊敬，二也有将"先生"与"资产阶级知识分子"划等号的心理。本书写作的年代，"先生"这一称号只留下尊敬的含意了。可见人世沧桑，美也分彼时此时矣。

另外一个套话的变化也反映了审美观念的时代性变迁。向客人或朋友介绍自己的妻子时，所用的套话：

（1）这（她）是我家里（屋里）的（老婆，孩他妈……）。

（2）这（她）是我内当家。

（3）这是我那一口子。

（4）这是我那半边天。

（5）这是我妻子。

（6）这是我的另一半。

以风雅程度论，从（1）到（6）是越来越风雅，但在有些方言区似乎不这样认为。第（1）句最不风雅，轻贱女人意味很浓，方言和土语加深了粗俗味道。第（2）句礼貌程度加大，尊妻为"当家"，虽则内外有别。第（3）句显得亲昵。第（4）句不仅亲昵，还大大方方地给了妻子应有地位，与毛泽东对妇女作用的评价紧密相关，但带上玩笑成分，更风雅。第（5）句很正式，雅的成分更加浓烈。第（6）句很可能是受英语热的影响，英语中one's better half（某某人的妻子，戏谑语）说法在中国中青年知识分子中颇为流传。要说高雅，第（6）句为最，要说普及度，它则不算。以时代变迁而论，从第（1）句到第（6）句是从20世纪40年代到90年代的顺序。1949年以前，妇女不当家，且受歧视；从20世纪50年代到70年代宣传妇女解放颇有效果，介绍妻子的套语越来越风雅；20世纪80年代，许多城市中女子当家、出国、干企业，对她们的称呼（介绍时）越来越不得马虎。这既是经济地位的变化，也是审美观念的变化：称妻子，以粗俗为美，变化到以风雅为美。

关于套话和公式化语言，还有两点容易引起负美感效应的是：它们是大家意中之言，无新意，这也许和生成美感最大的对立之处；套话还有虚伪之嫌，因而最容易被疑为不诚。两个陌生人谋面，经朋友介绍，一个抢先说："久仰久仰"，另一方应之以"久闻大名"，很可能是谁也没听说过谁，不过虚与委蛇罢了。

第六，成语和谚语选择中的审美因素。也许语体的选择中，最能积极地体现审美动机的莫过于成语和谚语的选择了。成语是定型的词语结合单位，人们长期习用，形式简洁而意思精辟。这是特点之一。特点之二，词语结合成一个牢固的单位之后，整体意义不等于各单个词义总和的涵义。这两个特点都为人们说话的审美创造提供了充分的可能性。谚语是在民间流传的固定语句，用简单通俗的话反映出深刻的道理。我们先讨论成语审美选择的动机和规律，大致上可看出谚语审美选择的动机和规律，因此不单列谚语讨论，因为我们感兴趣的不是谚语本身，而是人们使用它的审美动机。

汉语成语与外语成语相比，具有特殊的形式美规律，因而使用起来有它独到的生成美感的方式。那便是，除了形式简洁、意义精辟之外，都以四字定型。四字成语本身所具有的音律优势（即语音审美属性）是说话人愿意选择它来表现美，引起美感的内在根据。这个音律的优势可以简括为：（1）四字成偶，是天成的对称，念出的音节自然有对称感觉。（2）意义对称与节奏对称天然合拍。"先来后到"，按意义，"来"与"到"对称，"先"与"后"对称；按节奏，按轻重时值的分配，也自觉地与意义挂上钩。（3）在说话时，如果连续两个或三个成语放在一起，那形成的音韵和节奏更容易串成起伏的音波和旋律，乐音化趋向变成乐音化现实。这就是相当多的人喜欢将两个或三四个四字成语连成串使用，一口气说出来的奥秘：产生说话中的乐音小段落。这样的乐音小段落不用费许多心机，也不花许多运筹，就能在口语中顺着流出来，如"你呀，慌慌张张，鬼头鬼脑，失魂落魄，干什么呀？"这个语流中就嵌有一个乐音小段落。

外语成语虽然没有汉语这样的四字成语的音律优势，然而，却有它独特的审美情趣。关于这一方面的专著和文章已经相当多了，本书不必重复和抄写，在这里要补充的是：语面意象（望文生"象"）和深层含义之间的或大或小的差距所引起的对于怪异、新奇和偏离的欣赏情趣，这就是第二层次的言语美。如下表：

语言形式	语面意象	深层含义
Catch a crab	捉住一只螃蟹	划桨时入水太深而失去平衡
Flog a dead horse	鞭打死马	争论已经解决的问题；试图对过时的事件再引起兴趣
заморить червячка	使蠕虫饿死、累坏	先吃点什么（因觉得饿）
под сукном лежать	躺在呢绒下	将文件、案子压在文件柜里不办

（成语和谚语中的美：第二层次的言语美）

第一次碰上这样的成语，理解上发生困难，不知底里，横看竖想，总觉得与前言后语不契合，一旦让人告知（或查字典得知），体会字面（语面）意象与深层含义之间的矛盾，先是觉得矛盾悬殊，由此生悬念。可是就审美心理过程来说，正是悬念解除，才得以造成快乐与满足的心理。语言意象与深层含义相差得越远，悬念解除以后的快乐与满足越是充分。两者矛盾的悬殊越大，揭底之后的惊讶和奇怪越甚。可是，这正是最佳的审美心理状态。

　　外语成语并非都是以这样的方法生成的。第二种情况便是隐喻（metaphor）带来的美感。隐喻与深层含义之间的巧妙联系也能生成美感，其审美心理过程与上面相类似，但第一种情形是语面意象与深层含义毫无联系。"巧妙联系"与"毫无联系"是大不相同的，引起的美感也各有特点。语言形式的隐喻与深层含义之间联系越是巧妙，审美效果就越是好。to set the ball rolling，隐喻"球开始滚动"，深层含义"让什么事情开个头"，两者联系巧妙。Нес-тись сломя голову，隐喻"不要脑袋地跑"，深层含义"拼命地跑"，两者联系靠"不要脑袋"这个形象，也巧妙。

　　最后，我想说一说，这样的成语，作为审美对象，也是审美选择的产物。说话人的审美动机是想从成语那里找到言简意赅或语音的美这样两方面特性，成语就刚好有这样两方面特性吸引了说话人。或者可以说，正是说话人（听话人）有这样两方面审美要求才定向地、逐渐地筛选出、培养出具有类似特性的成语。这正是在各种结构和层次中表现出来的语言审美选择现象。

第五节
交际类型的审美选择

　　语言使用还可以分为具体的言语活动类型，即交际类型。"我要说话了，采取哪种类型最合我的心意，又最使人受听呢？就是那么一个意思，要交待出来，是花言巧语？是质询对方？是责备恐吓？还是劝诚说服？"像这样的自问自，哪怕是一闪念，便是在就时就地选择交际类型；交际类型的选择中，既有实用目的，又有审美意识。突出审美意识的交际类型的选择，就叫交际类型的审美选择。每一种交际类型里都可能有体现说话人审美意识的某种方式和手段。

　　首先将交际类型陈列如后：

恶意滥用语言交际类：敲诈勒索之言，吹牛，撒谎，花言巧语，诡辩谰言，淫言秽语等言语活动；

广告交际类：沿街叫卖，摊贩叫卖，上门推销，电视广告，电台广告，图配文广告，文字广告；

论证争辩交际类：政治辩论，阐明观点，询质对方，解释，辩护发言，是非之争，辩驳与驳斥，鉴定报告，等等；

计算交际类：数数，计算等；

求爱求婚交际类：谈情说爱，求婚等；

描述交际类：地点描述（对某事物对某人的所在地的描述），描述别人与自我描述（不是见面的自我介绍），新闻报道（描述事件），等等；

评价交际类：责备，责怪，评说，埋怨，夸奖，恭维，等等。

感叹宣泄交际类：发誓（不一定让人听），宣誓（让人听、看），赌咒（不是骂人），咒骂（并非恶意滥用的那一种），大声哭叫，感叹等言语活动；

幽默交际类：开玩笑，说幽默话，学舌，嘲笑等言语活动；

教练交际类：工作指导，职业教练等言语活动；

语言游戏交际类：一语双关，说谜和猜谜，利用同音词开玩笑等言语活动；

工具性语言交际类：间接引用别人的话，直接引用别人的话，重复别人的话，总结性话语，给什么事物下定义，用自己的话解释别人的话，简化浓缩别人的话，口头翻译别人的话等言语活动；

说服交际类：劝诫，说服，忠告等；

宣传交际类：政治宣传，民事宣传，科技宣传，卫生宣传等非商业目的的言语行动；

典礼仪式交际类：决斗（西方的决斗有正规的仪式，且有证人或中间人——本书作者注），教堂活动（做洗礼、礼拜、西方婚礼），庙宇活动（做佛事、念经），婚礼，治疗套话，挑战应战，开业（工）典礼，惩戒仪式等言语活动；

粗鲁言语交际类：相骂，吵架，骂街等；

艺术性说话交际类：用唱歌的调子说话，讲故事等；

非恶意滥用语言的夸张交际类；

自夸（当着人）交际类；

讲价还价交际类；

……

（以上交际类型见Verschueren，1987）

上面的各种交际类型的审美选择问题，我们不可能一一讨论，兹选取代表性强的几个方面加以论证。

第一，恶意滥用语言交际类，其目的是使听话人受害，听话人方面毫无美感可言。说话人选择恶意滥用语言交际类的初衷，也不是为了审美的需要。但是，要说这一类型里根本无美可谈，那就把问题看得太简单了。

这里有个时间因素。恶意滥用语言之初，听话人尚处于受蒙蔽阶段，花言巧语、装假冒认、吹牛撒谎和诡辩谰言尚未体现为损害事实（钱财之损或心灵受害）之时，不仅听话人有可能暂时欣赏其言语之美，而且说话人必须力争言乖语巧，拣好听的说，才能蒙坑听话人。也就是说，恶意滥用语言交际类在言语活动阶段诉之于美的形式，是真实的，不借助于美的形式，反而是不符合规律的。选择美的形式才能加快听话人上当受骗的速度，加深上当受骗的程度，如果言语错漏百出，不但不能骗人，还会暴露自己，违反了恶意使用语言的初衷。在言语活动的后果尚未体现出来时，我们不能断定其是恶意使用还是善意使用，在这一个时间段内，这一交际类型的言语美品性的存在是真实的，也是符合言语交际规律的，——如果它确实表现了言语美品性的话。仅从说话人目的（为了使对方受损）出发看问题，虽然他不得不求助于美的形式与规律，但那绝对不是以引起言语美感为目的的，这一点必须明确肯定。

第二，感叹宣泄交际类里的赌咒与咒骂，与恶意滥用语言交际类有某些相似之处，但不同之处更多。赌咒，往往是让人看见自己骂自己。骂人有两类：一类是受害人报复行动，另一类是加害于人的攻击行动。第一类骂人是一种感情上的宣泄。他们自己首先受害、受冷落、受骗、受侮辱，便以粗鲁言语相报。这一类骂人与恶意滥用语言是可以划清界限的。如果这样分析有道理，那么，我们就会同意，骂人——感情宣泄式的——不仅成为交际类型中的一类是有现实根据的，而且也是有美感效果可言的。

古往今来确实有许多骂人骂得漂亮的例子，有很高的美学价值，值得人们津津乐道。我们先说旁证：文学作品中，焦大骂贾府，包公骂陈世美，武乡侯骂死王朗，婵娟骂宋玉，阿Q骂假洋鬼子，忠良骂奸臣……哪一件不传为美谈！作为直接的证据，真人真事的骂，骂得精彩，传为美谈的，也不乏其例。

1925年2月，有一报人名成舍我创办了《世界晚报》和《世界日报》，他先聘请了张友鸾进《世界日报》社，三天后又请回另外一人（张恨水），辞退了张友鸾。此事大大激怒了即将在平民大学新闻系毕业且已在文学界崭露头角的张友鸾。愤激之下，张草就一封痛骂成舍我的信。其中有一句说："狐埋之而狐搰之，是以无成功。"此语出《国语·吴语》，意思是"狐藏（埋）狐发（搰），反复无常，干不了大事！"成舍我看了这封骂他的信，不但不生气，反而很高兴，说："此人非用不可！虽然他出言不逊，但切中要害，骂得痛快，有道理！文章才气横溢，写得漂亮。"[1]骂得好的不仅不引起被骂人反感，还引起被骂人美感，张友鸾骂成舍我可算一例。

1949年10月1日，北京天安门升起国旗，广州有两位先生发生了争吵，原来是蒋介石与李宗仁在结算多年的积怨。蒋介石先承认全面失败，但他还是劝李宗仁渡海逃亡。李宗仁一拍桌子："王八蛋去台湾！"（电视片：《世纪行》）这可能是赌咒："我要是去台湾，我则是王八蛋。"也可能是感情宣泄式的骂人"你去，所以你是"，那便是当时的副手骂正手。"王八蛋"在阔人高门里算是最伤心一骂。读者诸君注意：李先生语出桌子响这一配合行为，这是在"伴奏"，也是感情宣泄。我们可以听一听：[Wáng ba dàn]配上巴掌拍桌的响声，其景其情，其声其韵，其鸣其响，在历史上可算一曲。蒋先生一生骂别人多有痛快淋漓得胜回朝的时候，这一次是让李占了上风。

对于感情宣泄的骂人，不可一概视为下流、轻慢之举（粗鲁言语、攻击式的骂人不可取，那是野蛮之举）。大概没有不骂人、不被人骂的人。这在心理学家、社会学家、行为学家和病理学家那里都可以得到解释。社会活动家们尽可以提倡"五讲四美"，语言学家却不可不研究骂人话里的美与丑。就是在受害人报复行为的骂人话里也有许多引起丑感的东西，不是遭到听话人的批判，就是受到自己事后的责备。生活中恶意滥用语言的骂人，粗鲁言语，更是不会引起美感，对此持否定态度是理所当然的。美国总统杜鲁门在公共场合讲话，总不自觉地说上几个"Hell!"（见鬼）和其他骂语（美国Paul.F.博勒，《美国总统轶事》，《读者文摘》1990年第7期），被人作了记录，也不必感到冤屈。

感叹宣泄交际类里，更多的是感叹（伤心的、喜悦的）。作出这样的选择，其中的审美意识是夸张使用声韵，把韵母拖得长长的。"啊！……"，"哦！……"，"天啊……"，"呀……"，Как хороша!（对女人说："你多美！"）Dear me!（天哪！）韵母拖长，才能宣泄满腔的积怨或喜悦，更能造成悦耳的效果，宣泄人也可以疏通体内气理从而感觉舒心。人需要声响效果

1　正初：《张友鸾骂进〈世界日报〉》，《团结报》1990-11-03。

以便舒心悦耳而采取感叹式交际的旁证是：人独自在旷野、山崖、河岸、草原等空间仰面长啸，转移到感叹宣泄交际类型里，便是感叹，这是长期审美选择的摸索的结果。拖长（夸张）韵母还便于在语篇中造成押韵与和声的机会。发誓（只算当着人的那一种）、宣誓（让人听、看）、赌咒（不是骂人而是骂自己）有一个共同点，那便是在声响上与普通说话大有区别：音量、声韵、节奏上有显著的变化。或突然加大音量，如一种发誓和赌咒；或是突然压低音量，从牙缝里吐出字句，如另一种发誓和赌咒；或是节奏变得异常缓慢，语调庄严，如宣誓，不管音量是加大或压低，声韵都得到了夸张。

感叹宣泄交际类里，还有一种是大声（或哭）回应。它属于感情的突发爆出，也可能产生给人印象深刻的言语活动。张学良将军在西安事变之后，落得身陷囹圄，十几个东北军将领来送张学良起程。大家知道，此一去即生离死别，凶多吉少。有一人哭得几乎控制不住自己，要跪在张的面前。此时的张学良见状，大喝一声："起来！（停顿之后）男儿膝下有黄金！"这一声大喊，蕴涵许多不尽之意，是感叹宣泄交际类型里有审美意识的例子之一。

第三，广告交际类的审美意识很强烈（制作人的审美意识），审美目的得到充分贯彻，美的形式最为外显外露（语言形式的美）。它的实用目的和审美目的可以说是互相推波助澜。为了赚钱，就得在形式美上大做文章；在美的形式上下了工夫，就越能多拉生意。因此，在声音美上下工夫，如叫卖，音乐伴奏，干脆将广告词编成歌；在颜色图案美上下工夫，如电视广告，报纸图配文广告，广告画；在言词美上下工夫的，广告文词与叫卖言语都是精心设计、巧费心机的美言丽词。

上述三大类（声音美、颜色图案美、言词美的广告）的例子多到无法列举，这方面的研究很广泛，也很深刻。但本书的宗旨是：不求系统框架周全，只争有所发现。因此，本书只想就下列问题谈一点心得。那便是：

吆喝与音响广告是言语活动的乐音化的"化石"。

这个问题在第四章第三节《言语活动的乐音趋向》有较为全面的讨论。这里，在交际类型的审美选择里，我们从下面这个角度看一看，为什么出卖货物要选取这样一种吆喝（叫卖）形式？这样对贯彻审美意图有什么好处？

吆喝广告的形式有两种，一种是吆喝，另一种是以音响代替吆喝，或音响辅助吆喝。先说吆喝。将推销货物的广告以接近唱歌的形式由单个人唱出，但词语的铺排不像唱歌那样充分地利用乐音手段，因此像说话加唱歌，这便是吆喝。但它与说话大不相同之处是有了和谐的旋律与一定的节奏，形成了九腔十八调，旋律有高低升降，语调有抑扬顿挫，变化丰富，婉转悠扬，有的吆喝不是一般的"贯口"旋律，节奏感强，一口气吆喝下来，不仅字正腔圆，还有很得体的偷气、换气，气口得当，张弛有致，层次分明。湖北民族学院音乐教师李植玙先生根据本书作者要求，将侯宝林先生吆喝的"卖土豆""卖柿子""栗子味的老窝窝""北京北城糖葫芦""北京西城糖葫芦""北京南城糖葫芦""晚香玉""玉兰花""天津瓣兰花""卖布头"（天津背包袱卖布头，摆摊卖布头，德国青，北京软调、北京硬调）共十五段吆喝，悉心记谱，谱本将在本书第四章第三节（言语活动的乐音趋向）里一一列出，这里只录下一段（"北京北城糖葫芦"吆喝）：

1=♭A 2/4

5 7｜7676 765｜543 6·543｜235 0432｜55 5‖

蜜来哎　哎　冰　糖　葫芦儿　来哟

吆喝是言语活动乐音化形态之一。我在本书里将言语活动乐音化看成是语言可以成为审美对象的重要的"化石式"证据之一。吆喝是这"化石"中的一块。从这块"化石"里可以看出某些最原始、最具自然形态的言语活动向乐音靠拢的趋向，从而在宏观上证明：言语求美律是客观存在，"拣好听的说"是言语活动中的普遍现象，尤其是证明：言语活动中引起美感的最直接的手段是注意音韵美，言语美基本品性的第二个表现（说话人在语言形式上选择了优美的音韵和适当的节奏，选择了符合形式美法则的言语表达实体）是有原始的、自然形态的事实作依据的（参看第四章第一节第六个方面——言语美的第二个品性，直听形象）。买货物，一般而言，是出于需要，也有首先不是因为需要而是因为吆喝好听被吸引过去，先欣赏那吆喝再买物品的。这个过程本身就证明了吆喝乐音化的成功，言语形式美对言语目的有促其实现的作用。可以谱成曲唱的叫卖吆喝还有：武汉街头吆喝的"雪糕冰棒""奶油雪糕"，江浙一带（1949年以前）街头吆喝的"吃了我的梨膏糖……"（参见电视剧《瞎子阿炳》），"磨刀人（可能南北有不同）吆喝的"磨剪子嘞，抢菜刀"。吆喝广告的另一种是以音响代替吆喝，或者音响辅助吆喝。唐代孔颖达疏解，"其时卖物[1]之人，吹箫以自表也"即用吹箫招徕顾客。姜太公曾操屠户之业，"鼓刀扬声"，这也是一种。南宋时茶摊子"敲响盏歌卖"，以吸引茶客。[2]本书作者在童年时代的江汉平原东荆河、通顺河畔（沙湖镇）一带亲耳听到的

1　此处"物"乃本书作者自度，姑存疑。并欢迎指正。
2　参见钟琪：《古代的音响广告》，《钱江晚报》第1652期。

音响广告计有：卖葱花饼的敲竹梆子，卖甜米酒的也敲竹梆子，但两种竹梆子略有不同，葱花饼竹梆子半尺长，米酒竹梆子可以放在掌心，皆中空；卖针头线脑的摇拨浪鼓，有的在小鼓上面加了一面小锣，摇之"嘭嘭丁东"，清亮沁心；还有磨刀人拿四块长舌形的薄铜片串成铜滑连，塔塔作响：先接连放收放收几次，停，再放收放收几次。后来在湖北西南山区（现鄂西土家族、苗族自治州）亲耳听到的（"文革"之前）音响广告有：劁猪的吆喝用小小牛角吹出尖锐的"悠悠"的叫声（如[You — You — You……]）。在南京，前几年还见到用敲竹梆子代替卖冰棍儿的吆喝声。另，据各种材料记载，货郎担打小铜锣，草药郎中用拨浪鼓，卖白榄吹喇叭，卖豆腐敲小铜锣，卖包面（馄饨）敲竹梆子。现代的中国市场上，吆喝声的演变形态是放喇叭（电声），放录音机，拿半导体喇叭代嗓音。声音肯定变大了，说的内容也可多可少，可最令人惋惜的是乐音化大大减退，增添了城市的嘈杂与空气"污染"，这也是不得已而为之：人口猛增，街市行人如织，人流如潮，谁有那么大的嗓音让如潮如啸的人流驻足聆听？谁有那么大的家伙（竹梆子、拨浪鼓、铜锣、铜滑连、牛角等）镇得住如山的人堆听辨清楚？要是代之以大竹筒、大皮鼓、大铜锣等大家伙，镇人倒是镇得住，不过那已经不是用乐音吸引过路人买货物，倒是让人当成报警、告险，或当成打场子玩大马戏了。1949年前和后一小段时间，京都大市面小胡同，省城大街区小巷尾，都容得下这人听人爱（至少不嫌）的吆喝，如今不要说京都省城，就连县城小镇也容不下这音响了。这并非埋怨社会落后（相反是商业繁荣），而是为消失了一份乡土情趣而惋惜；那葱花饼的油香，迷漫房舍，那竹梆的声声脆响，半条河街可闻，香味与声响为小镇的夜色增添了静谧和吸引力（睡在床上的儿童和聊天的老人有几分莫名的"骚动"！）也为小街的中午减去了困倦和沉闷气氛（赶路做活的男女得了几许意外的兴奋）。人口猛增，人头攒动，吆喝声没有了地位，只好用电声帮忙，哪讲什么声腔气韵，九腔十八调？要听这般吆喝或音响，到乡间、小墟、僻壤或许可以找到，找到那分变得遥远了的享受。

第四，论证争辩交际类的审美选择。这一类交际妨碍言语美表达的因素很多：不和谐的感情，激烈偏激的情绪，双方的面相、身势的对立，不期而至且不容多想就开口，这些因素显然使争辩论证的双方不容易考虑到美的形式的采用。

但是，下列情况下的争辩却有条件选择美的形式，说话人有条件从审美目的出发选择争辩这一交际类型。

早有准备的公开争辩有许多条件表现出美来。说话人要征服对方，他必须使自己的发言：（1）具有逻辑的力量；（2）在具有深刻意义的前提下，幽默、形象而生动；（3）尽可能争取铿锵的音响效果；（4）须和面相、身势（言语的生命意识的可见部分，见第二章第四节）配合得自然、和谐。第一点，具有逻辑的言辞，便有生发美感的基础。美的东西，一般都是有序、合逻辑的。第三点是语言的美的形式。第四点需要补充：面相、身势是引发言语美感的一部分（详见第二章第四节），不一定强调风度的洒脱（洒脱固然好），气度的非凡（非凡固然好），却强调面相、身势与辩论发言的配合应是自然与协调。矫柔造作的言辞会引起负美感，所以第二点指出"发言在具有深刻意义的前提下，幽默、形象而生动"时，不是一般地要求"幽默、形象而生动"而是限制在"具有深刻意义的前提"之下。不自然的面相、身势也会引起对方与旁观（旁听）者的厌恶感。第三点并非所有辩论（论证）的人都能做到，铿锵的语音形式如果和矫柔造作相混合，也会引起丑感。早有准备的公开论证（争辩）交际类，包括法庭辩论，学术辩论，专题辩论，调解，考试答辩，等等。

朋友之间私下的论证争辩（不是争吵那一类）也可以引发美感的可能原因是：（1）常有幽默、连珠妙语和睿智评说；（2）常有自然的、和谐的言语的生命意识的可见部分——风貌、气度、手势和步伐；（3）避免了在有准备的公开争论中可能出现的矫柔造作的词语，不自然的姿态，但也少掉了严密的逻辑安排。前者的避免，是因为朋友之间且在私下场合，不需要故意的显示，后者的少掉，是因为朋友之间争论，想到就讲，对颠三倒四的安排，朋友既不会见笑，也会理解。1938年1月的延安的一个夜晚，梁漱溟与毛泽东作为朋友私交，进行过一次友好而坦诚的辩论。辩论是从下午六点开始，一直到次日天明，整整一个通宵，欲罢而不能。辩论的题目是，一旦抗战胜利，如何建设一个新中国。梁、毛分歧较大。争辩集中在这一点上：毛特别强调阶级矛盾和阶级斗争的激化在中国社会中的作用，而梁不同意此说。两人反复申述自己的观点，相持不下，谁也没有说服谁。但是，后来梁先生在1986年秋回忆说："现在回想起那场争论，使我终身难忘的是毛泽东作为政治家的风貌与气度。他披着一件皮袍子，时而踱步，时而端坐，时而靠在床上，十分轻松自如，从容不迫。他不动气，不强辩，说话幽默，常有出人意外的妙语。明明是各不相让的争论，却使你心情舒坦，如老友交谈。"（重点号为引者所加。参见郑直淑、戴晴、章含之：《梁漱溟、章士钊与毛泽东》，香港：香港达艺出版社，第7页）上面这段话不妨拿来用作对私下争辩交际类型可能引起的美感的描写：风貌与气度是怎样的，身势（走动、端坐）是怎样的，言词是怎么样的，得到了什么样的欣赏状态，对照引者所加重点号的那些描写，我们可以领会到，朋友间私下交谈，选择争辩类型，同样可以贯彻审美意图。"不动气"是论证争辩与争吵的临界点。前者跨过这个临界就是争吵。争吵之中可能丢失（但不一定丢失）下列美的创造：逻辑力量，风度，妙语睿言，分明的、从容的音韵。急不择言可能丢失这些东西，但不尽然的是，有少数人在争吵中仍不失才气和言语的流畅，即使丢失一部分，只言片语的美仍然会闪光夺目。气度与风范是表现这一类交际的美的不可或缺的因素。没有论证争辩，这种气度与风范就显示不出，你可以有其他的气度与风范，但这种气度与风范只能是与争辩这种交际类型同步出现。在激动、激烈的论证争辩中不动气、从容不迫、轻松自如这样的气度与风范是争辩中的理想气度与风范。它是这一交际类型的美的一个重要组成部分。少了它，这类交际的美就大为失色了。

不期而至的论证争辩的美的创造需要语言能力、文化修养、论证争辩的理想气度与风范。因为是骤发急至，说话人对美的选择在即时即景内完成，混带大量粗糙的语言方式和语言漏洞，混带不理想的气度与风范，不美的成分占优势。急中生就的鲜活的一丝一缕的言语美，那是非常宝贵的。老实说，小说和电影中那些你来我往的充满巧言妙语的争论，对语言学的研究，派不上用场。可是目前，许多语言学著作或是话语分析，常拿经典小说与电影上的对白为例，得到某种结论去阐述语言学，这样的分析，其实是没有价值的，是失真的语言分析。那些诸葛亮式的巧言妙语的争论，与其说表现了言语美，不如说是表现了写作人自己的话语创造的美。尽管如此，争论双方在平时就有很高的语言交际水平，特别是很深厚的文化修养和很理想的争论风范与气度，在不期而至的论争中，也可能有美的言语。他们不失智慧，不失逻辑，不失方寸，谨守各自的说话目的，使争论朝有利于自己的那一方转化。据美国的H．Kissinger（基辛格）回忆，周恩来有这方面的智慧。但很难说他们之间的谈判与争论是不期而至的，相反，双方在接触之前作过了苦心的准备，这是历史学家可以作证的。可惜作者得不到这方面的真实的文献记载，目前仅有一例（不期而至的争论）真实记录，可是种种缘由又打消了我们拿它作例加以剖析的念头。

第五，求爱求婚交际类的审美选择。在人的言语活动中，这类交际使说话人产生更多的审美动机，让自己的言语产生美感，因而听话人有相应多的机会欣赏言语美。

求爱求婚交际类大致可分为当面施行与书面施行两类。

当面施行的求爱求婚交际，如果不是指公式化的套语，应该说是永远无法得到真正的案例的。真正有个性化的、有血有肉的、有情感的、真实的求爱求婚活动，不会当着第三者的面发生。既然不会当着第三者的面发生，如何能得到这样的记载？这样的资料，只有通过当事人（如果有勇气）录之于书，才能得到。而且，当事人出于种种原因也不可能把这种交际语言照录无遗。当着父母、亲戚、朋友或介绍人的面永远不可能有真正的谈情说爱这类交际发生，最多只有求婚发生。注意，求婚不等于求爱。当着第三者的面求婚的语言就只会是公式化的、套语式的，不会是那种显露骨子里的东西的求婚语言，更不消说有什么求爱语言。文艺作品中男女之间的谈情说爱只是作者经验的外化，或干脆说，意象化。也有作者借人物形象说出了自己求爱求婚时的原封不动的话语，但我们不能拿文艺作品中这样的交际活动作为言语美论的案例。

书面施行的求爱求婚交际记录，我们却可以得到不少。可以不可以一言以蔽之曰：书信中的情爱言语活动，无论是炽热可炙手，也无论是文雅可动人，毫无例外的是，一律都在精心选择词语，十分卖力地表现出美，也即"拣好听的说"。有这么一位著名英国诗人，J. Keats，他坦率地"招供"："I have a walk this morning with a book in my hand, but as usual I have been occupied with nothing but you: I wish I could say in an agreeable manner."（写给P. Brawne的情书，见*100 World Great Letters*，中国对外翻译出版公司和商务印书馆香港分馆，第210页）说得再明白不过了："我今晨散步时手里虽拿着书，像往常一样，心里却老有一个你：我真希望能说得更动听一点。"老实得可爱！每个写情书的人都得考虑言后之果。从以往经验教训看来，书信来往之后，或者干脆一封信过后，结秦晋之好者有之，反目成仇者有之，分道扬镳者有之。好像情书的言辞美不美直接决定爱情的前途一样。这就难怪写信人如此搜肠索肚调词遣句，那般一改再改精益求精了。情书与写信人的心灵有时是一致的，有时是分裂的。我不打算在这里详细分析求婚求爱书面施行的审美选择——不是因为缺乏第一手资料（相反有足够的资料），是因为它的美的表现最容易得到读者的承认，而且读者对于这样的表现都很熟悉，他们或多或少都亲自经历过、实践过了。

第六，描述交际类（地点描述，描述别人，自我描述和新闻报道即描述事件）的审美选择。这个交际类型基本上是回答别人对于人物、地方、事件和现象的询问。为了增加回答的吸引力，说话人要调动美的手段作一番绘声绘色的描述。这样的描述既是说话人企图让听话人吸引，也是自己对描述对象（人与事）的审美评价。

"一个词"描述法——一种特殊的描写交际类的美的生成。我们对海的描述，古往今来，有多少？有人用一个字：大。这一个词看起来太简单、平淡、无奇了。可是细细一想，这一个词太不简单了。因为它是最起码的外表特征：无边无垠、苍茫一片、水天一色，全由"大"包揽，你可以在"大"的范围内作万种联系，丅种想象，任你思绪驰骋，因为它无具体的描写限制与框定。对海的某一种具体描写，它在理论上便只能提供一个画面与想象。越是具体，画面的限制因素越多，那么海的美的形态便越是特殊。对人生的描述，可以用一个"网"字。虽然这有一点压人心头，却多少有某一个方面的启迪。从某种角度看，用"网"描述人生，不无妙处，人生是由许多事件许多经历交织着，它是由许多社会关系人事章法制约着，它告诫着人生的复杂难理，它埋藏着人生的千头万绪，它不让你轻率地盲目地逃亡；"网"还表现了人生中这一系统与那一系统之间的错综，大宇宙与小宇宙的竞相笼罩。对禅宗文化之中的立地成佛的途径的描写，可用一个"悟"字。"无论是北宗神秀的'渐悟'说，还是南宗慧能的'顿悟'说，都基于人人皆有佛性，悟便能成佛的理论。至于不能成佛的原因，无非是自性的迷悟，也就是慧能所说的'自性迷，佛即众生；自性悟，众生即佛'的意思，打破这迷悟，立地成佛的途径，就是一个'悟'字，这又是何等的简洁方便！"（参见可士雨：《中国图书评论》1990年第1期）。据说美国某权威报的社论对某位美国总统下台的评论只置一词：妙。我们还可以举出更多的例子来说明"一个词"描述法。它的美的魅力在于，最简单的言语启示出最大限度的联想与意象。用"大"来描述海，用"网"来描述人生，用"悟"来描述立地成佛的途径，用"妙"来描述某个美国总统下台，都是如此。凭某一个词，听话人或读者可以各有想象，各有心中的图式。有多少听话人或读者就可能有多少不同的想象。一个词引起成倍于它的意象图式，两者形成巨大的反差与对比。一个词的描述有它独特的美的魅力。

描述自己的美的生成。描述自己也可以引起美感，这是人人深藏不露的企图。可是结果却有天壤之别；有的人想美化自己，却落得世人厌恶，有的人甚至不想美化自己，却美名远扬。这里肯定有言语美论所不及的东西，当然也有它能解释的并不神秘的规律。1990年2月14日，一位六七十岁的黑瘦小老汉来到了河北保定驻军某部。老汉拿着一本中学课本。他是这样开口描述自己的："我就是李玉安。"他的面相、身势（言语生命意识的可见部分）是这样配合的：他指指课本里《谁是最可爱的人》，又指指自己的鼻子[1]。一句话！妙在一句话加上两指（指文章，指自己鼻子）。这个模式翻译出来便是：纪念文章上写着我的名字，活人就在你面前，认不认，由你们。描述自己忌讳啰嗦与骄狂，"我就是某某某"模式简单到不能再简单，谦虚到不能再谦虚。文章让我们"千载万世永垂不朽"，我实在是"没有朽"。指指自己的鼻子：英雄也该有自信与诚实；指指旁证（课本），是为听话人创造确信不移的条件。言语不多，面相、身势也很简单。这是一个活生生的"最可爱的人"。这是一个充满智慧的自我描述。[2]周恩来是这样描述自己的："要让我写自己的历史，我就写我的错误。"别人写自己的历史是遵照历史惯例——争一个三七开，至少要一个四六开。周恩来却选择了"十零"开。我们可以这样解释周的想法：我的功，不说也自在；我的过，自己不说，别人却不便说。周恩来一贯严于律己，从青年时代起就讨厌做了好事拿到口上说。知人者智，知己者明，故周恩来明。胜人者力，自胜者强，故周恩来强。他使用的描述语言也违反了惯用语与常规（即写历史的三七开），因此言之惊世骇俗。把描述自己当作一个交际类型，选择它时首要考虑的因素是自谦与朴素，没有这两点，一下子就让人生厌，谈何美感？在自谦与朴素的同时，注意语音形式，那便是锦上添花了。

描述别人比描写自己少一层顾虑，多一层责任，言语美的创造从总的方面来说增加了有利条件。少一层顾虑，就是少掉了怕人评为自狂自大的顾虑，多出的一层责任是应尽可能符合事实。冰心对梁实秋的描述是这样的：一个人应当像一朵花，不论男人或女人。花有色、香、味，人有才、情、趣，三者缺一便不能做人家的一个好朋友。我的朋友之中，男人中只有梁实秋最像一朵花。虽然是一朵鸡冠花。"培植尚未成功，实秋仍须努力。"[3]冰心在这里先是提供花的形象，后是将花与真人比较，按言语求美律（详见第五章第三节第二层次言语求美律）来看，言语中提供了形象，听话人据此在自己脑中生成相应的图式，言语成了引起美感的媒介物。从言后之果看来，此话说毕，梁的其他朋友生起一阵骚动，羡慕，甚至忌妒，可见确实有美感生成。

描述地点只需做到最起码的也是最高的一条要求：清楚。说话人在这里被问话人的急切的实用目的所"驱追"，只能把更多的精力放在把地点交待清楚上头，除非问的是风景点，才有可能把兴趣放到表现美的言语形式上。对风景点的描述，从目的到手段，都与审美有关。

1　参见范幼元：《解放日报》1990-07-06。

2　晓鹰、留青：《世纪行》，《光明日报》1990-08-03 — 06。

3　戴广德：《团结报》1990-08-01。

描述一个现象，尤其是描述一个听话人不知道又特别需要了解的现象时，说话人往往从听话人的欲望那里得到驱使，作出审美选择。对于这样的言语活动的美的开拓，没有固定的格式，需要独具慧"言"，才能以独特的美的言语去描述某个现象背后的本质。有人描述现代社会的娱乐用"手忙脚乱"一语：手忙者，打麻将也；脚乱者，跳舞也。可谓慧言独具。广州月饼闻名海内外，但是有一个令厂家很伤脑筋的东西是难以预料月饼买方市场的行情。某一年，拼命生产，市场却冷落，只好大量堆积，以致发霉，厂家叫苦不迭。又一年，减少生产，市场却又热闹起来，厂家拼命赶制不及，也十分被动。对于这种现象，《粤港信息报》（1990-10-13，第1版）的记者们（甘甲才等）这样描写道：

> **真难捉摸，那圆圆的月饼**
>
> 今年离中秋节还有两个月，广州的月饼行家就宣称，今年月饼光景不如往年，不少厂家。也纷纷宣布减少生产计划，谁料今年购买月饼势头猛烈，行家大跌眼镜，厂家措手不及，唉，这圆圆的月饼，简直成了"魔球"。

最后一句，令读者忍俊不禁，令厂家哭笑不得。大家早就知道一个令人着迷的"魔方"，如今可以吃的月饼变成了"魔球"，这里首先提供了一个形象（从"魔方"到"魔球"），可属"言语求美律"里的"给出意象美"（见本书第五章第三节）。月饼成了一个谜。怎样揭开这个谜底？读者兴趣来了，急急地往下寻找答案：

> ……按往年的习惯，不少单位都分些月饼给职工过节，但去年中秋，却是抓廉政的风头火势，单位的领导不敢轻举妄动，而职工们都伸长脖子在等待。节日一天天迫近，分月饼仍无音讯，个人便开始自掏腰包了，因而节前几天，购买月饼才进入高潮。

"风头火势""不敢轻举妄动""伸长脖子""自掏腰包"这四个形象——给出意象美——真描写得逗人，那样的心理，那样的举动，那样的形象，广州人看了都得暗自发笑。但是，

> （一）与去年情况相反，今年集团购买力大增。（二）由于担心销售不景气，不少厂商竞出促销花招，亦颇见效。（三）广州市外的市场需求增多。（四）宣传媒介歪打正着，使月饼市道发生了戏剧性变化。

读者已经见了谜底，但第四条说"歪打正着"又制造了悬念。读者又跟踪下

去：

> ……行家分析今年月饼市道之后，新闻界就把广州减少生产计划的消息"捅"了出去。结果虽未引致发生恐慌，却实在使一些消费者怕"执输"（吃亏）而先买为快。

本来，全市月饼产量比去年增加26%的谜底倒是揭开了，可是问题又来了，读者会说，月饼真是难以捉摸的魔球，闹了半天，还是大家没办法。不，请看记者是怎么揭示规律的：

> ……这几年的市道为何就起伏不平？是否就没规律可寻？记者无力为厂商出谋划策，但有个看法：没有规律本身就是一条规律。如果年年世道如常，还有什么商业竞争可言？

末尾两句使前面的所有的幽默描写（述）变得特别厚实起来。市场波动就是绝对的规律，要做商家，就要有这种头脑。"真难捉摸的圆圆月饼"市场后面有大学问。文笔美，且深刻，让你看到现象，又看到现象背后的本质。描述现象的言语的美，没有一个固定的格式。一旦形式固定成格式，那就不美了。再美的格式多次重复运用，就会减弱美感的效应。这就是许多落俗套的风景点的介绍语言令人生厌，落俗套的人物介绍描写令人反感的原因。说话人（写作人）要靠慧眼观察，观人之未观，察人之不察，结合一定的语言表现形式，就会把一个别人看来无奇的现象描述得奇象迭出，令听话人（读者）看到现象内外的尽可能多的东西。美感由此而生。

描写一个事件（事实）的难处，按美学的观点，在于不容易做到让不曾亲身经历过事件的人的感受最大限度地接近亲身经历者。这就需要：真实与动情。钱钢的《唐山大地震》，杰克·伦敦（J. London）的《旧金山灰飞烟灭》（*San Francisco Is Gone*）都有这样的效果。所谓"动情"，描述人有什么样的喜怒爱恨的情绪并且最大限度地传给听话人。那么，在听话人那里引起了怒与恨，算不算产生美感？1992年3月15日夜中央电视台现场直播消费者的热线投诉电话，并请来了一位热水器受害人在现场投诉。他先说（描述一个事件开始了），他有一个什么样的弟弟，全家唯一的大学生，怎么样组织了幸福的小家庭，怎么样替他高兴，怎样买那个牌子的热水器，怎么死在浴缸里，为什么不愿意接受厂家的"私了"建议，又怎样不理解一系列的现象，其中有一句话说："我希望我弟弟的死，是这种热水器害死5人，伤15人的最后一个。"直播室里的观众鼓掌三次支持了他的投诉，甚至那天晚上的女节目主持人的眼眶里泪水闪动，屏幕面前的观众咬牙切齿地骂那个害死人热水器厂的厂长（还在继续出售不保险产品，中央台亮出了订货单）："真不是东西！""黑了良心！"事件描述人引发了听话人（直播室观众，全国电视观众以及主持人）的怒、恨情绪，应该说这也是美感效果，因为审美里包括审丑，审丑会走向它的对立面审美。事实上，电视观众对讲究质量，为消费者着想的厂家还是怀有感激之情的，就在那晚，当主持人说完"一个电视机不小心从几米高处落下还能继续开机工作"时，电视观众都"嗓"地一声报以赞美的感叹。足见上面叙述的听众的恨与怒也是审美的一个部分，一种状态。描述一个事件能激起非亲身经历者如此深切（和亲身经历者一样深切）的情绪，是成功的言语美活动。

第七，评价交际类的审美选择。赞扬、批评与贬斥是评价语言的三种基本形态。不泄露情感倾向的中性的评价是客观的、公正的，如成绩报告中的"不及格""及格""良好"与"优秀"这些评价语。带感情（进而强烈的感情）的评价就成了赞扬与贬斥，其情感倾向鲜明。评价交际类带情感倾向的两端——赞扬与贬斥，可以充分调动言语美的手段，让你看到说话人的爱可以爱到铭心，恨可以恨到入骨。批评评价，一般地说是正常的人际交际，小走情感极端，用不着批到生恨；好评评价，也是正常人际交际，不走向情感的极端，用不着爱到铭心。

口头评价中的美的表现。简短而精粹——这是口头评价的困难所逼出来的优点，也是言语美的表现规律。口头评价的困难在于：（1）边想边说，不让多考虑，说细致全面固然好，但是时间不允许；（2）说多致失，不如少说，但说得精粹简洁，这是困难逼出来的优点，却又符合美的品性：简明而深刻的东西总是能激发起更多的思考与想象，美感寓于（生于）想象的驰骋之中。邓小平听到林彪摔死的消息时，他还没说话的权利（在江西流放地），只说了八个字："林彪不死，天理难容。"（晓鹰，《世纪行》）说话人的意思不难想到：这个摔死的人造成国乱家破，摔死是恶有恶报。语言形式上符合整饬化的美。中国人口头中常有的评价具有质朴与鲜明之美。

例（1）：你是好人。（语调深沉才是真夸人）

例（2）：你真坏（好）。（语调诡谲且与面相不和谐时是反话）

例（3）：你是个人物。（语调真诚，是正评；语调诡谲，是反评）

例（4）：他是个陈世美。（评论某男人不认前妻）

例（5）：她是潘金莲。（评论某女人水性杨花，对亲夫谋不轨）

例（6）：你比××还×× （评论人的品性比提到的人——一定是社会公认的某一方面有独特品性的人——还要深、厉害或特别。如"你比李逵还李

逵"，指比李逵更鲁莽更威风）

例（7）：他（她）是个奸臣。（评论某人好算计别人、弄权、打小报告等）

例（8）：你糊涂。（评论某人干了傻事）

例（9）：你也太那个了。（一般是指消极行为的评价，不想说得太明白以致让对方下不了台，但"那个"所指，听话人是非常清楚的）

例（10）：你真棒。（一般是评价积极行为的，赞扬对方干得好）

例（11）：你小人也。（评价对方品格低下，做人不地道，耍阴谋使小计损人利己）

例（12）：他呀，武夫一个。（评价某人有勇无谋）

例（13）：他呀，败家子一个。（评价某人只会花钱，不能守业，更不能创业）

例（14）：她，泼妇！（评价某女人不讲道理，发横耍泼）

上述例子无一不是画龙点睛，抓住所评人物的本质。但要说美，则以质朴加豪放体现。使用社会共同认可的人物形象之美——口头评价第三点美的表现。说话人借用某个社会约定、社会认可的人物形象（真人或艺术形象）来评价某一个生活中的人。这个社会认可的人物形象的审美评价就是说话人对生活中的某人的评价。社会认可的美的人物形象：某些伟人，某些大师，某些忠良臣子（如岳飞、杨家将等），某些功臣……社会认可的丑的形象：陈世美，潘金莲，奸臣，小人，武夫，败家子，阿Q……。一个非常有趣的现象是，口头评价中，借用社会约定的人物形象（真人或艺术形象）时，丑人物容易上口，经常提到，而美人物不容易上口，不常提到，即使提到，也要变换方式。我们常常闻之充耳的是：他是（就是、活像）李逵。他是陈世美。她是潘金莲。他是秦桧。他是阿斗。他是阿Q。他整个儿是西门庆。他整个儿是慈禧太后。很少听到，几乎没有听到过这样的话：他是岳飞。她是佘太君。他是寇准。他是鲁迅。他是雷锋。但是我们却可听到这样变换的方式：他是活雷锋。他是当代包公。她想做花木兰。他还真想做艾迪生。原因何在？对于美的人物，人们不愿挂在口边上，以免提之不恭，呼之不敬，这是一。再者，将生活中人比作伟人，有违谦虚规则，硬说谁是鲁迅、谁是歌德，反而折杀某人，变通一下，他"想做……"他"还真像……"、"是我们家的……"、"是活……"、"是当代……"，等等，却还站住了。因为这些变通办法都是语言上的委婉、曲折、缓冲、限制、缩小等手法，使受夸奖的人敢于承受。丑的人物形象就不同了，呼之即出，开口就是，不存在怕对丑人不恭不敬的问题。相反，对丑人物常常的鞭笞正是崇美心理，正是投入了审美活动。再者，既然不是对某人的夸奖评价，就不怕违反谦虚规则，耳熟能详的口头评价，诸如："他就是一个武大郎"、"他就是一个阿Q"、"她整个儿一个豆腐西施"，等等，还有戏谑、玩笑的意思，有时候是损人的评价，有时候是恰当的批评，有时却是好意的、友好的笑语，如"老兄，你不就是阿Q吗？"（例1），"老弟，你这不是陈世美吗？"（例2），"我说你呀，王熙凤一个！"（例3）。例（1）是嘲笑听话人搞心理胜利法，输了还会自解自嘲；例（2）是朋友批评朋友不该不认结发妻子；例（3）是取笑听话人呼三咤四，炫耀能干。当面说这些话，含有友好的取笑之意，若背后说人，可能是认真的批评与贬斥了。这个有趣的现象说明，同时借用社会约定的人物形象评价（口头上）别人，丑人物容易上口，而美人物不容易上口，这不仅不是有悖于审美活动，不仅不是尚丑行为，恰好相反，这是一种铭心刻骨式的深刻的审美行为，人们是那样地崇拜美的人物，深怕用之不当，唤之不恭；是那样地鄙视丑的人物，全拿他不当一回事，挂在口边，随时随地与生活中丑人丑事作伴，这不正是一种极为自觉的贬斥丑的审美意识吗！

书面评价中怎样表现美？书面评价中，美的表现比口头更为充分，因为有了反复琢磨、推敲的时间。严整与精到，这是这类交际中最易表现的言语美特征。修改与磨砺，以求评价的准确与全面。言语美上则表现为整饬化。如对张澜先生的一种评价是"非淡泊无以明志，非宁静无以致远"。通观张澜先生，这两句话评价了他的人生态度，高尚纯洁的精神，远见卓识的智慧。[1]对表演艺术家李默然的一种评价是：[2]

> 不是所有演员都有角色"专利权"，可李默然有。他塑造了忘不掉、死不了、打不倒的邓世昌……
>
> 不是所有观众都喜欢李默然，但是观众就是他心中最明亮的星……
>
> 不是所有闪烁的都是星，李默然的光彩来自友谊、爱情与无限延长的艺术青春……

三个"不是所有"句，包括了三个转折性的对比，完成了对李默然的评价，大句子框架是严整、对称的，思想也是严整精到的。

1　吕光光：《群言》1990年第8期。

2　李玲修：《恒星》，《人物》1990年第4期。

批评与贬斥里的审美选择。首先是批评与贬斥里有没有美可言？连骂人的言语活动里都有美可言，批评交际类里就更有条件进行审美选择了。深思熟虑的批评里，字斟句酌，容易自觉地遵循言语求美律。急不择言的批评，同样可能有美的言语，只是对说话人的文化素质与机敏程度要求得更高更严而已。深思熟虑的批评，如有人对近年来理论界的文风的批评："近年来理论界出现了一种令人担忧的文风，就是有些语言云山雾罩，莫测高深，佶屈聱牙，艰涩绕嘴。"[1]对文风的批评是整齐的四个连用的四字成语。意思上，两个成语一群，形成一个相对整齐而独立的单位："云山雾罩"就是"莫测高深"，"佶屈聱牙"就是"艰涩绕嘴"。节奏上，这十六个拍节可以形成铿锵的快板，这也是一种乐音式的语流。急不择言的批评，如著名电影导演谢晋批评一个女演员（正式场合常常迟到，歪身跷腿，让男演员拿她随身手提包），就是在忍无可忍的情况下，劈头盖脑地、急风暴雨地训斥起来："先不说当演员，就算做个姑娘吧，也得站有站相，坐有坐相！再说，你还在演农村少妇，哪有像你这样的，疯疯癫癫，还不断给首长敬酒。你现在就应该是这个少妇的身份。只能用酒沾一沾嘴唇……还有，要男孩子给你拎包，女孩子包里是些什么？在外国，男人替女人拎包，人家一眼就看出你们之间的关系。记住，当明星容易，当艺术家难。"先是拿"当演员"与"做姑娘"比较（道德品性比较），很得体，也很雅。你先别忙着"做演员"，今天我让你先知道怎么"做姑娘"！最后又拿"当明星"与"当艺术家"比较，这是两个比较的对称。特别是末尾的一对比较，是智慧的升腾。做了明星才知道明星离艺术家远着哩。明星有殒落的，闪一下就消失，艺术家却是长青永存的。艺术家嘴里说艺术难。这样的批评是对"人"的阐述，是一篇艺术家人格的抒情小品。由此看来，急不择言、劈头盖脑式的批评，也能产生美的言语来。做人的深刻与讲话的深刻在这里得到了统一。这还可以证明另一个事实：言语环境很难成为言语美抒发的障碍，看来难以抒发出美的言语环境，其实仍然能表现言语美，这要看说话人的素质如何了。我们现在（在事后）来猜想谢晋是怎样说最后那句话的，可以看言语美的某些规律如何顽强地起作用的。"当明星容易，当艺术家难！""当／当"对等，所占时间可以一样长。"明星"对"艺术家"，音节数不一样，但按"音节强迫对等"规律——为了求得语音形式对称（匀称）之美，说话人好像是"被迫"将几组相对称的音节流的时间值自动地调节成一样大小（详见第五章第一节：什么是言语求美律）——就有两条处理办法，若强调"明星"，

1　胡明扬：《近年来语言文字使用存在的问题》1990-05-05。

后面的"艺术家"中有一个音节必须念得又轻又快，使其总的时值与"明星"（两个音节）一样大小（时间一样长短）；若强调后面的"艺术家"，前头的"明星"则应迁就拖成三拍（"艺术家"为三拍），即念成 | 明 | — | 星 | ，总的时值还是控制得一样大小了。这里，谢晋的意思是"艺术家不容易"，应强调"艺术家"，则应念成三拍。但"明星"在先，由于急不择言，他很可能没有预先估计到后面"艺术家"应占三拍，一下子就将"明星"念成"两拍"，等说到"艺术家"时，他强调的就是这三个字，因此很可能念成 | 艺 | 术 | 家 | ，于是相对称的两组音节流在时值上差了一拍。这两种情形是：强调"明星"时，"音节强迫对等"规律的表现是：

| 当 | 明 | 星 | ……

| 当 | 艺术 | 家 | ……

强调"艺术家"时，"音节强迫对等"规律的表现是，

当 | 明 | — | 星 | ……

当 | 艺 | 术 | 家 | ……

但是，上半句里的"容易"在先，说成两拍，下半句里的"难"，一定要多拖一拍才能对仗，造成时值一样的效果。上半句与下半句全说出来，两种情形是：强调"明星"时，"音节强迫对等"规律的表现是：

| 当 | 明 | 星 | 容 | 易 |

| 当 | 艺术 | 家 | 难 | — |

强调"艺术家"时，"音节强迫对等"规律的表现是：

| 当 | 明 | — | 星 | 容 | 易 |

| 当 | 艺 | 术 | 家 | 难 | — |

以上两种念法，是作者根据"音节强迫对等"规律——语音形式对称之美——所作的猜想，可能是比较符合实际的猜想。

评价交际类的审美选择讨论大抵如此。

第八，幽默交际类的审美选择。幽默话语是说话人的精心的言语美选择。"它是一种高卓的机智，是对世事达观、洞悉，心力活跃超越了一般快乐戏谑的表现形式。"（钱锺书，1990：卷2：208）这 特点决定了创造幽默诘语的说者以及欣赏它的听者都应具备"超越一般"水平的语言能力和文化素质。它将说话人的智慧、乐观等精神融化在言语里，传给听话人。可是智慧、乐观并非见之于形式的精神因素，言语里头即使传达出来了，听话人若无优越的智力，那么说话人的幽默就不能转变为听话人的欣赏，这种幽默的价值就变为

零，可称之为"幽默搁浅"——搁在原处了。选择幽默交际类的人不得不考虑听话对象的水平，这就形成了这类交际的巨大障碍。能够多用幽默言语，固然不错，但若把这个技巧拿来对付任何人，运用于任何人，那就难免碰到"有去无回"——听话人不理解就没有理解了的反馈——的尴尬局面。

幽默的显著特点是诙谐但不庸俗，令人发笑但不轻浮。笑里有轻松与愉快，藏着乐观向上的信念。幽默的笑不等同于滑稽的笑，如故意踩着香蕉皮滑倒引起的那种笑。幽默的笑里有一定的哲理，人生意义和分明的是非观，笑过之后，增长智慧。1979年，吴忠匡先生访钱锺书，吴感谢钱4月访美归来寄赠给吴的英制烟斗。钱大笑着摆了摆手说："我自来不吸烟，好比阉官为皇帝选宫女，不知合用否？"锺书先生欣赏自己的幽默，笑个不了，引得杨绛先生和吴也都笑了。笑过之后，我们就能明白这样的哲理：没有某种实践（例如抽烟）就不可能有相应的真知灼见（例如哪一种烟斗合用）。

幽默言语美的另一个特点是，语言一般都比较含蓄。这一点，请参考本书第五章第三节中的"语不及"策略：它不是直白地说开自己的看法与意见，听话人在联想与推断之后，领悟其中奥秘，寻出其中味道。有的幽默话说过之后，当时只是引起听话人小笑，回味之后，过后还会大笑，其中之"味"是要个过程才能"寻"出来的。第二次世界大战中的英国，据说，幽默在阻止德国占领方面所起的作用，仅次于英国的皇家空军。有一个流传的真实故事（见 W.D. Ellis: *Solve That Problem With Humor*）：伦敦遭空袭过后，一位妇女好不容易从自己房屋的废墟中爬了出来。别人问她："你丈夫哪里去了？"她抖掉自己头上的砖屑然后回话说："Fighting in Libia, the bloody coward!"（跑到利比亚打仗去了，这个胆小鬼！）乍听起来，这话怎算幽默？怎么好笑？"到利比亚打仗"是上前线，怎能说是"胆小鬼"而且是bloody（货真价实的）？可是第二次世界大战中，伦敦遭空袭之残酷程度无先例可比，比打仗还见血，还恐惧。妻子的意思是在这里：我在这里忍受的苦难比前线还深。我比我丈夫还勇敢。可见当时伦敦的妇女在战火的煎熬中仍不失乐观精神。一想到一个女人从颓垣断壁中爬出来就说笑话，那抖落灰尘的滑稽相，那嗔骂丈夫的神态，越想越有味道，越想越有笑头。这个例子说明，幽默味的寻得是有一番过程的。原因在于幽默的含蓄。克服障碍、解决矛盾之后（将含蓄化开），幽默才更有审美价值。1963年春天，周恩来总理听取科学家们关于猜破原子弹理论之谜的汇报之后，与科学家和老帅老将们共同进餐，菜肴还像往常，一大盆白菜、豆腐、肉片汤和几碟小菜。后进饭厅的贺龙元帅，绕厅走了一圈，来到总理面前开玩笑说："总理，报上都说形势好转了，你家的饭桌怎么还没体现出好形势来呀。"[1]那个时代的中国人一听贺龙的话就会明白这话的"味儿"在哪里，可是说话人没有点明。如果贺龙直白地说出，那就是选择了另一交际类型（描述类或评价类）而不是选择幽默类型了。要是贺龙真的选择了评价交际类（诸如周总理与人民同甘共苦之类的话），其话语的审美价值较之原来的说法就要打折扣了。

侯宝林向亚运会筹委会捐献一万元人民币时说："这是我一句一句说出来的。"[2]他"一句一句地说（相声）"与这一万元之间的关系，听话人是能寻出味儿来的，如侯宝林直白，那就不是幽默选择了。以上诸例说明，幽默的美来自于智慧、乐观，不藏智慧的玩笑话，不是幽默，而是浅薄；幽默，一要诙谐令人忍俊不禁，二要含蓄婉转。舍此二，也不能体现幽默的美。

幽默的美，除了引起心神愉悦之外，还能产生巨大的力量。这种力量可以化解交际中的对抗、对峙气氛，避免正面冲突；使小误解不致酿成大误解；帮助困境中的人支撑住精神上的大厦，不让其垮掉。由于这方面的问题不属于言语美的主要论题（更多地属于公关学、心理学方面的论题），虽然本书作者占有一些材料，也只好舍弃不提了。

关于"幽默搁浅"的实验（一个小调查）。所谓"幽默搁浅"是指：本身具备了幽默价值的话语说出来之后，听话人不能欣赏、不能理解、不能接受的现象。幽默的审美价值在听话人那里变为零（由此交际信息的价值也受损），犹如幽默仍然"搁浅"在原说话人那里，没有过渡到听话人这边来。这个实验的原材料是四个真实的故事。由我介绍语境和幽默话，最后提问题，能解释引起哄堂大笑的原因者，或听话人（调查对象是广州外语学院某系二年级某班学生18人，考入该系者都是高考中的英语高分获得者）自然发笑者，都不算幽默搁浅；不能解释别人哄堂大笑者，或听话人不笑者，都算幽默搁浅。被调查人不知道我是在有目的的调查。我计算人数是在暗中进行的。使用英语进行活动。

第一件：幽默事和幽默话（见 W.D. Ellis: *Solve That Problem With Humor*）是这样的：在欧洲共同市场的组建历史上，国与国之间常有侵扰事件发生，但又必须加强共同市场的和谐团结，他们的外交代表团之间采取的办法之一是说幽默话。在共同市场总部，一个新上任代表自我介绍说"我是瑞士的

1　苏方学：《日魂》，《中国作家》1990年第2期。
2　尹卫星：《神话即将成为现实》，《文艺报》1990-04-07。

海军部长"，总部办公室内立刻响起哄堂大笑。故事结束。我暗自计算，自然发笑者一人。问题：谁能解释共同市场总部内的哄堂大笑？18人中只有一人，刚好就是那个自然发笑者。启示：假如这18人是共同市场办公室内的人，那么17人就会是呆若木鸡者，因为他们没意识到或者不知道瑞士是个内陆国家，根本不需要海军部长，也没有海军部长。没有知识的听话人对幽默话显然没有热烈的反响，可见知识贫乏是幽默搁浅的原因之一。

第二件：幽默事和幽默话（材料同上）是这样的：第二次世界大战中，德国人囚禁战俘的集中营内，营养不良，疾病流传，战俘们精疲力尽，自杀的绝望充满集中营。维·福兰克是一位精神病专家，知道幽默是拯救灵魂的有用武器之一，幽默能暂时使人摆脱恐怖，便向战友们提出建议，每人每天要编出一个令人发笑的趣事讲出来，而且趣事必须是关于获得自由之后的生活的。一个饿得发昏的战俘说：将来，我可能出席一次隆重的正式宴会，当上一碗汤时.我要打破礼仪，乞求女主人："Ladle it from the bottom!"（请用长柄勺子从碗底捞起！）故事讲完。我暗自观察没人自然发笑。问题：谁能讲解这个故事幽默何在？结果没一人能解释，却问Ladle是何意？这是个发笑的"笑眼"：用长柄勺子舀、捞。下面的问题就清楚了：集中营不给战俘吃饱，老是稀汤，有点东西也沉落碗底，他们已习惯用长柄勺从碗底捞东西（试比较中国笑话：一塘好"清水"，可惜无"鱼苗"），以至自由以后参加宴会也怕主人不提供充分真实的食物。此时，18人才大笑（非自然发笑）。启示：听话人的语言能力不强也是使幽默话语的审美价值变为零的原因。

第三件：幽默事和幽默话（材料同上）是：威尔·罗杰斯（Will Rogers）曾说："大儿子当了国会议员，二儿子也不是好东西。"（The oldest boy became a congressman, and the second son turned out no good, too.）故事讲完。18人中有4人先后发笑。问题：罗杰斯的话好笑在哪里？4人中的2人答：罗杰斯以二儿子不是好东西影射国会议员也不是好东西。启示：这里需要听话人的全面素质较好，必须知道国会的内幕，议员之间尔虞我诈的内情，才能联想为什么有些人将国会议员也列入"不争气的东西"之类。反过来说，关于世界的知识不多，就能使听话人听不懂幽默话，发生幽默搁浅。

第四件：幽默语取材自古语（冯梦龙《墨憨斋定本传奇》《酒家佣》第二六折）："但闻道可盗，须知姑不孤。"调查对象是本书作者的两个孩子。大孩子为某外语学院英语系二年级学生，老二为高中一年级学生。作者将此句单独分别向他们调查。要求他们解说此句话的幽默、好笑何在。大孩子观察片

美学语言学

刻，思考稍许，说："姑不孤，（脸微红起来，但言语木讷）……姑不老实，尼姑不老实（又回头看"道可盗"）道作强盗，偷……（大笑）"照这样逻辑推下去便是：尼姑、道士都不老实。姑且不论此古语中"道"和"姑"是否解释成"道士"和"尼姑"，但下半部的理解却是基本正确。启示：听话人须有文化修养和文字知识，才能发现"混异义于同音，乱两字为一谈"的双关妙语。第二个调查对象（高中一年级学生）的反应是：观察、思考稍许，说："……好像是同音字……（表情木呆）不知道！搞不懂！"启示：听话人的文化修养和文字修养的缺陷显然成了幽默语的审美价值的现实化的障碍。

"幽默搁浅"实验从反面告诉我们：言语交际中的幽默类的选择是一种艰难的、"危险"的选择。它要求说话人具有智慧和融智慧于言语活动中的能力，它也要求听话人智慧的配合。听话人的审美能力、语言能力、世界知识和文化修养方面的缺陷都可能成为幽默话语的审美价值现实化的障碍。但是，成功的幽默交际会给我们带来巨大的智慧享受和深刻的美的享受。

第九，语言游戏交际类的审美选择。人们说话主要不是交际（交际目的退居第二位）而是开心取乐的一个例子是拿语言做游戏，如一语双关、说谜语（猜谜）、利用同音词开玩笑，等等。这个时候，引起美感的目的上升为第一位。"杭城元宵，市有灯谜，曰：'左边左边，右边右边；上些上些，下些下些，不是不是，正是正是；重些重些，轻些轻些！'盖搔痒隐语也。"（钱锺书，1994:3册：968）是灯谜一例，钱先生说它是隐语。

语言游戏（文字游戏）中的美深藏着智慧与机敏，这是这类交际的第一个特点。汪精卫卖国，充当日本卵翼下的伪中央主席，当时楹联名手灵谷老人写了一贺联，玩了一个精致巧妙的文字游戏戏弄汪精卫：

昔其盖世之才
今有罕见之德

联中"盖世"谐音"该死"，"罕见"谐音"汉奸"。时值1940年3月30日南京成立汪伪国民政府，此联赫然在目，待发现时，警察厅长申省三慌忙将对联扯碎，日本人莫名其妙（长沙：湖南人民出版社，1987年历史知识台历，见3月29日页）。

语言游戏（文字的游戏）的美第二个特点是有美的形象。给出的形象越是逼真，语言游戏的美感效应就越大。红军行军时，张闻天与刘英常骑马并肩而行。一次夜行军，警卫员搞了一盏小马灯，刘英无意地说了一句："黑夜里行军，小小的马灯倒是挺亮的！"张闻天立即接过话头："这是流萤嘛！"（孙晓阳：《风雨同舟》，《纵横》1990年第1、2期）"流萤"音谐"刘英"，刘英一点就透。

张闻天的语言游戏中给出了美的形象：飞着的萤火虫，夏夜，常逗引着天真的儿童追逐。

谜语也是语言游戏的典型产物，因此也具备了形象美、比喻逼真的特点。猜谜本身是语言交际的一个类型，但谜语已从语言交际类型中独立出来成为艺术品，本书不予讨论。

一语双关的美却另有特点：不仅给出一个形象（或比喻、或实体），而且一个形象生出两个含义：表层的含义和深层的含义，深层含义更具有目的性、所指性。说话人让听话人了解的，有时正是那个深层的含义，其中的技巧是，说话人如何引导和暗示听话人忽略那个浅层的含义。若听话人不能推导深层的含义，说话人一语双关的审美价值则不能成为现实。1940年夏秋之际，陈毅率新四军一部挺进苏北，在黄桥、姜堰一带建立抗日根据地，为了团结各界人士抗日，他拜访了当地爱国老人韩国钧。韩曾两任江苏省长，并一度兼领督军，对军阀混战深恶痛绝，但对共产党能否真正捐弃前隙与国民党真诚合作尚存疑虑。韩出于试探，诵一上联——带有明显交际目的的言语活动，并非仅为欣赏的艺术品——让陈毅对下联。

韩：陈韩陈韩，分二层含二心。

陈：（笑）谁说我们分二层含二心？请听下联：国共国共，同一国共一天。

（长沙：湖南人民出版社，1987年历史知识台历，1月5日）

韩国钧的试探显然比直陈疑虑高雅而得体，符合自己的身份，这种选择（语言游戏，一语双关）显然从美的效果出发来考虑言语活动。这里显出的美感是双份的。一是一语双关："层"关"陈"，"含"关"韩"，所谓"分二层含二心"即此。二是语言形式美："陈韩陈韩"对"国共国共"，"分二层含二心"，对"同一国共一天"，颇为整饬。但是必须指出，这种语言游戏的双方必须有相当的才能，事前有相互了解，否则不可能有一场高水平的言语交际。弄不好，弄巧反成拙，大扫其兴，无美可言。

第十，工具性语言交际类的美。工具性语言交际类是指间接或直接引用、重复别人的话，解释、简化、浓缩别人的话，口头翻译别人的话，给什么事物下定义这样的言语活动。一般地说，这样的言语活动，是为着实用的目的。作为表现美的手段而采用工具性语言类型的交际，有如下几种情形：

说话人考虑用自己的话语不如引用原说话人的话语的意境和情调更能传达自己此情此景的感受，这是第一种。符浩与乔冠华在围绕"林彪叛逃，机毁人亡"的主题交谈时，符浩想起唐人诗句，一时不容细想，立即借用，念起了"月黑雁飞高，单于夜遁逃。欲将轻骑逐，大雪满弓刀"（符浩：《九·一三事件补遗》，《大江南北》1989年第6期）。这样原封不动地引用，引用人感觉中的几个画面和意境"月黑——夜遁逃——逐赶——满弓刀"更能传达自己所意所想；既贴切，又有美的画面。1984年10月21日晚，胡耀邦访问胶东农村（牟平县宁海镇西关村），与村里人李德海交谈。

胡：农民三顿饭都吃些什么？有没有牛奶？

李：油条、豆浆、鸡蛋、点心，这是早餐……

胡：（非常高兴）要引导农民多吃肉。干八个小时的活，累得不得了，回到家里，切上一盘牛肉，说声："拿杯酒来！"岂不痛快？

（一屋子的人哈哈大笑）

（高原编：《胡耀邦在中国政坛最后十年》，北京：中国文史出版社）

"拿杯酒来！"是直接引用中国普通居民的一句流行的口头话。此处的引用（直接引用、重复），颇有意味。这句口头话小康情趣十分浓烈，与中国人正想体验的情绪恰好合拍，自然天成；另外，胡访问的是农村，农家之主呼妻唤女的满足感，这个直接引语真是原装原份地恰到妙处地传达了。

第二种情形：说话人考虑，若简化、浓缩、解释别人的话语，既比自己的话更美，又比完全引用别人的话更出新意时，他就会选择简化与浓缩式的工具性语言交际。承上例，乔冠华略为沉思，将酒一饮而尽，说："贾宝玉不是说述旧不如编新吗？我把这首诗略加改动，你看新意如何。"他斟满一杯，端在手心，起立说："月黑雁飞高，林彪夜遁逃，无需轻骑逐，大火自焚烧。"（符浩：《九·一三事件补遗》，《大江南北》1989年第6期）乔冠华的工具性语言使用算简化与半借用，这样也能创造美的意境。二人手段略有不同，但都选择了工具性语言类型的交际。

第三种情形，引用别人的话，是为了与自己的话形成对比，设置一个新的美的意蕴。郭沫若曾说："鲁迅愿做一头为人民服务的'牛'，我呢？愿做这头'牛'的尾巴，为人民服务的尾巴。"茅盾连忙谦虚地笑了笑说："那我就做'牛尾巴'上的'毛'吧！它可以帮助'牛'把吸血的大头苍蝇和蚊子扫掉的。"郭沫若在这里采用浓缩法引用鲁迅"俯首甘为孺子牛"一语，是为了和自己"做牛尾巴"形成对照，"牛尾巴"是一种新的意蕴。茅盾接着引用（从预设出发：郭愿做牛尾巴）"牛尾巴"，是为了和自己"愿做牛尾巴上的毛"形成对照，"牛尾巴上的毛"是一种新的意蕴。1957年中南海机关贴大字报，其中一大字报的标题是："一登龙门身价十倍，×××哭哭啼啼要两级。"毛泽东看到此处，便接着采用工具性语言类型（简化、浓缩、部分引用）说："男儿有泪不轻弹，只是未到提级时啊。"这样的工具性语言选择，对"哭哭啼啼要提级"作欲纵故擒、似贬却悯的评价，符合毛的身份，含蓄而得体。"男儿有泪不轻弹"，要说批评那哭啼的人，也说得过去，但不是我批评你，你瞧古人也是这么说的，这既支持了说话人，也好让受批评的人下台阶，这便是工具性语言交际类型的妙处之一。

第十一，说服交际类型的审美选择。要求人家做什么，或要求人家不做什么，有不同的档次——命令、暗示、建议、说服、祈求。这些档次是根据S（说话人）的态度区分开来的言语行为。档次确立之后，对听话人（H）会形成有利或无利的后果，S利用言语美的可能性（机会）也会有大小，H产生美感的可能性（机会）也会有多少。

S的言语行为	S的态度	对H是否有利	S利用言语美的可能性	H产生美感的可能性
威胁（警告）	+++	——	——	——
命令	++	——	——	——
暗示	+（严峻）	-（不利）	+或-	+或-
建议	+（平和）	+（有利）	+或-	+或-
说服	——	++	++	++
祈求	——	+++	+++	+++

从上表可知，"暗示"和"建议"是中间档次，是过渡性的项目。它们可能发展成"命令"，直至"威胁"（警告），也可以发展成"说服"，直至"祈求"。看横行，S的态度越是严峻（+），对H产生言后之果中不利成份（-）越是加重，S表现言语美的负值（-）的可能性加大，H产生言语美感的负值（-）的可能性也加大。反之，S的态度越是平和（+），对H产生的言后之果中有利成分（+）越是加大，H产生言语美感的正值（+）可能性越是加大。但是言语行为中的人文因素太浓，因而变化多端，以祈求为例说明之一。一种情况，S越是祈求对方（如告贷），说明对S自己越有利（借到钱）而对H越不利（付出钱，怕收不回，怕受损）；另一种情况，S越是祈求对方，越是对H有

利，例如父母祈求不争气的儿女干什么或不干什么，总是对儿女有利。因此，祈求对H是否有利是两可的，但表上不宜反映出来，以免造成混淆，特此说明。下面的一个言语事件是选择了说服类型的，也分了几个档次，细细分析，颇为有益。天津南开学校（中学）保留当年南开学校的整容镜和"告诫牌"。"告诫牌"上写南开的校风：面必净，发必理，衣必整，纽必结。头容正，肩容平，胸容宽，背容直。气象：勿傲，勿暴，勿怠。颜色：宜和，宜静，宜庄。（《历史知识台历》，长沙：湖南人民出版社，1983-3-4）四个"必"，命令行为；四个"容"，建议行为；四个"勿"，劝诫（即贴近"说服"）行为；四个"宜"，说服行为。前两组，四个三字对；后两组，三个两字对。念起来板眼分明，可击掌押拍，是为音乐美，正是言语美的品性表现。

让我们看看一位记者是怎样在电话中成功地利用说服类的言语美形式说服了首次访问大陆的著名台湾作家琼瑶去参观断壁残垣的圆明园的：

记者：你有没有去圆明园呢？

琼瑶：（一怔）圆明园？它不是被八国联军烧掉了吗？现在还有什么可看呢？

记者：（热心地）你该去圆明园！你现在看到的地方，故宫也好，北海也好，颐和园也好，天坛也好，雍和宫也好……都是完整无缺，金碧辉煌的。只有圆明园，它被毁过，被烧过，现在剩下的是遗址！你站在遗址上，才能感觉出这个民族曾经受过的耻辱和灾难！一个像你这样的作者，来了北京，不能不去圆明园，因为那里有诗，有散文，有壮烈感！（重点为引者所加。琼瑶：《剪不断的乡愁：大陆行》，《新民晚报》1988年11月2日至27日）

琼瑶承认这是"好一篇说辞，带着太大的说服力！"这样的说服类的言语美是值得玩味的：它诱发听话人生出无限的怆恻和感慨。美的东西被毁，是最深刻的悲剧。在被毁的东西面前，你才能千倍地留恋那原样的美。倾圮的柱子，断裂的围墙，倒塌的石坊，让你想象出往日的光彩。那些地基、石柱、横梁、石墩、雕花都在诉说着一个一个的故事。全篇说服词，用短句。三个"有"，是言语美的偏离律，"那里有"之后的惯惯搭配应是"地基、石柱、横梁、石墩、雕花"或者"倾圮的柱子，断裂的围墙"等等，因为"那里"（指圆明园旧址）不可能有诗，不可能有散文，不可能有壮烈感，诗、散文和壮烈感只有人才能写出或生成。言语求美律里的求新律，见本书第五章第三节。

中国古代人很注意劝说别人的艺术，即所谓"曲则全"（老子：《道德经》）之术。第一件史实："汉武帝乳母，尝于外犯事。帝欲申宪，乳母求东方朔。朔曰：'此非唇舌所争，尔必望济者，将去时，但当屡顾帝，慎勿言！此或可万一冀耳。'乳母既至，朔亦侍侧，因谓曰：汝痴耳！帝今已长，岂复赖汝哺活耶！帝凄然，即敕免罪。"（见怀瑾、蔡策，1992：213 — 216）汉武帝有个奶妈，曾在外面做了犯法的事情，武帝要依法严办，奶妈只好求东方朔救命。东方朔献计说：这件事情只凭嘴巴来讲没有用。你要我真帮你忙，又有希望帮得上的话，等皇帝下令要办你的时候，你被牵走时，什么都不要说，但你走两步一回头看看皇帝，再走两步又回头看看皇上。此法或可有保全一命的机运。东方朔站在旁边说：你这老太婆痴心妄想，皇帝已经长大了，还要靠你喂奶才能活命吗？东方朔这么故意一挑，汉武帝听了心头难过，听东方朔这一"骂"，便说，得啦，免了你这一次罪吧！假如东方朔这样劝说：皇帝！她好与不好，总是你的奶妈，免了她的罪吧！或者：你看在我东方朔常常在你左右讲幽默（滑稽）话的面上，饶了她吧！皇帝火会更大，"她犯的罪，是你出的坏主意吧？"东方朔现在采取假骂（奶妈）真挑起（皇帝）同情的"曲则全"术，情况大不一样，放奶妈也是皇帝自己施恩，不是东方朔讲情的结果。好一个智慧的"曲则全"劝说法！第二件史实："齐有得罪于景公者，公大怒。缚至殿下，号左右肢解体，敢谏者诛。晏子左手持头，右手磨刀，仰而问曰：'古者明王圣主肢解人，不知从何处始？'公离席曰：'纵之，罪在寡人。'"晏子不仅敢谏，还谏成功（见怀瑾、蔡策，1992：217 — 218）。当时有人得罪了齐景公，景公大发脾气，抓来绑在殿下，命令将其人手脚头体一节节砍下，还下令不准第三者谏阻此事，否则同样杀掉，晏子装得凶极了，左手揪住那人头发，右手在鞋底下磨刀，仰起头问道："历史上明王圣主要肢解人时，没有说明先砍哪里才算对头，请问皇上，应先从哪里下手呀？"齐景公下得席位下令："放掉他，是我的错。"第一流的政治家晏子（宰相）并未直话直说：历史上贤明的皇帝哪像你这样残酷杀人？若这样说，使景公下不了台，反弄得更糟。可见劝说有术：晓以大义，又不冲撞听话人；话语有力量，似珠走盘，周延涵盖，无所不通，圆贴无尖突矣！

第十二，宣传类型的审美选择。宣传语言交际类型（政治、民事、科技、卫生）的宣传性质决定了这一类型选择言语美的高度自觉性。所谓宣传，就是要公众接受说话人的影响。既然这样，宣传的言语形式的吸引人，应该是最需要讲究的特点。也许最典型的例子是将宣传乐音化，就是把要宣传的东西编成歌去唱。这种情形，东方西方各有其例。

中国的"三大纪律、八项注意"编成歌，以

2·3 | 55 | 3 5 3 1 | 20 | 63 | 63 | 23 26 | 10 |
革命　军人 个个要牢 记 三大 纪律 八项注 意

这样的旋律和节奏展开，颇能配合队伍行军节奏，接近说话语流，是宣传内容乐音化成功的例子。西方教堂活动多唱，且歌声优雅宜耳。为什么？它要感化人的灵魂，宣传它的教义，劝说教徒按其教义去规范自己行为，且先别说内容如何（真实或虚伪），至少它的表层形式（语音流）要吸引人，让人们舒舒服服接受这种感化，接受这种熏陶。

宣传的语言必须具有描述性——让你看得见、摸得着一样，鼓动性——刺激你去干什么或不干什么，共变性——语言与社会同步变化。但这几个性质不直接和言语美品性发生关系，故不在此讨论。

街头巷尾贴的各类宣传文字，如科技宣传、卫生宣传、民事宣传，往往排列成宝塔诗、三角形等各种花朵形状，也是为了吸引人，引起美感——视觉上的美感。语言明白、直观、通俗，多采取顺口溜形式，押韵，因而易记、易上口、易流传，这正是宣传所要达到的理想结果。广州街道上的交通安全宣传标语，其一："忍一忍，让一让[—ang]，保证身体不受伤[—ang]"；其二："高高兴兴上班，平平安安回家"。第一条标语押[—ang]韵，第二条标语中，"高高兴兴"与"平平安安"，"上班"与"回家"分别对仗，是为形式美。20世纪40年代中国报纸登过一首《箴赌》歌，顾名得其义，宣传赌博的危害，劝规世人戒赌：

世有恶魔，厥名曰赌[—u]。其为害也，不可胜数[—u]。
小则倾家，大则绝户[—u]。奈何世人，执迷不悟[—u]。
卜昼卜夜，怠荒业务[—u]。衣食不周，志气颓堕[—uo]。
亲戚远避，故旧莫助[—u]。及其结果，与乞为伍[—u]，
曾见四邻，俱因赌祸[—uo]。某主悬梁，某家失火[—uo]。
某室诱逃，某遭拘捕[—u]。朋言及此，色同谈虎[u]。
吾将六旬，半溺于赌[—u]。始悟其非，年已老大[—a]。
奉劝轻壮，力学勿赌[—u]。建业立功，光明大路[—u]。

（参见：孙德华，《新民晚报》，1990，01，18）

歌词中，除了"年已老大"破韵之外——个别的破韵产生变化是允许的——其余都是规整的押韵，很明显，是为了读者能琅琅上口，便于记忆并流传开来。

第十三，典礼仪式交际类的审美选择问题。典礼仪式交际类，包括教堂活

动（做洗礼、礼拜、西方婚礼）、东方庙宇活动（做佛事、法事、念经）、婚礼、治疗套话、挑战应战、开业开工典礼、奠基仪式、惩戒仪式中的话语等。这一类话语有一个明显的特点——老一套的用语基本固定（也有变异）。稍举两例以说明其语言的相对稳固不变性。中国1949年之前某些地方婚礼的司仪叫唱"一拜天地，二拜父母（高堂），夫妻对（交）拜，送入洞房"，无论新郎新娘换了多少人，司仪换了一个又一个，朝代更替一代又一代，就某一个地方而言，这样的婚礼叫唱几乎一成不变。英语里医疗套话Open your mouth and say "Ah—"（张大嘴，啊——），病人和医生换了多少，可是这句话大致不变。语言中的一成不变从根本上切断了美的创造，能有什么言语美可谈呢？

这的确令人迷惑不解。为什么人类在这个领域（这个类型）里的交际是如此的呆板？如此冥顽不变？人不是最企求变化、企求创新的万物之灵吗？人的语言从宏观到微观，不是总在生成与变化之中吗？窃以为，人在那么多交际类型中的言语都是变化、瞬息创生的，在个别交际类型中的不变与静止，犹如音乐流动中的休止拍节。休止拍之前之后，都在流动，休止拍节是前一个流动的末尾，是后一个流动的开端，休止拍节是音乐流动的过渡阶段；这个交际类型的死套丝毫不能说明全部交际类型的呆板。个别交际类型的凝结与僵冻只是整个流动变化中的暂停，丝毫没有将整个交际场冻结住，正是这个冻结点使整个交际场得到了新的势能。这个冻结点正在酝酿新的启动。另外，在这个类型的交际中，人需要说套话。你想，医生一个一个接着看病人，他的整个注意力是病情，减少其他消耗，以便集中注意力于诊断，用最少花脑筋的套语"张开嘴，啊——"发出命令指示，下面是紧张的看察。没有必要在这里花脑筋说一些与套语不同的话。说套话的场合，人们总是把自己的注意力放在典礼仪式的本身——瞧受洗礼的儿童，瞧婚礼中的新人，看佛事中的念经作法，欣赏开工开业中的工程或建筑物或典礼场面，观察医生给自己的病下什么结论。也就是说，在典礼仪式的交际类型中，人们只注意言语行为是否高效地完成了交际目的。拙著《语言：人类最后的家园：人类基本生存状态的哲学与语用学研究》[1]3.3.2节中讨论的"程式性语言行为"就是本书所谓的"典礼仪式的交际类型"。何以有程式性行为与程式性话语的稳定的配合呢？该书给出的回答是：协作活动的结果，预先期望的促进，文化稳定性的推动，效益的驱动，程式与活动目的最相关，程式兑现活动目的最经济，程式利于协作效益最大化。此外，三种程式性共生还有其他有效性。这就比较全面地回答了典礼仪式的交

---

[1] 此书于2004年由商务印书馆出版。

际类型中老一套用语的基本固定的前因与后果。

总之，典礼仪式交际类的语言的一成不变——暂时淡化美学意识——现象作两个解释，那便是：（一）音乐流动中的休止拍（节）现象，（二）程式性话语利于交际双方的协作效益的最大化。

第十四，艺术话语交际类的审美选择。用唱歌的调子说话，讲述故事，可归入艺术话语类型。但这里的"故事"不是指创造出来专供人欣赏的文字作品中的故事，而是日常生活中的一个（大或小的）有头有尾、有发展变化的事件的转述。讲故事人的主观所具有的各种能力往往决定故事是否有美的效应。对话人引发故事的提问本身对讲述的故事也有影响。对话人提问本身是否有趣，关系到答话人对故事材料的选择，提问本身的角度，也关系到答话人对故事讲述的侧重点有所不同。权延赤（一作家）问李银桥（毛泽东的贴身警卫）的问题是：（1）毛泽东最大的性格特点是什么？（2）你见过毛泽东面对死时的表现吗？（3）你见过毛泽东哭吗？（4）你见过毛泽东发脾气吗？（5）毛泽东最喜欢什么？最讨厌什么？（6）毛泽东很土吗？（7）毛泽东与江青的感情生活怎样？（8）毛泽东如何解决你们同江青之间的矛盾？（9）毛泽东待人接物有什么特点？（10）毛泽东和子女之间的关系如何？（11）你能说说毛泽东的幽默吗？（12）毛泽东喜欢听大家喊"万岁"吗？（权延赤：《走下神坛的毛泽东：卫士长答作家问》，《十月》1989年第3期）权延赤提的问题几乎每一个都能触发出一串串引人入胜的故事。每一个问题都足以使毛泽东走下神坛回到人间。每一个问题都可以使你看到一个活生生的人，看到人性中最真实的东西。现在，我们把视线转到讲述故事的人那一方。故事讲述的言语分成两个部分，因此，一个美的故事总有两个层次的言语美，第一个层次是讲述人的言语，第二个层次是故事中要讲的人物的言语——原生言语。讲述人的言语美是讲述人的水平的发挥，原生言语的美则是故事中人物的真实的言语的水平的发挥；也可能出现这样的情况，原生言语并不怎么美，却让讲述人发挥成了美的言语，这虽然不可取，但也无奈何。日常生活中的人不是要听文学作品的转述，因此反感转述人对原生言语的"嘴上生花"，他要求的就是原生言语的历史面目，本来面目，讲述人的"嘴上生花"便歪曲了本来面目，终不免令听者有受骗之感。也可能出现另一个情况，原生言语原很美，让讲述人弄糟了，变成负美，这也不可取，这也是对本来面目的歪曲。

讲故事人的言语的负美的生成，由哪些因素引起呢？讲述人思想浅薄，就会使故事整个儿变味儿。讲述人的思想没有故事中人物的思想那样的深度，则评点不到点子上。故事缺乏深度和力度，发掘不出原生言语中原本存在着的美。这既是信息的损失，也是美的损失。这是一。其二，讲述人情感因素不能服从理智，要不，就是对原故事中人的言行隐恶扬善，要不，就是对其隐善扬恶。两者均造成讲述人言语不可信，因而美感大打折扣。其三，讲述人语言能力不好，或者忽视内容只在新奇和俏皮上着力，给听话人以华而不实之感，或者言语笨拙，使讲述干瘪无味。

　　具体分析一例，看讲述人言语美和原生言语美两个层次如何发生。作家问："毛泽东与江青的感情生活怎样？"李银桥答："就我十五年所见：有恩爱也有争吵。好的时候多，矛盾也不小，前途不很好……毛泽东发火的时候，她若是贤妻，就该帮毛泽东熄火。可她从来不爱熄火，就喜欢搞火上浇油的事。毛泽东对谁发火，她就嘀咕谁；毛泽东对什么事不满，她就跟着嘀咕什么事。这种情况可一可二不可三。记得毛泽东有两次听了嘀咕，都是望着江青，淡淡的眉毛皱拢起来：'你这个人哪，跟谁也合不来！你跟什么人也搞不到一起，你这个人就是到处树敌！'毛泽东对我们身边工作人员讲过一句话，留给我们印象最深：'江青是刀子嘴，是非窝，尽伤人。等我死后，人家得把她整死。'毛泽东是很有预见的。"（权延赤，同上）故事讲述人言语里有一个纲领式的评价："有恩爱也有争吵。好的时候多，矛盾也不小，前途不很好。"这里有着明显的审美动机和处理，议论公道、持平，两面都交待（恩爱与争吵），令人信服。而且，"有争吵"、也"不小"和"不很好"既押韵又让节奏编排基本整齐。原生言语（毛泽东本人对江青的人格的评价）中，"刀子嘴，是非窝，尽伤人。"连用三个三字词，显然是"音节强迫对等"规律起作用了——为了求得语音形式对称（匀称）之美，说话人好像是"被迫"将几组对称的音节流的时值调节成一样大小（详见第五章小引：什么是言语求美律）。原生言语说话人（这里是毛泽东）很可能是先说出"刀子嘴"以后，"是非窝"也是"被迫"调节出来的，因为不考虑音节对等的话，尽可以说"惹是生非之人"，他没说这么长，却行"被迫"对等，以"窝"对"嘴"，非常好，尤其是后头跟上的"尽伤人"显然是照顾前面已经出现了两个三字词组，再跟一个，是地道的语言流节奏的惯性，在日常口语中十分普遍。

　　用笔讲述故事与用口讲述，略有不同，这便是写作时有更多的时间可以修改，有条件把审美选择做得更为周全。林子清在《文汇读书周报》（1990-11-24）讲的故事（钱锺书先生在暨大教《文学批评》）："钱先生教《文学批评》是丰富多采的，在我记忆中，他讲这门课是没讲稿的。他嘴里滔滔不绝地讲，手拿粉笔在黑板上写几个字，有时写几行字，他口讲手写，在学生面前摆满了山珍海味。"讲述人把钱先生滔滔不绝的讲课比作"在学生面前摆满了山珍海味"，这是第二个层次言语求美律的"给出形象"律——"山珍海味"摆起来，就是给出的形象，引起美好感受。

用唱歌的调子讲话，极为普遍。中国人用唱歌的、唱地方戏的调子填上词代替讲话的情形，发生在：（1）讲话人心情轻松、愉快的时候。（2）配词的调子（歌、戏）一般是流行的，听话人也是熟悉的。配起来顺口，流畅，毋庸在词与曲的配合上多动脑筋。若发现配词稍有不轻松，说话人即放弃这种词配曲活动，如不这样做，就违反了轻松愉快的本意。（3）以唱代说，青少年中最常见，中年人中稍少，老年人里乐观的老头中常见。年过六旬的胡耀邦在视察胜利油田时，在干部大会上讲话，用"抗日军政大学校歌"，填上这样的词："黄河之滨，集合着一群中华民族优秀的子孙，四化希望，能源的责任，全靠我们打头阵！"听众全场掌声雷动，这调动起来的激情，等于是肯定了说话人对这种交际类型的审美选择。我观察找的两个孩子经常以唱代言来互相取笑，用的曲子是当时收音机、录音机、电视机正在放的曲子，或者干脆逮着什么是什么，唱道："你是一个苕。"（苕[sháo]是湖北方言，傻瓜的意思）另一个也回唱道："你是个傻瓜。"

还有许多交际类型，就不一一具体分析它的审美选择了。既然相对不变的典礼仪式和感叹宣泄里的骂人话都有审美选择的问题可谈，还有什么交际类型可以无情地被拒于审美活动大门之外呢？

第六节
言语行为的审美选择

过去认为，言语只是说话，不是动作（其实言语的生命意识的可见部分就包括了动作），就算不得行为。中国人所谓"言行一致"显然是将"言"与"行"看成两个对立的范畴。英国哲学家奥斯汀（J.L. Austin）论证说话本身就是行为，他称之为"言语行为"（speech act）。说话就是在执行某一个或某些个行为，即用言语做某件事。就算狭义的动作（手、脚、身、像的移动或位移），言语里头也是有的。第二章第四节（言语美的生成机制）里有一段指出"言语的生命意识"，言语的生命意识的可听部分是声、气、息，可见部分便是手、脚、身、像的移动或位移，即面相、身势。现在，我们还是按奥斯汀的言语行为概念将言语行为分类排队，以便后面好做文章。现在的言语行为的分类也有哲学家塞尔（J.R. Searle）的劳动成果。

第一类：陈述性的或描述性的言语行为，描述世界的状况或事件，如断言，主张，报告，声言，宣布，估计，猜测，坚持（什么意见），陈述，叙述，发誓，告诉，警告，告诫等；

第二类：承担性的言语行为，指说话人表示将要干什么的言语行为，例如许诺，自愿提供，允许等；

第三类：指示性的言语行为，指具有使对方明白做某事的功能的言语行为，例如建议，请求，命令，忠告，坚持要人干什么，教唆，指示，邀请，允许，规定，要求（请求允许、乞求等），威胁，告诫等；

第四类：表情性的言语行为，指说话人表达自己对某事物的情感和态度，如道歉，抱怨，感谢，祝贺，问好，赞扬，良好祝愿，拒绝等；

第五类：宣告性的言语行为，指能改变（客观）世界上某种事态的言语行为，例如宣判，祝福，命名等。

从符号的角度看，人类交际的基本单元是句子或其他手段。从言语行为理论看，人类交际的基本单位是完成一定的行为，如提问、恐吓、命令、告诫、建议、致歉，等等。

那么，言语行为的审美选择问题，是不是要指出哪种言语行为最美呢？这样提出问题，不仅把复杂问题简单化了，而且近于荒谬。每一个言语行为既可能引起美感，也可能引起丑感，这就看言语行为是不是用在适当的场景和适当的对象身上。话说到这里，又转到言语美的第一个品性上——在恰当的语境中说了恰当的话语。

假若我们选择某种言语行为与某种非言语因素以一定的方式搭配起来，或者以一种言语行为间接地执行另一种行为时，这里面是否有某种美感生成呢？

比如说，第一，某一种言语行为与副语言特征（有些就是"言语生命意识的可见部分"）搭配得很和谐，这种言语行为只有听话人才能"触摸"到微妙之处，这样的言语行为就是审美选择的尝试。1957年，《北京日报》的总编辑周游与编辑、记者兼作家从维熙之间有过这样一次谈话：

周：（面色冷峻）你最近怎么样？（1）

从：我正在考虑自己发表过的东西，是不是有……

周：应该这么做。尽量避免摔大跤子！

从：我一定好好检查自己的文艺思想。

周：对。完全对！（赞许，但蹙锁双眉）（2）

从：还有事吗？周游同志？

周：现在我通知你一件事。你暂时离开报社，到京郊农村参加
"社教"工作去吧！马上就走！

（从维熙：《走向混沌》，《海南纪实》1989年第1期）

句（1）是提问行为，言语生命意识的可见部分是"面色冷峻"，这样就有蹊
跷，提问行为带上这样的面相，被问人就紧张，心里就在卜算凶与吉了。用
（2）标明之句，是赞许行为，面相（蹙锁双眉）与言语（"完全对"）的配
合很不和谐。听话人以为事情远未完结（前面有冷峻的面相是个暗示），果
然，马上看到了另外一个言语行为——发出命令（"马上就走"）。当时的时
代背景是抓"右派"，身为反右斗争的五人小组成员之一的周游，通过说话执
行一系列的言语行为：提问，警告，赞许，命令，一连串言语行为的"言后之
果（即"以言成事"，perlocutionary act）是有意保护从维熙过关。对话中两
处面相、身势与言语行为的配合的诡秘与善良目的，只有听话人才能捕捉，才
能体验。呆起面孔与命令（言语行为）"马上下到农村"的背后是挽救听话人
脱免灭顶之灾。这两者是无论如何从表面上串不到一块的。面相"赞许，但蹙
锁双眉"却超过言词千万，超过言语行为之外，给了听话人点通灵犀的启示。

第二，说话人以一种言语行为间接地实现另一种言语行为时，可能会出现
某种程度的美感，因为从一个言语行为转换到另一个间接言语行为时，同步发
生了话面意义到间接用意的转换，转换时，审美心理过程是这样的：话面意义
和间接用意（话外音或弦外音）可能不同，甚至相去甚远。话面意义（命题意
义，表述意义）由语句里的特定词汇和结构来表达。而间接用意（话外音）是
说话人希望产生的真正效果（也是真正目的）。当话面意义与间接用意不一致
时，听话人要靠推断来消除话（字）面意义与间接用意之间的距离，此时，在
听话人那里发生了猜谜那样的心理欲望，盼望间接用意明朗化起来，盼望说、
听双方心心相印，默认沟通，一旦这欲望得到满足，说、听双方的智慧和心计
便得到互相欣赏，愉悦感由此而生。话面意义与间接用意之间距离拉得大些，
则消除两者差距所需的智慧与机巧就人些多些，得到的互相欣赏的愉悦感相应
地变深变浓。但这两者的距离必须大得合理，大到听话人消除不了，推断不出
间接用意，也就无所谓美感了。1965年，江青命令汪曾祺等人编一个戏：由军
队党派一个女干部，不通过地方党，找到一个社会关系，打进兵工厂，发动工
人护厂，迎接胜利。出于无奈，汪等人两天两夜赶编了一个提纲，向北京市委

宣传部长李琪汇报。李琪听了，说了一句话："看来，没有生活也是可以搞创作的哦？"（汪曾祺：《我的解放》，《东方纪事》1989年第1期）李琪的言语行为像提问（指示性言语行为），又像肯定（描述性行为）。听话人（汪曾祺）竭力推断真正的言语行为（间接的言语行为）的同时，同步地发生了从话面意义到间接用意的转换。（推断过程略去，这是语用学的研究对象）汪曾祺得到的领悟是这样的：李琪在用提问行为（又像是肯定行为）执行另一个间接言语行为——抱怨，同步发生的语义的转换是：话面意义（看来，没有生活也是可以搞创作的哦？）表示的间接用意：没有生活不能搞创作。在1965年的政治气候之中，知心好友之间经常能欣赏到这种似问非问、似肯定非肯定的言语行为的转换中的乐趣。

最后，选择言语行为的美感的发生可以这样进行：选择某一言语行为时，同时利用语境和情感意义去执行另一个言语行为。利用语境，就是看准合适的前提，达到说与听双方的"互相默契配合"（大致上相当于语用学中这一术语：mutual contextual beliefs:语境的互相知信）。格赖斯（Grice）的会话含义学说有助于对言语行为利用语境的理解。利用情感意义的言语行为的审美选择，是这样一个过程：说话人在执行某一言语行为时，掺和着情感的抒发：喜悦、愤怒、讥讽、自谦、克制、夸大等。听话人要将言语行为结合这些情感色彩才能找到另一个言语行为。1962年，康生对"电影23条"的攻击很是激烈，这是因为它是根据周恩来参与制定的"文艺十条"的精神制定的。康生一箭双雕，周恩来马上识破。因此，当周恩来听康生在政治局汇报文艺界的"敌情"时，当场对康生说："我也曾经说过题材广阔的问题，也欢迎你指教！"康生悻悻地说："不敢，不敢。"（沈祖安：《周恩来与夏衍的相交与相知》，《人物》1988年第4—5期）周恩来的话语实行了指示性言语行为：邀请，邀请康生"指教"。也可以看成表情性言语行为：遗憾，为自己"说过题材广阔的问题"表示遗憾，要注意的是周恩来这一言语行为掺和了什么情感意义：愠怒、讥讽和委屈。让康生指教周恩来自己，不啻忠奸颠倒。但这个颠倒又是那样的不得不为，所以愤怒中有辛酸。同步发生的话面意义到间接用意（话外音）的转换是："你不就是要攻我周恩来吗？攻吧。"康生的言语行为是描述性的：声言（宣布）。声言不敢指教。要注意的是康的这一言语行为掺和的感情色彩是"悻悻然"。听话人（周）可以听出的弦外之音是：我们岂敢对国务院总理发难？周恩来此处选择的言语行为和情感意义的结合很得时得景，因而很美。以周恩来的政治地位，完全可以对康严加斥责，但他采取了客客气气的邀请行为（邀请康指教），显示出人格的完美、政治经验的成熟。康也在言语行为中成功地掺和了情感意义显示了弦外之音，但不能引起我们（假设中的第三者）的美感，这却是语言以外的原因。周恩来以其波澜壮阔的完美人生赢得了世人的敬仰，对周恩来的任何无端攻击都不会引起有良知有理智的人的美感。这已涉及美学的另外的议题，这里不再详察。

以上三个方面的分析告诉我们，单以言语行为论美丑行不通。一旦我们把语境的恰当，言语的生命意识的可见部分（面相、身势）的配合，情感意义的配合，用一种言语行为去间接地执行另一种言语行为等诸种因素一同考虑进去，美的发掘的可能性便立刻增大起来。由斯而论，选择什么样的言语行为才美，从非言语行为角度去考虑是有好处的。

第七节
语音的审美选择

声音世界具有一种魅力。但并非所有的声音都能产生魅力。只有具备了某种性质，声音才能有魅力——悦耳赏心的效果，即审美的快感。那么声音具备什么性质才能引起审美的快感呢？

有节奏、有旋律、能押韵的声音（即乐音）才能悦耳动听。"音与声相和，才构成自然界和谐的音律"。（怀瑾、蔡策，1992）乐音有悦耳娱心的效果，那么，人讲话的声音——暂时抛开它的所指（与声音挂钩的概念与意义）——是不是乐音呢？

回答是：人说话能接近乐音，但并非不经心就能说出有节奏、有旋律、能押韵的乐音，人的声音，进一步，人的说话声音里具有形成节奏、音律、押韵的固有属性。这是"言语"之所以能"美"的基础，也是言语美的基本品性之一。

人能吟诗、唱歌、唱戏，这是人说话能够是乐音的证明。吟诗、唱歌、唱戏是人"特殊状态的说话"。诗学、声乐学、戏曲研究，就分别是研究这"特殊状态的说话"的学问。

平常状态下的讲话也能造成节奏、音韵等乐音特征，这就是言语美论研究的对象了。

本节讨论三个问题：

1. 话语声音系统（语音系统）与乐音系统在本质上无鸿沟，两者有共核。

这一判断有什么根据？

2. 人说话怎样有意地造成乐音？

3. 汉语的乐音优势说明了什么？讨论以上三个问题是为了说明我对语音系统的基本认识：人类通过审美选择得到了一个有乐音属性的语音体系，它相对定型之后，又反过来帮助人们表现言语的美。

问题讨论之一：语音系统与乐音系统无本质差别。

先列出语音体系里各民族语所共有的语音全貌，然后将此全貌与乐音规律（特征）一一对比。

语音单位： 音位：辅音+元音

音节

语音特征： 语速+语调+嗓音品质+气+息

语音模式： 辅音丛

辅音组（谐和）

不谐和音

押韵音

元音组（谐和）

表现为过程的语音： 元音的紧缩（合成）

腭化现象

连音变读现象

韵　　律： 停顿

节奏

语　　调： 语调单位；调核

语调特征： 延长、音强、音高、重音

语调模式： 降调、降升调、升降调、升调

以上语音系统全貌参考耶·维索尔伦（Jef Verschueren）《为语音全貌描写而制定》（J.V, 1987），在"语音特征"一项中，我加进了气与息。为什么加进气与息（目前尚无任何语音著作描写过）? 请参见第二章第四节"言语美的生成机制"中"言语的生命意识"部分。

再列出乐音的基本要素，旋律+节奏

再列出声乐（唱歌、唱戏）的基本要素；

$\begin{bmatrix} 语音的额音节 \\ 旋律+节奏 \end{bmatrix}$（同步进行）

现将语音与乐音一一对比。

两者的声音单位比较：语音单位是人说话声音的基本元件。雅各布逊（R. Jakobson）区分了十二对区别性特征即十二对二元对立的音，他认为"这十二对区别性特征具有普遍意义，适用于描写人类一切语言"（*Phonology in relation to phonetics*，1956）。将这些具有对立关系的音组成音节，就是人类语音的基本元件了。乐音分析到最小的音系单位，也是辅音和元音。触动乐器最初那一刹那发出的音，就相当于人的舌、唇阻滞气流那一刹那发出的音，是辅音，触动乐器最初那一刹那过后的余振所发出的音，能延长，且响亮，就相当于人发出来的元音。以弦乐为例，弦被手指拨动最初那一刹那，或弓触弦那一瞬间，等于是辅音，余振音相当于元音；以管乐为例，气流吹动簧片和竹膜振动那一刹那，是辅音，余颤音（延长的，响亮的）是元音；以钢琴（手风琴）为例，手指击键盘那一刹那的音是辅音，簧片余振音是元音；打击乐如槌击锣那一刹那是辅音，锣面余颤形成的音波流动是元音，等等。

单说音节。例如汉语的音节，一个音节代表一个字，一字四个声调，可以模拟乐音在五线谱上加以描写。声调高低起伏造成了乐音般的旋律。汉语的四声实乃声调起伏造成。声调变化总是由一点滑向另一点，中间经过无数过渡的阶梯，很像演奏弦乐时的上滑音或下滑音，也很像演奏钢琴时由左向右或由右向左的流音。现在，中国国际广播电台英语台的汉语教学节目之始，由二胡模拟汉语语音四个调值变化先奏出四声：1991年3月30日综艺大观（中央电视台），有人用擂琴琴弦演奏出"你们好"、"祝大家万事如意"以及Good Evening的两种模拟讲话声。这两例，我认为，是语音体系与乐音体系本质无鸿沟的最直观、最令人信服的实证。如果语音体系与乐音体系本质上相差（相异、不同）的话，这两个实验是不可能成功的。这两例说明：汉语一连串字的字调变化连成句（或英语的语调升降流动），就相当于乐音的旋律。汉语的字就是音节，"你们好"是音节及字调的模拟，Good Morning是音节及语调的模拟。

现将汉字四个声调模拟乐音在五线谱上加以描写。汉字音节的相对音高及其升降变化的实际念法就是"调值"。传统上标记普通话的基本调值如下图（参见《现代汉语》，华中师范大学出版社，第63页）：

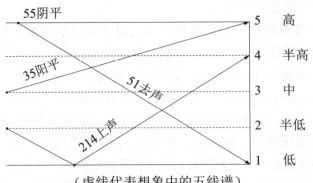

（虚线代表想象中的五线谱）

用五线谱转写的阴平的调值（55）（下图左），始终处于高音位置上，没有上升，也没有下滑，在五度音阶上流动，这岂不像五线谱乐音（下图右）？

用五线谱转写的阳平的调值（35）（左），始于三度音高，止于五度音高，请比较五线谱乐音（右）：

用五线谱转写的上声的调值（214）（左），从二度音高降至一度音高，再上升到四度音高，请比较五线谱乐音（右）：

五线谱转写的去声的调值（51）（左），始于五度音高，下滑到一度音高，请比较五线谱乐音（右）：

从以上比较中可见，汉语的字调变化相当于乐音里的旋律。以上说的是语音与乐音的声音单位（仅指音节）比较。

语音与乐音声音特征即以语速+语调+嗓音品质+气息为线索的比较：乐器发出的乐音和人唱歌（声乐）有速度、音调和音质（笛与号与喇叭的音质，小提琴与胡琴与三弦的音质，互不同）。人说话也有语速、语调、音质或音色（男人与女人音质，甲与乙音质，互不同）的语音特征。但是，乐音的特征里，器乐部分却没有气与息。声乐里有，因为声乐是人说话的特殊状态。打击乐或弦乐器（提琴、锣等）的乐音里没有气与息。管乐器即吹奏乐器里却能发出气与息来，这是人的生命意识的灌注。语音和乐音在速度、音调、音质方面却是完全可以对比研究的，尤其是语调与音调的对比非常有趣。外语（以英语与俄语为例）和汉语，句子有语调变化。乐音的音调是人们通常说的音乐旋律的主要部分。"旋律包含许多音乐表现手段——音高旋律线、调性、节奏、节拍、速度、音色、力度等"（М.Х. Овсянникова: *Краткий словарь по эстетике*. Москва，1963）。我们发现乐音里的上行音与下行音（下图的上半部）与句子的升调与降调（下图的下半部）大致可比较：

语音与乐音的声音模式对比，即以辅音丛、辅音协和、不协和音、押韵音、元音协和为线索的对比。语音有辅音丛，如俄语里的встр——，英语里的str——等辅音丛，也就是辅音连缀。乐音里，如二胡的上下滑音——手指触弦上滑下滑，钢琴的琶音——手指飞速地不离键盘的滑动，鼓的闷声——手不离鼓皮，同时另一支鼓槌击鼓，锣的闷声，钹的闷声，类似这样的受阻滞的乐声都和语音里辅音丛（辅音连缀）相似，可以比较。语音里的辅音协和（对比的效果），元音协和（也是对比的效果），除了故意玩文字游戏绕口令（如不是四十四石狮，是十四石狮）以外，绝大部分是辅音的协和与元音的协和表现。须知人声就不能容忍不协和组音。即使有不协和组音，在同一个语段里，也会是个别情况。乐音里的辅音协和与元音协和更是带本质性的特征了——乐音就是"各种音调有规律地联结成和音（谐音）并在这些和音交替变化之下建立它们之间的关系"（出处同上）这里说的"和音"（谐音）就是辅音与元音的协和。

两者（语音与乐音）都有不协和音存在。一个乐章、一个歌曲的某一个小节里出现不协和音，是乐音的表现手法之一，这是变化的需要，衬托协和音的需要，对比的需要。美的音乐是离不开变化、衬托、对比的。语音里的少数不协和音的出现（在语篇、语段、句子里）是不可避免的，它的出现刚好说明了人的语音系统不是完美无缺的，不是不可以进一步改善的。它的出现是人们说话不经心安排的、暂时的疏忽——如让两个（或更多的）不协和字或音节搁在一块儿说，免不了拗口、别扭，或在外语里，让前面一个单词的尾音里有辅音，紧连结着的单词里，开首的又是辅音，而且是很拗口的辅音和辅音连缀；或者，安排（不巧，不期，不经心）了一连串相同、相近的元音在一块儿流动起来，让人分不清音节。这些不协和其实是可以重组、重安排的，是有避免办法的。所谓"字斟句酌"就是包括了如何避免不协和音的出现。即使在语段中出现了也无妨大局。在诗或词（特殊的说话状态或称乐音性的说话状态）里还故意破韵哩！所谓"一三五不论，二四六分明"的说法就是告诉人们何时可以出现不协和音哩。

两者（语音和乐音）都有"表现为过程的声音"。如元音的紧缩（合成），英语里有[auə]、[aiə]、[əuə]（如在cooperate里），汉语里有[iao]，[uai]等元音的紧缩，乐音里有 3 4 5 类似。语音里二合元音更多（[ei]），[ou]，[ai]，[au]…），乐音里35|54或|35 54|类似。但语音里腭化现象（如俄语угол和уголь对比，英语里dew的[dj]），乐音里却没有。语音里连读音变现象，如汉语，两个上声相连时，前一个上声的调值由214变为34，和阳平调值相似；两个去声相连时，前一个去声由全降变为半降，调值由51变成53；俄语里，三个辅音字母连缀时也发生音变，如советский，тск→цк，（说тск连读发成ц，也是一种音变），又如大量的清化、浊化现象里的音变，等等，都是为了适应人的发音器官运动的方便。乐音是由人编创，更是为了悦耳（美听），乐音不需要被迫连音变读，乐音是自然的连音延长，符合美听的连音延长。但声乐（人唱歌）中配上词的演唱时，也发生了连音变读的现象，如果变读后的字音变成了另一个意思的字音，便叫"倒字"——所谓"字不正"者乃"腔不圆"也。你看，倒字破坏了美听效果，就有一条规则出来限制倒字，叫做"字正腔圆"法，这是谱曲的人都知道的一条乐配词的规矩。

两者（语音和乐音）的韵律比较，即以停顿、节奏、语调（调核，延长、音高、音强、重音；降调、降升调、升降调、升调）为线索的对比。两者都有停顿。两者都有节奏——发出声音时，依规则在时间上保持相等距离而反复振动，形成节奏，语音有语调特征——延长（不如乐音那样长）、音强、音高、重音；乐音有乐调特征——延长（延长起来可以大大长于语音，所谓"余音绕梁三日不绝"）、音强、音高、重音（小节里的强拍，京剧里的"板"）。语音的语调模式，英语里有降调、降升调、升降调、升调，汉语里的四个声调和句子尾音也有升与降的区别。乐音则有上行音、下行音与此相类似。（请参见

本章本节乐音的上行音、下行音与句子升调、降调比较图）

通过上述两个声音系统的对比，我们得出如下结论：

（一）语音系统与乐音系统之间无本质上的鸿沟。语音里有音乐两大基本要素——旋律与节奏。或者说，语音体系与乐音体系有共核（common core）：旋律和节奏，因而语音能表现出音乐美来。语言形式美深深扎根于乐音之中。言语有悦耳的审美效果的根本原因就在此。虽然语音的旋律与节奏不如乐音那样发育完美与规整，但它毕竟有旋律与节奏（见以上的对比分析），否则就不会产生诗、词、唱歌、快板等语言事实。普通的说话虽然不是念诗诵词，不是唱歌打快板，但是因为有旋律与节奏这两个基本因素，所以仍能创造出语言的形式美来。"语言的形式之所以能是美的，因为它有整齐的美，抑扬的美，回环的美。这些美都是音乐所具备的，所以语言的形式美也可以说是语言的音乐美。在音乐理论中，有所谓'音乐的语言'；在语言形式美的理论中，也应该有所谓'语言的音乐'。音乐和语言不是一回事，但是两者之间有一个共同点：音乐和语言都是靠声音来表现的，声音和谐就美，不和谐就不美。整齐、抑扬、回环，都是为了达到和谐的美。在这一点上，语言和音乐是有着紧密的关系的。"（王力，1980：461。）

但语言毕竟不是音乐。它与音乐的区别大致上是：（1）音乐形成之前有长时间的精心安排，即音乐的创作，安排声音振动的频率、时间的长短、力度的变化，使用一定的手法，如对比、回环、交替、反复，等等，达到一定的效果，如音律整齐、抑扬，即总体上的和谐。而人的交际讲话，必须在极短时间内占有话轮，你一言，我一语，绝对不允许长时间的声音安排、策划手法，因而交谈达不到乐音那样高度完美的和谐状态。（2）语音的语调特征中，"延长"一项达不到乐音那样的高度，乐音的无阻滞的那一部分延长音可以尽情、尽兴、尽需要，语音的元音优势再大（如汉语那样）也不能像乐音那样延长得尽情、尽兴、尽需要。如果有人说话中的元音像乐音那样尽情尽兴尽需要地延长，那就不是说话，而是唱歌了。诗朗诵和歌咏唱，可以称为"乐音性的说话状态"，不过，谁能出口成诗？谁能出口成歌？朗诵现存的（别人创作已就的）诗和咏唱现成的（别人创作已就的）歌，那是纯欣赏活动，已不是交际意义上的说话了。（3）语音与音乐的根本区别，也许是，语言与意义（概念、判断等）联系，音乐与情绪联系。所以语言可以是交际与思考的工具，音乐不能作为交际与思考的工具，只能作为表达情绪的工具。饶有趣味的是，语言虽不能像音乐那样有高度完美的声音和谐状态，生活中即仍然可见将说话高度乐音化的各种趋向和努力——这便是本书第二章第二节"语言的美的属性"中讨论过了的"语音的乐音化趋向"——其内在动力在于体内的碱基序列"乐谱"要求语言与其和谐共振；这也将在第四章第三节"言语活动的乐音趋向"中更为详细地讨论。这种倾向和努力表明，人们追求说话的美听是多么执著，现存的语言体系不仅是适应交际功能的结果，也是适应审美功能的结果。我们在指出语言毕竟不是音乐的同时，也没有忘记语音系统里有着创造音乐美的潜在势能。

（二）人按照美的规律从语音体系开始建造了自己的语言体系。这一点是我们分析语音系统与乐音系统在特征上相似，两者有共核（节奏与旋律）的最有意义的结论。

问题讨论之二：人怎样在说话时有意地造成乐音？

第一，创造最流畅的说话节奏。说话人让气流依某种规则流动，在时间上保持相等距离而反复振动声带，形成了有节奏的和谐悦耳之声。这时的语言就获得了音乐美。几百年来，说英语的人普遍喜欢用分裂不定式。如to fully understand, to strongly criticize. 原因何在？有实用方面的原因，让副词与不定式原形直接接触，防止了副词和其他词产生联系所造成的意义上的模棱两可。也有审美方面的原因，即造成轻重相间的节奏。轻重相间的节奏（The te—tum te—tum rhythm），即"底大底大"式节奏，是英国人喜欢的节奏。有人说莎士比亚喜欢这样的节奏（参见杨贵生：《英语分裂不定式是非谈》，《外语教学与研究》1990年第3期）。英国传统诗歌的主要节奏也是"底大底大"式，而分裂不定式最容易形成"底大底大"式节奏，请看下列排列中轻（甩空心圆圈）重（用实心圆圈）相兼的节奏流动：

to boldly go　　　　　　（注意两个轻读音节又快又轻，
○● ○●　　　　　　　合起来只占一拍的时间）
to fully understand
○●○ ●○●
to really enjoy
○●○○●
to better equip
○●○○●

不定式符号to 一开头就轻（无实际意义，自然就轻读），如果紧跟一个第一个音节就重读的副词，马上就出现了第一个"底大"。第一个音节就重读的副词在英语中又很多，于是这个节奏就为英国人所钟爱。"底大底大"式节奏自然流畅。通顺的英语大多数符合轻重相间的节奏。说话大致上心中有这样一个谱儿：两个轻读音节之间的重读和两个重读音节之间的轻读以少为宜，干脆说：轻重力度相同的音节并列宜少。把握了这个谱儿，可以认为是有了最佳节奏的选择。

第二，在元音上大做文章。元音最突出的特征是可以延长、响亮。所谓话语的音响效果，最给人印象的便是元音音响效果。所谓乐音，首先是元音的拖延与响亮。歌曲、乐章中的元音可以拖延几十拍。中国京剧唱腔的婉转优美、余音不绝就是靠元音的延展，延展拍节最长的可达30多节。汉语中的元音占优势，是挖掘乐音潜力的最典型的例子。土耳其语数字词是制造元音和谐的又一个例子：一是bir，十是on，对这两个数词加后缀时，必须根据前面的元音来决定应加前元音还是后元音。如bir+de→birde（在一点钟），[i]和[e]都是前元音。on+da→onda（在十点钟），[o]和[a]都是后元音（参见王宗炎，1988）。俄语中元音协调的例子有许多，如形容词与名词的性、数、格一致，从元音角度看，也是一种元音协调现象：моя ручка, моё перо, мой карандаш, мои карандаши，其中я—a, ё—o, и—и，可看成是元音协调对应现象。在相应的空间（说话时表现为时间）里即相等距离段（时间段）使用同样或相近的元音，即押韵，这是各个民族语都有的说话人熟知的一种元音协调现象，就不必一一举例了。

第三，将空间度上的形式美规律都转移到时间上运用——说话正是在时间度上体现线性规律的——以便造成乐音，如对称、比例、有序……（在语言学中这些术语换成了对偶律、等差律、整饬化、抑扬律……）这些正是语言形式美，是本书从头至尾都在讨论的内容，不在这里举例了。

第四，说话有意地造成乐音，形成习惯，习惯成为规律反过来指导或制约人们说话或发音。这些规律中，有"发音以方便为首原理"（简称"方便原理"和"好听原理"）为例。

可以设想原始人类语言发音的一些基本现象：声音连贯，不可切分；凭兴趣发音；凭方便发音，什么音最好听就常发出那个音。这就是说，从最初的人类语言开始，就同时开始了用美的要求建造语言的尝试：又要方便（口腔里的动作方便），又要好听（悦耳的效果）。这是方便原理和好听原理滋生的根据之一。语言有一部分功用不是为使人听懂理解，只是为了给对方留下印象或抒发自己的情感，这就更有理由凭兴趣、凭方便、凭好听发音了。

方便原理。一个饶有兴趣的问题是：世界各地出生的婴儿好像出娘胎前就互相约好了把母亲唤为[mʌm]。尽管各国对母亲的呼叫有些"小异"，但"大同"是毫无疑问的：都以鼻辅音[m]开头，都有基本的[ʌ]音。这个底里，用"发音以方便为首"原理可以揭开：婴儿双唇紧闭时就准备了[m]音，一张开嘴自然就有[ʌ]或[a:]音，不需舌做出复杂的动作，婴儿最少负担，就得到[mʌ]或[ma:]。另一方面，这个音节得到全世界母亲的认可与鼓励，是因为：她的宝宝发这个音节费力最小，而且[mʌ]或[ma:]响亮、清楚。可见方便的发音不仅是受说话人的钟爱，也最容易得到听话人的认可。这就是英语mother，德语mutter，斯瓦希里语mamu，俄语мать，汉语妈妈[mama]都有鼻辅音[m]开头，都有基本元音[ʌ]或[a:]的原因。当然，还可以为"发音方便为首"原理找到更多的证据。汉语两个上声字相连[如"鬼鬼"（祟祟）……]时，要发出两个调值是214的字音，下颚要连续下拉两次，上升两次，才能完满地交待这两个上声。最令人佶屈拗口的是，第一次下拉以后，下颚必须恢复上位，否则不能第二次下拉，而汉语两个上声相连或三个上声相连的音节（好小子、小李好、演讲稿……）又多得很，像这样频频拉下颚，对谁都不是容易的事，人是不会让自己受冤枉罪的，为了减轻负担，把第一个（或头两个）上声变成34的调值当然是个好办法。用同样的道理可以解释两个去声相连，前一个去声由全降变为半降的现象。拉波夫（W. Labov）从社会因素出发研究纽约市的[r]音的变异。他设想，在元音之后发出[r]音的做法来自上层社会，是年轻人的发音特征，多出现正式场合，常见于词尾发音，如floor，很少出现在辅音之前如fourth。他收集了大量数据来验证这些假设。现在我们用"方便原理"来试试看：词尾发音[r]，没有另外的衔接音，翘舌以后，不会形成忙着发别的音的负担，发了[r]再接着发另外辅音的话，就显得累赘了。

好听原理是调动语音系统中的乐音特征过程中形成的习惯。用这一原理解释发音、音变现象、用词和用句的铺排，是有说服力的。事实上，创造最流畅的说话节奏，在元音上大做文章，将空间度上的形式美规律转移到时间度上运用，都可算作"好听原理"。现在我们只用"好听原理"来解释发音与音变现象。汉语"一、不"（本音为阴平）夹在词语中念轻声（如停一停、吃不开等），显然是为了形成重轻相间而不是重重叠加的节奏。这有两个好处，一是念到中间歇一歇，省力，二是重轻重（●○●）节奏如波浪前进似的有变化，显得轻盈、和谐。汉语"把"当介词用读[bǎ]，但是我发现许多相声演员把介词的"把"念成[bǎi]，轻读。"把[bǎi]这个拿住了""[bǎi]话说明白了"，显得自得与婉转。香港地区的电视节目主持人把连词"和"[he]读成[hán]，是不是好听些？可以再比较比较，过一段时间再下结论。我念大学时，一、二年

美学语言学

级是一对白俄夫妇教俄语口语，他们对非重读音节中的я不作什么特别要求。念三年级时，教师换成列宁格勒师院毕业的，她一上课就猛纠非重读的я，要求一律念成и。你错一个，她纠一个，有时闹到你无法把一个完整的句子念完，弄到支离破碎。学生不习惯，不免犯嘀咕，忍不住问她为什么要这样，她回答了一个词：Мягче!（柔和些！）所谓Мягче，不就是为了好听吗？！俄语语音为什么优美？有人列举了四条原因（В. А. Мамонов，Д. Э. Розенталь：*Практи ческая стилистика современного русского языка*, Москва，1957）：一，是鼻音（М，Н）和流音（特别是л这个音）很优美。他们甚至认为"俄语之所以悦耳动听，这几个音起了很大作用"。二，前元音（и，е）使前面的辅音软化，也使语音优美起来。试比较сад-сед，быт-бит.。此外，俄语中还有永远发软音的辅音如j，ч，щ。这样，俄语便有了大量的软音。这确有道理，软音比硬音柔和悦耳。三，重音灵活，不固定，和音调配和起来，使语言优美动听，富于节奏感。四，没有那种由不悦耳的辅音音组和元音音组构成的词。（以上四条只能代表以俄语为母语的人的看法。俄语中出现的很多辅音音组和元音音节，对于异民族来说，不一定具有悦耳的效果。例如，对于听惯了元音占优势的字词的中国人来说，诸如дождь，возвращающемся等词初听起来就感到很不顺耳；一大批舌擦音、唏音、咝音占优势的俄语词给中国人的初始听觉印象也都不太顺畅）。正是从"好听原理"出发，我们就能理解说俄语的人采取的下列几条发音措施的真正原因在于不破坏上述四条使俄语听起来悦耳赏心的优点：第一是让元音和辅音交替应用，避免语音单调。第二条是不让一连串辅音（特别是相同辅音）堆集在一起。第三条，不让元音堆集在一起。第四条，不让词的重音彼此相隔太近，也不让其相隔太远。第五，避免大量堆积唏音、咝音。（参见上书第4节）谓予不信，我们列举和上列五条措施相反的语音排列，看看是不是难听——产生了负美：

（1）Кавалерист Дзозд проехал вёрст сто.

（骑兵德佐兹特跑了将近一百里路）

（2）Историк нашёл эти сведения и у Иоанна Грозного в его посланиях.

（历史学家在伊凡雷帝的信札中发现了这些材料）

（3）Врат был горад и смел, он взял в бои нас всех.

（哥哥有魄力，有胆量，号召我们大家参加战斗）

（4）... становящимся приобладающим（日益成为主要的）

例（1）不悦耳，是因为一连串相同辅音堆集在一起。例（2）不顺口，是元音堆集一起所致。例（3）听起来粗重撞击、声声相迫，是因为重音彼此太挨近，无轻读音相间，像砍着沉重的斧子那样一下比一下撞击人心。例（4）嘶音连续，读起来吃力。

"好听原理"与语音的乐音联想。如果说语音的乐音联想有审美理据的话，这个审美理据便是好听原理。语言的能指（施指，声音形象，signifier）与所指（受指，具体事件或概念，signified）之间的确是任意联系的关系，但并不排斥某些语音的模仿、联想现象，这也是事实。特别是当这些现象的发生与求美的心理有关的时候，我们就不能再说这种模仿与联想是任意的了，因为这一部分发音就是有意地朝好听的方向去模仿、去联系，便带有自觉性、人为性和必然性。语音的这一部分是有审美理据的，即求好听，是语言符号任意性里的有意性（必然性）部分。这样的语音的乐音联想表现，在汉语中用拟声词临时代替动词，也有常用的成语中包含有拟声的词语（请注意这些词的乐音联想）作述谓：

（1）他脑袋咔嚓了。（代替"被砍"）

（2）把他轰下台。（代替"赶"）

（3）微风习习。（代替"轻轻地吹"）

（4）春雨淅沥。（"轻轻滴下，不断丝地连接着"）

（5）你别嚷嚷！（"吵闹"）

（6）风萧萧。（"呼叫"）

（7）秋风萧瑟。（"吹着树木"）

（8）风雨潇潇。（"刮着下着"）

（9）泉水叮咚。（"流得叮咚响"）

（10）雷声隆隆。（"隆隆地响"）

例（1）夸大砍杀声响，表说话人之特定情绪。例（2）用众人起哄声音夸大被赶下台的惨状，渲染说话人情绪。从例（1）到例（10）用象声词代替括号里的动作或状态述谓词的好处在于，既描述了动作或状态，又多附了一层听觉形象，念起来好听，渲染了特定的气氛。有些"乐音词"——把拟声词的乐音功能突出来暂名之——是现成的，如"泉水叮咚""车辚辚""马萧萧"，悦耳动听，是乐音词的第一类。第二类乐音词是临时创造的——窃以为这类乐音词是说话人临时创造的，例如：

（1）你别在这儿嗡嗡嗡！（代替"老是缠着说话"）

（2）你嘎嘎什么呀？（代替"高谈阔论"）

（3）我把你咔嚓了！（代替"刀砍"）

字典上不会给"嗡""嘎""咔嚓"分别以"老是缠着说话""高谈阔论""刀砍"等义项注之，这是说话人临时赋予的。这样的创造是有审美理据的，又制造了乐音效果，又渲染了气氛。各国语言中看来都有语音的乐音联想现象。比如俄语中原有的足球术语голкипер（守门员），футбол（足球），гол（球门，踢进一球），分别来自英语goalkeeper，football，goal的译音。但说俄语的人筛选来筛选去，后用俄语词вратарь代替了英语音译词голкипер，但футбол和гол却没有被筛选掉，保留了下来。这就很有意思。俄罗斯人为什么不用纯俄语词代替футбол和гол这样的音译词？这里，футбол清脆、短促、有力的节奏和踢足球产生的联想多么一致，гол也提示了踢足球的音响与节奏，俄罗斯人不愿放弃这两个音译词原来是舍不得这奇妙的乐音效果！窃以为，以同样的理由去看汉语的"田野"一词，与俄语相应的词поле，英语field，德语feld，有着某种语音上躲躲闪闪的有趣的联系。汉语"田野"[tián yě]，两个音节是齐齿呼，含有[i]音（-ian与ic），这正好与俄语的前元音（и，e）使前面的辅音软化而语音变得优美一样，поле里刚好有这样的前元音软化音节ле，这是偶然的巧合吗？英语field有[-i:]，德语有feld有[e]，再加上"田野"这个词里有[-iányě]，俄语里有ле——这四者都有与[i:]或[e]相近的音，这是为什么？巧合？是的，巧合。因为别的语言里的"田野"一词并非都含有[i:]、[e]之类的音。但是，有人认为л为软辅音，被e软化，这样有助于创造出遥远、宁静、万籁俱寂的效果，这并非无稽之谈。窃以为，四种语言的"田野"一词都含有[i:]、[i]相近的音，从而创造了遥远、宁静、万籁俱寂的效果，这多多少少有人的追求乐音的倾向在暗中起着推动作用。不能说能指与所指之间的任意联系是铁板一块的关系描写，各种语言里可能都有语音的联想（乐音的联想）也是一部分事实，不必去否认它。其实，任意性只适用于语音与意义的原始结合关系，派生词、复合词、象声词是可以分析、可以论证其理据的。求好听（与乐音联想）是理据之一。

人说话怎样有意地制造乐音（本章问题讨论之二）的问题，我们涉及了四点，概括起来便是：创造最流畅的说话节奏，在元音上大做文章；将空间度上的形式美规律搬运到时间度（语言线性）上去运用；有意地造成乐音，形成习惯，习惯形成"发音以方便为首原理"和"好听原理"两条规律，反过来指导人们说话中的乐音运用。

下面我们讨论第三个大问题：

汉语的乐音优势说明了什么？

汉语的元音占优势的事实，本书不再讨论了，国内这方面的研究资料相当多。那么，元音占优势是不是也等于乐音占优势呢？一般地说，元音响亮、可延长的特点使占有元音优势的汉语有更多的乐音性质，那是完全符合逻辑的结果。但仅仅这一点还不够。

因此，第二，汉语音节的结构便于形成乐音，也是很重要的因素：（一）汉语音节与音节的界限十分清楚，比起欧洲语音来，具有无比的优越性。许多欧洲语言一直在（现在仍在）讨论该怎么区分音节、怎么移行的时候，汉语早已利用音节界限十分清楚明晰的优越条件创造了自己光辉灿烂、流芳百世的律诗文学。音节清晰才能形成规整而又有变化的节奏单位，抑扬顿挫的乐感才能在律诗中得到运用。（二）汉语是以单音节为主的语言。王力（1980）指出："惟有以单音节为主（即使是双音词，而词素也是单音节）的语言，才能形成整齐的对偶。在西洋语言中，即使有意地排成平行的句子，也很难做到音节相同。那样只是排比，不是对偶。"容易排成音节对偶，便容易获得音乐性。这是语言整饬化的基本条件。（三）音节重叠，且音节单位和意义单位基本上是一致的，这就从语言形式到内容为美的和谐与统一创造了很充分的条件。音节重叠读起来琅琅上口，便于入诗入歌，形成乐音。这是汉语得天独厚的美的属性。（四）汉语的音节结构的三大因素——声、韵、调各自有乐音性。声的乐音性：造成双声词，双声词有乐感（重复的乐感）；韵的乐音性：韵形成抑扬嘹亮的音响效果，还便于形成叠韵词；元音收尾便于延长与押韵，真可谓"有韵则生，无韵则死；有韵则雅，无韵则俗；有韵则响，无韵则沉；有韵则远，无韵则局"（陆时雍：《诗镜总论》）。声调的乐音性：四声起伏，形成婉转、变化、多彩的乐音，在前面已将它们和五线谱记谱法作了对照。

汉语，作为自然语言的代表之一，所具有的乐音优势，进一步证实了本节讨论的第一个问题：语音系统和乐音系统在基本特征上相似，两者有共核：旋律与节奏。

语音的审美选择到此告一段落。

第八节
词的审美选择

词这一层次的审美选择研究下列三个问题：
第一，说话人对词的两次审美选择；
第二，同义词的美学意义；

美学语言学

第三，修辞格的美学意义与它对美的背离。

现在，我们讨论第一个问题：**说话人对词的两次审美选择。**

第一次选择发生在词（语）向脑子里储存时。人是不是学到（阅读到、听到）什么词，就心甘情愿地将什么词牢记呢？就是说，他是不是碰到什么词就吸收什么词呢？不是。他可以听到什么就让其进入大脑，但下决心在脑里记牢、分档、储存的，却只是他看中的某一类或某些类。有些词哪怕碰到的频率并不低，可是他不屑一顾，即过眼不过心，他就硬是不去记，就也记不住。他根据什么看中哪一部分词、抛弃哪一部分词呢？这根据可能有：职业、生活的社团、能力、性格、心智、兴趣、人生态度、价值观念、审美观念，等等。其中，审美观念以外的因素很多，本书不予顾及。单说审美观念以及与审美观念有关的兴趣与性格。以本书作者个人的经历为语言实例看审美观念对词的第一次选择的影响。我念初中一年级时，从一本杂志上看到郭沫若先生答记者问。问题大概是"怎么把文章写生动？"郭答："不用形容词。"我也想把文章写生动，便自然地建立了这样的审美观念：形容词以浮华害文害语，要得质朴美，弃形容词是一法。以后，我对多用形容词的书文颇生反感，即使读非常吸引我的小说或其他作品，碰到一溜形容词，也毫不讲客气地一律跳过。厌恶形容词至此。后来，十几年过去了，偶然翻开中学时代的作文，发现文中也确实少用了形容词。这一习惯迁移至外语学习，动词记得多些、准些，形容词记得少些、差些。对形容词的这个审美态度，影响了我以后的写作和学习，形成了这样两个结果：一是发表的一些东西中，形容词少，少得太枯太涩，好似人的眼珠无光少彩；动词使用相对地说把握大一些，也就显得句子不那么死板。二是对我的外语学习的影响：我发现读人家作品时，看不懂要翻字典的多是形容词，动词翻得较少（因为记住的较多），这样一来，句子结构倒是了然于心，可是在细节上却是贫乏与空泛，虽然故事或框架不会大错，可是信息总是不全。今天研究这个实例，并不认为这个审美观念（形容词以浮华害文害语）错到哪里去，只是觉得执著于一端不好。现在我们回到本题目上去：审美观念确实是影响人们对词的第一次选择——词的入脑的取与舍。词进入人的大脑之前是经过了审美观念的鉴别的。有兴趣的词能进入大脑，并且能占据 角；无兴趣的词就不能进入大脑——过眼就忘，也就不能"入库"记牢。这个分析不能说是"自省式"，把我（本书作者）作为一个语言案例——每一个能说话的人都无一例外也是一个语言案例，这在语言学研究上都有先例：中国的赵元任，外国的Chomsky。

第二次选择发生在输出信息（说话、写话）时。他在说话（写话）那一瞬间，根据什么选择马上要出口（下笔）的词（语）呢？一要根据社会的可接受性；二要根据听话人的可接受性（这是主要的）。这两方面是外在原因，外在的选择词的根据。内在的根据便是：说话人的职业、能力、性格、心智、兴趣、价值观念、人生态度、审美观念，等等。以审美观念而论，不同的说话人自觉或不自觉地以美的标准输出自己的词。有的输出质朴白描的词，有的输出华丽文雅的词。鲁迅说话的原则是"有真意，去粉饰，少做作，勿卖弄"。旁观者认为鲁迅的用词形象、幽默、灵巧和意义深刻，这里头就包含了他特别的审美观念所作的词的输出选择。

但是，对词的运用（输出）有清醒而自觉的审美意识（自觉将语言作为一种审美对象来对待）者，在每一个语言社团里，都为数不多。对词的运用无意识地渗入自己的审美观念者，却极为普遍。前者（清醒而自觉的审美意识）的例子，每一个国家或民族都有语言大师或运用语言的巨匠（如文学家）出来提倡什么，反对什么。老舍对语言有自己的理论观念，并推广这种审美观念：语言有文、白，但无贵贱，白话万能；"绝去形容，独标真素"；"形容词是名词的仇敌"，主张写出语言的裸体美来；作家要有画家之本领，用最有力的图画去表达。作家要有音乐家之本领，能选出音义兼美的词来。对话要切合语境。为表达需要可以写出变异句式。简括时，一字便是一个句子；感情洋溢之时，就能写出波浪起伏的串儿词。想得深，说得俏，借幽默化解胸中之块垒。语言之根在生活里。（转引自孙钧政：《语言指纹与作家风格》，《语言教学与研究》1990年第1期）请读者注意："选出音义兼美的词来"这一说法，正是词的审美选择，是词的第二次选择（输出信息时），而且提出了具体的要求：音义兼美。由此可见，词的二次审美选择是符合实际的。现在我们看看老舍自己是如何贯彻词的审美选择的主张的（下例句都是写话，并非文学作品）：

（1）大概的说吧，写文章的主要时间是……这两个时间，我可以不受小孩们的欺侮。

（《这几个月的生活》，《盖世报》1937-04-25）

可与"欺侮"同时进入候选位置（纵向组合）的词还有：干扰；吵闹、打搅、胡搅蛮缠……但都不如欺侮来得妙。"欺侮"用出了老舍与其子女之间的童趣、天真与亲密感情。老舍任其子女戏耍，爱子女之深，无以复加。

（2）我赶到前面，找个空位就坐下了……一盘橘子已被抢完，我只好把酒壶夺过来。（《记"文协"成立大会》，《宇宙风》1938年第5期）

记叙抗日战争时期文艺家们成立抗日协会的场面，果看"抢"食，酒茶"夺"饮，文艺家们亲密无间，兴高采烈，活龙活现矣。能进入候选圈内的其他词"拿"、"分享"之类，大不及"抢"与"夺"。

（3）不许小孩子说话，造成不少的家庭小革命者。（同上）
"小革命者"是大词小用，颇见幽默。"革命者"是社会上的政治斗争中之人，夸大用之，越严肃越是与语境"错位"，就越是有趣，反抗父母教育不得法之儿童们雄赳赳气昂昂之状越是可爱。比进入候选圈内的"小捣蛋鬼"、"调皮精"、"造反者"、"反抗者"更可爱。

（4）我不敢再讨厌母鸡了。（"母鸡"，《时事新报》，1942-05-30）

人不敢讨厌鸡？老舍发现了这只母鸡的负责、慈爱、勇敢、辛苦、伟大和英雄气概之后，很是崇拜，形成"人敬仰鸡"的不同寻常的命题。"不敢"比可选择的其他词"不该"、"不能"、"不应"神气得多。

（5）在我不认识他的时候，我以为他是一条猛虎，现在，相识已有四年，我才知道他是个伏虎罗汉。（《我所认识的沫若先生》，《抗战文艺》1942年第七卷第六期）

"伏虎罗汉"是刚柔相济。刚者，有力量；柔者，笑容可掬、轻轻松松。作战勇猛与热心快肠相济，是郭的全人。不仅形象活脱、准确，"罗汉"收尾时响亮，以第四声降调收尾，恰好是句子的结束。

（6）您如愿来，请来；如不方便，改日我到您那儿去请安，嗻！（《致陈逸飞先生信》，1930-05-26，见陈逸飞：《老舍早年在文坛上的活动》，《芒种》1981年9月）

口中念念有词说"请安"，而且有请安的叫唤声——"嗻"提示的一系列动作：旧时仆对主或宾应诺时，一只手向前垂下，身向前倾，低头喊出"嗻"。老舍是在给朋友写信，这样写来不仅亲热活泼，还让读信人听得出[zhè]的声音。尤其妙的是这一声放在信的最后，放下信，看信人耳边还缭绕着一个[zhè]!老舍是在认真选音义兼美的词——回头看上例的"罗汉"收尾，也是音义兼美。老舍很注意写作时选声音响亮的词。在《〈天书代存〉序》中（《宇宙风》，第13期，1936，03，16）他指出："《天书代存》，念起来声音很响……"这对他自己的主张（选出音义兼美的词）是个正面的响应。我们由此得到两点启示：一，有了明确的审美意识的说话人，会逐渐在自己的'词库'中选择出符合他自己个性的言语美风格来；二，老舍对中国文学语言运用的巨大影响自不待言，他在非文学领域里的语言运用，也留下了宝贵的遗产。如果对老舍非文学作品进行一次穷尽性的调查，必将发现许多言语美的规律。本书作者提出"有了明确的审美意识的说话人，会逐渐在自己的'词库'中选择出符合他自己个性的言语美风格来"这一建议，不仅对文化人适用，对一般意义上的说话人也是有意义的。实际上，用词已成为衡量人才与人品的参数之一。

在日常生活中，处处可以发现用词的审美选择的现象。1991年2月15日上午，首都4000多名各界人士举行春节团拜时，一位手扶拐杖的老人拍着一位老熟人风趣地说："啊呀，您也穿西服啦，牛得很！"我们不知道他的"词库"中"牛"是什么意思，但有一点，他选"牛"是经过考虑的，符合他自己独特风格的审美意识肯定是起了作用的。沈从文于"文革"中在下乡劳动，看菜园，吆牛喝猪，他有一次说，"牛比较老实，一轰就走，猪不行，狡诈之极，貌似走了，却冷不防又从身后包抄转来。"（公输鲁，《新世说》选，《团结报》）他选用的"狡诈""冷不防""包抄"分明是用在战争中的术语，用在愚蠢之极的猪身上，一下子使它变成"机智的用兵专家"，两者的落差极大，幽默之极。

第二个问题：同义词的美学意义。

首先讨论同义词的美学意义。几乎每一个民族语里都有同义词现象，这绝不是没有缘故的。一组组、一群群的同义（近义）词的产生，一定是区分细微意义的需要。词表现美，首先在贴切。这是言语美的第一个品性：在恰当的语境中选用了恰当的词语。在一群同义词中选择细微的差别这正是向恰当、贴切的无穷靠近的过程。所谓贴切或恰当，就是在细微差别处显出贴切，就是有差别地表现意象，有差别地表现情感，有差别地表现思想。选择同义词就是选择同义之中的不同。这个选择过程证明，意象（形象）的感受，美的感受，最终要落实到词的表现力上。所以，选择同义词就是在实用和审美目的上选择最佳效果。这就是同义词的美学意义。

鉴于同义词研究的书籍非常充足，本书不讨论如何具体地选择同义词、区别同义词了。

修辞格的美学意义与它对美的背离——问题讨论之三

我们业已熟悉，并广泛地、成熟地运用过修辞格——使说话写话用词准确、鲜明、生动的各种有规律可循的表现方法，就是修辞格。就其实质而言，修辞格是挖掘词语的审美价值的方法。美学从产生之时起，便把自己的研究领域的一角留给了修辞学与诗学。修辞格的使用，是说话人心理的非寻常变化——产生了包括审美心理在内的各种变异心理：物我两忘、混淆现实和幻景的界限、想象和联想状态。此时，现实世界在说（写）话人眼中被分解了，变形了（骆小所，1989a），人对现实世界的刻画与描写，有时超出了现实，那是人寻求精神自由升腾之时。修辞格的运用，是人的精神世界的升华。陈望道先生说修辞格是一种"超脱寻常文字、寻常文法以至寻常逻辑的新形式"，就是指出修辞格的审美心理是人精神的升华与和谐。可是一旦将这些方法（手段）规定为"格"，让大家都来钻这个框框，套这个格式，这本身就违反了美的一条规律：不断创新。老子认为"美之为美，斯恶已"，就是说一旦树立一个美的框架（比如说修辞格），就落了痕迹，一落痕迹，早已成为不美的先例了。美不可名相，一落名相，就固定不变了。"格"的名相一立，千篇一律、陈腔旧调、公式化使用词的危险就开始了。单调、刻板、令人生厌，这正是语言使用中的不美。修辞格从此时就违背了定格的初衷。格即为典范，人人学习、模仿、套用是理所当然的，不然为何在学校开设修辞课（或语法里的修辞章）？审美心理学认为，修辞格是修辞的死胡同。这些告诫诚然是有积极意义的，但修辞格的探讨却不是多余的。

因为另有一种审美心理可起调节作用：变生于定，二由一起。你定了"格"，我可以破格。你有你的一，我有我的二。我将你的定格变通、化生，我将你的一生为二。正是不断创新的审美心理纠正了"格"的守旧。这种"你定格我生变"，或"一日定格他日生变"的过程永无完结之时。这不是修辞格的错，这是修辞格的两面性。

如果说，修辞学研究的对象不是早已出现了的语言事实，而是探索新的（尚未搜集到的语言事实）词的美的表现方法，是修辞学的难题的话，那么就应该是美学语言学的研究课题。美学语言学向人们建议，修辞格不可拒绝，但要抱定"一次性的使用"宗旨，不断地追求适合说话人个性的言语美——这种美永远不会有一个说一不二的形式。一日定格，他日破格。我（说话人）不反对你定出某种言语美（包括修辞格）的名和相，但我却永远追求不同于你名相的美。

第九节
句子的审美选择

句子的审美选择有两层含义，一是句子结构（以汉英句子结构为例）本身符合形式美的某些特点，二是单个人从审美心理出发偏爱某一种或某些句式。第一个问题实际上是在说，现流传于各民族口、笔语中的句子铺排渗透着那个民族的审美心理，积淀着形式美的某些特点，如统一性、多样性、简单性、秩序、和谐、整一、对称性，等等。要说这是审美筛选，句型成型本身就是第一次审美筛选，其执行人便是那整个民族。第二次审美筛选的执行人便是各个说话人。第二个问题就讨论单个人偏爱某些句式的审美心理。在这个审美心理基础之上，说话人创造了他的句子倾向、句子法则和特殊说法。

第一，民族语（以汉英为例）的句子结构符合形式美法则。

追求有序的审美心理是影响句子格局的首要因素。词序（句子中的词序）铺排不同总是不同语言最显眼的区别之一。词序铺排不同有多种因素，对"有序"的不同的理解可能是多种因素之中具有影响力的因素。但无论如何，各民族都会追求语言的有序，厌恶无序。小孩学话要花很多时间跟着大人学词序铺排。维特根斯坦说："人们掌握了句子（语言），就掌握了秩序；同时人们又受制于秩序（意识形态出现）。"有序的才是美的，是人们乐于接受的；乐于接受的，也一定是容易接受的。在形式美内涵里，秩序、和谐与整一是不可分的。秩序就其原意而言是事物在空间和时间上排列的先后。句子结构就是时间排列上的先后。先后杂乱就是句子结构杂乱，杂乱的句子结构就一定不美。结构不美既让人看得出来（写作时），更让人听得出来（对话时）。不美的句子是让人听得出来的。

影响句子格局的第二个审美心理是寓变化于整齐。寓变化于整齐，是形式美基本法则，是对形式美中对称、平衡、整齐、对比、比例、虚实、宾主、变化、参差、节奏等规律的集中概括（且看各种艺术门类共同遵循的形式美法则之一就是寓变化于整齐）。这一法则对句子的要求是，在句子铺排格局的多样性、变化性中见出内在的和谐统一关系，使句子铺排既具有鲜明的独特性，又表现出本质上的整体性，从而更充分地表明句子内容。

下面分别以汉、英句子格局为例来讨论句子的形式美。

汉语。一说到汉语句子格局，就有许多麻烦。暂且将一切有关争论撇开，我们就以20世纪80年代现代汉语语法研究理论上的主要建树为准（陆俭明1991）来展示汉语句子的构造面貌。汉语句子的构造原则跟词组的构造原则基本上是一致的。汉语句子不像印欧语那样有固定的结构模式（即"主语——谓语"的模式）。在汉语里，任何词组，不管是主谓词组，还是述宾词组、述补词组、偏正词组、联合词组、复谓词组，只要附带上超语段成分——句调，即只要能单独站得住，就是句子（这即以词组为本位的语法体系）。举几个例子：

主谓词组加句调成句如：他去。

偏正词组加句调成句：不同意。

述宾词组加句调成句：不同意他去。

买票。

述补词组加句调成句：说清楚。

"的"字结构加句调成句：卖菜的。

语气词结构加句调成句：十八九岁的大姑娘了。

这些例子虽然格局简单，但却健全，全是1+1构式：主+谓，偏+正，述+宾，述+补，其他词语+的，其他词语+语气词。这种1+1构式是对称的，平衡的，有对比的，因而是符合形式美法则的构式。单句伸长也是在上述1+1构式的基础上扩张起来的，因而还是平衡的、对称的，有对比的句式。窃以为这样的二元铺排——主+谓、偏|正、述+宾、述+补，等等——可短（短到二字，如"他去"）可长（单句的扩张），正是汉语单句符合有序，追求对称、平衡、比例、对比等形式美特征所显示出来的优势。这样的形式美特征同样在关系句（申小龙将句子大类三分：施事句、主题句和关系句）中表现出来：

并列关系：既……+也……

连贯关系：先……+接着……

递进关系：不但……+而且……

选择关系：或者……+或者……

因果关系：因为……+所以……

目的关系：……+以便……

假设关系：如果……+就……

条件关系：只要……+就……

转折关系：……+但是……

让步关系：虽说……+但……

这些仍是扩大了的1+1，扩大了的二元铺排，因而从总体上仍是对称的、平衡的，听起来有先呼后应的满足，仍然表现有序特征。中国人说关系句子的审美习惯是前呼后应。好像前呼配后应便显得有信心，不失重。假如有前呼而无后应，就觉得心里有失落感。所以，当学英语的中国人造让步复句时，往往是though和but同时使用，这种错误，与其说是不理解英语让步复合句的结构特点，倒不如说是中国人将自己的要求前呼必有后应的审美习惯（要求平衡、对等）的转移。我们可以发现汉语里的关系句有规整的平衡、对称关系，这显然是审美心理的反映。本来，汉语里也有单关手段的关系句（只用一个关联词），如"……+以便……"这样的二元铺排就是单关关系句。但中国人里也有一些将完全说得通的单关改成双关，如上述表目的的单关关系句，他们要说成"之所以……是为了……"或"之所以……为的是……"这样的选择，舍简取繁，要冒被称为"学究气""书卷气""迂腐味"的风险，但说话人偏爱前呼后应式的审美习惯却不为过，各有所爱，说话风格不宜强求一律。

　　汉语句式的二元铺排（1+1），以关系句而论，有显性的，即用关联词明确地表示分句之间的种种关系的关系句；也有隐性的，即无关联词的种种关系句。隐性关系句通过意会知道两者之间实际存在着的关系。隐性关系句特别突出了汉语的意合法特点，这里有没有美学意义可谈呢？"我死了，你嫁人"是隐性关系句。以汉语为母语的人在特定的语境中都知道这隐含关系是下面所列的几种之一：

　　（1）（假若）我死了，你（就）嫁人（去）。

　　（2）我（一）死，你（就）嫁人。

　　（3）我死（之后），你（可以）嫁人。

　　（4）我死了，你（才能）嫁人。

　　（5）我死了，你（却）嫁人。

　　（6）我死了，你（好）嫁人。

　　括号里的词（或字）是虚构的关系词语，将隐性关系句变成显性的。句（1）假设关系——劝说行为：你别守寡了。句（2）时间关系——催促行为：别耽误了自己，你要赶早下决心啊。句（3）时间关系——许诺行为：给你自由。句（4）条件关系——限制行为：我活着一日，你别乱来。例（5）并列关系——讽刺行为：你好意思？例（6）目的关系——暗示行为，我盼望快死、早死，以便解放你。可能还有一些更复杂的关系。汉语关系句，联系手段往往并不靠语法成分，而靠语义条件，即合乎事理，合乎逻辑。汉语重逻辑事理顺序，轻形式上的粘连。王力指出，它们之间的联系"是以意会的，叫做"意合法"。黎锦熙指出："国语底用词组句，偏重心理，略于形式。"这增加了外国人学汉语的困难，却加浓了国人讲话之时的心领神会的趣味。这种趣味，成为文学创作的优越条件，成为日常生活中说话人与听话人关系微妙性和不稳定性的象征之一。形式手段省略，就要以心领神会去补偿。意会实质上是对形式空白（省略）的补偿心理反应。而心领神会正是一种潜在的审美心理，它调动幻想、直觉、形象、灵感。意会也是一种创造活动，而美感是在人的创造活动过程中，在他对周围世界的审美关系中形成的。形式关联的空白，与严格的关联形式相比，由此而显示了它的优越性：形式关联空白所传递的信息往往由外围语义成分所承载（如面相、身势，人物关系、语境，等等），这就使得汉语常常能以简洁、凝聚的表层形式包含丰富的深层语义，表达多层次的内容，负荷最大的信息量，从而使汉语的表现力显得格外强。（关于这一点，请参见钱冠连，1991）所以，隐性关系句，进而说汉语的意合法，只是为汉语句子美学意义的挖掘提供了另一个领域，不是增加了困难。汉语句子的意合法，那么，是不是说只有反复玩味体会才能猜出说话人的深层含意呢？如果真是这样，那补偿反应就是低效率的，低效率的机制一定会被人们抛弃。意合法有许多办法让人们一下子就理解对方的话语。平行结构的相互衬托就是一法。"两个各自没有交际能力的语段，只要意义相关，字数（音节）对称，它们相互平行时，就形成了一个平衡的整体，产生了交际能力。不管语段里是否出现动词，不管它是否具有'主语'、'谓语'，不管还有什么句子应该具备的'规则'，一概可以豁免。有的对偶句对照西方的'句法规则'真是出格得厉害，但也能得到认可。"（徐静茜，《汉语的"意合"特点与汉人的思维习惯》，《语文导报》1987年第6期）汉语句子格局的形式美特征讨论到此。

英语。英语句型结构的形式美。关于英语的句型结构系统，刘宓庆指出（1991）："由于英语主语可以与谓语动词组成SV搭配，相互间具有稳定的（从古英语开始）、严谨的搭配程式，因此英语可以以此为构架主轴确定六个核心句句型框架，即SV，SVO，SV O_1O_2，SVC，SVCA，SVAA等。可以说，英语句子千变万化，但万变不离此宗。"我们就从这六个核心句句型入手来看英语句子格局的形式美。SV型相当于汉语主谓词组加上句调形成的句子，为1+1格局，即二元铺排，形成平衡、对比、对称的形式美，这已经在上面作了分析。SVO，SV O_1O_2，SVC，SVCA，SVAA，这五型有一个共同的特点——是以动词V为中心轴前后展开：

S	V	O	
S	V	O_1	O_2
S	V	C	
S	V	C	A
S	V	A	A

这样的格局是有对称中心（或对称轴心）的对称、平衡、对比，这样严格的有序状态，无疑具有形式美。SVO等有对称轴心的对称格局书写出来是空间对称，说出来（听起来）是时间对称。

英语复合句的形式美特征，分两种情形，一是前后关联，互相呼应的对称，如：

On (the) one hand... and on the other (hand)...

一种是只有单关关联，是大对称格局中套两个小对称格局，如：

对比并列句型如：SVO+While+SVO

以上这两种复合句型前后照应式与单关关联式，代表了英语所有的复合句句型（按雷馨编《英语分类句型》算应有190个）的格局，无论是两者之中哪一种，都是对称、均衡的，成对比态的，因而都是具有形式美格局的。那么，连接词最先出现的单关手段的复合句是不是也符合形式美法则呢？比如说：

连接词（从）SVO+（主）SVO

实例如：

Since we live near the sea, we enjoy a healthy climate.

（R. Quirk）（因为我们住海滨，所以能享受有益于健康的气候）

这是不是失衡状况？书写起来，符号的排列像是失衡的，说起来却是平衡的，因为有补偿手段，这便是：从句（以连接词起首的）完结时，音调升高，再加以停顿，留出时间空白，说话人心理上认为这个升高与时间空白足以和为首的连接词抗衡，再说出主句，在时间的铺排上还是平衡、对称的：

Since we live near the sea, we enjoy a healthy climate.

最有意义的是，说话人想出的（选择出来的）如此种种的对不平衡的补偿措施，正是说话人意识深处重视了那个以平衡（对比、对称）为美的标准。承认那个标准，才能在标准失常时采取恢复标准的行动。说到底，对句子失衡的种种补偿手段，正是形式美实际上发生了积极影响。

好，现在我们具体看看，当句子失衡时，种种补偿手段是出于什么样的审美心理？

第一例：某些倒装句的审美心理。比利时Fowler（福勒）归纳倒装句的原因有九个：（1）疑问，（2）命令，（3）惊叹，（4）假设，（5）平衡，

（6）衔接，（7）点题，（8）否定，（9）韵律。第（5）与第（9）个显然是形式美的积极影响。如大家熟悉的表语提前：

Happy is he who dedicates his life to...

（献身于……的人是幸福的）

表语和系词为什么先说出来？带有长长修辞语（who—clause）的主语在后面说，才能避免头重脚轻，使句子结构平衡协调。由于照顾语言节奏，下面一连串的句子中的原形动词的动作本来是由作宾语的名词发出来的却跑到名词前头去了：

They let slip the golden moment.

（他们让宝贵的时间白白溜走）

He would not let drop a word.

（他不露一词）

We'd better let fall the curtains.

（我们最好还是让窗帘落下）

如果不像这样调整语言节奏（原因之一是作宾语的名词的音节多于动词），把句子按正常逻辑顺序说出，你试试看let+名词+slip这样的说法顺口不顺口：

let the golden moment slip（→let slip）

let a word drop （→let drop）

let the curtains fall （→let fall）

无论如何都比括号里的说法拗口得多。 let slip，let drop，let fall，多么顺口的节奏！根本原因何在？我们曾经（本章第七节问题之二：人怎样在说话时有意造成乐音？）说过，说英语的人最喜欢的节律是轻重轻重相间（‖: O●: ‖），读起来最流畅，而let slip，let drop，let fall刚好就符合这个轻重轻重相间的节奏。

第二例：非连续成分的审美心理。

A） The problem arose.（这个问题产生了）

B） The problem (of) what contribution the public should pay arose.（公众应该作出什么贡献的问题突出起来）

C） The problem arose (of) what contribution the public should pay.

A句简单，结构平衡，但信息量有限。B句信息量倒是大，但结构失去平衡，头太重脚太轻，违背了end-weight（尾重原则）。

C句使语义原本相连的problem of what-clause变得隔离开来（即所谓非连续成分），但信息量与B句一样，结构却比B句平衡协调得多。可见非连续成分的产生是为了获得审美效果，或者说，采取隔离成分的办法来克服句子格局的失衡状况。

第三例：Get — Passive（get被动句）的施动者有时出现，有时不出现。出现的原因有种种，其中一种就是考虑形式美。先参看下面这个句子：In greenmail, corporate raiders buy up large blocks of a company's stock in a take — over threat — then get paid off by the target at a price higher than what other investors can obtain.（*U.S News & Wortd Report*，March 11，1985）（在溢价收买股票的敲诈活动中，抱成团的想发横财的人从一个濒于被兼并的公司那儿买进大宗股票，后来嘛，便从这个公司得到了高出其他投资人所得之宏利。）句中出现了get paid off的施动者by the target，理由有二：一是避免改变句子的主语（corpo—rate raiders），若再出现一个主语就显得复杂松散；二是避免了头重脚轻，让get paid off前后有一个大致相等的音节，整句就显得平稳多了。可见这个句子出现施动者（by—phrase）是有形式美的考虑的。

第一个问题讨论的小结：通过汉、英句子格局中形式美法则的观察，我们可以发现：句子结构奇妙得很，好像它们总是有办法使自己的结构机制趋向有序、平衡、对称，达到和谐。其实，归根结底是说话人的审美意图在起干涉作用，这是一。二，现存在人们口、笔语中的句子结构是世世代代的说话人用形式美改造并逐渐完善起来的一套句式。

第二个问题讨论的是：单个说话人对句式的审美选择。

语言是符号系统，言语是活动，而不是一种现存的产品的原封不动的搬运。说话是一种创造，而不是已经创造好的东西。洪堡特认为，语言的创造性不仅表现为有限规则的无限利用，而且表现为不断地改变规则本身。我体会这意思，是说被研究的句子系统（及语言的其他部件）实际上多多少少是与说话中的句子结构不那么合拍，不那么一致的。人们以各种不同的动机（其中有审美的动机）创造自己的句子系统，形成我的说法与你的与她的多少不等的句子审美风格差异。

假如某人40岁，他经过40年的使用、挑选的积累，形成了一套相对定型的对付各种言语活动、施行各种言语行为的句子铺排习惯，可以叫做"个人偏爱句式集合"。设想这个集合可以包括；表达赞扬的句式习惯，骂人的句式习惯，讲理辩论的句式习惯，提问句式习惯，责备自己的句式习惯，警告别人的句式习惯，对亲人讲话的句式习惯……他写的文章，不署名，读者可以知道此文出自谁的手笔；他的讲话录音，在一定范围内，毋庸自报姓名，听者猜得出此话出自谁人之口。可见这个设想（个人偏爱句式集合等）实际上存在着。可是直到目前为止，世上找不到这样一份"个人偏爱句式集合"的真实记录。查找此人40年的全部个人档案（日记、作品、讲话录音等）几乎是不可能的。有些人的作品有相当长时间的跨度，如莎士比亚、鲁迅，但无他们的讲话录音。即使有这样那样的录音，也只是相当有限的范围（如会议发言、演讲等），他的全面的言语活动几乎无法全部录音。因此，"个人偏爱句式集合"的真实档案目前尚不可能得到，只能成为设想。影响个人偏爱句式集合形成的因素太多，难以一一控制。我们只能拣其中非常小的一个因素来看这种控制之难。比如个人偏爱句式集合，反复使用的某句式怎样才有资格进入其中，反复使用多少次才算"反复"？这又是一个问题。举例：鲁迅儿子海婴和鲁迅本人所偏爱的问话句式，我们可以从他们的一段对话记录中加以推敲（《许广平忆鲁迅》，广州：广东人民山版社，第455页）：

婴：爸爸，人人是那能死脱的呢？

迅：是老了，生病医不好死了的。

婴：是不是侬先死，妈妈第二，我最后呢？

迅：是的。

婴：那么侬死了这些书那能办呢？

迅：送给你好吗？要不要呢？

婴：不过这许多书那能看得完呢？如果有些我不要看的怎么办呢？

迅：那么你随便送给别人好吗？

婴：好的。爸爸，你如果死了，那些衣裳怎么办呢？

迅：留给你大起来穿好吗？

婴：好的。

海婴六次使用的问话句式中，其中三次是：

命题+那能……呢？

$$\begin{cases} ……那能（死脱的）呢？ \\ ……那能（办）呢？ \\ ……那能（看得完）呢？ \end{cases}$$

其中两次使用的句式是：

命题+怎么办呢？

$$\left\{ \begin{array}{l} \cdots\cdots（我不要看的）怎么办呢？\\ （那些衣裳）怎么办呢？ \end{array} \right.$$

其中一次使用的句式是：

是不是+命题+呢？

是不是（侬······妈······我······）呢？

海婴这一时期偏爱的问话句式可能是这一次对话中使用最多（反复最多）的"命题+那能······呢？"鲁迅三次反复使用的问话句式是：命题+好吗？

$$\left\{ \begin{array}{l} （送给你）好吗？\\ （\cdots\cdots你送给别人）好吗？\\ （\cdots\cdots大起来穿）好吗？ \end{array} \right.$$

一次使用的问话句式：命题+呢？

要不要呢？

鲁迅这一时期偏爱的问话句式最可能是这一次对话中使用最多的"命题+好吗？"海婴和鲁迅的问话句式偏爱的推测只是根据三次使用，这个数字太少了。所以推测结论中使用了"可能是"和"这一时期"。下面再举一例看老舍偏爱的陈述句（评论）是长长的主题语后面配一个短短的评论语。请看：

（1）有钱的人来青岛，好。上青岛来结婚，妙。爱玩的人来青岛，行。（《青岛与我》，《老舍文集14卷》，第525页）

（2）搬一回家，要安一回灯，挂一回帘子，洋房吗。搬一回家，要到公司报一回灯，报一回水，洋派吗。搬一回家，要损失一些东西，损失一些钱，洋罪吗。（《有钱最好》，《老舍文集14卷》）

记录下来的两例，还不足以说明这样的句式（长长的主题语后面配一个短短的评论语）是老舍的偏爱。但以本书作者查找资料时所见所读，老舍这样的句式颇多。这个句式真像一个人长长地跑一段路，骤停，歇一口气；又长长地跑一段路，又骤停，歇一口气。又像咏叹一番以后，击一下鼓，以资作结论。上面两例可算提供线索，作为句子审美选择的一个方面，似可深入研究。

第十节
语篇的审美选择

语篇指广告、使用说明、片断摘录、法律文件（合同、条约、遗嘱、会议纪要）、信件、便条、独白（讲课、演说）、讲述某事件、讣告、宣言、报导（新闻报道、社论；广播报道、电视报道、科学报道）、报告（诊疗报告、天气报告）等口头或笔头的言语活动和言语行为。短到一句话No smoking（请勿抽烟），大到长篇社论，都是语篇的例子。

语篇审美的选择，要以语音、用词、句子的审美选择作基础。所有在语音、用词、句子中表现出来的形式美特征都可以在语篇中完全表现出来。因此，语篇的审美选择中的微观部分就是语音、用词、句子中的美。本节仅就语篇宏观的美略作叙述。

第一方面：语篇美关注这三个方面：清楚原则（Clarity Principle）、简明经济原则（Economy Principle）、表达原则（Expressivity Principle）——如果说语篇要美必须讲什么要求的话，这三条应是最小限度的要求。就是说从总体上要趋向完善。且看拿破仑说的China? There lies a sleeping giant. Let him sleep! When he wakes he will move the world.（Napoleon）一般认为，这个语篇很美，四个短句子，简明经济。内容交待得很清楚——"中国？是一头躺在那儿的睡狮。让他沉睡好了。他一旦醒来，就要震动世界。"这么短小的语篇，还有很得体的形象表达（Expressivity Principle）：sleeping giant（沉睡的巨人）、Let him sleep!（让他沉睡！）、move the world（震动世界），这的确难能可贵。

第二方面：谋篇的逻辑美。谋篇的演绎与归纳，应无懈可击，若演绎与归纳的推理方面到处是漏洞，那个语篇就没有美可言了。因此，句子与句子之间，语段与语段之间，段落与段落之间的联结手段要特别费心思琢磨。这是超出句子格局之外的大格局：语篇谋略。要使语篇格局显出逻辑的美，就要讲究承接、转合。这个方面，中国的修辞书讲得非常之多，毋庸引述。

我们要稍为强调的方面是语篇的"情韵气脉和思理语意的关系"以及生气与灵机。乾隆三十二年史震林自序《华阳散稿》："诗文之道有四：理、事、情、景而已。理有理趣，事有事趣，情有情趣，景有景趣。趣者，生气与灵机也。"论诗论画常讲"气韵"与"神韵"，其实普通文字与口头表达也能达到这样的境界。上面所举拿破仑评论中国的那个小语篇也颇有气韵与神韵，你可以想到拿破仑讲那四个短句时的惊恐神态与精明狡诈的两眼所放射出来的光芒。钱锺书语"果如是（指'含不尽之意，见于言外'，'读之惟恐易尽'——引者注），虽千万言谓之辞寡亦可，篇终语了，令人悒悒依依。"（钱锺书，1990:卷5：332）"令人悒悒依依"的东西是什么？当然是见于言外的神韵、气韵与灵机。另外，表现神韵、气韵的气势不连贯也影响美感。我们常常读到这样的文章，需一口气念下来，不可间断。一口气念得接不上，切断文气，味道就跑了。那文气一路顺下来，管他中间句子对不对，总要先把握住一气呵成，如果中间停顿，再接下来那味就差多了。这好比写毛笔字，即使笔墨已不够，字未写完，也不想停笔去蘸一下墨水，因为一停，那股淋漓尽致的气势便中断，划不来。像打球一样，手用力一挥，球嗖的一声，形成一个强有力的曲线，就过去了。"好的文章，好的诗词，同样讲究气势，气势不足，或者不连贯，必然影响它的美感。"（参见怀瑾、蔡策，1992）读钱锺书的语篇，多使你中途欲罢不能，必须一气呵成。有一篇，名《林纾的翻译》，从"林纾四十五岁"起句（尤其是从"袁枚论诗的'老手颓唐'"起句），到"'冰雪因缘'了"，把林纾后期的干与瘪，像抠疮剜腐一般彻底干净暴露，文字精达，一气贯注，浩浩荡荡，读罢而迫使你一顾三返之！（钱锺书，1990:卷6：119—121）

钱锺书论语篇之美，颇有独到的发现。下面介绍的是他关于语篇之美的具体的新发现。

（1）蟠尾章法。（钱锺书，1994:1册：228—30；4册：1411—14）"此节文法，起结呼应衔接，如圆之周而复始。""首尾钩连；以断定语气始，以疑叹语气终，而若仍希冀于万一者，两端同而不同，弥饶姿致。""……首句尾句全同，重言申明，此类视《左传》《中庸》，便苦板钝。""古希腊人（Demetrius）言修辞，早谓句法当具圆相（in an orb or circle）然限于句（period），……""近人论小说、散文之善于谋篇者，线索皆近圆形，结局与开场复合。或以端末钩接，类蛇之自衔其尾，名之曰'蟠蛇章法'（la composition—serpent）。"

（2）阶进法。（钱锺书，1994:3册：870—72）宋玉《登徒子好色赋》："天下之佳人，莫若楚国，楚国之丽者，莫若臣里，臣里之美者，莫若臣东家之子。"按"佳""丽""美"三变其文，造句相同而选字各异，岂非避复去板欤？此类句法如拾级增高……窃欲取……所谓"每况愈上"名之。西方词学命为"阶进"（gradation）或"造极"（climax）语法。"……斯法不仅限于数句，尚可以成章谋篇，……五层升进，一气贯串，章法紧密而姿致舒闲，读之猝不觉其累叠。……参《独漉篇》句法以成阶进，能押韵而不为韵压，承接便捷，运转流利。"

（3）全用问诘谋篇。（钱锺书，1994:1册：74—75；2册：623—24；2册：557—58）以《天问》为例，……不识而问，不解而问，不信而问，明知而尚故问，问固多方矣。……蒋骥《楚辞余论》卷上云："《天问》有塞语，有谩语，有隐语，有浅语；塞语则不能对，谩语则不必对，隐语则无可对，浅语则无俟对。"名目未必尽惬，然亦知言之选也。

（4）章句排比法。（钱锺书，1990：卷4：297页）舒展按语：将同一类的"这些"故实，与另一类的"那些"故实，连类编排，前后对比，这是比俪偶句扩大的段落排比，这种写法有利于加强文理气势。但若驾驭不好，易犯堆砌呆滞之病……"骈文"是章句排比的典型文体；"骈俪"的文体是该抛弃的，但对偶的句法还是有用处的。

小结：语言审美选择的最深刻的根源

现在看来，至少在语言的十个层次上——符号、渠道、变体、语体、交际类型、言语行为、语音、词、句子、语篇——人是按照美的规律加以建造的。本章共十节就是这样的微观分析。

语言是规则系统，亚里士多德这样认为；语言是选择系统，普罗塔哥拉（Protagoras）和柏拉图也是这样认为的（Halliday，1978）。

而且，语言应是审美选择的系统——体现人的审美意图而选择起来的系统。我们在这里说的是"体现人的审美意图而选择起来"，并非说语言系统的建成就是为了审美。这好比说，这把茶壶很美，并不是说茶壶的制造就是为了好看。

语言的审美选择这个术语有两层意义：一是指"语言是体现人的审美意图而选择起来的系统"，在语言的各个层次（例如本书提到的十个层次）上按照美的规律加以建造。二，在一切言语活动、言语行为中，人总是要选择能够迎合自己生命的动态平衡的需要并引起舒心悦耳的美感的话语形式。（参见本章"小引"）

本章的这十节只是阐明了语言审美选择的第一层含义，第二层含义的阐明在第四、五章。那么，现在我们要问：

语言审美选择的动力来自何处？语言审美选择的根源是什么？

我的回答是：语言审美选择是两种动态平衡结构——人体（及心理）动态平衡结构与语言动态平衡结构——的契合、和谐、共振。语言审美选择是生命和谐效应的一个部分。语言各个层次上的审美选择分别观照了生命的和谐状态。语言系统不拒绝人的审美意图并且与人的审美意图拥抱，因为它们两者都

是动态平衡的结构，因而两者嵌合。关于这一段回答的详细讨论见第二章第三、四节（尤其是第四节：言语美的生成机制）

作为本章结束的一点说明是，语言体系的自在性与人的使用语言的目的性并非永远是前者顺从后者，它们还有矛盾。对于这一矛盾，要从两个方面去看：这一矛盾说明语言体系并非十全十美，它的存在说不定正是改善（进一步完善）语言体系的契机。第二，这一矛盾刚好生动地说明了人对语言审美选择的必要性：语言体系的一定程度的自在性和随机性，不能为我所用，我（人）就要有所选择了。至于选择的最后结果，很难说有一个谁战胜谁（语言的自在性与人的目的性）的"理想结果"，也许就是这个"不理想的状态"（语言体系的自在性与人的使用语言的目的性并非永远是前者顺从后者），正是言语美生成的契机——克服障碍、克服矛盾、克服这个"不顺从性"，成功地构建语言体系和得到言语表达实体，这就是语言审美选择的无休止的运动。

第四章
言语活动的美

第一节
言语美的基本品性

什么是言语美？言语美是在个人的言语活动和言语行为中言语片断的美学价值、美学特征的总和。

那么，言语美的基本特征或品性又是什么呢？我们曾在《导论》中作过如下两条概括：

（一）说话人在恰当的语境中选择了恰当的话语，即话语的安排既适合社会背景又适合语篇背景（上下语，上下文）。

（二）说话人在语言形式上选择了优美的音韵和适当的节奏，选择了符合形式美法则的语言表达实体。

"言语根本上是一种选择性的和现实化的个人规约。"（罗兰·巴特，1987）在体现个人规约的各种选择中，审美的选择基本上是上述的两条：一是两个"恰当"（在恰当的语境中选择了恰当的话语），二是言语符合形式美法则。可是这两条品性需要相当多的说明与讨论，而且要讲清这两条品性是如何归纳出来的。

讨论分下面六个方面进行：

（1）言语美品性为什么不能搞精确的定量处理；

（2）言语的内容美与形式美统一；

（3）看上去"中不溜儿"（中性的）话语有没有美可言（两条品性概括的覆盖面与可证范围）；

（4）这两条品性概括的综合性与开放性；

（5）言语美品性也可以作言语美判断标准；

（6）根据什么概括出这样两条品性。

第一个方面：言语美品性为什么不能形成精确的定量处理？言语美不美，是人的价值判断。价值判断又往往表达主体的意向，无确定外延，没有指称（或者说指称内部意向状态），不能用量来表示。"知识型的系统与以往的动态系统不同，它的特点是以知识控制的启发式方式求解问题，不是精确的定量处理，因为许多知识是经验性的，难以精确描述。对于知识系统，不能像以往的一些控制系统那样建立定量的数学模型，而只能采用定性的方法。"（钱学森、戴汝为，1990）言语美不美，显然不是控制系统，它只能采用定性建模，即对深层知识进行编码，关心的只是变化的趋势或综合印象，得到或预估人的言语行为。

第二个方面：言语的内容美与形式美统一问题。首先就碰到言语美和伦理道德的纠缠。人的语言"不是嘴这个组织的结果……语言是心灵和它自己的契约。"（克罗齐，1958）言语美也是一种人格化的显现形式，就不得不与伦理道德有瓜葛。思想是实体，语文是投影。既然如此，能不能说，话语内容正确才有可能产生言语美？或者能不能说，坏人说的话就是言语丑？如果这样归纳命题，就会有无穷的争论。因为对于什么是内容正确，什么是坏人，又会有不同的标准去评判。我们现在的品性概括的第一条"恰当的语境中选择了恰当的话语"大致上就包含了"内容正确"这样的内容，至少不排斥这样的伦理道德上的含义。而且，这样的美的品性的概括与中国自20世纪80年代起提倡的语言美——实际上应是言语美（和气、文雅、谦逊、礼貌等）并不矛盾。

其次就是言语美与功利的关系。审美价值的负载者必然隐含着对人的一定的功利目的。功利目的是说话人活动的导引，不管他自觉与否，他总是把有益与否作为衡量话语的一个尺度。至于对谁有利，对你，还是对我？对你这个利益集团，还是对我这个利益集团？这个区分标准不能放到言语美品性衡量标准里去，否则，它会带来比伦理道德放入其中更多更大的混乱。"恰当的语境中选择了恰当的话语"也不会排斥功利目的，但也不对功利的区分加以外显确证，这就减去了功利对立引起的不可接受性。

现在，我们把内容美与形式美的统一关系具体到话语本身这个层次上去。为什么言语美的品性是两条概括而不是一条概括？少一条行不行？我们知道，审美不可能是纯粹的形式判断。但就审美客体（语言）来说，首先不是以事物的内容、本质而是以它的形式唤起审美主体（语言使用人）的感知，因而它是对事物（语言）的形式判断。又由于形式与内容的不可分离性，形式本身就积淀有一定内容，言语的美就是负载了话语内容的言语活动的美。所以，中国语言历史上出现过把形式美推向顶峰——骈体文——以后又被古文打败的事，很能说明内容美和形式美的不可分割。最高的精神整合模式打败了极端形式美。古代印度吟诵赞美诗《吠陀圣咏》，一字一音加重语气，强调经文的语调重音，实质上是经文的宗教职能要凭借完美的语言形式表现。果实外表鲜美诱人，内里藏养人之物。法国诗人Paul Valéry（瓦勒里）说："诗歌涵义理，当如果实含养料；养身之物也，只见为可口之物而已。食之者赏滋味之美，浑不省得滋补之力焉。"赏外表之美时，并非总是意识到内里之力的。关于言和意的关系，朱光潜（1988:4卷：229）说得很是精彩："在为思想所凭借时，语文便夹在思想里，便是'意'的一部分，是在内的，与'意'的其余部分同时进行的。所以我们不能把语文看成在外在后的'形式'，用来'表现'在内在先的特别叫做'内容'的思想。'意内言外'和'意在言先'的说法绝对不能成立。"这里我们暂且不讨论语言与思维孰先孰后（请参见伍铁平：《思想和语言孰先孰后？》）的问题，仅就内容与形式（意与言）的美的不可分割性看朱先生这段话，它告诉我们，"语文便夹在思想里"，要说美，两者是不可分的。"以文之气韵风致为'魂'而词藻材料为'魄'"（钱锺书，《论"神韵"》）魂与魄能分开吗？如果言词浩浩荡荡，铿锵可口，炫耀的是一个贫乏的思想与内容，谁又能说这言辞就美呢？"质待文也"，说的是内容还须有美的形式，"文附质也"，说的是美的形式附着内容之上（刘勰，《情采篇》，参见：周振甫，1980）。钱锺书引张山来《幽梦影》云："貌有丑而可观者，有虽不丑而不足观者，文有不通而可爱者，有虽通而极可厌者。"（钱锺书，1990:卷5：318）这里以丑女亦能姿媚动人移以论文，指出不可丢弃内容，并非为外表丑本身辩护。所以，美的内容和形式互为表里。用言语美的两条品性衡量下面这些话语实例，你确实可以体会到那样两条合规的美：

（1）琼瑶的小姑子初霞："整个长城只有我们这群人，岂不是可以随我们怎么疯，怎么闹都行！"（见《剪不断的乡愁：大陆行》，《新民晚报》1988，11月2—27日）

（2）刘晓庆："在中国男演员中，除了石挥，我是最欣赏他（姜文），他演什么都像，很有才华……"

李翰祥："不，他比石挥更好，石挥是演戏演得好，姜文是演戏演得不像演戏。"

（3）邓小平：（对胡耀邦和万里）"你们把我的冠军弄走了！你们把我的冠军弄走了。"（高原：《胡耀邦在中国政坛最后十年》，北京：文史出版社。注：1986年北京文津俱乐部举行"运筹与健康"老干部桥牌赛。胡、万组队战胜了邓小平那一队）

"疯"和"闹"放在例（1）中，再合适不过了。在平常，"疯"和"闹"带贬义，轻则指不守规矩，重则指破坏秩序。在例（1）中，日夜思念大陆的海外儿女设想寂静的夜晚游览长城时叫、喊、笑、闹，显得何等空灵，"长城是我的了"，其心态多么亲昵，贴近故土。说话人是年轻女子，换成中老年，"疯"和"闹"就不是地方了。例（2）则是篇中。说话人李翰祥将石挥与姜文的演技作对比，很巧妙地做到既不损前者，又抬了后者。本来是演戏，却说"演戏演得不像演戏"，言演技之真，言情感之投入矣！例（3）中，冠军本无专属某一人之规，邓说"我的冠军"，是戏言，表赛前之自信。说对方"弄走了"，在一般情况下提示手法不正，非技高一筹，或偶然胜之。邓身经胜负千百，何耿怀于一个桥牌冠军之得失？此无它，战友之间逗趣，自得自乐而已。这番情趣，归功一个"弄"字合适语境矣。

第三个方面：看上去"中不溜儿"的话语有没有美可言？如果有美可言，则证实两个品性的概括的可证范围大，解释能力强，覆盖面大。上面第二个方面所举的言语片断，一经发出便可引起美感，那么，下面这些言语片断，是否有言语美的品性呢？

（1）漂亮点，掏钱！

（2）上车购票三角，无票罚款三元。

（可写成两行，广州市公共汽车内警告语）

例（1）的说话背景是一伙朋友强迫某人（有了喜事）请吃，大吃一顿过后，某人假装不肯付钱，朋友们逼着某人掏钱包。这个言语片断美不美，先看是否合适语境这一条。语境是：某人有喜，愿意掏钱，只说不掏，只是为了逗乐；说话人看准了这一点，使用了绿林"剪客"（语言）式的话语（要命的，漂亮地掏钱！）使逗乐进一步形成高潮。缘于双方亲密无间的关系，与其说这是敲竹杠，不如说是向某人祝贺。再看语言实体形式是否注意到形式美[piào liang dian, tāo qián]!连续有四个带介音的—ia —音节，声音响亮押内韵，以便在高朋满座中压倒嘈杂声。节奏是（●●○●●），两端压着两个重拍，一个轻拍居中，匀称和谐。应该说这个片断是具有审美价值的话语。例（2）本来应说"购票三角"意思即已明白，"上车"已属冗余信息，既然此敬告语印在车厢内，看见它的人已上车无疑。但这两音节还是加得好，显然是不自禁地（或有意识地？）为了和后面的六个音节（无票罚款三元）保持数目对等，符合整齐的节奏要求，这便是本书第三章第七节（语音的审美选择）中提出来的、第五章小引（什么是言语求美律）中着重讨论的"音节强迫对等"规律。这类看上去"中不溜儿"的话语非常之多，它们能够接受言语美品性（也可以当作检验某一个言语片断是否存在言语美的标准）的检验，说明这两条概括是符合客观事实的，也说明这两条概括覆盖面大，可证范围大，解释能力强。

第四个方面：这两条品性概括的综合性与开放性。有一种意见认为，言语美无法归纳出可供识别的品性或特征。这种意见认为，许多美的品性同时具备才算作美，比如，音调优美、节奏适当、幽默机巧、整饬和谐、形象生动、谦虚文雅……通通出现，才算言语美。这样一要求，实际上抹煞了事实上的言语美与理想的言语美的区别。事实上的言语美往往与负美水乳交融，认识上（理想的）的言语美具有与负美的分离性质、判别性质。另一种意见认为，某一单项品性出现了，就可以形成言语美。这种意见实际上把言语美滥化，到头来谁也不会认为它真正就是美的。言语美的品性既不能概括得太多，面面俱到，也不能只具备一项（例如幽默）。退一万步说，有人能开出一张样样应具备的项目，另外一个人一定会有根有据地提出增加另一项，因为美的品性越是概括得仔细，就越是具有判断性质，成为判断言语美的标准，然而言语美的标准却是无穷无尽的创造过程，和言语美的表现手法一样无定型。上面这些情况并不是为言语美的归纳出了难题，而是另有启发：言语美的品性应该是基本的、综合的、开放性的（即未完结的，可以发展的）。品性的概括越是细致，越是增加实用（使用它）的难度。概括越是简明、基本，就越是能增加实用价值。

第五个方面：言语美品性也可以作言语美判断标准。这两条概括是从语言的固有属性那里来的，既然归纳了语言的固有属性，就可以拿它们当成言语美不美的判断标准。可是，它们当作判断标准的时候，人们容易产生误解，以为言语美是人们主观的价值判断的产物。所以我们强调，言语美的这两条品性概括是来自语言的固有的审美属性，不妨当成（用着）判断尺度。这样两个品性，既可以衡量别人的言语美不美，也可以自觉地规范自己的言语，这对提高民族的言语美的整体水平具有一定意义。所以，"固有品性"和"判断标准"是不矛盾的，不是二元化的产物。衡量别人的言语（美不美），规范自己的言语（往美的方向去规范），此时的言语都是作为客观对象来看待的。

第六个方面：根据什么概括出这样两条品性？拿"两个'恰当'"和"符合形式美法则的言语表达实体"（主要是音韵与节奏形式），而不是其他，来概括言语美，有什么理论和实践活动作根据？窃以为古往今来的言语美实践活动和理论阐述都是围绕着这两条展开的。古往今来一大批中外学者评述语言的美与不美，钩玄抉微，旁征博引，他们多从论诗论文出发（却完全可以借用来察看日常言语活动的美），发现他们集中在两点上展开：一是恰当的位置上用了恰当的词语，二是音韵与节奏形式。他们的论述大同而小异。

先看恰当的位置上用了恰当的词语。钱锺书先生在《谈艺录》《管锥篇》里手拈中外趣释。谈到"一字之难安稳"时，他指出："夫曰'安排'（一字），曰'安'，曰'稳'，则'难'不尽在于字面之选择新警，而复在于句中之位置贴适，俾此一字与句中乃至篇中他字相处无间，相得益彰。倘用某字，固足以见巧出奇，而丈句不能适馆如归，却似生客闯座，或金屑入眼，于是乎虽爱必损，别求朋合。盖非就字以选字，乃就章而选字。"（钱锺书，1990：卷4：386）"选字"（词或句）要"就章"（上下语与上下文即语篇背景），与其他字相处无间，这是从系统中看环节。首先是安稳贴适，其次是"选择新警"、"见巧出奇"。孤立看某一字见巧出奇，但到句子里如"生客闯座"，严重到如"金屑入眼"，忍受难当，则应割爱。儒贝尔（J. Joubert）有妙语曰："欲用一佳字，须先为之妥觅位置处。"还是讲的用语位置贴适。钱澄之《田间文集》卷八《诗说赠魏丹石》有言："造句心欲细而句欲苦，是以贵苦吟。情事必求其真，词义必期其确，而所争只在一字之间，此一字确矣而不典，典矣而不显，显矣而不响，皆非吾之所许也。"钱澄之苦苦探求的那个字应是确切、规范、明晰、用力着意。贾浪仙《陈管仪诗说》中有言："句工只有一字之间，此一字无他奇，恰好而已。所谓一字者，现成在此，然非读书穷理，求此一字终不可得。盖理不彻则语不能入情，学不富则词不能给意，若是乎一字恰好之难也。"他提出的"恰好"与我们概括言语美品性第一条"在恰当的语境中选择了恰当的话语"互相辅佐。但他说要达到这一步要花的工夫太吓人——非读书穷理、理彻学富不可，这个高度，以做诗学词为终身职业者尚有希望达到，以言行事只图过日子的普通人，怕是"终不可得"。但是无须紧张，这只是"理论值""认识标准"，我们已说过言语美是正负美的交融。外国人对一词一语的抠求，不亚于国人。古罗马佛朗图（Fronto）"谆谆教人搜索（quaerere）妥当之字，无它字可以易之者。"这个要求到了选词的唯一性（排他性）高度。古天竺论师"以卧榻（sayya）之安适，喻一字之稳当（repose，perfect fitness），不容同义字取替。"这也是选择词语的唯一性或排他性。法国布瓦洛（Boileau）说："一字安排深得力。"这里说的是"得力"，是指言语内蕴丰富，正缘一字得所也。福楼拜倡"言行文首务，以一字状难写之境，如在目前；字无取乎诡异也，惟其是耳；属词构句，韵谐节雅。"又说"意义确切之字必亦为声音和美之字"，福楼拜的"炼字法"有三：一是强调视觉形象，二以逼真惟是，三提出了音韵节奏的和谐与优美——这岂不与言语美第二个品性正相朋合？引征上述诸家之言后，钱锺书紧接着指出：

　　盖策勋于一字者，初非只字偏善，孤标翘出，而须安排具美，配合协同。一字得力，正缘一字得所也。兹字状物如睹，匪仅义切，并须音和；与钱澄之所谓："必显、必确、必响，"方得为一字之安而恰好、宁非造车合辙哉。

　　请特别注意引者加着重号的地方：不是"只字偏善"而是"配合协同"。什么是"配合协同"？就是语中之句，句中之词的位置安排得贴适安稳，即言语美的第一个品性概括。"安排具美，配合协调"比偏善一字显然更上一层，更高一着。高在指出语言系统里环节与环节之间的协调美。由是见之，我们在品性第一条说"适合社会背景和语篇背景"，正是从协同观点（系统观点）出发的。另外，钱先生谓"兹字状物如睹"与福楼拜谓"状难写之境如在目前"同是强调描写的视觉形象（参见本书第五章第三节"给出形象"策略），可谓曲稍异工全同。尤其须注意的是"匪仅义切，并须音和"，由是见之，归纳的言语美的第二个品性（在语言形式上注意选择优美的音韵和适当的节奏），也是有根据的。进一步，如果我们注意到钱先生谓"匪仅义切，并须音和"的论述方式，就会同意本书作者一再强调的一个观点：言语美的两个特征是同时体现，不可割离生分。另外，在《黄庭坚诗谈屑》（钱锺书，1990：卷5：17）中钱锺书指出，"古希腊、罗马文律以部署（disposition）或配置（collocation）为要义。有（Demetrius）曰："词意位置得当，文章逐饶姿致。同此意也，置诸句首或句中，索然乏味，而位于句尾，则风韵出焉。"真可谓风韵来自好位置！Ionginus论欧里庇得斯（Euripides）悲剧中一剧曰："语本伦俗，而安插恰在好处，顿成伟词。"——上面是"风韵来自好位置"，这里岂不是说"伟词出于好安插"么？在谈到"行布调度"时，钱先生说："前者'行布'，句在篇中也；此之'安排'，字在句内也。"再一次强调了篇——句——字的系统协调关系。

同一个问题，朱光潜先生也有精彩的阐发，虽然他是从评论文学作品出发的，我们完全可以看到他是在要求语文，因而可以借用来对话语和书面交际之美的观察。他在"文学与语文：内容、形式与表现"（1988：226）中说："我并非要求美丽的词藻，存心装饰的文章甚至使人嫌恶；我所要求的是语文的精确妥帖，心里所要说的与手里所写出来的完全一致，不含糊，也不夸张，最适当的字句安排在最适当的位置，那一句话只有那一个说法，稍加增减更动，便不是那么一回事。"（着重号为引者所加）朱先生主张的语文的精确妥帖便是"最适当的字句安排在最适当的位置"。这使我们想起英国小说家Swift（斯威夫特）所说the use of proper words in proper places（在适当的位置使用适当的词），英国诗人及哲学家Coleridge（S.T.柯勒律治）还升了一级：the best words in their best order（最好的词用在最好的序列中）。

最令人惊异的是，在同一个问题上，他们（钱锺书以及他介绍的一批学人、朱光潜、斯威夫特及柯勒律治，等等）所采取的立场竟是如此地相同，以致措词表述雷同到使人怀疑他们是互相"抄袭"。这说明，他们不能采用别的说法来代替如下两个最基本的术语组成关系：适当的字（词，句、段、篇）用在适当的位置上。这就是本书概括言语美第一个品性——说话人在恰当的语境中选择了恰当的话语，即话语既适合社会背景又适合语篇背景（上下语、上下文）——的部分来源。

但是，有所不同的是，这里用恰当的"语境"——不用"恰当的位置"——不仅包括了"位置"即语篇背景（上下语、上下文），尤其包括了社会背景。写东西可以根据上下文（篇、段、句）来看一词对不对，日常说话可不仅是在一定的语篇中进行，同时也是在（同步地）一定的社会背景中进行。社会背景指的是语篇（交谈）之外的广阔的社会、政治、经济、文化、人际关系等气氛及景况。人与人说话、交谈，绝对脱离不了这个气氛及景况。比如，"陈毅不懂事，过去反对过主席。"请问"不懂事"用得合适不合适？光从语篇、交谈本身的因素——"陈毅……过去反对过主席"（除去"不懂事"的其余部分）——来看，你很难判定合适不合适。但把这句话的社会背景交待出来：1972年1月10日毛泽东参加陈毅追悼会，张茜见了毛泽东喃喃地说："陈毅不懂事，过去反对过主席。"（张玉凤：《毛泽东周恩来晚年二三事》，《炎黄子孙》1989年第1期），情形就大不一样了。当时的社会背景，人人都知道，以是否反对毛泽东来划分革命与反革命，好人与坏人。从人际关系（也是社会背景）来看，陈毅是张茜的丈夫，此时是妻子评论丈夫，且当着影响陈毅命运的毛泽东发表这个评论。当时的首要的气氛与景况是死了人，活人说死人，活着的亲人说死去了的亲人，无论是从传统文化或张茜个人的素质及其与丈夫的关系来看，张茜绝不会说"陈毅是反革命（或坏人）……"，当时的政治气氛也绝不允许张茜说："陈毅是好人、伟人，……"怎么办？张茜说"陈毅不懂事，……"真是再好也不过了。像妻子埋怨丈夫，但绝不糟践；又像局外人惋惜好人犯了错、但又没有冒天下之大不韪、死人那里对得起，活人面前能交待得过去。毛泽东"即打断张，不让她讲，并说：不能这样说，也不全怪他，他是个好人"。（张玉凤，同上）可见毛泽东认为陈毅是光明磊落之人，也可见张茜的话十分得体。这个"不懂事"不能用别的词代替，也只能是放在这样的语篇和社会背景之下才是最合适的。换了社会背景，这句话里的"不懂事"便不合适了。例如，如果张茜女士在1992年的中国当着大家说出这句话，我们都知道该如何评价它的合适不合适了。所以言语美的第一个品性的概括不能只管词在语篇中的位置，一定要将社会背景也放进去，还要管词在社会背景中的位置——这就是我们用"恰当的语境"（包括社会背景和语篇背景）不用"恰当的位置"（仅仅只管语篇位置）的理由。

　　现在我们再看言语美的第二个品性为什么概括成：说话人在语言形式上选择了优美的音韵、适当的节奏等符合形式美法则的言语表达实体（有时简称音韵节奏形式美）。

　　在上面一个部分，我们已经接触到了音韵节奏形式美的问题，如福楼拜倡"属词构句，韵谐节雅"和"声音和美之字"，钱锺书主"匪仅义切，并须音和"。朱光潜先生指出（1988：219）："咬文嚼字应从意义和声音两方面着眼。……声音与意义本不能强分，有时意义在声音上见出还比在习惯的联想见出更微妙，所以有人认为讲究声音是行文的最重要的功夫。"朱先生明确提出讲究声音是行文的最重要的功夫之后，专门提醒，他所指的就是"一般人谈话写文章（尤其是写语体文）"：

　　我们把诗除外，因为诗要讲音律，是人人都知道的，……至于散文的声音节奏在西方虽有语音学专家研究，在我国还很少有人注意。一般人谈话写文章（尤其是写语体文），都咕咕喽喽地滚将下去，管他什么声音节奏！（着重号为引者所加）

　　再也明白不过了：讲声音节奏就是对着一般人说话写文章来的，就是除去了诗与文学的！朱先生这段话，无论是对归纳言语美的基本品性，还是对某个言语活动、言语行为作出是否美的判断，都可作为重要的依据。他还指出前人作古文对声音节奏也很讲究："韩退之、苏明允作文，敝一生之精力，皆从古人声响处学。"韩退之自己也曾说："气盛则言之短长，声之高下，皆宜。"清朝桐城派文家学古文，特重朗诵，用意就在揣摩声音节奏。刘海峰谈文，说："学者求神气而得之音节，求音节而得之字句，思过半矣。"姚姬传甚至谓："文章之精妙不出字句声色之间，舍此便无可窥寻。"他们强调"声响处""气盛"与"言、声"的关系，"揣摩声音节奏"，神气与音节与字句的关系，"文章精妙在声色"等论述无疑是支持了言语美的品性应包括音韵与节奏。朱光潜指出，古文讲究声音，原不完全在虚字上面，但虚字最为紧要。此外，段落的起伏开合，句的长短，字的平仄，文的骈散，都与声音有关。说话时，情感表现于文字意义的少，表现于语言腔调的多。前人研究古文，特别着重朗诵。姚姬传说："大抵学古文者必要放声疾读，又缓读，只久之自悟。若但能默看，即终身作外行也。"读有读的道理，就是从字句中抓住声音节奏，从声音节奏中抓住作者的情趣、气势或神韵。朱先生还说，领悟文字的声音节奏，耳朵固然要紧，但是还不如周身筋肉，接着他说了（如本书第一章第二节"美学语言学的酝酿"所引）用周身筋肉领悟文字声音节奏的那一段话，结论是：我因此深信声音节奏对于文章是第一件要事。作语体文的人说，文章原来只是让人看的，不是让人唱的，根本就用不着什么音调。这话不很妥当。既然是文章，无论古今中外，都离不开声音节奏。古文和语体文的不同，不在声音节奏的有无，而在声音节奏形式化的程度大小。古文能够拉着嗓子读，原因也就在它总有个形式化的典型，犹如歌有乐谱。语体文的声音节奏就是日常语言的，自然流露，不主故常。但是语体文必须念着顺口，像谈话一样，可以在长短、轻重、缓急上面显出情感思想的变化和生长。不拘形式，纯任自然，这是语体文声音节奏的特别优点。最后，朱先生热切希望，"你须把话说得干净些，响亮些，有时要斩截些，有时要委婉些。"像这样写文章，才能让人"听得见你的声音，看得见你的笑貌。"（朱光潜，1988:219—225）综上所引，可以看出朱先生对说话与写文章的要求是注意音韵节奏的美。他所说的语体文就是日常语言的记载。对文学的语言提出声音节奏要求的人有许许多多，对日常语言式的散文提出相同要求的人太少太少。朱先生独树一帜，在他的眼中，语体文（散文）的语言和日常说话就是可以作审美对象的。言语美品性的第二条概括定在音韵节奏等形式美的范围里头，看来是符合言语事实的。

　　为什么要特别注意声音和节奏的感受呢？审美活动是一种形象的感受，要

美学语言学

求有形象的生动性。离开了对审美对象形象的直观就不能获得美感。形象直观是审美认识的特点。言语的直观就是"直听"——语音、语调、声、气、息。想让人从说话中得到愉悦的美感，很自然地，就会对"直听形象"——声音与节奏——加以热切的第一位的关注。我在本书第三章第五节里讨论吆喝和音响广告时说："言语活动中引起美感的最直接的手段是注意音韵美，言语美基本品性第二点是有原始的、自然形态的事实（指吆喝）作依据的。"这样的强调与"直听形象"是合拍的。

下面所举各例，证明言语美的第二个品性是来自人类的实际活动的，并非从理论到理论的推演：

例（1），1983年5月31日，胡耀邦在中共中央召开的民主协商会上讲话，向与会同志高声朗诵12个字：毋忘团结奋斗，致力振兴中华。会后，新华社记者想把高声吟诵的十二个字的对联写进会议消息中去。胡耀邦以商量的口气说："可不可以改两个字呀？"他要求将"致力"改为"务期"。在场的工作人员说：改为"务期"，从读音上看，不如用原来的"致力"二字好（高原编，《胡耀邦在中国政坛的最后十年》，中国文史出版社）。这里值得注意的有三条：胡耀邦高声吟诵的那十二个字，他清楚地意识到要在音响上注意美的效果，这是一；二，在场的人不同意他改词（"致力"改为"务期"）也是从音响效果出发的；第三，最有意义的一点，说话人预感到将来会有成千上万的读者会从音美不美的角度推敲这一个联句。正是在这种预感的推动下，在场的工作人员、记者及说话者本人才如此慎重讨论一个词的改动。这一活动的意义在于，人们把言语当成审美对象可以在非常自觉的意识下进行，他们正是在有意识地考虑他们的言语活动是否能引起预期的美感效果。这一例还顺便说明了言语美的两条品性总是同时体现，像一张纸的正面和反面那样不可分离。

例（2），1946年秋至1947年夏，暨南大学外文系四年级学生听过钱锺书先生的"欧美名著选"和"文学批评"两门课。钱先生讲课时，清脆流利的英语立刻把学生吸引住了。事隔40多年，有的学生还能回忆他读"阿伽门侬"这个名字的音调：钱先生把"伊里亚特"里的英雄人物讲活了（参见林子清，《文汇读书周报》，1990-11-24）。学生（听话人）长久地记住的东西是清脆流利的英语和某个名字的发音，可见言语直接给听话人留下美感的东西是优美的音响，这就是说言语美的第二个品性的确反映了一种言语求美活动的事实。

例（3），以推销保险而驰名的专家原一平（日本），介绍他的推销经验时说："说话要堂堂正正，声音宏亮。""堂堂正正"指言语生命意识的可见部分——面相、身势，"声音宏亮"指可听部分。依推销专家看来，两者合起来才有语言的魅力。两者之中，"声音宏亮"便是取得音响美感的努力。

例（4），范文正公作《严先生祠堂记》，收尾四句歌是："云山苍苍，江水泱泱，先生之德，山高水长。"他的朋友李太伯看见，就告诉他："公此文一出名世，只一字未妥。"他问何字，李太伯说："先生之德不如改先生之风。"他听了很高兴，就依着改了。朱光潜先生后来点评道："德"字与"风"字在意义上固然不同，最重要的分别还在声音上面。"德"字仄声音哑，没有"风"字那么沉重响亮。（朱光潜，1988：220）

例（5），英语成对的同义词连用是怎么形成的？为了更清楚地看出它们声音节奏的整齐与和谐，我们把它们像诗歌那样地排出来：

A) might and main（竭尽全力）

　　safe and sound（平平安安）

　　shiver and shake（颤动发抖）

　　twists and turns（弯弯曲曲）

B) rough and tough（粗糙等）

　　toil and moil（艰苦的工作）

　　fair and square（正大光明地；正面地，直接地）

　　solely and only（唯一地；仅仅）

我们已经看出，这样双双地把同义词连用显然不是怕一个词说不清道不明，不是从语义上着眼的，虽然也使语义得以张扬。A组双声（alliteration）排列m—m，s—s，sh—sh，t—t，中间轻轻地休歇一拍（and），甚是悦耳；B组是尾韵安排，[ʌf]—[ʌf]，[ɔil]—[ɔil]，[eə]—[eə]，[əuli]—[əuli]，中间轻轻地跳过一拍（and），流畅动听。这两组用法的出现显然是从音韵节奏的美的选择出发逐渐积累定型的。类似的说法（用语），既可以说表现了言语美的第二个品性，也可以说它们是按照这个品性构建而成。

以上五例证明了言语美第二个品性的概括是来自言语事实的，非纯理性的推演。钱锺书指出："脆""尖""圆"三字形容声音，就是来自日常语言。《儿女英雄传》第四回："唱得好的叫小良人儿，那个嗓子真是掉在地下摔三截儿！"（钱锺书，1990：（6）：96）正是穷形极致地刻画声音的"脆"。

小结：本节从实践到理论对言语美的两个基本品性进行了讨论。我相信这样的品性（以及客观性）会在各个章节的叙述中得到再现与支持。以后为了行文的方便，我们把言语美的第一个品性简称"两个恰当"（在恰当的语境中选择了恰当的话语），第二个品性简称为"音韵节奏美"或"言语形式美"（符合形式美法则的言语表达实体）。

第二节
拣好听的说：言语活动中的美学追求

"拣好听的说"相当于"拣好听的话说"，下文不再重复交待。"言语活动"已在本书导论作过交待，为了使记忆新鲜起来，不妨在此简单地重提："言语活动"或"言语事件"（speech event）是指人们的一次交谈，如互相问候、打听情况、交换意见；也可以指单个人的活动，如沿街叫卖、发表演说；既可指口头的言语，也可指书面的言语（如新闻报道、征婚广告等，但不包括文学创作）。

"拣好听的说"，在中国国民意识中与巧言讨好、阿谀奉承如出一胎。这里姑且不论恭维是一种文化现象，不能简单地将其归结为品质低下与浅薄。科学地说，"拣好听的说"作为一个交际策略，一个最广为人所接受的说话策略，却深刻地体现了说话人的美学追求，顽强地表现了人将语言符号变为审美对象的努力探索。

"拣好听的说"，已经大大超出了以好言取悦于人这一功利目的——虽然这个策略坦然地包容了取悦于人这一层目的。不需要特别留心就能发现它作为一个策略自古至今在言语活动中通行着，中外概莫能外。老北京都该记得，绑赴杀场的人往往开口喊："各位老少爷儿们。给咱来个'好'！"看热闹人回报："好！"1991年5月27日15时30分左右，广东电视台广州台"人生舞台"（114期）介绍一个电影摄制组的活动，主持人对他周围一大圈演员说："现在就请你们各位对广州观众说几句好听的吧！"这样明摆着请人说"好听的"，有戏言成分，但也是个大实话：哪一位演员敢在直播室面对广州观众挑广州观众的毛病？我们不必为这一术语（"拣好听的说"）的俗气而感到羞愧。一个通俗的术语往往负载着一个具有普遍意义的信息。它不只是在消极意义的言语活动中（如阿谀奉承某人或推销劣质商品等）出现，更多地则是在积极意义的言语活动中出现，诸如在许诺（承担性言语行为）、宣告（宣言性言语行为）、建议与请求（指示性言语行为）、道歉、感谢和祝贺（表情性言语行为）、断言、主张和报告（描述性言语行为）中屡屡出现，极为活跃。

"好听的话"实质上是表现了言语美的基本品性的话，表现了言语求美律诸种策略（详见第五章）的话。言语美的基本品性表现为（1）说话人在恰当的语境中选择了恰当的话语，（2）说话人选择了音韵优美、节奏和谐的语言形式。这样的话说出来顺口，听起来顺耳，记忆容易，便于转述和流传。这样的话就自然给人以美感。我们所谓"好听的话"就严格地卡在这两个意义上。由是看来，"拣好听的说"，既不排除恭维之类的话，又大大超过了它，却毫不客气地把妍言谄语排除在外。至于"拣好听的说"是不是一条最广为人接受的交际策略，特别是，有些言语活动专拣不好听的说，是不是动摇了这条策略所具有的普遍意义，那倒是个有趣的需要讨论的问题（见本节末尾）。

"拣好听的说"作为一条交际策略（一条具有普遍意义的策略），其产生的文化背景是什么？它如何具有功利目的又有审美追求、审美功能的？为什么说它具有普遍意义（最广为被人接受）？

第一，人对意义的追求与言语活动中的美学追求

人生活在物质世界中，却不满足于物质生活，从总统到平民，从科学家到文盲，都在追求物质生活的同时追求不同程度的有意义的生活。人无法忍受无意义的生活，这已有实验证明。"生物存在着，所以它们存在着；／唯独人，存在着，却又不满足于此，偏偏要执拗地问：为什么？／于是，一代代的人在一个本来无意义的世界上寻找意义，世世代代的寻找汇成了诗海／——一个人的世界。"（飞白，吉隆坡1990国际诗歌节上的发言）"人以意义的追求和创造，使人与生物生活不同，人不仅生存在物质世界中，同时也生活在意义世界中。人说出的话语，读到的文字，看到的手势，标出的特殊用途的记号……都有意义。人们日常生活中发出的行为，如在室内贴了双喜字，在公园里修建了一座铜像，有人当众自焚……这些都成为意义的载体和符号：贴双喜字表示婚媾，一座铜像表示人们敬仰与欣赏那个人在生的所做所为及其价值观念，自焚表示那个人的抗议情绪。因此，要探究是什么使人成为人，应该回答说，使人成为人的不仅仅是衣服、房屋、机器和计算机本身，更重要的是对这些事物的意义的把握和理解。人要计算机，不只是需要计算机本身，更重要的是要计算机的意义。人的活动不能单纯用物理的或生物的存在方式来说明，离开人与意义的关系，就无法理解人的活动。"（秦光涛：《意义世界初探》，《吉林大学社会科学学报》1989年第4期）古埃及人造金字塔，古中国人在乌龟壳上刻象形文字，美国人把60种不同语言的"问好"灌在唱片里让太空飞船（旅行者二号）带往宇宙，好朋友之间互相探访谈心，这都是人类利用自己的生存所创造出的超越了自己生存的意义世界的显现。人对自己言语活动的美化只是他企

图超越自己的纯存在去追求意义世界的一个表现而已。

就这样，语言符号参与到意义世界中来了。语言符号的参与显然是创造意义世界中最值得注意的事实。为了弄清人生的意义、世界的意义、意义本身以及怎样使用意义才不致沦为意义的奴隶，人们研究了许多领域。光是"在哲学方面，不仅有语义哲学、普通语义学、逻辑语义学、日常语言学派、解释学、解构学等众多的研究意义问题的学派，而且像实用主义、现象学、结构主义等学派也都有自己的专门意义理论"。（秦光涛，同上）而语言符号参与意义世界，就更加丰富了这个世界。

生活表现了生命，语言就是人生。用符号形式哲学创始人卡西尔的话说便是："信号是物理的存在世界之一部分，符号则是人类的意义世界之一部分。"语言是精密的有社会意义的符号，更是意义世界的一部分。许多真实的观念、真实的意义通过语言作为载体传播了开来。各个民族都有这样的历史。反过来说，许多虚假观念、虚假意义也是通过语言作为载体传播了开来。多少个世纪以来，西方人相信过这样的虚假观念："人是上帝创造的。"其语言是这样或类似这样转播的："Man was made at the end of the week's work, when God was tired."（转引自Mark Twain）于是多少个世纪来演绎了多少人甘愿作上帝奴仆的悲剧！当一个人阅读别人（例如情侣或对头）的一封来信时，话语的意义会把他的精神一步步引导到某一个特定的情景，这种情景可能是他从未体验过的，他为此激动或气愤。离开意义的指引，他的精神世界中很难呈现出这个场景，信中的话语作了意义的媒介，意义又引导了读信人的精神活动。意义介于物质世界与精神世界之间，成为两个世界相互作用的媒介。"意义世界作为精神所追求的对象，它使精神倾向于客观化方向发展。当人的精神在活动时，与其说是精神操纵意义，不如说是意义引导精神。"（秦光涛，同上）发信人如果自觉地理解了意义引导精神，他或她（假若是情侣）会自觉地在言语表述中使用美的手段去调动对方的精神发展方向，这个过程就是"拣好听的说"的过程。假如发信人是对头，他或她则会拣不好听的说以便调动对方的精神发展方向，"拣不好听的说"实质上是以"拣好听的说"为前提再反用其策略（本章后面还要详细讨论）。当一个人或一群人听某人滔滔不绝讲话，说者、听者会一同陷入忘我陶醉状态中。说话人通过话语所负载的意义操纵了别人的精神倾向，同时自己也领受了新奇意境的感染。1939年冬，钱锺书从昆明西南联大到湖南省安化县的蓝田镇（今名涟源）的一所国立师范学院任教。一次晚饭后，他提着手杖，同另一教师往徐燕谋先生处闲话，"一些同人围上前来，锺书上下古今，娓娓不倦，到激情处，他挥着手杖，手舞足蹈。到兴尽告别时，燕谋先生才发现他张挂的蚊帐上被戳了好几个窟窿，"引起同人和锺书大笑（吴忠匡：《记钱锺书先生》，《中国文化》1989／12）一群人愿花时间，甘受聚集之劳，听某一人高谈阔论时，无非是说话人话语里所深藏潜载的意义能够使他们感到有趣味，受到美的陶醉，使他们的精神进入一个不胜奇妙的境地。为此，他（们）要把自己的精神交出去，交给说话人，相应地，说话人要明确地意识到自己有责任创造言语美（负载着丰富的意义），以便不辜负听话人的寄托，而且，说话人在成功地操纵了别人的精神时也陶醉了自己。言语美创造（此处是"拣好听的说"这一策略）的部分动力即来源于此——人对意义的追求。

说话人明确地意识到自己必须为这个世界增添一点"意义"——工作的、劳作的、人生的、做一件具体事的"意义"，此时，他会结合自己的行为加以阐发。中国胶东大地的一位庄稼汉（烟台与龙口市附近，大坑村）解释他为何呕心沥血办教育时说（回答记者）"俺村出了五十个大学生就好了五十家，出一百个大学生，就好一百家"（谢致红：《一个庄稼汉的追求与梦想》，《人民日报》1989-11-22）这么一句话，就是这个庄稼汉向这个世界贡献出的"意义"。要作文章可以是一大篇，可是老汉对自己行为的意义的解释采用了白话律（详见本书第五章：言语求美律·白话律），因而使自己的话语意深而简出，却令人回味咀嚼。一篇大文章可以震撼社会，一句简朴的话也可以震动心弦（如"出一百个大学生就好一百家"）。问题是话语必须负载着丰富的意义——说到这里，我们做一个并非多余的插言：《导论》一章和本章第一节讨论"言语美的基本品性"时，第一条是"说话人在恰当的语境中选择了恰当的话语"，侧重强调言语美的内容方面，在这里又得到了"人对意义的追求"的有力支持；审美价值的负载者必须蕴含有满足主体某些社会、精神方面需求的作用和意义，是审美价值的结构特点之一——从言语活动来看，这个老农是拣了一句好听的话交给了听话人——先是记者，记者又转交给了报纸读者。

由此，我们发现，学生向某一崇拜已久的教师讨教，儿童央求大人讲故事，教徒向神父忏悔，观众购票看演出，老百姓冒雨听领袖人物发表演说，写作人如饥似渴读参考书籍，和记者追踪某个新闻人物或传奇人物一样，都是主动去领受某种意义，也同时获得了言语美的享受。

由此我们可以说，言语美的创造与欣赏，其中包括"拣好听的说"这一言语活动的最普遍的策略，部分地归于人对意义的追求。

由此我们可以说，能够用意义成功地把听话人的精神引入一个胜境的言语，必然是注重价值的，追求意境的，生动的，有鲜明个性的，从而也是美的。

对于意义的追求，灌注于言语活动中，无处不在，无时不有。现在我们举出人生活动中一种极端情况加以证明：人在知道自己即将毙命之前的短暂时光和绝望处境中也可能拣好听的说，也可能把自己对于人生意义的追求说（写）出来，并且有那样的雅兴和情趣来选择音韵优美、节奏和谐的语言形式。谭嗣同于1898年9月28日被清政府杀害之前并非万念俱灰，他知道他的牺牲会给变法救国大业留下积极影响，为了扩大与张扬这种影响，他把他对于世界的意义的理解用诗的形式交待了出来。诗，不消说，是"拣好听的说"这一策略的高级形式。"望门投止思张俭，忍死须臾待杜根。我自横刀向天笑，去留肝胆两昆仑。"读罢诗，窃以为这可不是刻意为了欣赏、为了出版的创作活动（精心策划出来的审美出品），而是一种临死前的言语活动（如果是前者，不应该在此处作为例子证明"拣好听的说"这一策略的普遍性）。谓予不信，请再看另一位临死之前的人的言语活动。轰动英伦三岛的探险家司各脱上尉（R.F.Scott，1868 — 1912）给世界留下了一堆"潦草的札记和尸体"（These rough notes and our dead bodies must tell the tale, …），"潦草的札记"的倒数第二段是这样的：

For four days we have been unable to leave the tent — the gale howling about us. We are weak, writing is difficult, but for my own sake I do not regret this journey, which has shown that Englishmen can endure hardships, help one another, and meet death with as great a fortitude as ever in the past. We took risks, we knew we took them; things have come out against us, and therefore we have no cause for complaint, but bow to the will of Providence, determined still to do our best to the last. But if we have been willing to give our lives to this enterprise, which is for the honour of our country, I appeal to our countrymen to see that those who depend upon us are properly cared for.

（*100 World's Great Letters*，中国对外翻译出版公司，商务印书馆香港分馆出版）

（四天来我们困守帐篷——狂风在我们四周怒号。我们身体虚脱，写字困难。但就我个人而言，我对这次探险毫不后悔，因为它显示出英国人能吃苦耐劳，互相帮助，并一如既往地以坚毅不拔的伟大精神去面对死亡。明知有风险，还是冒风险；由于情况逆转，我们没有理由抱怨，只有顺天由命，但还是决心尽力而为，至死方休。然而，我们是为了国家的光荣而献身这项事业，我在这里向我们的同胞呼吁，希望大家对我们的遗孤加以适当照顾。）

我们发现这"潦草的书札"里所阐发的意义却毫不潦草。引起的反响是巨大的。呼吁的声音依稀在耳，临死不悔的图景在目。还有，用词造句毫不粗糙，We took risks, we knew we took them，重复三次we，二次took，knew与took押内韵，这一切显然都是为了念起来韵律铿锵，节奏有致。明知自己瞬间将撒手而去的人，仍然在"拣好听的说"，这说明，言语活动的美学追求，无处不在，无时不有；这还说明，人将语言符号变为审美对象的努力是多么顽强。

第二，为了功利的目的，说话人也要拣好听的说

审美价值的负载者必然隐含着对人的一定的功利目的。不管主体自觉与否，他总是把有益与否作为衡量事物或活动的一个尺标。这是审美价值的结构特点之一。为了与听话人建立某种关系——利害的、友谊的、合作的、为敌的等关系——说话人须拣好听的说。为敌的关系（如宣战），为害的关系（如蒙骗人），都能拣好听的说。这里，我们只是先讨论友谊的、合作的、施恩受惠的关系如何影响说话人采取这一策略。常言"一语可得知心，也可得仇人"，既然言语活动在建立关系时可能这样地走向两个极端，那话不说好，不拣好的说，能行吗？

胡宗南先生曾这样恭维刘宗宽："志弘兄，你们陕西人，十人九不通，一通便成龙，你是陆大高材生、武状元，是陕西的人中之龙，我对你极为敬佩！"（任家骥，《负有特殊使命的将军》，《人物》1987年第6期）胡恭维刘，不消说，是为了建立合作关系，要注意的是他话中"十人九不通，一通便成龙"（也许是流传的当地俗话）念起来既有节奏感，又有明朗的韵脚，又反映了一种文化现象，可算为好听的话。1991年6月8日中央电视台的"综艺大观"节目（27期）中，李雪健被邀为嘉宾主持人，说："大伙儿一鼓掌，我就觉得你们特别好。"像这样直白地说观众好（演播室的观众和全国电视观众），真是地道的"好听的"了。虽然这话真正符合他的忠厚老实的个性，却是太露太直，除了憨憨的笑意，留不下什么东西了。有这样一个佛经寓言故事，可以为上面这些道理作个旁证：昔舍卫城中，有一长者，其家巨富，常设斋会款待僧人。和尚之中有一位是释迦牟尼十大弟子之首的舍利弗，颇有智慧，另有一位摩诃罗，却老年糊涂。一日巨富设宴以贺三喜临门：做生意大获珍宝，受国王封赏，又其妻生男。舍利弗祷告而言："今日良时得好报，财利乐事一切集，踊跃欢喜心悦乐，信心踊发念

十力（种种预知的智慧），如似今日后常然。"长者闻，心大欢喜，即向舍利弗施舍好物。说话人企图建立的施受恩惠的关系得以实现。摩诃罗羡慕这种施恩受惠关系，故恳求舍利弗教其咒愿。舍利弗声明："此咒愿者，不可常用，有可用时，有不可用时。"对这一重要警告摩诃罗置诸脑后。有一次长者家人生意失败，其妻遭罹官事，儿复死丧。置这三灾临门不顾，摩诃罗仍原封不动地念那咒愿。最后三字"后常然"岂不叫长者以后长此遭灾？遂被驱打逐出（张友鸾选注：《古译佛经寓言选》，北京：人民文学出版社，1988年）。摩诃罗的错处不在想和别人建立施受恩惠关系，错在不顾语言环境变化仍搬原话。须知一句好听的话在语境大变情况下可以变成不好听的话。言语美的第一个品性是在恰当的语境下选择恰当的话语。不管怎么说，老僧还是从"拣好听的说"这一策略出发的。如果说李雪健上面的话尚不算成功地运用这一策略的例子的话，那么老僧的这番搬弄却是这一策略运用失败的例子了。下面的言语活动事实却是运用"拣好听的话"策略很成功的例子。老舍常到天桥"万胜轩"小戏园子后台和演员拉话，他与山艺演员之间的友谊关系是广泛流传的佳话之一。据新凤霞回忆（参见《老舍请吃糖瓜》，《团结报》1990-01-24），老舍到戏园子后台时说一口地道北京话："北京人习惯遛早，见面问个好，肚子吃饱，逛逛天桥。"杨星星答上话："天桥好哇！听书、看戏、变戏法、马戏班，吹不尽洋鼓、洋号，曲艺，大鼓、莲花落、爆肚、火锅、扣肉、坛肉、烧羊肉，吃饱用不了钱两毛。"对话显示两人的关系是友好的、合作的。这正是他们双方企图建立的那种关系。两位都在"拣好听的说"：老舍四小句，"早、好、饱、桥"，落韵。规整如快板，但他确实是在随便说话不是登台献艺，之所以出口成"曲"，是因为他平日曲艺功底深厚，这四小句可算为"形式美律"（详见第五章第二节）。杨星星的是散说，可是散说中"好、号、落、毛"终为压韵贯底，听来顺畅入耳：天桥好[hǎo]……洋鼓洋号[hào]……莲花落[lào]……钱两毛[máo]，不失为"形式美律"。

以功利目的而论，建立合作或敌对关系是一个方面，维持某种既定关系是另一方面。在维持某种既定关系时，主动要求维持的一方说话时更自觉地选择"拣好听的说"这一策略。希望破坏这种友好关系的一方说话人就会反用这条策略：拣不好听的说。本节末尾再加评述。

人们在说了"甜话"之后得到甜头，说了不好听的话则得到了苦果，往往能从正反两个方面使"拣好听的说"这一策略得以加强和确认。加强和确认的经验还以文化和道德的形态一代一代往下积淀，这是文化研究的课题之一了。

第三，遇到"不宜说"话题时"拣好听的说"策略是心理补救反应

　　遇到一切"不宜说""不能说""不好说"话题时，采取这一策略，也是一种文化现象。它的产生与语言"不保险"有关。吕叔湘称语言为"一种奇妙的、神通广大的工具，可又是一种不保险的工具……语言的地面是坎坷不平的，过往行人，小心在意"。（见《语文常谈》）这样的"不保险"屡得证实。"一言以兴邦，一言以丧邦"，并非耸听之危言，生活中由言语不慎而惹是生非者实多。所谓"补救"就针对着言语的不保险而生。现今的词汇研究中的"委婉语"，就是"拣好听的说"以取代"不好说"的话。语用学研究中的所谓"礼貌原则"（其实不是原则而是策略），就是"拣好听的说"以取代得罪人、不礼貌的话语；"得体准则"就是部分地以好听的话取代不得体的话。发展得比较成熟而完善的修辞学讲了那么多修辞格，某些"格"、某些"法"不就是在实质上与"拣好听的说"不谋而合吗？上面所列举的那些取代对象虽然各有其研究的特殊形态和特殊作用，但以"拣好听的说"去与其贴近与比较，并不降低那些对象的身价，"拣好听的说"只是通俗一些，却绝不低下。这种补救现象具有深刻的文化内蕴，它与人类学、社会学、心理学、民俗学有深刻的渊源与联系。拣好听的说可以遮羞、遮丑、体面、得体、不犯忌、图吉利、有礼貌与显文雅，等等，等等。正常的"性爱"绕着弯儿说有45种（见李自修、从莱庭等编译，《英语婉语详解词典》），"死亡"绕着弯儿说有89种，"大小便"有23种（见拙著《一语多说300例》，华工出版社与台湾笛藤出版社），可见人们为了遮羞和得体进行了多么伟大的挣扎！但是你不能否认这些挣扎倒确有补救作用。拉丁语有个成语potius amicum quam dictum perdere（宁失朋友，不失妙语，参见王国荣等编：《世界成语典故辞典》，上海：文汇出版社，1989年）强调妙语惊人，但若真的失了妙语，朋友也丢了，它真正的含义是接近汉语的"语不惊人死不休"，并非真的"得了妙语却丢掉朋友"。朱元璋杀一个苦朋友而封另一个苦朋友的故事[1]，无论是真有其事还是后人杜撰，但都说明了一个文化现象：同一个事实，说得动听与难听，结果大

1　注：第一个苦朋友见明朝皇帝朱元璋说："我主万岁！当年微臣随驾扫荡芦州府，打破罐州城，汤元帅在逃，拿住豆将军，红孩儿当关，多亏菜将军。"第二个苦朋友说："我主万岁！还记得吗？从前，你我都替人家看牛，有一天，我们在芦花荡里，把偷来的豆子放在瓦罐里煮着。还没等煮熟，大家就抢着吃，把罐子都打破了，撒了一地的豆子，汤都泼在泥地里。你只顾从地下满把地抓豆子吃，却不小心连红草叶子也送进嘴去。叶子梗在喉咙口，……用青菜叶子放在手上一拍吞下去，才把红草叶子带下肚子里去。……"（《民间文艺集刊》（第二册），1951年）

不一样。

这里，我们不讨论具体的补救办法——如何避讳、如何委婉、如何得体、如何礼貌，这些补救办法都有相应的学科领域去研究，这里只讨论为什么这些办法可以是心理上的补救反应。

"拣好听的说"以平缓说话人的羞耻感觉。"云雨"一说，最早并非来自小说家，而是起源于诗词[钱锺书，1990：（卷2）：278]。天地运行，阴阳交合，男女之事不是不能言、不准说，而是须与亵词相区别。中外以"云雨"取譬不约而同，起因于人类反禁欲而又知羞耻的情趣是相通的。要说它，却又有羞耻感，于是用婉语（如"云雨"）以补偿。补偿对某人（古代皇帝君王，近代对老人尊者）直呼其名的不敬的疚愧感，这是另一方面。要提名，直唤又不敬不尊，只好改字、空字、缺笔、改音，略可作说话人的愧疚表示。有些话题，对听话人有损害，特别能用好听的话去补偿听话人的损失。比如拒绝话、批评语、死亡报告、不幸事件报告、外交交涉（抗议、警告、遗憾）、讨账要钱、最走极端的是杀人讨命等一切对听话人不利的言语活动，都可以"拣好听的说"，有些则必须"拣好听的说"，从而减轻对听话人不利的程度，至少对听话人的损失作一点心理上的补救与补偿，虽然事实上却得不到什么补偿。听话人得到的心理补偿是：面子上过得去，心头减轻一点压力，在众人面前不太难堪，一句话，"体面地"接受损失和不利于己的事实。拒绝话也可以凭借智慧说得好听。钱锺书在电话中拒绝某英国女士的求见是这样说的："假如你吃了个鸡蛋觉得不错，何必认识那下蛋的母鸡呢？"（季进：《淡泊自守的学者》，《文史知识》1990年第10期）钱锺书是说，即使你欣赏我的作品，也没必要见我本人。你只是吃了一个不错的鸡蛋，我也只不过是一只平常的母鸡。也许我们可以用"语不及"律和"给出形象美"律（参见第五章：言语求美律）来概括钱先生的那番拒绝策略。英国女士见不着人也不必呕气，人家也只不过是一只平凡的母鸡，不值得为见不着一只母鸡而心烦。可见拒绝话也可以说得富有哲理：高级形式的好听的话。这也算得听话人"体面地"接受损失之一例。近几十年来大陆上兴起一种批评语，专在鉴定上使用。明明是指缺点，却这样写："希进一步加强纪律性""希进一步加强学习的自觉性""希进一步加强政治学习"，它们分别是"纪律性不强""学习自觉性不高""政治学习放松了"的减缓说法。"希进一步加强××××"成为通用的缓解模式。其实，被鉴定的人与看鉴定的人事干部或家长心里都是明白的。这一模式的形成不妨看成是"拣好听的说"策略的应用，对听话人（接受人）是一种心理补偿而已。医生对病人运用"拣好听的说"策略更受到全社会的认可与关注。因为人人都是潜在的病人，人人都能享受"好听的"优惠。所谓"良言一句三冬暖，恶语伤人六月寒"，所谓"告之以其败，语之以其善，导之以其便，开之以其苦"（《内经》），所谓"忧则宽之，怒则悦之，悲则和之，能通斯方，谓之良医"（华佗）：讲的都是医生对病人要用"良言""善语""宽、悦、和"，都可说是"拣好听的说"策略的变通。这一策略完全符合语言治病的机理（相反，拣不好听的说则致病），语言的治病和致病是通过情绪反应（植物神经）这个中介作用实现的。即使是对定论的危重病人，医生也要"拣好听的说"，以减轻听话人（病人）的痛苦，让他体面地接受厄运。讨账要钱的人说："对不起，不是我逼你……"半道打劫的强人说："你这×××（抢劫的财物名称），我就多谢了。"杀手对被杀的人说："对不起，不是我要杀你，实在是受人之托……"逼债、越货、杀人者行动之前都要拣几句好听的说说，杀归杀，抢归抢，但是你受损失前，我要让你心理上减少点痛创——这是做事人对听话人所要付出的一点小小的"代价"。可见这个策略的运用的确可以说"无时不有，无处不在"，可见人将语言符号变成审美对象的欲望多么顽强，其努力几乎是无孔不入的。

为了证实"不宜说"话题需要在言语中考虑心理补偿或补救的普遍性，我们再略举几个言语活动：饭桌谈话不提不卫生的话题，在婚礼上绕开"死人"话题，店铺开张之日休谈"倒闭"消息，送亲友上船远航不讲"翻船"，在大考之前不讲"落第"。要讲这些话题除非是万不得已，讲也要采用各种策略，其中包括心理补偿。不要把"拣好听的说"混同于品质的下作，人人都生活在一个意义世界之中，人人都融在一个特定的文化气氛之中，人人都不愿接受恶言恶语。鲁迅先生在《立论》中讲过一个人说了真话（"孩子将来一定要死的"）还挨打，鲁迅有不平之气。换一个角度看，鲁迅不一定同情了。不看语用环境就难以辨别话语的可接受度或适切度，语用环境对话语命题的真值（假值）不感兴趣。那个挨打的人自己的孩子做满月做周岁，别人前来说"这孩子将来是一定要死的"，请问：这个人是考虑话语命题的真值条件呢，还是考虑适切度？

遇到"不宜说"话题时还得"拣好听的说"。

第四，说话人将言语行为（伴随言语活动）、动作行为和衣着打扮当成表现个人美好气质与风度的"三大件"，从而在言语活动中"拣好听的说"

不能排除这样的可能性：说话人没有功利目的需要小心翼翼地实现，也不一定想给（明确地意识到）这个世界增添何种意义，某个时候他可能纯粹只是表现自己美的风度和气质，与人打交道时他就"拣好听的说"。一个人的气质是一个人稳定的个性特征的综合表现，言语行为、举止行为（或动作行为）和衣着打扮，尤其是言谈（和言语行为同时发生），形成了一个人的气质与风度。衣着可以"高价加巧妙"地铺排，举止行为，尤其是言谈，花钱也买不来高雅。言谈的高雅与得体是日积月累的知识与文化的修养结晶。

有时候这种纯粹表现美的风度与气质一旦与阐述人生意义、一个信念或一种精神结合起来，言语美的表现可以达到很完满的程度。

下面，我们看看汉民族传统文化中怎样对待"拣好听的说"这一策略的。

自古以来，言语活动中存在着"拣好听的说"这一事实；另一方面，将能言善辩与奸妄等同，能言善辩之人得到的贬斥比褒奖多得多，这也是个事实。能言善辩与本书所讨论的"拣好听的说"这一言语活动最一般的策略还不是一个概念，但它们之间有着显然的紧密关系。这一方面的情况错综交横。能言善辩之人被等同于夸夸其谈之人，至少是不高尚，甚至认定为浅薄之辈，令人感喟的是，言语木讷、吞吞吐吐、寡言少语之人却又混同于老实本分、靠得住、信得过之人。对我们传统的文化背景、道德规范的误解或许是这种混淆的根源。《论语》一书中，很有影响的一句话便是"辞达而已矣"。后人的注释很多，本意大概只是文辞只要通情达意也就足够了。这并不错。联系老先生其他的言论，"辞达而已矣"不知是否有点潜台词，还颇费捉摸。老先生从自己的政治要求与伦理道德入手，对追求言辞华美、讲究言语修辞不仅仅是颇存微词，还说过一些挞伐之语："巧言令色，鲜仁矣"（《论语·学而》），这个批评过于苛刻。"巧言乱德"（《论语·卫灵公》），将巧言与乱德联系得这般死。而仁者的真正标准应该是"其言也讱"（《论语·颜渊》），将言语木讷、寡言少语当着老实、本分和可靠的根源不知是否在此？孟轲本人言辞是十分讲究修辞润色的，说他信守"拣好听的说"这一策略也不为过。他主张言语要朴实无华，下面还将论及。道家老祖宗老聃在五千言的《道德经》中有一名言便是"信言不美，美言不信；善言不辩，辩言不善"（邵汉明、陈一弘、王素玲，1995：93）。把真实与言语美对立，把善言与辩言对立，且到如此尖锐、如此绝对的程度！老子之后，道学的另一代表人物庄子在修辞思想上也与老子大致相同。在辞与意之间，应以意为贵，这当然是对的。"世之所贵道者书也，书不过语，语有贵也；语之所贵者，意也，意有所随；意之所随者，不可以言传也。"（《庄子·天道》）语言符号不能完全达意，这是另外一个问题，但这段话中心意思是语与意之间，意为贵。（参见郭友鹏：《汉语修辞的中国文化通观》，硕士论文）我们不能把汉民族务实的文化传统当成是反对言语美，也不要忽视了道德伦理中的一个误区：把善辩当成不守本分，把少言寡语看成忠厚老实。仅以言词量人之品行，失之偏颇。言语寡少支吾之人也可能是丧天害理的奸人，滔滔不绝的言者也可能是心地善良的贤士。古人反对华而不实，主张质朴，但并没和"拣好听的说"这一策略唱反腔——只要我们不把"好听的话"与花言巧语等同，只要我们把它当成是言语美的品性（两个"恰当"与音韵节奏和谐）来理解，我们就可以发现好些是主张"拣好听的说"的，那便是：华丽与质朴的和谐配合。在文与质的关系上，他们并不主张作绝对的分割，而主张和谐适中。一方面反对华而不实，一方面主张文与质的兼顾，并非是汉民族修辞观念上的双重性，而是一重性。这样就把言语美纳入了健康的轨道。《论语》中谈到文与质的关系时，说"质胜文则野，文胜质则史，文质彬彬，然后君子"，现代汉语以"文质彬彬"来形容人的文雅有礼貌，其实原意是提倡文雅与质朴的兼顾。请看进一步证明："文犹质也，质犹文也，虎豹之鞟，犹犬羊之鞟"老先生把文与质的关系形象地统一在一张皮里，不能分开。这就似乎是证明老先生谓"辞达而已矣"并非反对写作与说话要有文采，倒是很清楚地赞成华丽与质朴的统一。东汉唯物主义者王充说："夫华与实俱成者也；无华生实物稀有之。"（《论衡·超奇篇》）刘勰《文心雕龙》明确地描写文与质的关系——"文附质也"，"质待文也"，"文质相称，固巨儒之情也。"（周振甫，1980）文质相称即文与质的关系应和谐匀称，这不就等同于"华实相佩"的美学原理吗？综上述文化传统看来，华丽与质朴兼顾的言语也是美的，因而也是"拣好听的说"策略的一个运用。

其他民族语的运用是否也"拣好听的说"？窃以为这不应存在疑问。我们不要忘记这样一个事实：辩论术、文体学、修辞学、语用学这样一些学科（或技术技巧）可以看成是"拣好听的"这一策略的高级的、特殊的形态。而这些学科往往是国外比我们发育更早（甚至很早）、发展更成熟的。我们用不着在这里展开这些大家都知道的事实，只是提出一个简单但能说明问题的言语活动：英国人言语行为的自持、谨慎与礼貌是全世界都公认的。如果有人哄传"火星人进攻地球了！"那听着的人的反应毫不慌神，只是冷静而得体地反问："先听听BBC是怎么说的？"这样说比下面这个说法文雅、好听得多："你慌什么神？火星人打来了，电台自必要广播的！"挤公共汽车时明明自己的脚让人踩得生疼，可嘴巴上还是用"Would you mind not stepping on my foot!"之类的甚为婉转的提醒："我提醒你别踩我脚，您不在意吧？"礼貌、自持如此，让人忍俊不禁。

最后我们讨论：言语活动中诚然存在着这样的情形：专拣不好听的说。专拣不好听的（话）说是不是动摇了"拣好听的说"策略的普遍意义呢？

诚然存在着拣不好听的说的言语活动与事件，如吵架、骂人、指斥、宣战，等等。猛一看，这些言语活动与"拣好听的说"是对着干的、誓不两立的、毫无关联的。其实这一类言语活动或事件与"拣好听的说"策略是一脉相承，相反相辅的。

第一，拣不好听的说，其前提是承认"拣好听的说"是一种社会公约。说话人此时的心理动态是这样的：我认可"拣好听的说"是大家普遍接受的，但彼时的你我关系是友好的，我的心情是愉悦的，也打算通过说好听的让你取得快感和愉悦，现在你我关系变成不友好的或敌对的，我的心情不愉快了，为了让你知道你我关系变坏的现状，或者为了让你知道我主动将与你的关系变坏的决心，我必须反用"拣好听的说"这　策略。反用某一策略，就是以承认这一策略为前提的。

第二，拣不好听的说，其方式是从反面模仿"拣好听的说"策略的。拣不好听的说，实际上是拣最好表现不礼貌、最好引起对方不愉快的话说。拣不好听的说实质上是"拣好听的说"的反面变通。要骂人，哪样的话最能让对方受辱；要胁威，哪样的话最能让对方受惊骇，等等。此时的言语活动是赤裸裸的利害关系的工具。一般的情况下，这个情景中的说话人无心将语言变成审美对象，听话人更无心承认这时的语言运用是审美对象。但是，由于说话人的水平较高，如综合素质好，文化水平高，人生经验丰富，处世态度豁达，他同样可以在拣不好听的话说出来时表现较高的审美价值。且不说京剧舞台上击鼓骂曹的痛快淋漓，也不说《红楼梦》里焦大骂出的"红刀子进白刀子出"，在日常生活中同样能听到有较高审美水平的"不好听的话"。本书作者亲眼见到一次争吵言语事件。1990年春节前夕，广州仓边路附近的菜市场，卖烧鹅的恶语中伤顾客（一对中年夫妇，在心算应该付多少钱），说：（带粤语的普通话腔）"怎么不中用，算不清，回去好好学习啦！"中年男顾客，很显然是知识分子，带北方普通话腔，说："我不中用？你这活儿，我一个月就可以学会；我这活儿，你半辈子也会不了！"双方都是拣不好听的话说，但中年顾客是无辜受损的一方（每一位顾客都有权把账算清之后再付钱，正当权益得不到卖方认可，还受到人格讽刺），他针对个别腰缠万贯的个体户轻视知识分子的现象，就接过"中用不中用"为话把儿，（虽然未点明自己的专业，只说"我这活儿"）用一个对比句就说出了简单劳动与复杂劳动所创造价值的差别，且语不带庸俗之腔，所以卖烧鹅的哑口无言。

作者并不认为"拣好听的说"结果就一定会有审美价值，策略运用不成功，同样不美，甚至丑；那么，拣不好听的说，更有可能产生丑——因为说话人急不择言，因为说话人情绪败坏，因为说话人一心想攻倒对方而不计其余：尤其不顾事实与语言形式，等等。言语中的丑，并非全部是语言问题，还有社会公德、个人行为中的问题，当分别处置与对待，在此不详论。

第三节
言语活动的乐音趋向

我们已在《语言的美的属性》（第二章第二节）里分析过，"人总是要把有声的语言序列千方百计地'谱成音乐'，即使谱不成音乐，也要将声音编排得尽量悦耳一点，将其节奏编排得和谐一点。我把这种现象叫做'语音的乐音化倾向'"。人们为了和自己身体的生理上的和谐构造相适应，几乎要求外界的一切声音都编成音乐或纳入乐音的旋律之中。作为实例，我列举了中央电视台播映过的一则音乐资料：国外有人见着什么敲什么，居然也能编排成不错的音乐段子。最近又获得一实例，颇能说明人的这种不懈的努力：希望世界上的一切声音都能编成音乐或纳入乐音的旋律之中。1923年春天，英国著名的大提琴手阿·哈里森在乡间别墅拉琴时发现一只夜莺以她清脆悦耳、婉转悠扬的声音应着大提琴的回声唱了起来。唱着唱着，这只鸟竟跟着哈里森唱出了三度和音。1924年，她再度努力，将那只夜莺的美妙的歌声和着她的琴声的效果变化为《埃尔加协奏曲》，由伦敦广播电台作实况转播。伦敦广播公司派出一支小分队到乡间别墅配合哈里森录制夜莺与哈里森的大提琴合奏。1924年5月19日晚11时，夜莺果然又和着哈里森的大提琴，高歌起《印度客人之歌》。成百万的听众在意大利、巴黎、伦敦欢呼雀跃。来自世界各地的人们像潮水般涌进哈里森的乡间别墅，夜晚静候倾听夜莺与哈里森大提琴的合唱合奏。夜色融融，莺鸣琴奏，自然与人，浑于一体。（参见熊世杰编：《夜莺之歌》，《奥秘》1991年第10期）

在"交际类型的审美选择"（第三章第五节）中作者进一步提出证据：吆喝（商品广告之一种）是言语活动乐音化形态之一；言语活动乐音化是语言可

以成为审美对象的重要的"化石式"证据之一；从这块"化石"（吆喝是这化石中的一块）里可以看出某些最原始、最具自然形态的言语活动向乐音靠拢的趋向。这个趋向证明了，言语活动中引起美感的最直接的部分是音韵美感。

本节的任务是进一步提供更多的言语活动乐音趋向的证据。乐音化了的言语活动和言语行为分两类：以交际为主要目的（交际、传达信息、以此行事）的乐音化了的言语活动和行为，以享受和娱乐为主要目的的乐音化了的言语活动和行为。前一类是自然形态的乐音化了的言语活动（与行为），后一类是艺术化了的乐音化言语活动（与行为）。这样的区分具有特别重要的意义。第一类（以交际为主要目的的、自然形态的）是美学语言学研究的对象，第二类（以享受和娱乐为主要目的、艺术化了的）是艺术美学（如文艺美学、音乐等）研究的对象，本书只简笔带过，不作详细讨论。以下分类讨论。

第一类：以交际、行事为主要目的、自然形态的乐音化了的言语活动与行为：

第一个证据：叫卖（吆喝）。好的吆喝声是一种乐音。叫卖与吆喝的行事目的是请求过路人（潜在的顾客）买货（商品）。叫卖与吆喝有明确的听话人，吆喝的嗓门调门有独特的魅力，先是吸引过路人注意、驻足欣赏，最后达到兜揽生意的目的。下面的吆喝材料由李植玙先生（湖北民族学院音乐教师）记谱，吆喝人是侯宝林先生，著名的相声艺术家，因而他的吆喝是准确可信的（中央人民广播电台广播）。

一、卖土豆

1 = C

卖土 豆哦 一毛 钱 哦一斤。

二、卖柿子

1 = ♭E

卖 柿子 了哎 也不 说 的咧 哆了 把 话 咧。

三、栗子味的面老窝窝

1 = ♭A

栗 子味哟 面 老 窝窝。

四、糖 葫 芦

1. 北京北城（词根据侯宝林文）

1 = ♭A 2/4

蜜来哎 哎 冰 糖 葫芦儿 来哟。

2. 北京西城

1 = A

葫 芦 冰 糖的。

194

3. 北京南城

1 = #F

葫芦儿。

4. 天津糖参

1 = #F

墩儿！哎！

五、晚香玉

1=A 2/4

呜晚　　　香　玉　哎长　香。

六、玉兰花

1=F

玉 兰 花啊 哎　　莱 莉 花呜　　哎。

七、天津瓣兰花（即"玉兰花"）

1=♭A

瓣　兰花　　晚香玉哎。

八、卖布头（以下"词"均据侯宝林整理文）

1. 天津背包袱卖布的

1=♯F 3/4

买哎 花条 布哎， 做里儿的做面儿的 十锦白的 做裤褂 去 呗。

2. 天津摆摊的卖布头

1=♯F 2/4

瞧瞧 这块哎， 真正细毛月， 真色又不 掉买到家里做裤褂 去呗！

3. 德国青

1=F 2/4

(甲)哎！这块 吆喝， 吆 喝 贱了 就是 不打价呀， 说这块

德国 青， 这块怎么那么 黑？你说 怎么 那么 黑？(乙)我知道怎么

那么黑？(甲)汽死 张飞， 还不让 李逵，并赛过唐 朝的 黑敬

德哩吧， 怎么 那么 黑？在 东山送过 炭， 他 西山挖过

| i　06 | i665 | i　65 | 65　534 | 5　05 | 6565 |

煤　　又当过两天　煤铺的　二掌柜　的　吧；这　真正德国

| i0　05 | 65　7·6 | 5　06 | 56　2i | 655 | 6　i·6 |

青。　　真　正是德国　染儿,真　正是　德国　人他　制　造的这种

| 53　5 | 05　65 | ii　i0 | i　766　i | i0　05 | 65　54 |

布儿的,　外号叫　三不　怕,　什么叫　三不怕?　它　不怕洗呀,

| 65　2i | 65　4 | 50　5i | 6·i　5 | 0i　55 | 60 ‖

不怕淋呀,不怕晒　呀,　任凭　怎么　洗,　不掉色　呀。

（乙）青的?（甲）白布。（乙）白布哇?（甲）这白布不掉色哎,废话哎!
（乙）白布有掉色的吗?

4. 北京卖布头

1＝F　2/4　3/4　　（1）软调

| i·5　660 | 2　6 | 5·5　65 | 65　5 | 50　055 | 65　i00 |

这块吆喝,　吆喝贱的　就是　不打价　呀,　这块　本色白。

| 6·5　6i | 50　05 | 6·i　56 | i0　05 | 45　2i | 656·5 |

气死头场　雪,　还　不让　二路霜,　并　赛过　复　兴的洋白

| 56 | 05　4·5 | 65　2i | 65　54 | 4·6　50 | 0565 |

面哪。　要买到　你老　家　里去做被　里儿去吧。　是禁洗

| 67　i0 | 05　65 | 67　i0 | i66　i | i0　06 | ii　6i |

又禁晒,　还禁铺　又禁　盖,　禁拉又禁　拽,　是　禁蹬又禁

| i3　0　　0 ‖　谁叫你不老实呀!

蹾!

(2) 硬 调

1=F 2/4

$\overset{\cdot}{2}$ $\#\overset{\cdot}{1}$…… $\underline{\overset{\cdot}{1}0}$ $\overset{\cdot}{1}\cdot\overset{\cdot}{7}$ | $\underline{\overset{\cdot}{1}\overset{\cdot}{1}}\underline{67}$ $\underline{\overset{\cdot}{1}0}$ | $\overset{\cdot}{6}\overset{\cdot}{1}$ $\underline{\overset{\cdot}{1}76}$ $\underline{\overset{\cdot}{1}765}$ |

哎! 嘿! 哎! 这块 吆喝贱了吧, 你不要那么一块儿嘞,

| $\underline{\overset{\cdot}{1}\overset{\cdot}{1}\overset{\cdot}{1}65}$ $\overset{\cdot}{1}\overset{\cdot}{1}\cdot$ | $5\cdot\underline{61}$ $\underline{66}\overset{\cdot}{1}$ | $\underline{566}\overset{\cdot}{1}\overset{\cdot}{2}$ $\underline{\overset{\cdot}{1}764}$ |

又来这么 一块, 这一块儿那块 就不大相同 不一样儿

| 5 $\underline{\overset{\cdot}{1}\cdot766}$ | $\overset{\cdot}{1}\overset{\cdot}{1}$ $\underline{6565}$ | 5 $\overset{\cdot}{2}\cdot\underline{165}$ | $\underline{56}\overset{\cdot}{1}\overset{\cdot}{2}$ $\underline{\overset{\cdot}{1}664}$ |

的,刚才那么 一块儿那是德国 青,还得吆哟 贱的一样一块六

| $\underline{50}$ $\underline{6\cdot176}$ | $\underline{\overset{\cdot}{1}\overset{\cdot}{1}0}$ $\underline{\overset{\cdot}{1}6}$ | $\underline{\overset{\cdot}{1}66}$ $\underline{\overset{\cdot}{1}66}$ | $\overset{\cdot}{1}\overset{\cdot}{1}$ $\underline{6\overset{\cdot}{2}\overset{\cdot}{1}}$ |

哇。 又来这么 一块, 这块 就叫那 晴雨的 商标 阴丹

| $\underline{\overset{\cdot}{1}764}\underline{50}$ | $\underline{\overset{\cdot}{1}666}\underline{7\overset{\cdot}{1}0}$ | $\underline{656}$ $\underline{\overset{\cdot}{1}6\overset{\cdot}{2}\overset{\cdot}{1}}$ | $\underline{6664}\underline{50}$ |

士林布儿的, 我这块 士林布. 要买到 你老家里就 做大褂去吧,

| $\underline{\overset{\cdot}{1}6\overset{\cdot}{1}}\underline{\overset{\cdot}{1}0}$ | $\underline{56}\overset{\cdot}{1}$ $\underline{\overset{\cdot}{1}0}$ | $\underline{5565}4$ $\underline{50}$ | $\overset{\cdot}{2}$ $\underline{\overset{\cdot}{1}76}$ $\underline{56}\overset{\cdot}{1}\overset{\cdot}{1}$ |

穿在身上, 走在街上, 大伙儿那么一瞧, 真不知道你 老是

| $6\cdot\underline{\overset{\cdot}{1}\overset{\cdot}{2}\overset{\cdot}{1}}$ $\underline{6553}$ | $\underline{50}$ $\underline{676}$ | $\underline{\overset{\cdot}{1}0}$ $\underline{\overset{\cdot}{1}767}$ | $\underline{\overset{\cdot}{1}0}$ $\widehat{676}$ |

那 号的大掌柜的 吧; 这块布 头, 你有多大 个儿又宽又

| $\underline{\overset{\cdot}{1}0}$ $\underline{\overset{\cdot}{1}66}\overset{\cdot}{1}$ | $\underline{\overset{\cdot}{1}0}$ $\underline{\overset{\cdot}{1}\cdot656}$ | $\overset{\cdot}{1}\cdot\underline{\overset{\cdot}{1}6\overset{\cdot}{1}}$ $\underline{654}$ | $\underline{50}$ $\overset{\cdot}{1}\cdot\underline{66}\overset{\cdot}{1}$ |

长,你还得大高 个儿还 得是三 接粗的大个胖 子,一 大四

| 1̲ 3̲ 0 1̇·5̲6̲7 | 1̲0 6̲7̲2 | 1̲0 5̲5̲5 | 1̆ 6̲5 6̲3 |

大，大 脑袋 瓜，大屁股 蛋儿，大脚巴 丫儿你是 还得

| 6̲ 1̲ 6·5̲6̲7 | 6̲0 2̲1̲6 | 5̲ 1̇1̇ 6̲5̲4 | 5̲0 5̲5̲6̲7 |

两条大 粗腿儿 啊，肥肥 大大的足以够 了，这块 士林

| 1̲0 6̲5̲5̲6̲1̇ | 1̲0 6̲6̲1̲6 | 5·6̲2̲2̲6̲6 6̲5̲3 |

布，你到了大 布 店，说是你老 都得点着名儿 把它要

| 5 6̲6̲5̲6̲7 | 1̲0 5̲5̲5̲6̲5 | 2̲1̲6 5̲6̲1̲6 | 5̲6̲1̲6 5̲6̲1̲6 |

哇，到了北京 城 就讲究八个祥哇：瑞蚨 祥哦、瑞林祥哦、广益祥哦、

| 5̲6̲1̲6 2̲1̲1̲6 | 6̲6̲1̲6 5̲6̲1̲6 | 6̲6̲1̲1̇ 2̲1̲6̲3 |

益和祥哦、祥义号啊 .廊 房头条 坐北朝南 还 吗有个 谦祥益

| 5̆5̲5·5̲6̲5 | 1̇1̇·6̲5̲6̲7 | 1̲5̲6̲ 1̲7̲6 | 5̲6̲1̲ 2̲·1̲5̲6 |

呀这到 了八大 样啊 说你要买 一尺 啊它就得 一毛八没 有一毛

| 2̲1̲6̆ 6̲5 1̲5̲6̲5 | 1̲5̲6̲5 1̲5̲6̲5 | 1̲6̲5̲5 6̲1̲6̲5 |

八，　你就 买不着这么 '细发'这么 宽的这么 密的 这么 厚的这么

| 6̲1̲6 1̲1̲ 1̲7̲6̲7 | 1̲0 1̲7̲6̲7 | 1̲0 1̲7̲6̲7 |

好 的，来到我们 这个 摊，一个样儿的 货，一个样的

| 1̲0 1̲7̲6̲7 | 2̲1̲ 2̲1̲7̲6 | 5̲6̲1̲6 5̲6̲2̲6 | 6̲5̲5̲4 5̲0 |

价儿，一个样的 行 市那谁也 不买小布摊儿的碎布 头儿 零布块 儿 啊！

| i͡i 5 5͡6 i͡0 | i͡i 6͡i 5͡0 | i͡5͡6 i͡5 | 2͡2i͡6 5͡6 |

来到我们的摊儿，众位有功夫，听我们 庹庹 哎让让 价啊。

(白) ╳╳ ╳╳0 | ╳ ╳ ╳╳0 | ╳╳╳╳ ╳0 | ╳·╳╳╳

一庹五尺，　　两庹一丈，　　三庹一丈五，　四庹二丈，

╳╳╳╳╳ | i͡6 5͡6 i͡6͡5 | i͡6͡5 6͡6͡0 | i͡5͡6͡2 i͡6͡0 |

两丈零一尺，这个大尺量 就 算要两丈啊！ 到了大布店啊，

| 6͡7i͡6 6͡7 | i͡0 i͡6͡5͡6 | i͡0 6͡6͡6͡6 | 5͡0 6͡2i͡6 |

买了一尺一毛 八，十尺一块 八，二八一十 六，就得三块

| 5͡6 i͡6͡6͡6͡6͡6 | i͡0 i͡7͡6͡7 | i͡0 6͡6͡6͡5͡6 | i͡6͡6 2i͡6 |

六啊，来到 我们这个 摊儿，三块六不要，把六毛去了 它，你拿三块

| 6͡i i͡i i͡5͡6͡7 | 6͡2i͡6͡7 | i͡0 i͡6i͡6 | 5͡0 i͡6͡5͡5͡5 |

大洋 就两 不找 哇：这个钱不 要， 不要不要 紧， 我是额外的

| 6͡2 6͡5͡4 | 5͡0 (白) ╳╳╳ ╳╳╳ ╳╳╳╳ ╳0 ╳╳╳

生枝 还得让 它：　　去两毛，让两毛，你给两块 六；去一毛，

╳╳╳ ╳╳╳╳ ╳ ╳╳╳ ╳╳╳ ╳╳╳╳ ╳0 6͡5͡6i͡ i͡0

让一毛，你给两块 四；去两毛 让两毛，你给两块 钱。 两块钱不要，

| 6͡7i͡6 5͡0 | 6͡6͡6͡5 6͡6͡6 | 6͡6͡6͡7 i͡0͡6͡5 |

不要不要紧，　　这里丢了本我是　　哪里有个 赚，我是

| 6 5 6 i | 5 0 | 6 2 i 6 6 6 | 6 5 4 5 0 | i i 6 7 i 0 |

赔本赚吆喝，　　小徒弟织的是　没打手　钱，　　这不两块　钱，

| 0 6 i 6 i i | 6 7 i 0 6 6 | 5 2 6 5 4 | 5 0 (白)

哎！你是争那，　他是争，两块　大洋　打破了　它：

X X X　X X X　X X X X　X 0　X X X　X X X　X X X X　X 0　X X X

去两毛，让两毛，你给一块　六：　去一毛，让一毛，你给一块　四；　去两毛

X X X　X X X X　X 0　X X X X　X 0　0　X X X　X X X

让两毛，你给一块　钱，这不一块　钱，　　去五毛，让五毛，

(乙)　X X

啊！这？

(甲)

X X X X

白拿起去

[说明]

1. 各曲均以四分音符为拍子单位。

2. "廾"（散板）；空3拍号的也只能作参考。

3. 李植玙先生称，记谱可能会有个别地方不够准确。

第四章　言语活动的美

201

吆喝可记出旋律谱表，可见其乐音性质。"尤其是最后的大段吆喝最要功夫。这段吆喝不是一般的'贯口'旋律，节奏感更强。一气吆喝下来，不仅要求'字正腔圆'，还要求偷气、换气。气口得当，张弛才有致，层次才分明。最后的上板道白是点小滑稽技巧，却推吆喝至高潮，收底绝妙。"（李植玙）但最后（乙）与（甲）的对话，是多余的，是相声表演的需要，抖了一个响亮的包袱，我们可以不管。钱锺书注意到《百花亭》第三折王焕叫卖云："查梨条卖也！卖也！卖也！这果是家园制造道地收来也！有福州府甜津津、香喷喷、红馥馥、带浆儿新剥的圆眼荔枝也！有平江路酸溜溜、凉阴阴、美甘甘连叶儿整下的黄橙绿橘也！有松阳县软柔柔、白璞璞、带粉儿压匾的凝霜柿饼也！有婺州府脆松松、鲜润润、明晃晃、拌糖儿捏就的缠枣头也！有蜜和成、糖制就、细切的新建姜丝也！有日晒皱、风吹干、去壳的高邮菱米也！有黑的黑、红的红、魏郡收来的指头大瓜子也！有酸不酸、甜不甜、宣城贩到的得法软梨条也！"（钱锺书，1990:（卷4）：299）据中央电视台一个节目曾报道的吆喝的各种风格和特点看来，安徽省的吆喝像唱民间小调，好听可乐，如吆喝黄梅凉席和包子；江苏省的吆喝简单明了；上海的则优美动听，音乐性强，如吆喝花；山东的粗犷豪放；福建的就有点南腔北调，如在小吃锅边的、收购破布的吆喝起来像京剧，福建的吆喝像唱京剧，那还真的是南腔带了北调。

第二个证据：把要说的话唱出来，即唱话。这样的情形，据我观察：青少年之间，青少年对大人，唱话的事件常常发生；大人情绪好的时候也常有唱话发生；这样唱话发生时所用的旋律一是套用流行歌曲，二是唱话人自己随心所欲临时编曲。兹举四个实例以证之。笔者的家庭，有一次查问是谁上了厕所不冲水，大孩子（写此书时19岁，大学生）套用童安格所唱一曲答道："绝对不是我……"；另有一次，他套用"弯弯的月亮"（广东省的多次荣获榜首之歌曲）嘲笑他的弟弟："××是个傻瓜，是个大大的傻瓜……"；黄炎培生活一贯俭朴，中年后一直素食，家中常有咸菜豆瓣汤佐食，孩子们一见就合唱："咸菜豆瓣汤，吃了上天堂。"（林永华：《做人必须自己立定脚跟》，《人物》1983年第1期）中央电视台1994年春节联欢晚会上，歌曲《一封家信》就是唱话。唱话活动不可小看。因为它太平常，人们又往往把它和天真活泼与喜形于色连在一起，不把它当回正事，其实，在语言研究工作者眼里，它是最原始、最具自然形态的言语乐音化证据，它证明：人要拿自己的言语作审美对象的欲望是遏制不住的，其行为的自然流露是最具说服力的。成年人在高兴时也有唱话的行为，比如夫妻之间、伙伴之间、老友之间常用京戏、地方戏随口唱出自己的话。这不就是把舞台上的歌剧搬回它的自然形态、恢复它的本来面貌吗？这是不可思议的偶合吗？其实是非常有理的互相印证。

第三个证据：对歌。对歌是什么？对歌就是对话的乐音化翻版。唱出要说的话，以唱行事（求爱、求婚）。有的唱世世代代传唱的歌，有的却能唱随时随地想出的东西，即随口便唱。出名的对歌之乡云南、贵州的某些少数民族现在仍有对歌活动。1994年6月3日，广东电视岭南台播放湖南苗家的"四月八"节日活动，其中就有先对歌（求爱）后定亲的场面，画外音强调这组镜头是偷拍的，他们发现了，也不介意。可见这对歌是正常的以言行事。

第四个证据："无事不成歌。"1991年4月2日晚间的中央电视台《祖国大家庭》节目播映土家族民风民俗（湖北、湖南两省的土家族居住区）时，广播员这样介绍说："社歌、田歌、喜歌……无事不成歌。"此话绝非夸大。据我所知，提出证据如下：傈僳族，尽管有了第一代知识分子，但是用民歌传播真理、传递自己民族历史的传统却流传全今（1991年4月7日中央电视台《祖国大家庭》专题节日）。湖南龙山县凷山镇（土家族）乡亲对着造访的客人唱起了"欢迎贵宾来龙山……"以唱代欢迎行为（中央电视台，1991年4月18日）。侗族，至今仍以歌代媒，以歌代书（中央电视台，1991年3月30日）。壮族婚礼，新婚坐酒闹大堂，对答山歌，非常有趣，由一受尊敬之老人，出口成歌，唱词如："唱山歌，一人唱来万人和，喜庆新婚该欢笑，新娘为何不唱歌？"新娘低头微笑，众人唱："什么东西比酒美？什么东西比鱼肥？什么能生个胖仔？聪明新娘快答来！"有一个小伙子出面代答（其实都是唱）："新娘心肠比酒美，娃娃落地比鱼肥，来年此时生个仔，夫妻添丁带福来。"有一小姑娘即对唱："池塘有水能养鱼，袋内有钱才赶墟，这位表弟情和意，身边表妹正合适。"像这样节外生枝的小伙子小姑娘对答可以持续很长时间。客家人往往向过路人（素不相识）挑战，拦路以歌，常常是随口唱出，韵味天成，甚是可赞（陈寿民，1986: 51）。湖北五峰县土家族刘德培老人（1992年时已八旬）以他事事有歌而闻名。承他应我之邀，给我寄来一部分他能唱的歌，这些歌都是以唱代行事的。据老人介绍，红白事皆可成歌：上屋梁，开喜会盒，开二架盒（递交礼物），开祝米盒（送祝米，湖北一带，娘家给坐月子的女儿送去许多补养产后虚弱身体的食品，兼示庆祝），升匾，送亲（送女儿出嫁），送祝米恭贺，支客事迎客，三道接风，支客代表讲话（支客，可能是湖北一带结婚仪式上主持仪式、支配客人的总管），请新人入（洞）房，安席（安排宴席），交钥匙，打发送子娘娘，出门叫谢，支客事送客，祝寿词，立碑祭地脉龙神，丧鼓开歌场，请状子老师（会写状子的人），唱坐丧跳丧舞，男哭女，女哭男，敬献亡人，送歌郎（四句），送歌郎开词，送枢，送出外唱八卦十方，安亡灵，出枢话，起煞话，撒禄米，陪十弟兄发酒令（湖北一带婚礼上，新郎应向前来祝贺他的十位好友陪席敬酒），陪十姐妹，开会开言词等等，等等。后来，他又顺口赠我四句，显然也是以歌代祝愿（行事）："状文语来状文言，状到先生钱冠连，您的书文通四海，皆出好多文才贤。"（照录在此，"状文语"，"状文言"，"皆出好多文才贤"，都只领会粗略大意，本书作者并不深察）真可谓"无事不成歌"，到了"唱话"的程度。另据湖北长阳土家族自治县文联的陈洪同志介绍，湖北一带土家族许多活动都以歌代令、伴行（事），如哭嫁，丧鼓，上梁，赶仗（打猎，集体行动），采茶，薅草，劳动，传情说爱（木叶歌，情歌之一种），都有唱随行（事），以唱代发命令指挥，以唱组织生产过程，将乐音化了的言语活动与非言语行为有机地结合了起来。

但是，一个有趣的现象必须提出来稍加讨论，那便是，"无事不成歌"的现象在农村见得多，城市见得少，在少数民族区域见得多，在汉族区域见得少，在大山区见得多，在平原见得少。这是为什么？这是不是和生产力发展水平、总体的文明水平有关？显然有关。在农村多，是因为农民容易在田野里会面，田野静谧，农业劳动生产力还没有发展到机器轰鸣，阻止唱歌的水平，但城市的生产与交通所创造的繁华剥夺了宁静的气氛，无法进行"会歌"（请比较"会话"）活动；在少数民族区域多，是因为少数民族生产相对不发达，互相之间的帮助不能少，现代化娱乐手段太少，集体活动相对增多。汉族区域生产水平高，现代化水平高，个别活动普遍存在（电传机、电脑、研究、文书等手段与形式促进了人与人隔离劳动）。尤其是文娱活动多，其形式高级复杂，人与人之间的"会歌"也无必要；大山区多，是因为山区容易造成隔离状态，"窝"在一起的山村居民便容易养成相依为命的心理，造成了"会歌"的心理基础。山区隔离造成交通不发达，大型生产机器不容易引进，造成了"会歌"所需要的安静场所。山区缺少现代化的娱乐设备，求娱乐、求美的享受欲便"驱赶"着人们到一起，造成了"会歌"的吸引力。而平原交通发达，本来就容易联系与见面，一伸腿就可到千里之外，与本地居民无相依为命的心理需求。生产活动嘈杂，无"会歌"所要求的安静气氛。所以，凡是集山区、少数民族、从事农业生产三个条件于一体的居民点，"会歌"就越有可能产生。

第五个证据：船工号子。船工背负着沉重的纤绳，爬伏在河岸纤道（可在坚硬的岩石上踩出一条光光的纤道），为了调节劳动时的呼吸和动作而发出有节奏的呼喊声，配以简明词句，呼唱法因情势不同而不同。船工号子是乐音化的以言行事（此时成了"以唱行事"），其行事表现是，（1）指挥生产，发出命令。江滩急浪处，河水澎湃，常呼"齐头号""急号""盘滩号""平塘号""横艄号""拖扛号""出艄号""提缆号"以统一动作，合力前进。此时号子唱得高亢粗犷、千回百转、回旋复沓，吟哦咏叹再三。险滩恶浪处，为了统一步伐，协调动作，避免窝工，领头唱的号子就是发布命令（命令行为）——呼起则进，呼停则止，呼骤则疾，呼缓则徐。这些号子中的衬词较多，一句完整的话被衬词分割为好几节，还要加进许多修辞音节。如《水上号》这样领与合：

领：天上下雨，合：吨含啦！

领：下下巴呀，合：吨含啦！

领：黄丝蚂蚁，合：吨含啦！

领：在搬家呀，合：吨含啦！

领：过路大人，合：吨含啦！

领：不踩我呀，合：吨含啦！

领：为儿为女，合：吨含啦！

领：才搬家呀！合：吨含啦！

（参见田永红：《乌江船工号子初探》，《湖北民族学院学报》（哲学社会科学版）1989年第1期）

（2）在水势平缓处或顺江而下时，号子的行事表现则暂停，娱乐身心的功能突出起来。如"下江号""拖扛号""横艄号"唱词完整，节奏缓慢，呼喊声在其中只起点缀节拍的作用，吆喝声悠扬婉转。（3）值得注意的是即兴唱词，想长则长，想短则短，有长声吆喝，有慢板拖唱，有领有和，有唱有说。这些说的唱的都是从实际出发，即施行命令、提醒、提防、协调等言语行为，这就更加带上了以唱行事的特征。

船工号子的音乐性，最值得注意的是它的节奏。比如绞摊时，拉纤人用力强度大，动作急促，呼吸短暂，所唱的号子必然是节奏简明急促，强音不断，顿挫有力。在平江浪静或顺水而下时，由于体力消耗较小，号子节奏自然轻快，装饰音丰富，旋律优美。节奏，常常关系到劳动合作的成败，弄不好就会彼此动作相扰，步伐混乱，纤绳紊乱船颠舟覆。我在少年时代在江汉平原的东荆河、通顺河畔有幸听到纤夫迂缓的号子声调，青年时代又有幸看到川江的绞滩，看到西陵峡、巫峡岸边光着身子的纤夫（在轮船上听不到号子声），在鄂西的清江、川东的乌江两岸听到船工深沉粗犷的号子，仿佛把我引入了天国，印象终身难忘。时代前进，机帆船、大轮船已是百舸争流，船工号子的消失好像是一种无法抗拒的"损失"，但对于付出沉重劳力的船工而言却是一种解放。船工号子也无法进行现场录音，俄罗斯的伏尔加纤夫曲的广为流传却多少弥补了些微的遗憾：

应该说，这样的旋律，这样的节奏，酷肖中国船工号子的基本节奏与旋律。它的痛苦与沉重，令人失掉自己，却在创造世界的劳动中又让你找回净化的灵魂。

第六个证据：重体力劳动号子。修堤坝打夯号子，抬灵柩号子，抬花轿号子，抬各种重物的号子，都是这一类。有的只有"吭哟吭哟"的悦耳唱声，有的有唱词，但毫无例外的是，都必须有和谐的节奏，以便协调众人的步伐——打夯、抬灵柩、抬花轿，一律都是在众人协调步伐中向前缓进。

第七个证据：以唱词宣战。南非土著民族之一祖鲁人向外敌开战，两军阵前，一手持长矛，另一手执盾，洪亮整齐地唱出宣战词（参见FOX电影：《不可驯服的女人》）。这相当于中国古代两军阵前下战书，念檄文，但都是念不是唱。祖鲁人唱的宣战词是固定套语，其行为是宣战，以唱宣战。

第八个证据：划龙船配唱词。在紧张的两船竞争时用锣、鼓协调节奏（一起下桨片），但戏耍性的划龙船却配有很好听的歌。

第九个证据：中国和尚念经，外国教堂唱诗。中国和尚念经其实是唱经，但与唱有所不同，旋律简单平直，但有节奏，说"僧人课诵"比较切合实际。僧敲木鱼（单个人）是为了押拍节。集体念经，大鼓大钹伴奏，非常富丽堂皇，令人震慑。为何念经的调子低沉平直．起伏不大？经文太长，嗓子经受不住长时间的高调高腔和起伏波折的负担，为了持久念完长长的经文，只好音量放小，且起伏不大。和尚念经配上简单的旋律和节奏，还有一个作用，那便是使自己的身心处于愉悦的状态，以便维持旷日持久的单调的重复的生活。

教堂唱诗与和尚念经的情况大致相同，所不同的是唱诗的旋律更正规、更丰富、更有变化。这样的唱诗，尤其是唱诗班的唱诗，几乎是等于较高水平的合唱。加上诗的说教意义，故能震动人的心灵。

第十个证据：即席的诗词唱和。即席的诗词唱和（别人）与写诗发表不同。前者是以诗代言语行为，如恭贺、奉承，都是行为，后者是为了发表让人欣赏，发表之后诗产生的影响是言后行为，与即席唱和诗这样的以诗代行事，是不同的。

第十一个证据：耍猴人以唱指挥猴儿。"耍猴儿者，木箱之内，藏有羽帽乌纱，猴手自启箱，戴而坐之，俨若官署之排衙，猴人口唱俚歌，抑扬可听，古称沐猴而冠，殆指此也。"（清光绪，富察敦崇，《燕京岁时记》，着重号为引者加）据载，耍猴儿的人还如下唱道："开开柜，打开箱，毛猴你把××装一装。"边唱边敲锣。这一句唱词就是发出指示：开箱——穿衣——装扮什么角色，这里就有了三个指令。

第十二个证据：婚礼仪式。在结婚仪式上，支宾先生高唱："一拜天地，二拜高堂，夫妻对拜，送入洞房。"请听，这里以唱代行的事是四个指令，四次命令行为。

第十三个证据：印度瑜伽功呼吸变成唱歌。印度瑜伽总部，在乐队伴奏下，歌声深沉回荡，男唱一句，女唱一句，像男女声二重唱。印度弟子视为念经，西方弟子则认为是唱歌，香港弟子则看作是"吐纳术"。其实这是一种深呼吸功的练习。此功是从念经中不断地实践改进而成的。歌词是印度圣经，唱时反复重吟，易学易记。歌曲是印度民间乐曲。在深沉呼吸节律下唱歌，随着经文的诱导还会产生外功。（参见李旺华：《奇功妙法》，《羊城晚报》1991-8-8）看来，唱歌是练功的一部分，唱歌是深呼吸运动。

第十四个证据：行酒令-就是唱酒令。这种音乐形式的言语活动代替了斗智的话语，最直接地"翻译"出来的话语相当于："罚你喝掉（这杯酒）。"

第十五个证据：唱歌发号召。胡耀邦任总书记职务期间，曾到胜利油田视察工作，在干部大会上讲话，唱起了《抗日军政大学校歌》。他是在表演吗？显然不是。他以歌代替了这样的言语行为——要求，要求听话人努力开发能源。唱完歌之后，他紧接着说："你们这里不也叫黄河之滨吗？现在我把歌词换几个字。歌词就改成了这么几句话：黄河之滨，集合着一群中华民族优秀的子孙，四化希望，能源的责任，全靠我们打头阵！"（中央电视台实况录像报道）这样的要求与直接的言语行为——指示——有着显然不同的特色。在场的一千多名石油战线干部情不自禁击掌以和（拍节），可以证明这样的特殊执行言语行为的方法在某些特殊场合是有特殊的感染力的。

第十六个证据：地球人用音乐去召唤外星人。太空飞船"旅行者二号"完成对海王星的考察任务后，开始飞离太阳系，进入无穷无尽的宇宙间，以便完成它的最后一项任务：给可能遇到的"外星人"交出地球人的第一封信。所谓信，就是包含了三组内容的一张唱片。第一组内容约为18分钟，先是当时任职的美国总统卡特的问候语和联合国秘书长瓦尔德海姆的致意辞，接着就是地球上的60种语言的"问好"，包括我国的普通话和潮州话。第二组是各种声音，共用18分钟，表达了地球45亿年的历史，可谓长话短说。第三组选用了能代表地球上丰富多采的27首乐曲，足足占了90分钟。乐曲有巴赫的《布拉登堡第二协奏曲》第一乐章，丘克·贝利的《约翰B，再见》（爵士乐）、《新几内亚人的房子》、《黑沉沉的夜》（小夜曲）、《流水》（中国古琴独奏），贝多芬第三降B调弦乐四重奏的第五乐章。（余飞编译：《唱片飞宇宙，天外觅知音》，《人民日报》1989-12-17）

值得我们咀嚼的问题有三：（1）发出信息不用文字符号，而用语音，这说明什么？除了技术原因（纸不能长久保存，而经过特殊处理的唱片可保存10亿年）以外，这说明，语言的本质形式是说话（语音流）而不是文字。（2）三组录制分别为说话声、自然声、乐曲，这说明了什么？地球人认为，代表自己向外星人对话的最佳媒介是这样三种。（3）三组内容中，最长的时间（90分钟）给了乐曲（27首），这又说明了什么？为什么选择音乐？这是美学语言学感兴趣的问题。让外星人了解地球上的音乐，这表明地球人对音乐有一种寄托。寄托了什么？先传送说话声，再传送音乐，这说明，音乐也是人类共同的语言，话语（第一组60种语言"问好"）与音乐对照，说明话语主要用来传达信息，音乐用来传达情绪和感受，话语与音乐的天然联盟，足足可以代表人类的信息、情感、情绪与感受。话语与音乐的联盟成为人与宇宙联系的桥梁。巴赫的《布拉登堡第二协奏曲》的第一乐章为开始曲，乐章的欢乐情绪极适合问候，就用它来代替向外星人问候（比较第一组"你好"）这一言语行为。也就是说，地球人将同类之间的言语的乐音化现象转移到地球人与外星人之间去。

古琴独奏《流水》既能代表中国古老悠久的文化，而且推荐者认为，《流水》也是"人类意识与宇宙共鸣的冥想曲"（余飞编译，出处见上）。所谓"共鸣"，是指地球人与宇宙的互相呼应与唱和。这是想象中的乐音交际。地球人之间，不是你送我一支歌，我回敬你一首曲；你送我一首诗，我奉和你一首词吗？这里，地球人将同类之间的言语乐音化现象转移到地球人与外星人之间去。压轴音乐是贝多芬第三降B调弦乐四重奏的第五乐章，这首优美的抒情乐曲表达了人类的痛苦和希望，含义深远，高深莫测，最值得让外星人去冥思苦想。"我们有如此这般的希望和痛苦，如此这般的兴旺与灾难，你们外星人也是这样吗？"地球人用这首四重奏试探地向外星人提出问题。用音乐去询问外星人，这不正是以音乐行事（询问）吗？

以上第一类（肯定不只是这十六个证据）乐音化的言语活动与行为，共同的特点是：

（1）乐音化虽然产生了美感效果，但这些行为的主要目的却不是表演让人欣赏，而是为了交际与行事。

（2）说话人和听话人两方面都参加交际，轮流占有话轮。（即你有来言，我有去语）

但是，第二类乐音化的言语活动与行为（唱歌、诗朗诵，歌剧，演奏音乐），刚好与上面两个特点不同，它们表现为：

（1）乐音化产生的美感效果本身就是行为的主要目的，因而是表演出来让人欣赏的，不是为了交际这样的活动，即非自然形态的乐音化言语活动。

（2）只有说话人（其实是表演者）一方发出言语行为，听话人（其实是听众与观赏者）不"抢占"话轮（即你有来言，我无去语）。

唱歌、诗朗诵、歌剧（戏剧）、音乐演奏等就是这一类乐音化了的言语行为与活动。它们分别有相应的艺术学科或门类去研究，不是美学语言学研究的对象，因此恕不在此讨论了。

小结：言语活动的乐音趋向给我们几点启示：

（1）人们将语言变成审美对象的愿望是强烈的，将语言变成审美对象的努力也是成功的。这是本书自始至终讨论的题目，本节只是再次提供了证据。

（2）言语与音乐同源，语言在音乐之后产生。郭沫若认为："原始人之音乐即原始之言语，于远方传令每藉乐器之音以藏事，故大箫之言亦可转为言语之言。"（转引自蒋孔阳《先秦音乐美学思想论稿》，第7页，人民文学出版社）郭沫若先生此说即主张语言在音乐之后产生："大箫之言亦可转为言语之言。"语言产生之后，人们的言语活动还这样本能地趋向音乐（见本节第一类十六个证据以及第二类的若干项），只能说明言语与音乐确实是同源的。这样的同源论，我认为，反过来又证明：言语可以成为审美客体确有其天然的优越条件——它与音乐同源，也可以说，言语与音乐同源论解释了语言为什么存在着固有的审美属性。（请参见第二章第二节：语言的美的属性）

第四节
说话与写作的正负美比较

说话是现想现说（即兴发言，prompt speech）的言语活动与行为，既可以是三言两语零零碎碎，也可以是长篇大论，连贯发言（unbroken speech）。前者如日常会话，有对答，或无所谓对答，只是偶发性的话语无须对答；后者如有简短提纲（早有准备）的长篇大论，或毫无准备的长篇说话（应人临时之发问）。既然是现想现说，要表现出说话的美，就不那么容易。口语是古代人类社会的最主要最普遍的传播媒介，它的使用大大超出文字符号的范围，在非文字传达系统里居中心地位。现代社会里，非口语传达越来越多，越来越先进，但面对面交谈却是人类社会永远不能取消的交际形式。它的交际特点（面对面，现想现说）使口语的审美选择既有了区别于写作（书面语）的特点，又增加了口语产生美感的困难。所以，语言不是审美的驯服工具（边想边说，不能修改错误，这是"不驯服"之一；语言本来不是万能的，这是"不驯服"之二。此处不再深谈）。说话，与写作比较起来，有着审美表现的优点：

（1）说话有声音、有节奏，因而形式美特征一下子就让听众感受到了。写作让读话人听到声音不是直接的。能不能直接听到音乐的美，美感效果是不一样的。写作所提供的音乐美是隔了一层符号（媒介的），因而写作提供的音乐美，严格地说，不是物质的，而是印象的。口语提供的音乐美，才是物质的，真实的。

（2）说话可以借助非语言符号系统的符号来帮助产生美的效果。语言符号之外的符号可资利用的大略有：面相（也是符号）、身姿、图画、各种视听手段、穿着（也是一种符号）、各种美的装饰，等等。

（3）说话人的视觉能发现听话人的面部表情，收到这样反馈回来的信息之后，帮助自己调整说话的审美效果。听的人面带欣赏之色、频频点头，或者面带疑虑，紧锁双眉，这些都会直接影响说话人采取或变换某些产生言语美的策略。

但说话，与写作比较起来，也存在某些审美表现的缺点，这些缺点是可能产生言语负美感的。

（1）在言语审美选择的同时，要完成其他类型的选择（如适应谈话目的和适应环境的选择，遵守起码的逻辑要求）在言语的审美选择能力上不成问题，但不适应文化环境（如异国、他乡）造成交际失败的情形里，是谈不上什么言语美的。逻辑能力差，话语缺中心、无条理，漏洞百出，也谈不上什么美的。

（2）说话所用的修改错误的手段不能完满地弥补话语缺陷。说话修改错误的手段是口头声明错了，宣布不算数，但正如赵树理指出："在说话时多说了个'哉飧稣'想要去掉，只能声明不算数，可是当你一声明，除没有把已说出的'哉飧稣'去掉，反而多了个'圆凰闶'眨？就显得更拉杂。"（赵树理，《语言小谈》，《通讯往来》1964年第7期）。错误语音流出，声明改正，意义上有改正的效果，但声音上已毫无改正效果，语音过去了就过去了，已经留下了错误的音感印象，这对于语言的形式美已经造成了损失。

（3）说话时众多的非言语因素既可积极影响言语美的形成，也可以消极影响言语美的形成。这些因素是：听话人态度，合作或敌对；听话人的知识水平（文化素质），高或者低；说话时的环境，有利于说话人或有害于说话人。那么，如果这些非言语因素不利于说话人——听话人态度是敌对的，听话人文化素质坏（低），说话环境有害——都可能造成言语的不美，甚至丑。

美学语言学的研究必须正视这些问题。有人对说话能力的高低立了一些衡量的参数，我们在克服言语美的障碍时，是可以参考这些提法的。陈健民（《汉语口语》）提出"在准备不怎么充分的情形下说出来的整段整篇的话，根据语言的集中性、连贯性、匀称性等许多参数作出判断"，看某段某篇的说话人口语能力是否高，对匀称性的要求是：1）看场合、看对象、看身份，说得体的话；2）讲究口语修辞，把话说漂亮一些；3）注意声音技巧，把话说得动听些。这三条要求对言语美的形成是有积极意义的。"说话得体"，并不就是美，但美的言语却一定是得体的。"把话说漂亮一些"，离言语美就更近一点了。尤其是"注意声音技巧，把话说得动听一些"，与言语美的第二个品性是一致的。

那么，写作，与说话比较起来，形成言语美的优势是什么呢？（只讨论以传达信息为主要目的的写作）

（1）最大的优势是有充分的时间反复修改错误，让言语美的两个基本品性完美地表现出来。匀称的格局，悦耳的音律，绚丽的色彩，丰富的思想，恰当语境中恰当的话语，可以附着在任何书面语言体制上面。实用性的文章，一经附着，就会成为审美对象，应用文也可以赢得美感。而且这个美感印象不像口头讲述那样稍纵即逝，而是可以长存供欣赏。

（2）避免了口语中通常碰到的非言语因素的消极干扰（非言语因素也有积极影响言语美形成的一面），如会话对方态度不合作，或者听话人文化素质差欣赏不了言语美，或说话时环境恶劣干扰说话人情绪。写作人尽可以在无读者表态的场合写作，在安静的地方写作，充分设想读者的各种文化层次而有针对性地写作，这些都有利于言语美品性的发挥。

写作表现言语美的缺陷是：

（1）写作所提供的音乐美是非物质形态的、印象性的美。正因为如此，人们对于音乐美的提示——文字的使用花了相当大的努力，也正是在这个方面显示出文字使用人的美学修养，所以，写作表现言语美是个相当长的、需要理论指导又需要反复磨炼的过程。语音的印象人人头脑里都有贮存，文字提示得好，可以唤起音韵节奏的印象，收到与实体（物质性）的音韵节奏相仿的美的效果。君不闻"如闻其声，如见其人"的表达功夫是多少年来人们评论写作水平的重要标准？针对着写作只能提供非物质形态的印象性的音乐美的特点，人们进行了艰苦的却是卓有成效的探索。老舍在《天书代存》序（《宇宙风》，1936年第13期）里注意到："天书代存"，念起来声音很响。朱光潜说"声音节奏对于文章是第一件要事"（朱光潜，1988：219）。钱锺书指出："《礼记·乐记》有一节美妙的文章，把听觉和视觉通连。……孔颖达《礼记正义》对这节的主旨作了扼要的说明，'声音感动于人，令人心想其形状如此。'《诗·关雎·序》：'声成文，谓之音'；孔颖达《毛诗正义》：'使五声为曲，似五色成文。'……《文心雕龙·比兴》历举'以声比心''以响比辩'……"钱锺书在这里论述的是视觉和触觉向听觉的挪移（钱锺书，1997：253），但我们借来看到的是文字提示声音的作用。谈到散文该不该有音乐美，该不该注意声韵，他与朱光潜意见一致："散文虽不押韵脚，亦自有宫商清浊；后世论文愈精，遂注意及之，桐城家言所标'固声求气'者是……。刘大魁《海峰文集》卷一《论文偶记》：'音节者，神气之迹也，字句之矩也；神气不可见，于音节见之，音节无可准，以字句准之。罩熳釉疲涸韩昌黎、苏明允作文，敝一生之精力，皆从古人声响处学'……均指散文之音节，即别于'文韵'之'笔韵'矣。古罗马文家谓'言词中隐伏歌调'（quidam cantus），善于体会，亦言散文不废声音之道也。"（钱锺书，1990：卷3：103）他的结论是"散文不废声音之道"，至于"言词中隐伏歌调"一说，已与我们这里说的音乐类一说十分贴近了。

（2）无论怎么努力表现两个品性，写作里仍然可能有美丑共举的结局，这是普遍规律。所谓文章里佳句与庸音共存，庸音赖佳句得以保存，而佳句亦不得无庸音为之烘托。盖庸音非徒蒙佳句之荣，抑且济佳句之伟。这是符合美学艺术辩证关系的解释。一篇文章，最美的话语有那么一两句。正如一首歌，最中听的也只是那几个小节。其余的虽平常甚至丑如榛槽之辞，但仍有价值。其价值在于它们烘托了阳春珠玉之句。其实，口语中最精彩的演讲也不是句句领受掌声。以哲学道理观之，美与丑、善与恶，既为对立，又互为依存，每每同构于一体。美与丑不似敌国疆界分明，而似村落相参。文词不齐不整中时见妙处。"通篇皆隽语警句，如满头珠翠以至鼻孔唇皮皆嵌珍宝，益妍得丑，反不如无。"（钱锺书，1994）这种"益妍得丑"的辩证转化正适合日常写作与交谈。如果有人满篇满嘴华丽之词，"争妍竞秀，络绎不绝，则目眩神疲，应接不暇，如鹏搏九万里而不得以六月息，有乖于心行一张一弛之道矣"（钱锺书，1994）。美的常识告诉我们，张弛结合，美丑共济，是符合规律的。

第五章
言语求美律（求美策略）

小引
什么是言语求美律（策略）

第一：从音节强迫对等规律（或现象）说起

价值系统是人们从主体的需要和客体能否满足以及如何满足主体需要的角度，对各种物质、精神现象和人们的行为的评价。评说什么是美与丑，就是一种价值评价。又比如说，我们现在讨论的人们要求美化言语活动的问题，这也是主体的需要；为了实现这个需要，就要在客观对象即话语身上寻找满足主体的需要的条件和根据，寻找实现这个需要的规律。这两个"寻找"，第一个已经在第二章（两个层次的言语美及其生成机制）、第三章（语言结构和层次上的审美选择）、第四章第一节（言语美的基本品性）里作了努力（满足主体需要的条件和根据），第二个就要在本章（寻找实现这个需要的规律）进行，你要求美化言语活动，就得寻找美化的规律。

言语求美律，指的是为实现美化言语活动的需要，说话人主动或被动使用的某些手段和策略。这些手段和策略可简称为言语求美律。

"主动使用"手段和策略以求言语美化，这容易理解。"被动使用"又作何解释呢？窃以为，弄清"被动使用"的意义和事实，其重要性绝不下于弄清"主动使用"的意义和事实，而后者比较容易理解。广东人民广播电台音乐台

每晚11点是《夜空浪漫》环节。我们可以听到这样的发语词和中间穿插语：在……月色铺洒出柔情，

你，有匆匆的行程，我在你归家的路上等你；

你，有纷繁的思绪，我在你壁灯的光下唤你。

广播员是在轻轻细语，并非拿诗稿念诗那样，但我们仍然可像记录诗行那样分行写下来。他每说完"路上"便接着将"等你"的"等"这个音节放慢了速度，下半句，在时间相等的地方，说完"光下"便又以同样的拖延了的（放慢了）节拍念出"唤你"的"唤"这个音节，使人觉得上句中的"等"与下句中的"唤"真的是做了两番动作（等与唤）才耽误了时间。如果说上句放慢速度念出"等你"是广播人的主动使用某种策略（创造音响效果）的话，下句说到"唤你"却是不得不慢下来，否则上句与下句的节奏明显失调，听着浑身不是滋味，像是丢失了什么。前半句"等你"的念法，是人在控制语速，后半句"唤你"的念法好像是语速在控制人，当然，实际上也是人在控制语速，不过，确有点不得不如此的势能在推动说话人，欲快也不能了！这种现象　　被动使用某种策略——便是言语求美律在起作用。谓予不信，请跟着再看几例：

（1）谢晋急不择言地批评一位女演员，话中有如下结尾语："当明星容易，当艺术家难"。在说话中，这两个半句的节奏可能是这样对等：

当｜明星｜容易｜

当｜艺术家｜难｜

前半句是人控制节奏（语速），后半句就由不得你了，是节奏（语速）控制人。你不得不将"艺术家"三个字念成与前面"明星"两个字的时间值一样长，将"难"一个字拖成与前面"容易"两个字的时间值一样长，这就是说，下半句你被迫地将多音节缩短，将少音节报长。

（2）上车购票三角

无票罚款三元

"上车"纯属冗余信息，此敬告语印在车箱内，看见它的人早已上车。但制定广告的人看见后有六个字（注意，这是写作品，可以反复修改增删），只好在"购票三角"之前再加"上车"两个音节，以保证数目对等，节奏整齐。这三个例子（《夜空浪漫》穿插用语以及（1）例与（2）例）就是所谓的"音节强迫对等规律"——为了求得语音形式对称（匀称）之美，说话人好像是"被迫"将几组相对称的音节流的时间值调节成一样大小。

第二：确有言语求美律在"显灵"（"指挥"说话人）

1991年某天，中央电视台联播节目时，屏幕左上角出现了三行字：

苏联外长强调

苏中政治接触

宝贵

可是广播员嘴里念的却是"非常宝贵"。请问，是屏幕上少印了"非常"二字呢，还是广播员口里多念了二字？其实，两者都不错。屏幕三行字是事先制作，以字少形齐为好，否则观众眼睛负担过重。可是广播员念完"苏中政治接触"六个音节之后，立即意识到"宝贵"二字和前面六个音节比较起来不足以形成匀称的音节对比，头重脚轻，不够稳定，加上"非常"二字组成四个音节，便稳定了脚基，不致形成六对二的强烈悬殊。或者说，底稿上正是按匀称节奏的需要本来就是"非常宝贵"，只是印在银幕上少印了二字以减轻电视观众眼睛负担。总之，无论是哪一种情况，都是言语求美律在"显灵"，在"指挥"说话人。

毛泽东领着部队转战陕北时，有天夜里住进田次湾。房东大嫂不安地一再说："这窑洞太小了，地方太小了，对不住首长了。"毛泽东依着大嫂说话的节律喃喃着："我们队伍太多了，人马太多了，对不住大嫂了。"说得大嫂和战士们都哈哈大笑起来。（权延赤：《走下神坛的毛泽东·卫士长答作家问》，《十月》1989年第3期）引起旁听人哈哈大笑当然是事出有因的，但我们感兴趣的是，什么东西使毛泽东依着大嫂说话的节律发话？答案是：言语求美律驱动。这里，答话人顺着发话人的节奏与韵律的启示接下了话题：

……太小了，……太小了，对不住××了

……太多了，……太多了，对不住××了

请看后者与前者的节奏与韵脚多么整齐一致！这使我们想起日常言语行为中的对歌与和诗，与这种情形毫无二致：都是在音韵和节奏上趋同。这又是言语求美"指挥"（迫使、驱动）说话人之一例。

所谓arbitrariness，即意义和语音（文字）之间的关系的不确定性。我们跳出意义和语音之间的关系的任意性，让范围引申一下，一旦出现了两个以上的词的搭配，出现了前言后语的搭配，恐怕就不能任意了，前言与后语之间就都有了明显的美学意识了。话语之间的许多制约关系中，窃以为，就有美学意识的制约。具有不同审美观点的、不同美学素养的人，就会有不同的手段去接受这个美学制约（比如说音韵和节奏上的趋同就是一个）关系。从这个意义上说，人们说话不是任意的。顺着美的规律去接应说话对方（如在音韵和节奏上趋同），就是有意的求美活动。在这样的求美活动中使用的策略就是求美律。求美律在具体的说话与写话活动中总是表现为策略。这就是本章题目"言语求美律（求美策略）"的由来。

第三：抽象出"言语求美律"的两面性

存在着言语美某些策略是一回事，可是一旦把它们抽象、定名，就跟着来了另一回事："美是不固定、无界限的，凡事凡物对一个人能够激起情绪、引起惊讶、感到舒服就是美。"（沈从文，转引自凌宇：《生命之火长明：记沈从文》，《人物》1988年第4期）既如此，一旦列出求美律，好像就把界限固定了。一落痕迹，早已成为不美。有这样一种看法，法本无祖，求本无状，师之于心，得之于象。可是要真的无祖、无状，那就得彻底取消学科与美本身。这又是人们不愿干的事。还是承认理性认识对实践的指导作用，又承认它不断受到实践检验与修正为好。抽象出言语求美的某些规律，并为之定名，是有一定作用的。至少，为认识求美律本身，提供一个框架便于实践去检验，会有好处。我们已经说过（第三章第八节第三点"修辞格的美学意义与它对美的背离），变生于定，二由一起。有了定格，就会有变格；有了一，便会生二。言语求美律的定名无非为它的变格，为它的开放提供了一个开端。抱着这个宗旨，本书将言语求美律（策略）分成：

第一层次言语美策略：形式美律

偏离律

第二层次言语美策略：提供意象、意义上求新、说白话、语不及、调动感官的美好感受、反说碰撞。

第一节
形式美律（策略）

言语的形式美能够引起普遍的趣味和快感（快感并不是美，但美并不排斥快感）。朱自清曾说：过去一些人吟诵诗文，主要是从那吟诵的调子里得到趣味和快感，而跟意义的关系很少（转引自程福宁：《谈谈我国古代文章的美文化》，《北京师院学报》1991年第3期）。这跟哼哼民间流行小调有点相似，注意的不是词句，而是音乐。梁启超也赞成这个观点，他说虽然不能完全懂得李商隐的诗的意思，但还是觉得读起来有趣味。人对言语形式美的感受能力在下面三个方面很敏感，在此基础上形成了形式美的美化言语的策略，那便是如下三类：

（1）句式的整齐美（或口语中的整饬化）；

（2）话语的节奏美；

（3）话语的音韵美（押韵）。

叙述的方法是：先简介其规律，后提供大量实例。

第一类：句式的整齐美（口语中的整饬化）

"凡有数句，其字数略同，而句意又相类，或排两句，或叠数句，经典中最习用也。"（《马氏文通》）何止是在经典中，在口头上的整饬化现象也很多很多。我们借马氏的概括，稍加整理，将句式的整齐美概括为：音节数目略同，句义相类。

例（1）有人要给钱锺书开祝寿会，他一律坚决辞谢说："不必花那些不明不白的钱，找些不三不四的人，说些不痛不痒的话。"（徐泓：《超尘脱俗的钱锺书伉俪》，《家庭》1991年第7期）

例（2）杨赓笙在群众掩护下微服过江，抵北岸时沉石于江，发誓说："沉石于江，意志如钢，不灭袁贼，永不还乡。"（杨仲子：《毁家纾难讨"袁凶"》，《人物》1983年第5期）

简评：除了句式整齐，还用了押韵策略。

例（3）1983年秋，李嘉诚应广东省委书记任仲夷、省长梁灵光之邀到广州。任仲夷对李说："闽有陈嘉庚，粤有李嘉诚，前有陈嘉庚，后有李嘉诚。"（王文华：《闽有陈嘉庚，粤有李嘉诚》，《人物》1985年第1期）

例（4）陶行知说："滴自己的汗，吃自己的饭。"

简评：同时采用了句式整齐和押韵策略。

例（5）人人大酒楼餐厅经理介绍他们的经营方针，说："品种多样，突出特色，五元吃饱，十元吃好。"（木西：《人人酒楼为人人》《人民日报·海外版》，1991-10-22）

例（6）在《老店》首映式上，古榕说："我不是'小男人'，而是'大丈夫'。"徐松子说："我不是'小女人'，而是'好妻子。'"

（方敏：《徐松子的柔情与魅力》，《南方日报》南方周末版1991-7-12）

例（7）安子介说："钱放在自己袋里，名活在人家心里。"（孙引南：《香港著名实业家安子介和他的〈学习汉语〉》，《人物》1985年第6期）

例（8）一些大学生问：你最同情哪些青年？刘吉答："生下就挨饿，上学就停课，毕业就插队，回城待分配，结婚没有窝，生活最紧迫。"（凤章：

《关于开发人的"能源"的探索》，《报告文学》1985年第5期）

例（9）梅贻琦（前清华大学校长）说："因事设人效率高，因人设事扯皮多。"（黄延复：《前清华大学校长梅贻琦先生》，《人物》1987年第1期）

例（10）华君武："你敢登，我就敢画！"

穆欣："你敢画，我就敢登！"

（郭振华：《访漫画家华君武》，《人物》1987年第1期）

例（11）1971年，在江西流放地，邓小平听到林彪摔死的消息，只说了八个字："林彪不亡，天理难容。"（晓鹰，留青：《世纪行》）

以上十一例的共同特点有二：一是临时临境，不打草稿，没有准备，即时生成，唯其如此才有考察价值。即时生成音节数略同、句义相类的整饬性话语，绝非易事。必须提醒读者诸君的是，这里排引的十一例中没有一位是乡村里弄人，并非他们不能说出整齐句式，只是因为他们是平平常常人，没有人为他们作传玄言，这里就无法转引（只要留心记录，必大有可为），这是本书的缺点之一。若能有幸续作，必用街头巷尾之言，敢说必为读者接受。像上面十一例出口皆是整齐言语固然不错，但却不容易做到，因而更符合言语真实情况的是散句中间夹杂着整齐句式，乃所谓不齐中有齐矣。请看实例：

例（12）大学生："你怎样估计你自己？"刘吉："夸我、捧我、吹我，我自己知道我没有那么好；骂我、攻我、[散布我的谣言]，我自己知道我没有那么坏。"（凤章：《关于开发人的"能源"的探索》，《报告文学》1985年第5期）

简评：方括号处按"整齐律"应是两个音节。

例（13）本书作者散步时发现学院附近的草棚里常有"超生游击队"或外来弹棉花的手工工匠，傍晚，棚内无灯无亮，只听无聊的人声笑话，遂感叹说："[这些人]白天弹棉花，夜晚谈瞎话。"

简评：方括号处"破坏"了整齐句式，但余下均为整齐句式，且押韵。像这样类似的"破坏"下例再不置评，只以方括号示之。

例（14）韩羽见阿达（苏州长大）身躯魁伟，方头大脸，便说："[阁下真]江南风度，北国气概[也]！"（《人物》1987年第6期）

例（15）盖叫天口头禅："我在台上试，你在台下看，[我练得顺手，你就看得舒服；不行，咱从头再来。]（沈祖安：《试试看！》，《人物》1988年第2期）

例（16）孙百万："剪花样的到大厅来，成何体统！出去！"张永寿（身怀绝技：剪花样）不阴不阳地说："[你家有良田千顷，不及我薄技在身。我]千里不带柴和米，万里不带点灯油，[走到哪里吃到哪里！]"（汤永成、丁邦元：《银剪绝艺》，《人物》1987年第4期）

例（17）徐悲鸿："人家富有富办法，我们穷有穷主意！[只要你有决心，主意我来拿！]"（郑理：《一代丹青巨擘》，《人物》1988年第1期）

例（12）到例（17）的话语，其特点是整齐句式与不整齐句式共处。它最能表现一般情形下的言语形式美策略的运用。再看下面两例的共同特点：

例（18）彭德怀："我彭德怀本事不大，确实是廖化当先锋罗！中国生，朝鲜死，朝鲜埋，光荣之至！"（达万：《神兵天降：记彭总入朝第一仗》，《人物》1990年第5期）

例（19）周恩来对何长工说："他们在，你在，皆大欢喜；他们在，你不在，我就追认你为烈士；他们不在，你在，我就砍你的脑袋。"（郭辰：《特殊连队》，中央电视台，1991年7月2日晚）

上述两例中的整饬句是三个以上的整联式，或叫三联式（与"对联"区别），三联式更复杂。

句式中的整齐美，口里说出来的，不容易；笔下写出来的，因为可以反复修改，较容易。这在报纸的版面上可以找到许许多多的证明，可以说，翻开任何一张报纸，没有哪一张报纸上不能找到整齐句式（作大题目、子题目或小题目）的，因此不在此赘述、繁引。

以英语为母语的人也同样能用整齐句式的策略来美化自己的言语。在一个语篇中嵌入几个整齐的句式——如果不能做到满口皆是整齐的句式的话——则是通常的手段，例（20）、例（21）里黑体句式便是例子：

例（20）献身奴隶解放的美国总统Abraham Lincoln（阿·林肯）在葛底斯堡演说中有这样的句子：

The world will little note nor long remember <u>*what we say here*</u>; *but it can never forget* <u>*what they did here*</u>.（世人不会在意我们今天在这里说了什么，但他们永远不忘英雄们曾在这里做了些什么。）

例（21）J.F.Kennedy（J.F 肯尼迪）就职演说中有这样一句：

If a free society cannot help <u>the many who are poor</u>, it cannot save <u>the few who are rich</u>.（一个自由的社会如果不能帮助众多的穷人，也就不能拯救极少数的富人。）

第二类：话语的节奏美

说话时，句子要能上口、顺口，就是要把节奏调顺。有些句子说出来不上口，就不能煞句，你认为说完了，别人觉得还差点什么，等着你添加上来，可是你却收了尾，这就勉强了。要不勉强就得调整，最终以能顺耳为目的。所谓调整，就是在下列三个方面调整句子节奏：（1）把音节数目凑恰当；（2）句式整齐对称；（3）用词的次序调配。

音节数目添加或减少的调配。"一个长得肥胖，一个生得瘦"不如"一个长得肥胖，一个生得瘦削"顺口，后面只是添加了一个音节。"这爷儿俩，一个容光焕发，另一个面目很憔悴，大不一样"不如"这爷儿俩，一个容光焕发，另一个面目憔悴，大不一样"，后面的说法只是少了一个音节"很"，就顺口了。"有些单独站不住的语言片段，进入更大的片断后就站住了"（陈健民：《汉语口语》）。不能单独说"参加会"，但前边增加音节，"他也来参加会"却可以站住。有些话尾好像可以去掉，但真的一去掉，却不是那个味儿了。如八一女篮总教练武心慈说："说穿了，我们也没有别的诀窍，无非是练得狠一点，管得严一点，和队员感情深一点，教练员自己多干一点，点点滴滴加起来，就能比别人好一点。"（孙晓青：《两副心肠，一个目标》《解放军报》1991-11-05）你试试将那几个"一点"不要，那味口就大不一样了。或者，将5个"一点"去掉几个，保留几个，那结果会更糟，整个话语就像是黑夜走路，深一脚，浅一脚，不顺畅，不舒服极了。

句式整齐对称的情形，实际上在前面的21个例子分析时，已经指出过了。

下面再说用词的次序调配。"东西便宜才买，不便宜不买"胜过"东西便宜才买，不买不便宜的东西"；"介绍信写好了，拿走吧"胜过"写好了介绍信，拿走吧"。对于这样的词序调整，陈健民解释说："愿意将受事词语提到句首，成为下面几个动词的陈述对象。"他还有一个例子，我用到这里说明词序的调整是为了得到节奏顺畅的效果："春困，秋乏，夏打盹，睡不醒的冬三月。"按时间顺序，应该说："春困，夏打盹，秋乏，睡不醒的冬三月"，但这样一来，原来"××，××，×××，××××××××"拍节顺序由少到多，数目相同的挨近，如改成"××，×××，××，××××××××"拍节顺序安排混乱，没有将数目相同的挨近，不顺口。第一种说法不惜将时间顺序打乱，迁就拍节由少到多的渐变性。可见语言的美从听觉的效果上考虑得多一些，为了顺口，不惜牺牲一点别的什么东西，这个例子是有启发的。"一亩园子十亩地"比"十亩地一亩园子"顺口；"一亩鱼塘三亩园"比"三亩园一亩鱼塘"顺口，是类似的词序调整，意义上没有变化，显然是从节奏上着眼的。还有一例也颇能说明问题：

大亨："50万，100万，我说了就算数，我一签字，买卖成交，你行吗？"

陆斌伟："你100万算什么，我6000万！在这块土地上，我上管天，下管地，中管计划生育，我说了也算数。"

（乔迈：《乡党委书记》，《报告文学》1985年第4期）

如果按上中下的自然逻辑说成"上管天，中管计划生育，下管地"怎么样？很不顺耳。中国人形容某人神通广大、知道的东西多，一开口便是"上知天文，下知地理"并没插进"中知人间"。这样的习惯说法"上如何，下如何"等于是长久地训练了中国人的节奏习惯。再说原句"上管天，下管地，中管计划生育"是"由少到多，相同者挨近"的拍节安排，遵循了有序规则，所以容易上口。

关于说话节奏的美，在英语中同样受到了普遍的重视和运用。凯撒大帝打下某地之后说的那句名言"I came. I conquered."（"我来了。我占领了。"）现在我们推敲他为什么不说I came and conquered这样意思相同而减少一个音节（I）重复的句子，也许是有意思的。用两个I的节奏是：

I came, ∨ I conquered。（停顿一下当弱拍）

●●　○●●　○

用一个I和and，节奏是：

I came and conquered。

●　●○　●　○

前者是有规律的重重轻1重重轻，后者却听不出节奏规律。前者的节奏表现了说话人辛苦劳顿，上气与下气不接；胜券已在手，稳稳当当，不必那么赶忙说完，走一步停一下，摆一下架子，再走一步，其步履与说话节奏同步，这岂不正是出于他居功气傲、自我陶醉的心理（请参见第二章第四节言语美的生成机制。言语的生命意识）?后者的节奏无规律，且与说话人当时心境与神气颇不相和谐。

《马氏文通》对节律美早有观察。它指出舒缓、避重复、倒文、转词与止词变换、表词与止词变换，都是调整句子节律的手段。马氏分析"子曰：'巧言，令色，足恭，左丘明耻之，丘亦耻之。匿怨而友其人，左丘明耻之，丘亦耻之……'"（《论语·公冶长》）这一长句时说："耻"外动字，其止词一为"巧言、令色、足恭"，一为"匿怨而友其人"，以其为意之所重，弁诸句首。"耻"上既无弗辞，故其后各加代字为止词以重指焉。这意思是清楚的，止词（相当于现代术语"宾语"）较长，提之于句首之后留下的空位设代词"之"复指（四个"之"字的来由即如此），句子的节奏平缓、舒展、从容，念起来是"……耻之，……耻之，……耻之，……耻之"，何其从容不迫！试比较现代人说："吹牛拍马，咱不干。抱腿攀亲，咱不干。弄虚作假，咱不干。"从容道来，显得处处得理，头头是道。避免重复同一名字，也可以使节律平稳。马氏说："冠其名于句读之上，一若起词者然，避重名也。"他分析"夫珠玉金银，饥不可食，寒不可衣"（《汉书·食货志》）时指出："夫珠玉金银"冒于句读之上，而句读宾次胥指焉。用现代语法术语重言之，"珠玉金银"分别为动词"食"与"衣"（穿）的宾语，提出来置于句首，后面就避免了重复。这样全句节奏平稳了。试比较现代人说："房子嘛，生不带来，死不带走！"或者："这笔钱，我不动，你也不动！"关于"倒文"，马氏说：咏叹语词，率先起词。例如《论语·泰伯》："大哉尧之为君也！"从句子使用人来说，是把心理重点首先突出，这就造成节奏变化，更引起听话人注意了。试比较现代说法："好狠呀，你这做爸的！"有同样的心理重点与节奏的变化。关于转词与止词变换引起句子节律的问题，稍复杂，为了节省篇幅，不在这儿详叙了。说话的节奏，就讨论到这儿。

第三类：话语的音韵美（押韵）

口语中的音韵美表现主要是押韵。押韵比较容易做到，刚好适应了口语边想边说的特点（也是困难）。说话中常用的"顺口溜"形式可能就是这样产生的。这种形式便于流传，听起来顺耳，说起来顺口。好的顺口溜可以流传全语言社团、全民族、全社会。这样的例子太多，在此不提。要说明的是，音韵美不仅仅包括押韵，还有平仄对仗、双声运用等项，只是口语中难以顾及。

例（1）赵树理（见吊在空中的一只篮子里的馒头掉下砸到他头上）："小篮子，晃悠悠，硬邦邦的馒头打我头。"

（《赵树理的幽默》，《人物》1987年第6期）

例（2）李准："王殿安的主要错误是什么？"

一农民："'栽桐树，喂母猪，三年发个大财主'！这是他提的口号，你想他能不挨斗？"

（李准：《教农民致富的人》，《新观察》1981年第6期）

这种情形下的押韵最符合规律：散说散话中夹杂一段（一小段）押韵的

话。因为谁也不能一开口就一韵到底，不但办不到，就是办到了也显得滑稽好笑，反而引起听话人厌恶。还有一种押内韵的口头成语。如"行客看（拜）坐客"，伍铁平教授分析道：第二个"客"同第一个"客"押内韵（inner rhyme），说起来上口。如改为"行客看主人"就成了大白话，不是一句成语了。这正如汉语中说"大哥二哥"，其中的第二个"哥"，实际上指"弟"，但由于受第一个"哥"的影响，同它押内韵，顺口就说成了"大哥二哥"了。（详见《再论词义向其反面转化和一个词兼有相反的两个意义》（下），《外国语》，1991-4）

第二节
偏离律（策略）

偏离是话语对语言结构的偏离，是对语言常规形式的变异。徐盛桓认为，对句子的驾驭，包括了对句子作出成功的变异；适用语言的技巧将常规的语言变成变异的语言，有可能产生技巧的语言；变异走到极端，就可能产生畸变，畸变了的语言，一般不可取。他还说，语言的变异，可发生在不同层次，也可用于不同的语用目的：庄严、亲切、礼貌、谐谑、风趣、幽默、动情、形象、祝福……语义层的变异，却可以无理得妙。（徐盛桓，1988）本节对偏离律的讨论，可以从"无理得妙"开始。但有时候，这个偏离的"妙"正是为求得形式美，就是说，偏离常规形式是为了求得与上下语（文）里的某一个形式形成对比、对称、押韵，这岂不是说，偏离常规有时也是为了实现形式美么？

变异的产生，"不是由于物理的和生理的信息得到准确的再现，而是物理的和生理的信息与人特有的情感信息发生了特异的重组，美就孕育在这内外信息的重组过程中。"（骆小所，1989b）梁启超对自己子女们的信中称呼可以作为这一特异重组（物理的生理的信息与梁特有的异常心态）的例子。他在信中呼他们为：大宝贝思顺、小宝贝庄庄、那两个（思成、思永）不甚宝贝的好乖乖（吴荔明：《梁启超和他的儿女们》，《民国春秋》1991年1-2合期）。"不甚宝贝的好乖乖"，这样词的组合就是对常规语言形式的偏离。说话人（写话人）和听话人（阅读者）都没有要求准确的物理信息；这里，写信人爱子女爱到神魂颠倒的心态，与正常的信息组合发生了特异的重组。说话人情感冲动，感知事物的角度突变。多角度的感知互相渗透、互相激活，就生成了一些古怪的表达。这里甚至有幻觉和错觉。它不同于客观世界，但却很奇妙。这个奇妙的情感组合把原来正常的物理、生理世界分解了，变形了。但这些偏离组合里却有一种"绝千古"的势头——"千古绝调，必成于失意不可解之时。惟其失意不可解，而发言乃绝千古"（《清诗话·汉诗总说》）。变异就是把内部情感体验化为可感性、具象性较强的外部感觉。由于这种感觉的传输是不等量的、不同的，因而在感情强烈时，人感觉的最大特点是变异性的。规范化的语言能准确地表述现实世界，但往往滤去了感觉的变异味道，容不得原初经验的古怪，也因此而摒弃了鲜活。如果把心理变化的体验用规范化、常规化的语言说出来，那陶醉状态的美感变成了清楚的、确定的理解，那包孕着的美也就丧失殆尽了。"为表达需要可以写出变异句式"（老舍），这个意见和陈望道先生所说"超脱寻常文字，寻常文法以至寻常逻辑"（《修辞学发凡》）是一致的，就是要敢于走出方寸、出新法度。前人先哲在这方面的论述颇为精彩，反复发论，由于篇幅限制，只好割爱。还是让我们看看日常生活中的话语。

例（1）侨胞看不惯一些自费留学生的公子哥儿的样了，说"勤工俭学可耻，难道'吃'爸爸光荣么？"（尹璞：《海外求学》，《新观察》1980年第11期）

简释：语言常规，"吃"之后应搭配食物，这里却搭配了人，妙在"儿子吃爸爸"造成强烈的罪恶感。

例（2）贺绿汀："别看她（闵惠芬）年纪小，还是她最有音乐。"（孟臬卿：《女二胡演奏家》，《人物》1984年第2期）

简释：按常规，"有"之后应跟上"音乐才能"。"最有音乐"显示钟爱音乐的人们特有情感，也是专业、行业用语的偏爱。

我国20世纪70年代以后有"比（名词）还（名词）"的新异说法，如"比胡传魁还胡传魁"（胡传魁喻匪气），"比英雄还英雄"等。按常规是"比（什么）还（怎么样）"，如"比花还美""比胡传魁还匪气""比英雄还有英雄气概"，等等。

英语中偏离常规的搭配也很多。如Newsweek（Februry16，1981）刊有一则航空公司的广告词，其中有这样一个组合：What a snoring success，（直译：让你能打起鼾来的成功）是一个别出心裁的偏离常规的搭配。按常规应是bril—liant success（辉煌的成功），great success（大功告成）之类，这里怎么冒出一个"响起鼾声的成功"？原来广告宣传某公司的飞机飞行平稳，机舱内宁静，顾客上飞机，只需要合上眼皮安安稳稳睡大觉就行了，没有任何不放心之事。钱锺书给出过许多西语的偏离搭配例子，如：a happy mistake（好运气的错误），英国诗人布莱克（W. Blake）曾用"瞎的手"（blind hand）来形容木钝的触觉，这和法国成语avoir des yeux au bout des doigts（手指尖上生着眼睛）形容触觉的敏锐相对成趣，却又同样古怪。诗、文学中的偏离搭配更是多得难以数计了。

第三节
第二层次言语美策略

本节专门讨论第二层次的言语美的求美律，它包括提供意象、意义上求新、说白话、语不及、调动感官美好感受、反说碰撞等策略。它们共同的特点是：语言形式美特征隐退，话语传达信息的同时，也作为审美媒介，以提供的意象（或图式或形象）或以其他手段引起听话人的美感。第二层次言语美策略是和第二层次的言语美及其生成机制（第二章第五节）相对应的。

第一，提供意象

在讲话中，说话人于给出交际信息的同时，还构造出一些图像、图式、情景，听话人据以想象复原出这些图像、图式或情景来，正是这些东西（不是形式美）生起美感。这时的话语，除去它的实用角色以外，还充当了审美媒介和刺激听话人生成美感的刺激物。在审美媒介这一点上，此时的话语和文学作品的作用是大致相当的了。

例（1）马寅初：

"我虽年近八十，明知众寡不敌，自当单枪匹马，出来应战，直至战死为止，决不向专以力压服不以理说服的那种批判者投降。"（周继胜、赫双林：《人民代表马寅初》，《新观察》1980年第6期）

图像：八十老者立马横刀面对众多的围杀者。批评不正当的学术空气是其用意。

例（2）杨××（河北省大名县招待所所长）：

"作家们是候鸟，哪里丰收，就到哪里产卵。今天你来了，不知道你打算产个什么蛋？"（谷峪：《在盛产花生的地方》，《新观察》1981年第4期）

图像：鸟儿产卵下蛋。这里是象征吉祥和喜悦。

例（3）赵树理（对那种所谓的"拼刺刀会"十分反感）：

"拼刺刀，要是拼呢，得双方都有刺刀。你们不听我说话，我这里是赤手

空拳，怎么个拼法？这是捅刺刀吧。"（王子硕：《逆境中的幽默》，《新观察》1980年第12期）

图像：一方有刺刀，另一方赤手空拳，只好让别人捅刺刀。这里是批评那种不公平的不允许反驳的批判会。

例（4）马立三：

"老板，我们哥俩来说一段……"

老鸨：

"又是你们俩，瞧瞧，整个一对丧门星！这儿没人听你们穷白唬，给我脚底下贴邮票——走人！"（刘连群：《马三立别传》，《北京晚报》1991-11-02）

形象：脚底下全贴上邮票，像寄走信那样寄走人，打发人走路。这里是老鸨赶人走。

例（5）梁思成（对其妹梁思庄）：

"二妹，我免费借给你一个'活动秤砣'，过几天你再还给我好吗？"

思庄不解。思成又说：

"小弟（儿子从诫）这个秤砣我实在扛不动了。"（吴荔明：《梁启超和他的儿女们》，《民国春秋》1991年第1-2期）

形象：一个扛不动的砣被人从肩上卸下来。梁思成将自己的儿子（太沉）比为"能走路的秤砣"。

例（6）王光英（光大实业公司在香港成立时）：

"……我王光英不过是报信的，打旗儿的，好戏在后头哩！"（吴晓民：《旋风》，《报告文学》1985年第1期）

形象：戏剧舞台上，一个打旗儿报信的上场吆喝一阵之后，主帅在后头随之跟上。此处比喻开放、改革的大潮就要到来。

例（7）徐向前（1969年4月1日，"九大"开幕，林彪指定人投票阻止老将当选，徐仅得808票）：

"这次会议我得了五个鸡蛋。"（《革命家风采》，《读者文摘》1991年第7期）

图像：五个鸡蛋。一个8像上下两个0堆叠而成，故808共五个0，即说话人比喻的五个鸡蛋。

例（8）杨绛：

"有些人真没办法，事先不通知，敲门就进来；我们在外边散步，他们就

来捉。"（徐泓，《超尘脱俗的钱锺书伉俪》，《家庭》1991年第7期）

形象：两人散步，还要被众多强求采访者纠缠，散步时不免东躲西藏，终于被人逮住。"捉"令人忍俊不禁。怕与人虚与周旋至此！

例（9）盛成：

"旧中国一盘散沙，周恩来好比水泥，正是有了像周恩来这样伟大的革命家，中国才能变成坚硬无比的混凝土。"

图式：一盘散沙，水泥，相掺和，变为坚硬的混凝土。比喻周恩来在中国近代史上的作用。

例（10）徐寅生：

"我以为中国直板正贴快攻模式应该是推挡加反手攻或反手攻加推挡，叫做庄则栋加郗恩庭加陈龙灿，即正手有陈龙灿的上旋拉球和快打，反手攻学庄则栋，加上郗恩庭的加力推挡。"（《新民晚报》，1991-8-12）

图式：乒乓球的推挡、反手攻、上旋拉球、快打、加力推挡都是可视的姿势，这几个图式加在一起，应该是中国乒乓球的打法模式。

例（11）安子介太太（因安子介做事过于认真）：

"他每句话都要在天平上称。"（孙引南：《香港著名实业家安子介和他的〈学习汉语〉》，《人物》1985年第6期）

图像：把什么东西小心翼翼地放在天平上过细称量，看这东西有多大分量。

例（12）钱锺书：

"听说是记者，我先是吓一跳。后见他们来意甚善，这才没有用'太极拳'的方式……"（邓国治：《钱锺书杨绛印象》，《人物》1983年第5期）

图像：打太极拳时，不断云手，由里向外推。此处比喻不愿见采访者，打发记者走。

以上12个例子的共同特点是，说话人传输交际意图时，向听话人提供一幅或一连串的画面，在听话人头脑里刺激起意象来。如果这种方式再加以语言形式美，便产生了语言交际的"立体享受"。可惜这样的双重享受并非时时有。因此，有时是隐退语言形式美特征而只给出意象美，这便产生了第二层次言语美现象（第二层次言语美的客观性，请见第二章第五节：第二个层次言语美及其生成机制）。

提供意象美策略，常在大众媒介上使用，如报纸、杂志上的标题最喜欢使用这种策略。如"不要好了伤疤再戳痛"（《解放军报》，第二版，1991-11-

11），告诫不要对改正错误的人还揪小辫子。这道理是喻于一个形象之中：已经痊愈的伤疤又被人戳破。"不哭的孩子也喂奶"（《解放军报》，1991-11-14）形象：母亲给不哭的孩子喂奶。比喻：领导机关只注意关照那些困难户不行，还要对那些不叫喊困难的单位主动照顾。这样的标题在报上很容易找到，不再多举例。

话语中或非文学作品的写作品中这样的意象美与文学作品中的意象美应该是一致的。所以我认为，提供意象的话语，哪怕它只有一句或两句，就是一个小小的文学作品。在提供意象美上，这两者并没二致。两者的不同只是：话语的主要目的是交际（传达信息），而文学作品的主要目的是审美。但是，话语中给出意象美的难度更大，理由很简单，讲话是不能修改错误的，因而话语中的意象美更为珍贵。

第二，意义上求新

第二个层次的言语美策略，当它隐退起语言形式美特征时，还可以突出意义上的求新。这也可以说是另一种形式上的偏离——不是对常规语言结构的偏离，而是对素来就有的老一套的思想与观念的偏离。如前国家女排队长曹慧英评论中央电视台12演播室青年节目时说："主持人长得很甜。"（1991年12月21日）老的思想与说法是：某人长得很美。可吃可尝的食物才可称之为甜或苦。另一次在中央电视台的现场直播文艺晚会上，台湾地区来的某体育评论员说："……我介绍一位长得比我还困难的×××。"老说法可能是"长得比我还丑的……"，这和上例相映成趣。另外给一些日常言语的例子：

例（1）青年问："你欣赏老黄牛还是千里马？"

刘吉答："我们的时代需要老黄牛的精神，千里马的速度。"（鼓掌声）

为什么有掌声？可见答话受欢迎。问话人要他两者选一，他却两者都要，且辩证，理论上站得住；老说法设想是：我既欣赏苦干精神，又欣赏科学的高速度。刘吉却换了一个有新意的说法：把老黄牛的精神与千里马的速度迅速提取出来加以结合。

例（2）朱生豪（因穷不能就医，带病译莎剧）苦笑着对朋友说："像我们这样的人不患肺病，哪儿还有更合适的患者！？"（洪欣：《莎士比亚的中国知音》，《人物》1985年5期）

患肺病是不幸的事，不存在"合适"的患者！他说自己这一类的人，是道出了一个阶层的苦状。

例（3）瞿秋白对茅盾（1931年写成《三人行》）说："孔子说，三人行

必有我师，而你这三人行，是无我师焉。"（《新文学史料》1981年第3期）

新说法是意取"你的《三人行》不成功。"

例（4）梅林："现在写文章的人，生活够苦了，连千字斗米的标准都达不到，有些市侩出版商简直是红烧作家肉，清炖作家汤。"（碧茵：《一个被遗忘的人：记老友梅林》）

"红烧作家肉，清炖作家汤"新说法，其新意是抗战时期书商残酷剥削作家。

例（5）陆文夫："我……1949年渡江以来，除文革开始即应声倒地数年，一直在江苏文艺界做后勤。"

（章昌镇：《陆文夫进出文坛记》，《人物》1984年第3期）

老说法是"即被打倒"，"应声倒地"的新意，一是指出迅速被打倒，二是批评随随便便即可置一个作家于死地的无法状态。

为什么意思上出新就有美感呢？意思上出新的美学价值在哪里呢？我们在言语美的生成机制中重点讨论过，人的求新的心理结构，永不满足的求新欲望，是追求审美情趣的基础。学舌于人，历来不成大气候。钱锺书指出"古来学昌谷者多矣"，他列出一串学昌谷而未成功的人名之后分析道：皆窠臼未成，语意易晓；词新而非涩，调急而不险"[钱锺书，1990：（卷5）：43]真可谓是歪打而正着。"窠臼未成"时才得"语意易晓"的正果。我们须注意"词新而非涩"，和我们这里讨论的第二种偏离（意义求新）是一致的。说话写文章，一落窠臼则绝路一条。周恩来批评新闻记者、胡志明嘲笑记者太机械的事很值得一提。周恩来说："他们有些记者写东西总是老一套，公式化，概念化，定型了。"胡志明仰天大笑说："在我们那里也一样，记者太机械了。"周即向徐熊："你们什么时候开始，是谁立下的规矩，写宴会消息，一定要讲'在热烈友好的气氛中进行'？"徐熊难为情地回答："我也不知道。我们只是按惯例办的。"周答："惯例也可以打破嘛。"（见徐熊：《周总理教我怎样当好新闻记者》，《人物》1988年第2期）"惯例也可以打破"实际上是人的审美心理的要求。事实上，惯例一惯在打破。"传统不肯变，因此惰性形成习惯，习惯升为规律，把常然作为当然和必然。传统不得不变，因此规律、习惯不断地相机破例，实际上作出种种妥协，来迁就演变的事物。"（钱锺书，1997：187）怎么收到分明夺目的说话效果？不因陈落套是一法。"写围棋时用'杀'字，因陈落套，当然而不足奇也。移用于朝士之党同伐异，则有醒目惊心之效矣。丁耶诺夫（J. Tynjanov）尝谓：行业学科，各有专门，遂各具词汇，词汇亦各赋颜色（lexical colouration）。其字处本业词汇中，如白沙在泥，素丝入染，厕众混同；而偶移置他业词汇，则分明夺目'，如丛绿点红，雪枝立鹊。故'杀'字在棋经，乃是陈言"（钱锺书，1990：卷5:20）。现在就以围棋用语而论，哪些说法（词汇）才能"如丛绿点红，雪枝立鹊"呢？我对1990年2月17日第四届中国围棋十强战马晓春对聂卫平一盘的电视现场直播讲解作了记录，其部分记录如下（第三章第三节第六点讲行语的巧比乖喻时曾引用过）：

这一块活得不舒服。	（1）
这一块得了实惠。	（2）
这里很厚实。	（3）
这一块很难逃出来。	（4）
那里活得太难受。	（5）
那是不能忍受的。	（6）
很舒服地长了一个。	（7）
这一颗投资便宜。	（8）
快逃命呀。	（9）
这里不干净。	（10）
那块形状太难看了。	（11）
这不是邀请白棋进来吗？	（12）
自己地面确实了。	（13）
不过活得苦一点。	（14）
这是无理的想法。	（15）
这样一来，处于被告的立场。	（16）
那里遭到严厉的搜括。	（17）

这17句话拿到围棋圈外的人面前（没有下过，没有观战过，没有听过讲解），恐怕无一人能猜出这是在评围棋！我是第一次听围棋现场评说，听到这些话，我（作为听话人）的感觉便是：新奇、机巧、有形象。讲解员的办法是将一个专业、行业中的话语移到另一个专业、行业中（此处是围棋）去使用，跨界使用则生新。句（1）是说人的感受（不舒服），这里将围棋的某一地域拟人化。句（2）是经济用语（得实惠）这里移作占了优势。句（3）是某物的厚实程度（很厚实），比作占了很大地盘。句（4）是说人逃命的感受（逃出来），这里将某一颗围棋子拟人化。句（5）是说人的感受，例（6）、

（7）也都是人的感受，这里通通将某一块围棋面积拟人化。句（8）是经济用语（投资便宜），这里比喻某一颗子下得好，占了大地盘。句（9）是叫唤有危险的人逃命，这里用来提醒围棋的某一块有被吃掉的风险。句（10）是卫生用语，这里比喻围棋的某一块有漏洞，有后手须要补上。句（11）是指某物的外形美不美（太难看了），却在这里评价某一块围棋形势复杂，不明朗。句（12）邀请客人访问（邀请白棋进来），在这里用来比喻拱手让敌手一块地盘，引狼入室，后患无穷。句（13）"确实"是判断真假用语，此处用来比喻某一块围棋地面占住了、到手了。句（14）是对人的处境的评价（活得苦），句（15）是对人的思想的评价（无理），句（16）是法庭用语（被告），句（17）是人的侵扰行为，分别用来比喻棋境艰难，下棋失误（考虑欠周），被动输棋，失去大片棋盘的种种棋局。听话人头脑里会联想起一个个意象与这眼前的大棋盘产生新奇的有趣的对比，因而听评说也是一种享受。评说时，以故为新，即熟见生。这提示了我们一些避免袭故蹈常、落套刻板的方法。说话中注意运用，便可纳俗于雅。越规矩，有冲天破壁之奇；守规矩，无束手缚脚之窘。明珠走盘而不出于盘，骏马跃栏而不失诸蹄。

话语的求新，还有必须注意的一面，这便是须道中听话人向来宿有之意。向来宿有之意是意思求新的基础和参照项。下面是宿有之意与破例说法的某些对照的例子：

宿有之意	破例说法
裤子钉上裤扣	给扣子缝上一条裤子
中国到坦桑尼亚一万多公里	中国到坦桑尼亚才二十多公里
邮票贴在信封上	把信封贴到邮票上
牛儿系着牛绳	牛绳头上还有一个牛儿

以上的破例说法是相当一部分中国人中间流行的口头笑语，如果没有习惯说法（宿有之意）做参照项，那藏在破例说法中的幽默、讽刺、挖苦、有趣的美学价值是无法体现的。

第三，说白话

说大白话——话面简单质朴、话里藏着深刻而新鲜的思想，也是言语求美的一种策略。语深若"白"，巧语带补。白在话面上，深刻在思想里。有一种意见很好："往往是白文最顶事，也最美。美不在文词，而在文词后面的思想。要语言锐利、新鲜，首先要头脑锐利、新鲜。"（王佐良：《翻译：思考与试笔》，外语教学与研究出版社，1989：5）笔下的白文和由此推及的口里的白话，具有同样的力量。试看几例口里的白话：

例（1）廖冰兄（对一位搞电视的人）说："你们太野蛮了！为什么好多电视节目不打字幕？"

这里批评不为电视观众着想，不会听粤语的，只好气恼地关掉电视。他不说不打字幕的做法是"太粗暴"（对观众）、"不开化"、"不文明"、直呼"太野蛮"，让人将"野蛮"与"原始、荒芜、不科学"等概念直接联系起来，出语尖锐而中的。

例（2）陈翰笙（1951年底回国，周恩来要他担任外交部副部长的职务）说："吃西餐要用叉子，吃中餐要用筷子，我是筷子料，不要拿我当叉子用，还是让我搞点研究工作吧。"（《世界经济导报》，1981-03-23）

材料使用不对路就冤枉了材料，也耽误了事业。大材小用对材料不利，小材大用却对事业不利。陈翰笙言简意赅地评价了自己，却阐释了一个深刻的道理。

例（3）刘大杰：

"司马相如怎么样？胡适很看不起他。"

鲁迅：

"司马相如不单有文采，还会讲恋爱。在汉朝，文学家能讲恋爱，就很有胆量。（刘大杰：《鲁迅谈古典文学》，《文艺报》1956年）

又是一句大白话：谈恋爱需要胆量。这道出了一个时代的沉重负担。话语幽默、轻松，思想却深刻。

例（4）周恩来（先解释如何得体地向外国人介绍越剧影片《梁山伯与祝英台》）说："你就这样试试，我保你不会失败，如果失败了，我送你一瓶茅台。"（熊向晖：《周总理对我的几次批评》，《人物》1988年第2期）

国家总理给手下工作人员如此不加雕饰地作指示，问题说清楚了，工作人员也不难下台阶，这也是说话的艺术。它的内涵是：根据我多年的外交生涯，对外国人口味已摸透，我对自己贡献的策略充分自信。这样说大白话（打赌），好让输家（熊向晖）在轻松气氛中下台阶。

例（5）黄美贤（许绍发妻子，许绍发要求她跟自己一块回国，黄娇嗔）说道："谁让你属鸡的？我只好嫁鸡随鸡了。"（袁大任：《贵在真实清醒》，《人物》1988年第1期）

其实，大白话后面的思想是：我丈夫并不是眼光短浅、不行远道的鸡，他头脑清醒，我跟定了。

例（6）荀慧生：

"这个胖姑娘在台上挺开窍的，不错！"

（孙毓敏：《我的苦与乐》，《人物》1985年第2期）

用雕琢的话说出来，可能是：这位女演员在台上表演很有灵气。荀慧生这看来轻松的评语刚好是十分难得的，人在台上最容易被唬住、僵住，在台上开窍的人就是高手。

例（7）马寅初：

"要兄弟把北大办成第一流大学，就要支持我的工作。"

毛泽东（笑）：

"要怎样支持呢？"

马寅初：

"不要别的，兄弟点名要谁来北大讲演，就不要拒绝。"（梦笔：《马寅初校长二三事》，《人物》1983年第2期）

北大校长要算是大知识分子了，大知识分子用三教九流的口头禅（"兄弟"点名要谁），表现了说话人在那一段难得的正常的政治气氛中的自豪感。

例（8）陶行知（代表晓庄师范学校师生与周围农友）说：

"我是以一个'种田汉'代表的资格在这儿欢迎田汉……"

田汉（代表南国剧社）：

"我是一个假'田汉'，陶先生是个真'田汉'，我这个假田汉能够受到陶先生这个真田汉以及在座的许多真'田汉'的欢迎，实在感到荣幸！"（严肃：《田汉与陶行知》，《龙门阵》1983年第1期）

一连串的白话背后是这样深刻的思想：为种田汉子争地位。

为什么白话美？两个方面合观——话面简单质朴，话里深刻隽永——才能说明美在何处。陆时雍有言（《诗镜总论》）：古人佳处，不在言语间。气太重，意太深，声太宏，色太厉，佳而不佳。我们今人可借鉴之处是，声太宏，为不佳；铺排张扬，是为病；话面情感太放，是为狂；须知妙言趣语总在一二之间。话多词叠难得妙语。谢赫、郝浩、沈颢辈论画"取之象外""隐露立形""愈简愈入深永"。繁文不可得深永，繁语更不可得深永。钱锺书是这样肯定意多而语简的："左丘明、司马迁、班固之书，意多而语简，行于平夷，不自矜炫，故韵自胜。自曹、刘、沈、谢、徐、度诸人，割据一奇，臻于极致，尽发其美，无复余蕴，皆难以韵与之。唯陶彭泽体兼众妙，不露锋芒，故曰："质而实绮，癯而实腴"……[钱锺书，1990：（卷3）：129]语简但意多、言简但不能意贫，从平夷处见波澜，是一种毋须自矜的美。"极致"、"尽发"，难以有韵味。于简单话语处见意蕴的风光，于清瘦言语处见内含的丰厚。刘勰批评"瘠义肥词，繁杂失统，则无骨之征也"（《文心雕龙·风骨》）他的批评让我们警惕话语浮夸现象：词用得肥，义却瘦，历来人不齿。求工反拙的事屡见不鲜。语工意不足，在话语表面上下太多的工夫，内在意义反而无力顾及。下力改诗可以改得手滑，着力说话也可以说得口滑。常言道：某人说油了嘴。"油嘴滑舌"（历来是贬词）。"平易质直之文经久长新，而雕饰矫揉之文则朝华夕秀、花归叶别，非'常文'也"[钱锺书，1990：（卷3）：247]。话语深密固然好，如无疏淡，也是不足。疏淡，即质朴天成。"滑口读不下，滑眼看不入。高峭带平淡，瘦硬兼酸涩……"（王礼堂：《西庄始存稿》卷十六"冬夜读梅圣俞诗"）这里说得很辩证：不是一味要平淡，是平淡带高峭。可是精短不易做到。篇幅愈短，愈无回旋补救余地。

让我们将说白话的美简括为：语深若平，巧语带朴，新语入古，幽语含淡，意义深永。此为平、朴、古、淡、深。

第四，语不及（全称：意及语不及）

说话人在语面上没有说出的话儿，听话人能立即悟出。说话人的这种言语美化策略叫语不及。或称：意及语不及。俗话说"语不点明而意思到"。

语不及的美的表现是：锁话断语，味外取味，不以美尽示于人，半多于全，匿形于言外，即实寓虚，以无为有，隐而未宣，语不点明而意思到，这是一个审美的过程。

例（1）彭德怀：

"昨天错怪了你，对不起呀！"

洪学智：

"老总呀，你怎么讲这个话呢？这我可担当不起呀！"

彭德怀：

"吃梨，吃梨，给你赔个梨。"

话面不曾及的是："向你道歉"。这句话同时还使用了谐音策略："赔个梨"谐"赔礼"。

例（2）作者的大孩子：

"弟弟长个儿了。"

作者的妻（摸着第二个孩子的头）说：

"去年和他站在一起，看得到那边。今年和他站一起看不到那边了。"
（大家笑）

语所不及的是：他今年长高了。

例（3）有人（称赞西南联大八年之久，合作无间）说：

"这关键与奥妙就在于梅校长的'大'，他心中只有'联大'，没有清华了。"（傅任敢：《前清华校长梅贻琦》《人物》1987年第1期）

语不及的是：校长大公无私，学校同仁才合作无间。

语不及的魅力何在？说话与文学艺术之美有相通之处。山水画法中，锁则高，断则远。话语中可用同法：全挑明则味全断，用锁和断的办法，吊起听话人的胃口。锁住的和断掉的是什么呢？即话外的话，味外之味。说话不必全求晓达，有的地方当"隐昧"、"带晦"，不以美尽示于人，反而能引起美的想象。古今少女着衣露而不全露，犹抱琵琶半遮面，可作注释。话说满了失味，语不及则得意。切忌说尽，不仅适合于作诗，也适于日常的某些情况下的说话。工于语言者不一定为大家，"工于无言者乃文章宗匠"（席勒）。言中未见之物匿形于言外，须留给听者思量。既然有"无言无字之诗"（马拉美：le poéme tu，aux blanes），就更有"无言之话"——语不及意及。中国诗、画的空灵、轻淡、含蓄与语不及策略有着相通的美学意蕴。

如果语不点明，意思也不明，那就什么也没有了，也不是我们讨论的语不及策略了。

寻出来的味道才有恍然大悟的快感。话面全盘托出来的味道虽然好，却缺少大悟后的智趣。这是语不及独有的美感。

第五，调动感官的美好感受

美感，首先是感官上的美好感受。言语描绘足以调动感官活动的情景过程，此时的言语是激活审美思维的刺激物，引起听话人美好感受，这样的美化言语的策略，便是调动感官的美好感受策略。

例（1）黄宗江（评孙道临的艺术与人生）说：

"他像一首诗，一首舒伯特和林黛玉合写的诗。"（朱小鸥：《他像一首诗：听黄宗江谈孙道临》）

这里调动的感官是听觉：诗给听觉带来的便是押韵的音响与和谐的节奏；提舒伯特是为了让听话人想起舒伯特的优美小夜曲旋律；提林黛玉的诗是为了让听话人调动回肠百转的诗律以及那用生命为代价弹拨的音响。这三者共同比喻孙道临一生对于真、善、美的追求。

例（2）李雪健（对于海丹）说（憨笑）：

"我精神好的时候，身高1.72米，精神不好就1.70米了。"

这里调动的是视觉动感：由高变矮。由高变矮的直接原因是精神好与不好，这倒是很新奇的生理现象。再加上说话人的面相、身势——憨笑，热恋中的人的心态不是活脱脱地得以表现吗？

以英语为母语的人觉得左栏说法比右栏的更好，尽管意思是一样的：

to arrive at a conclusion	
to come to a conclusion	
to reach a conclusion	to conclude
to jump to a conclusion	

仔细考察原因，左栏动词表示人体活动和身体移动，它们与抽象名词搭配往往造成视觉形象的晃动，心理学家称之为kinaesthetic images（动觉形象）（Longman Pearsall Smith，*Words and Idioms*）

第六，反说碰撞

用正正经经的语调、堂堂皇皇的样子说出一个大家都知道的错误命题，造成话语形式与深层内容的强烈碰撞、错位，人们感兴趣的不是错误命题的本身，而是话语深层内容。这个策略的特点是产生幽默与机智的美感。

例（1）阿城：

"我认为应该是外行领导内行……"

钟惦棐：

"论起罗织罪名，显隐发微，还得内行。这样的内行当领导，最能伤筋动骨，而外行顶多闹起'关公战秦琼'之类的笑话。以求少伤害计，实在应该是外行领导内行。"（仲呈祥：《阿城印象记略》，《人物》1989年第3期）

显然错误的命题是"实在应该是外行领导内行"，但说话人与听话人所注意的深层内容是"内行整内行最能致命"。

例（2）核专家（因核电站始终没上马）喊：

"中国有核无能，我们不甘心哪！"（茗子：《大亚湾核电站风云录》，《南风窗》1991年第7期）

显著的错误命题是"中国有核无能"（有核工业就算有了核能），说话人与听话人都懂得命题下的深层含义是：不能将核爆炸转化成核电站放出的能量。但是，反说却能警世醒人，发人深省。

例（3）白桦（对台湾著名作家三毛）说：

"我不讲欢迎，因为你本来就是这里的人；我也不说再见，因为你还会再来。"（张乐平：《我的"女儿"三毛》，《上海滩》1989年第6期）

错误命题（宣称不讲欢迎、不说再见）下的深层内容是"欢迎你再回来"。但反说却特别亲切、随和和富有激情。

例（4）梁思成（20世纪50年代，思庄邀思成来家休养，一天吃饭时）说：

"唉！我是个无耻之徒，有不白之冤啊。"

（吴荔明：《梁启超和他的儿女们》，《民国春秋》1991年第1-2期）

谁也不会去追问"无耻之徒，不白之冤"的真假值。大家感兴趣的是他说自己没牙齿，到老还是满头黑发的幽默、滑稽的反说效果。

例（5）造反派：

"你说你属于哪一类干部？"

赵树理（微微一笑）：

"第一、第二类，我不敢往里挤；第三类你们不让我当；第四类呢，我自己不甘心承认，也不甘心当。我就算一个'三类半'吧。"（《赵树理的幽默》，《人物》1987年第6期）

毛泽东只列了四条（四类）干部档次，赵树理说自己是三类半，显然是以错误的命题来与造反派闹别扭，是一种悲哀的玩笑。

例（6）赵树理（听见有人夸自己篮子编得精巧，便得意地）说：

"你们只知道我编过报纸、刊物，却不知道我也是筐啊、篓啊的'编辑'。我家祖祖辈辈都会编，可算是'编辑世家'了。"（《赵树理的幽默》，《人物》1987年第6期）

编筐编篓也算编辑，这样错下来，于是错成一个"编辑世家"。

例（7）国内18家省级电视台联合拍摄《当代中华文化名人录》，钱锺书被列入第一批的36人中，对此，他婉言谢绝。

当得知被拍摄者都会有一笔报酬时，钱先生莞尔一笑说：

"我都姓了一辈子钱，难道还迷信钱吗？"

（徐泓：《钱字热中的钱锺书》，《南方周末》，1991-06-21）

错误的预设是"因为一辈子姓钱就不迷信钱"。听话人与说话人都知道这不是谢绝报酬的理由。

例（8）孙冶方（因为安排他当社科院经济研究所的顾问，笑）说：

"这个职衔好！顾问顾问，顾得上就问，顾不上就不问！"（邓加荣：

《著名经济学家孙冶方》，《人物》1983年第2期）

顾问当然不作如此解释。反说的背后是不愿为官，但说法却轻松、随和。

例（9）造反派：

"你为什么还写文章？"

杨钟健：

"你们斗我是'抓革命'，我写文章是'促生产'。"（文洋：《"记骨室"主杨钟健》，《人物》1983年第5期）

"你们……抓革命，我……促生产"是一个完全错误的命题。杨的回答实际上是一个讽刺，正正经经的讽刺。

书面表达中的反说策略就更常见了。《北京晚报》1991年11月6日首版载"昨晚机场记者云集，曾打通世界冠军之路的谢军，却难以迈出进城之步。谢军'突围'上车"（张风）。翻开《启功韵语》的自序，请看："这些语言，可以美其名曰诗，实应算是胡说。"他自己后来解释："我们这族人在古代曾被广义地称为胡人，那么胡人后裔所说，当然不愧为胡说。"亦假亦真，是陶陶乐乐尽天真之美。第一例"难迈步"是反说，第二例"算是胡说"，也是反说。

反说碰撞的策略有这样几个表现：

一是把最不重要的东西、错误的东西堂堂皇皇地摆在最重要的位置上。

二是利用逻辑中的矛盾关系形成反常规的语义组合。

三是话语与心理定势碰撞。梁思成（例4）对大家宣布自己是"无耻之徒"，"有不白之冤"与大家对他的早就形成的人格评价（心理定势）大大相撞，一旦解释清楚，便有特殊的美感。

四是话题突然从有重大意义的层次上转到平庸和荒谬的档次，形成强烈反差，收到喜剧、幽默效果。赵树理（例5）说的题目是文化大革命干部分类，在当时是头等重大的话题，他后来却说出一个根本不存在的等次，造成否定效果。

反说碰撞为什么会引起美感？"任何矛盾都是可笑和喜剧性的根源。"（别林斯基）说话人创造事物之间的矛盾、观念之间的矛盾（即碰撞），产生了快乐与喜剧性。为什么很多非真值的命题（以上各例）产生了那样令人惊奇的美感效果呢？从美学上讲，真与美如果绝对相等，那么美就不存在了。美之所以有独立存在的价值，就是因为它至少在量上（还有别的方面）与真不相重合。或者说，两者本来就是从不同的角度、不同的范畴去逼近生活的本质。

反说碰撞作为策略可以看成是一种言语活动的变异性，它是以美表真，这个真是心理感受之真，是精神之真，而不是纯客观之真。一切主观的情感及理念都可能使科学的真实价值受损，但它具有人类生理需要和精神需要的美学价值。反说碰撞的言语美策略给人的不是客观之真，是信息重组，这重组的信息虽然不完全是客体，但它是客体信息对主体（说话人）的情感的激活，它所追求的不是纯理性的可以重复的过程，而是客观世界和主观世界奇妙的不可重复的相交融合的变异。审美价值不产生于与科学价值的等同，倒产生于与科学价值的错位。科学认识本身并不直接具有审美的价值，当它激活主体的情感世界、主体情感对科学的理性有所超越时，才有可能进入审美层次。这时的言语之所以美，并不是由于物理的生理的信息得到准确的再现，而是这些信息与人们特有的情感信息发生了特异的重组，美就孕育在这内外信息的重组的过程之中。重组过程一结束，再拿同样的话语去律人（令其重复），那就不值一提了：你能再说"梁思成是个无耻之徒"吗？你能再说"赵树理是个三类半干部"吗？反说碰撞是以对客观对象的超越来实现它的美学价值的。它不取决于外在信息的真实，而在于内心信息的真诚。内心真诚超越了外在的真实，是感情的强化，它启示听话人去想象那情感之因（例如三毛就启开想象之门：白桦为什么说"我不讲欢迎"[例（3）因为我本不是外人！]）强化了的外在感知变成了内在审美感的索引（骆小所，1989）。

本章结语：

言语确有求美律，这是一方面，但美的任何规律都不是美的绳索，都限止不了人对言语美的新探索、新创造，这是另一方面。

第一节的形式美律和第二节的偏离律，基本上是语言形式美的利用与变异，第三节讨论的第二层次言语美策略，是在语言形式美之外（却在言语活动之内），将语言作为审美媒介，引起审美主体意象美的诸种策略。这里有必要重申的是，第二层次的言语美虽然不是以语言作审美对象的美，但它毕竟来自日常言语活动，为尊重事实计，不能将这一层次的美推到文艺美学里去研究。言语活动绝不能等同于文艺创作，因此言语活动引起的意象美也不能放到文艺美学里去讨论。

第六章
民族的审美观念与语言

第一节
民族审美观念、语言、人三者的共变关系

审美观念（民族的、个人的）属于心理文化，语言属于制度文化，这是一说，还有一说：文化有三个层面，表层的，即器物文化（一切有形可感的物质和精神产品），中层的，即制度文化，深层的，即观念文化（陈建民，1992）。照这样分，审美观念属于深层的观念文化，语言属于中层的制度文化。

语言也罢，审美观念也罢，它们统属于文化。只要"语言是文化的载体"这个命题不错，"语言与审美观念互相关照"就能成为站得住的命题。以此为开端，可以研究：民族的（非个人的）审美观念与语言的关系问题。

追求言语美可以在个体那里发生（如以上各章节所示），在一个种族、民族、国家范围内同样可以发生。一个民族追求言语美是那个民族的文化素质之一。

不同的语言集团对语言有着不同的审美观念，首先是因为不同的语言集团有不同的文化素质。

审美观念和语言有着高度的融合关系。

语言符号本身、创造和运用语言符号的人，与审美观念这三者之间有共变关系。

如果我们承认人类生活发展的最终趋势是向审美文化转化——即世界和人自身也当成艺术品来塑造，一切产品都成为审美对象（杨春时，《系统美学》，

241

第198 — 205页，中国文联出版公司）——的话，那么，人创造的语言系统与人的言语活动成为审美对象（客体）也是理所当然的了。在这种转化成功的时日与此前的相当长的过程中，语言中融合民族的审美观念则是很自然的事。

语言是文化的载体，语言当然也是民族审美观念的载体。

但是也有另一种观点：语言毕竟只是间接折射人类文化特征及审美观念，任何事物的原形经过某种工具的加工和过滤后，必然会发生一定程度的扭曲和变形。因此，语言中所呈现出来的民族文化和审美观念、意识并不一定总是与使用此种语言的人类的精神完全吻合。也就是说，语言与文化的关系有时会呈现出某种不协调、不对等的错位状态。萨丕尔在《语言论》中说："一种语言完全不必和一个种族集团或一个文化区相应，这很容易举例说明。""语言、种族和文化不一定相互关联。"一种语言和一个文化区并非一对一的相应，这是正确的。但是还没有发现语言和文化不相关联的事实。由这种观点（语言与文化有时呈错位状态）可以看到另一个现象：民族文化因素与语言心理倾向之间的联系有直接的，也有间接的。

刘宓庆先生指出（《思维方式、表现法和翻译问题》，《现代外语》1992年第3期）："思维方式、思维特征和思维风格通常具有深厚的民族文化渊源，它反映操某一种语言的群体在漫长的历史过程中形成的语言心理倾向：直接或间接促成这种倾向的最重要的民族文化因素（ethnological factors）是哲学、伦理学和美学。"这里有两个问题：一是民族文化因素促成语言心理倾向形成有直接的、有间接的，这比断然否定语言形式和民族气质有任何一点联系（萨丕尔：没法说明语言形式和民族气质有任何一点联系）科学得多；二是美学参加了"直接或间接促成某种语言群体的语言心理倾向"形成的活动（或漫长的历史过程）。

第二节
集团语言活动中的民族审美意识

"集团语言活动"和"言语活动"是性质上完全不同的两个概念。言语活动（详见第一章第一节）是人们的一次交谈或单个人的言语活动（口头或书面）。集团的语言活动是指涉及诸如单语现象、双语现象（政策）、语言政策、语言规划，语言规范的选择、语言接触、语言融合等以集团为背景展开的语言活动。

本节就讨论集团语言活动中美学意识的时隐时现的作用。

第一，审美价值观念的普遍性与审美价值评估标准对集团语言活动的导向作用

审美价值观念和其他价值观念一样，在空间上、对人的覆盖面上具有广泛性和普遍性。审美价值观念可以为整个民族所共有，也可以为同一学派的人群所共有。比如，汉民族认为对偶的语言形式是美的，便将这种形式使用得异彩纷呈：在意义上有正对、反对和串对，在形式上有词类对应、句法格式对应，在使用域上有口号、格言、楹联、散文、诗歌的对偶使用。在时间跨度上，从甲骨卜辞时代直到今天。这反映了汉族人的审美价值评估标准对语言形式的美的选择起了导向作用。汉族人欣赏对称美既有很长的时间跨度（从古至今），又有很大的空间跨度（请联想建筑、音乐中的对称铺排）。积淀起来的这种审美意识化为评估标准，对集团的语言审美选择，起着导向作用。方块字的形成很难说没有汉民族审美意识的导向作用。请从汉族人欣赏对称美的空间跨度考虑：建筑，大到城市规划（北京与西安的城市格局），小到庭院布局，都是以方正的对称为美。故宫是北京城中心，故宫外东西两边均衡对称，南北与前门、鼓楼连成一条中轴线。北京的四合院的方方正正与东西厢房对称是有名的了。汉字，刚好是方正对称，兼有看得见或看不见的中轴。汉字与汉人居住的房屋在外形上何其相似！（参见陈建民：《语言与文化面面观》）英语与俄语也有对偶形式的运用，但没有汉语这般普遍和刻意的追求。和汉字方方正正与汉人房屋外形上相似一样，拉丁字母、英文字母形体多属尖形与西方建筑物多是尖顶也是相似的。还有，阿拉伯文字形态多圆形与阿拉伯建筑物多是圆形也是相似的。这几种文字的形状与建筑物形相似的例子道出了民族审美价值观念有很大的空间跨度性（从建筑到文字），也道出了另一个真理：民族的审美价值评估标准一旦确立（默认），它就会在很大的覆盖面上起着导向作用。

"价值评估标准是价值观念中的核心要素，它蕴含在价值心理和价值认识这两个要素之中，但它却居核心地位。因为有了它，才使价值观念成为对人们价值活动过程起导向作用的思维框架，决定着人们对价值关系选择取舍的意向和态度。"（李林昆："价值观念简论"，《南京大学学报》1990年第5-6两期）"对称为美"形成了评估形式美的标准（即价值评估标准）之一，汉民族又特别地看重这一标准，于是在集团语言活动中起导向作用，便出现了汉民族将对偶的语言形式使用得异彩纷呈的局面。这仅是一个例子而已。

第二，在评价世界上哪种语言最美时，美学意识、科学意识和民族意识

（情感）的激活与潜伏，呈现驳杂交叉的情况

这里说的美学意识，是指清醒地运用美的价值观念去对各种集团的（也可以是个人的）语言活动中的问题作出导向性的取舍。

罗马皇帝卡尔五世（Карлр V）说，面对上帝说话要用西班牙语，对朋友说话要用法语，对敌人说话要用德语，对女性说话要用意大利语。针对此说，俄罗斯的科学家兼语言学家罗蒙诺索夫不无反驳地申述：要是他谙熟俄罗斯的语言的话，那当然就会作出补充：俄语用来和上述所有的人交谈都显得合适得体。因为在俄语里可以发现西班牙语的富丽堂皇，法语的热情生动，德语的果断刚强，意大利语的温柔多情，还有希腊语和拉丁语的丰富完美和描写时的简短明确（ТолеТОВ 1948）。罗马皇帝对自己的国语的夸赞也就是"温柔多情"的意思，不算偏心，而且大大方方地肯定了非本民族语的西班牙语（富丽堂皇）、法语（热情生动）、德语（果断刚强）。态度显得公正与科学。作为科学家和语言学家的罗蒙诺索夫与之相比，就显得不够科学了，是一个活脱脱的"老子天下第一"论。罗蒙氏对俄语的评价是美学意识、科学意识和民族意识驳杂混合的典型例子之一。类似的偏颇如果发生在政府首脑、皇帝国王那里，后果就会变得严重和复杂起来。这里可以看到一个明显的事实：几种语言相处共存时，人们总要从各个角度去比较它们，美学角度就是其中之一。由于民族意识起作用，往往把自己的语言（民族语）看成是最美的。

哪一种语言最美？类似的问题不断提出来。伍铁平指出，任何语言都能最好地为本民族的交际服务，都有其优美的特点，根本不存在哪种语言最美的问题（1983）。这是有道理的。事实上，个体的人是按照美的规律设计自己的言语风格，民族的集团的人是按美的规律建造各自的语言体系。美是一种价值观念，就不要指望有一个统一的价值观念去塑造客观对象，就不要在美的特点里比高低，倒是可以找到不同的美。几种语言放在一起，就是这种情形。

觉得自己民族的语言最美，这个认识既有审美意识导向，又有民族意识导向，但毕竟是拿"美不美"作了出发点（标准）考虑问题（"有用不有用"是不言而喻的、已经解决了的问题），这就等于是承认了价值评估标准在价值观念中的核心地位，当然，也等于是承认了审美价值评估标准对集团语言活动的导向作用。这种"本民族语言最美"的误解有时甚至使一些学者失去科学的客观的眼光。法国"百科全书"派的领袖，著名的学者，启蒙思想家狄德罗说过："就词序符合思想和观念的自然顺序的程度而言，在各种语言中，法语是无与伦比的……所以法语适用于科学，而希腊语、拉丁语、意大利语和英语

则更适用于文学……我们的语言是真理的语言；……而希腊语、拉丁语和其他语言则是谎话的语言……对平民百姓说话用希腊语、拉丁语、意大利语；但对圣贤说话则用法语。"（转引自伍铁平，1983）话说得太出格了，比侮慢更糟糕。贬低别的民族语的不良习气也浸染了美国著名作家马克·吐温，他写过一篇文章，标题就叫《糟糕的德语》。也有赞美异族语言的例子。德国著名语言学家（兼童话收集者）雅可布·格林说过："就其丰富、简练、表达便利并给人以良好的语言感觉而言，没有一种现有的语言能与英语媲美。"英国大诗人拜伦说过："我热爱那个柔和、奇异的拉丁语，它就像女人嘴上的接吻一样，在我心田消融。"（转引自伍铁平，1983）赞美异族语言似乎只有审美意识和科学意识，独尊自己的民族意识没有了。

第三，多民族语国家的官方语的选择，一个民族的标准语的选择，是两种不同的集团语言活动，后者的选择中有美学价值在起作用，有民族的审美观念在起作用

我们先看多民族语国家的官方语的选择。

俄罗斯语言中的库尔斯克——奥勒尔方言成为俄罗斯民族语的基础；乌克兰语言中的坡尔塔发——基辅方言（指乌克兰首都基辅以东到坡尔塔发一带的方言区）成为乌克兰民族语的基础；俄罗斯语成为苏联的官方语（俄语）基础。分别是因为这些"战胜者"（库尔斯克——奥勒尔方言、坡尔塔发——基辅方言，俄罗斯语）的背后都有着较强的经济发展条件（斯大林：《马克思主义与语言学问题》）。我们先将视线集中在上面的第三个"战胜者"——俄罗斯语（"战败者"是乌克兰语、白俄罗斯语，等等），它被选择作为前苏联的官方语，除了它背后的较为强大的经济，政治因素以外，还有文学方面的因素，以普希金为首的一大批出类拔萃的给人类文学宝库作出伟大贡献的作家（果戈理、托尔斯泰，等等）所用的写作语言是俄语。

以英语为例，诺曼底人征服英国后，英国存在着三种主要语言：法语、英语和拉丁语。法语成为当时的官方语完全是"强者为王"法则所致，并非英语的内部形式不如法语有效与完美。这一段历史，即从1066年开始到1399年亨利四世继位称王之前的300多年的国王都说法语，大家都知道，这里不提。亨利四世是英国统一后第一个说英语的国王，这个变化也与英语的内部形式无关。英语战胜法语、拉丁语而成为英国的共同语的基础，并非语言本身的吸引力变强，而是语言以外的力量——民族的政治、经济和文化的发展——决定之（秦秀白，1983：59 — 64）。

意大利共同语的形成主要是借助于文学的力量。在意大利半岛统一之前，但丁、彼得拉克、薄伽丘等一批文艺复兴时代的文豪，就用托斯卡纳地区的通俗拉丁语创作了大量的作品。意大利语在这一基础上形成了统一的语言（参见白丁，《文化语言学》下篇第二节）。

汉语共同语在二千多年前已有雏形，《论语·述而》中提到的"雅语"就是中原地区通行的标准语。汉语成为统一的中国的官方语言（现在好多少数民族已经用汉语代替他们的民族语，特别是年轻一代更是如此），显然是因为汉族的政治、经济的表现，比其他少数民族更有声有色。

但是，从一个民族的各地区方言中选择出一种作标准语却不仅仅是靠经济、政治、文学力量作后盾的问题了。比如汉语普通话的三个标志里（北京语音为标准音、北方话为基础方言，典范的现代白话文著作为语法规范）没有明显的经济、政治考虑，却直接涉及语言形式本身——北京语音、北方方言词汇和语法规范了。汉语成为中国政府官方语言的选择与普通话作为汉语标准语的选择是两种不同的选择，汉语成为中国官方语言的选择，是汉民族语对满、蒙、藏等民族语的胜利，原因是强大的经济、政治和文学力量作汉语的后盾；普通话作为汉语标准语的选择是在汉民族、汉语的内部，北方方言对吴方言、湘方言、赣方言、客家方言、粤方言、闽方言的胜利，原因就不那么简单了，一句话——强大的经济、政治和文学力量作后盾——就不能解决问题了。以经济力量论，你能说江浙（上海）、湖南（长沙）、江西（南昌）、广东（梅县）、广东（广州）、福建（跨越四省）等地在历史上就不如北方有力量？南方的经济繁荣是有史可查的呀。我认为，北方方言战胜其余六个方言成为标准语的基础有下面几种原因：（1）政治舞台，北方比其余六个方言区有优势，历代建都、政治斗争，北方（北京、西安、洛阳等地）确实比六方言区更加威武雄壮。（2）文学力量，写出《红楼梦》的曹雪芹，少年在北京度过语言习得期，写《离骚》等的屈原在楚国，陶渊明浔阳柴桑（江西九江），李白绵州彰明（四川江油），杜甫河南巩县，白居易新郑（河南），韩愈河南，柳宗元河东（山西永济），苏轼四川眉山，辛弃疾历城（山东济南），陆游山阴（浙江绍兴），关汉卿大都（北京），罗贯中山西太原，施耐庵江苏兴化，吴承恩淮安山阴（江苏淮安），鲁迅浙江绍兴，郭沫若四川。仅按上述有影响的写作人算来，北方方言区占十二人，其他方言区五人。其他方言区人也可以用北方方言写作，尤其是对确定普通话发生了重大影响的鲁迅著作是用典范现代白话文写就（虽则他的童年时代是在吴方言区度过），看来北方方言区的文学影响力与穿透力无疑占绝对优势。（3）北方方言的词汇、北京语音、典范的现代白话文著作的语法规范，共同形成了汉民族审美观念所能接受的音节匀称、声调优美；词汇丰富、词义精细、句式精练、结构灵活的现代汉语标准语模型。这一点是语言符号本身的因素。我认为确认这个标准语模型就是一种审美意识。（4）中央政府在北京，处在北方方言区内，也是原因之一。其中第三点，即集团语言活动中的民族审美意识。本书第三章第三节（语言变体的审美选择）中详细讨论了汉民族汉语的北方方言成为现代汉语标准语基础中的优美品性——乐音优势、音节结构特点、音节可重叠性、双声加叠韵、大多数音节的开音节性质——就是从语言符号的美学价值评估标准出发的，此处不再重复（欲知细节，请参看第三章第三节）。

这里有两个选择过程：

（1）多民族语国家的某一种民族语被选择作为该国家的官方语。例如中国还有藏语、蒙语、哈萨克语……汉语是其中之一，汉语被选择作为中国的官方语。

（2）一个民族语中的某一个方言，战胜其他方言，成为该民族语的标准语的基础，这也是一个选择过程。例如汉语有七大方言（区），北方方言被选择为该民族语（汉语）的标准语（即普通话）的基础。

中国，汉语是中国政府的官方语，北方方言是汉语标准语的基础，汉语标准语（普通话）一旦确立，也就是官方语。

国家官方语选择过程基本上遵循"强者为王"法则，所谓"强者"，指该民族的经济、政治和文学力量强大。选中的主体是一个民族语。选择的背景是多民族的多种语言。

一个民族的标准语选择过程除了遵循"强者为王"的法则以外，还得有语言形式的标准素质（作为楷模的因素）和可能的美学价值起作用。选中的主体是一个民族语中的一个方言（作基础）。选择的背景是一个民族的多个方言。

这两个选择过程，如果说有什么需要强调的话，那便是：后一个过程中标准语基础的确立，其语言形式的美（音节、声调、词汇、词义、句式和结构）是那个民族的审美观念所能接受、认可并欢迎的（请参考第三章第三节《语言变体的审美选择》）。

第四，双语、双方言现象中的审美意识和民族意识

双语现象、双方言现象中，美学意识几乎退隐，而民族意识大大突出起来。

加拿大，英语和法语都是官方语。

新加坡，英语和华语作为媒介语占有统治地位。马来语、泰米尔语也有广播节目。但它并不主张从四里挑一作为官方语。

芬兰，芬兰语和瑞典语并用。

巴拉圭，西班牙语和加拉尼语并用。

肯尼亚以斯瓦希里语作法定的国语，而以英语作官方语言。

中国少数民族聚居地或少数民族与汉族杂居地区，双语现象普遍存在。

民族意识、民族心理对双语制的实行有着重要的影响。语言本来就是民族存在的特征与考核标准之一。由此生出了对母语的忠诚的感情。比如一个少数民族青年在汉族区工作时他选择普通话，回到故乡却选择少数民族母语。无论是自觉的或被迫的转变，这都不存在美的选择问题，而是对母语的忠诚。母语集团对于背离母语的任何尝试都会施加压力，这压力也是出于民族意识而不是审美意识。但是，母语集团的年轻一代人在语言问题上往往有新的价值观念和行为规范，他们要赶上时代精神和适应现代生活，他们比老一代人更迫切地需要另外一门民族语——这另外一个民族的政治地位、经济发展、生活水平和文化教育水平比本族先进、发达得多。这些驱使他们学另一门民族语的原因都不是审美意识导向的。

双方言现象更普遍。历代的当政者的语言政策都没有人为地压制方言，语言生活的实际需要，对母语忠诚（是民族凝聚力之一），是双方言现象得以产生和延续的原因。所谓"宁卖祖宗田，不卖祖宗言"，"宁卖祖宗金，不卖祖宗音"都是支持双方言现象的传统心理。双方言的使用与家庭结构有关。一家几代会讲多种方言的情形屡见不鲜。家庭结构不解体，中国家庭生活中使用双方言（甚至三方言、四方言）的现象就会长期存在（参见刘兴策，《双语双方言的文化背景》，《文化语言学》）。以上导致双方言存在的四条原因没有一条是出于审美意识。

第五，语言规范化纯洁化活动中的美学意识

应该说，使语言规范化纯洁化的集体努力，无论其倡导人、拥护者、参加者是否有自觉意识，本身都是使语言巩固它的有序状态的，因而是一种求美的集体活动。这类活动针对语言的非标准、无标准、语法混乱状态，对上述现象的纠正，都有不同程度的美学意识渗入。活动的结果，民族语得到维护，也避免了语言污染和退化，防止了过多外来语侵袭。民族共同语变得更加明确与一致。"语言规范化是制定语言政策和语言规划的人对语言变化和稳定性的综合评价和适当选择。"（白丁：《语言政策和语言规划的文化背景》，《文化语言学》，第384页）无论从哪一个意义上看，对语言的变化和稳定性作出综合评价和适当选择都需要价值评估标准，其中包括了美学价值评估标准，因为综合评价和适当选择是一定文化背景之下产生的有科学程序的追求语言有序状态的活动。

  英国18世纪的启蒙思想家和作家对英语进行了理论的检验。发现用拉丁语写作转而用本族语（英语）进行写作时，英语无"法"可循。复辟王朝时期的桂冠诗人John Dryden（约•德莱顿）抱怨道："我们尚无韵律学，连一本勉强过得去的（tolerable）字典或语法书都没有。因此，在一定程度上，我们的语言是不规范的in a manner barbarous"，（转引自秦秀白，1983：121）语中批评词barbarous是对未开化、粗俗而未经提炼过的状态（incivilized或unrefined）的描写。因而针对这种状态的努力就是为了英语脱离粗俗而变得完美。这正是一种审美意识。英国知名作家斯威夫特认为英语有过多的单音节词是语言的耻辱（disgrace），由于缩写形式–'d代替了–ed，所以单音节的动词加上过去式词尾形式–'d仍然是单音节，读起来刺耳（秦秀白，1983：122）。在我们看来，他的这一恼火正是从反方面要求音的悦耳与优美。他要求英语规范与纯洁的美学意识尤其表现在他1712年向英格兰财政大臣写的信中。此信以"关于修正、改进英国语言并使其规范化的建议"（*A Proposal for Correcting and Ascertaining the English Tongue*）为题公开发表。此信的观点是：必须使英语"纯化"，使其成为优雅的语言。为此，应该成立专门研究机构，并编纂字典和语法书，以促进英语的规范化工作。斯威夫特的建议得到许多文化人的支持（秦秀白，1983）。在我们看来，"纯化"和"优雅"都是美学意义上的追求。1729年，托马斯•库克（Thomas Cooke）发表"使英语完美无缺的建议"（Proposals for Perfecting the English Language）。1755年，塞缪尔•约翰逊编纂的英语词典（*A Dictionary of the English Language*）问世。这部词典大大促进了英语的规范化与标准化。

  以上这些活动的目的是使英语稳定地保持有序和完美，这正是集团的语言活动中的美学意识。

  汉语规范化工作大规模展开是在20世纪50年代之初。1951年6月6日《人民日报》发表题为"正确地使用祖国的语言，为语言的纯洁和健康而斗争"的社论。1955年教育部和文字改革委员会召开"全国文字改革会议"，中国科学院召开"现代汉语规范问题学术会议"。语音方面确定了标准音，公布了审音方案；文字方面精简了字形、减少了笔画；词汇方面根据必要性原则吸收了一定数量的方言词、古语词和外来词以丰富现代汉语词汇系统；语法方面加强了口语调查及书面语分析等工作，制定了一套适于普及教学的语法体系。推广普通话持续在全国各地区展开。

任何语言在其发展过程中都可能产生一些不合规律、不合逻辑的语言现象，不同程度的语言"污染"是没有尽头的，贯穿语言发展始终。因此保持语言规范的美学意识很有必要。这种意识应该扶植和保持下去。一个成熟的政府应该在人民的语言生活和交际中鼓励美学意识，这对于国家、民族的发展是有深远意义的。因为语言状况是一个民族是否兴旺发达的不可缺少的考核指标。人们可以通过主观努力在语言各个层次上进行审美选择，淘汰那些"污染"的和不健康的成分和因素，始终使自己的民族语向着优美的理想境界发展，不仅在理论上是站得住脚的，而且在实践上被证实是可行的。尽管在这方面的努力中会时时出现违反语言发展规律的少数人的急躁的强制性的语言活动（如消灭某某、创造某某），虽然以行不通而告终，但这只不过是小回流，它们的初衷却是可取的。这些语言活动的过错不在于追求了语言的完美本身，而在于采取了违反客观规律的措施。

第六，成功了的强制性语言活动中的审美意识

在中外历史上，有些集团性的语言活动虽然带上了突变、强制性质，却没有失败，这是令人深思的。

1928年成功了的土耳其文字改革运动就是这样的例子。十二个月之内，由专家组成的特别委员着手研究改革文字，废除先前使用的阿拉伯字母，采用欧洲拉丁字母作新的土耳其文字。总统亲自教议员、部长们学习新的字母，并随身携带黑板，在公园、广场教人们识读新文字，被人们誉为"首席教师"。这次成功的改革，有其原因。首先是旧土耳其文字（阿拉伯字母）难教难写，造成文盲充斥，这次改革遂得到公众支持。这次改革刚好发生在击退帝国主义侵略、推翻了哈里发封建神权专制制度，在奥斯曼帝国废墟上建立起新型资产阶级共和国的时候，因而符合土耳其政治改革的潮流，促进了新的民主文化的建设。另外，改革符合了民族的文化心理，对于土耳其人来说，阿拉伯文字是外来的伊斯兰教神权的象征，而不是土耳其固有的书写符号。但是，改革过程也显示了审美意识。1928年8月9日，共和国总统穆斯塔·基马尔对公众演讲，其中有这么一句话："诸位朋友，我们的丰富而和谐的语言，如今将能借新的土耳其字母得到表达了。"在他看来，他的民族语本来就是丰富而和谐的，记

录语言的文字也应该将丰富性与和谐性表达出来。若旧的字母与语言事实不契合，要求改革这一状况是很自然的事。可见基马尔语中透露出改革的初衷也包含了审美意识。后来，英国历史学家伯纳德·刘易斯的研究刚好在这一点上与土耳其总统所见相合。他在《现代土耳其的兴起》一书中写道："可以肯定地说，新文字清楚、简单又符合语音，因此，它为大量扫除文盲和大规模发展出版事业，开辟了道路……"（周光庆：《文化语言学》结束语）。我们知道，文字清楚、简单又符合语音，表明该语言的语音形态和文字形态（最近有人说语言有两种物质外壳：语音外壳，文字外壳）一旦和谐相契，就为人们创造言语美提供了基础。现在看来，土耳其在那场强制性的文字改革运动中，当事人和后来人都有语言形式美的考虑。

但是，成功的强制性语言活动的胜利并非一概具有美学上的意义，台湾地区就是一例。台湾自甲午战争沦为殖民地，到1945年复归祖国，其间受日本统治50年。抗日战争胜利后，当时的国民党政府采取了强硬的推行国语政策。1949年国民党军政力量退守台湾，大批大批的外省人执掌了全岛军政大权。说方言的台湾本地人不在当局的权力圈内，这就形成了一个特殊的文化背景。当局除严禁使用日语外，还不准使用方言。从小学到各类大、中学校实行监督制度。现在全岛的主流语言已是国语（白丁："语言政策和语言规划的文化背景"），这不仅给40年来台湾的行政管理、贸易和文化教育带来方便，如今也成了海峡两岸团圆的天然亲缘。这个亲缘条件是非常重要的。设想，40多年前台湾当局如不强制性地推行国语（但也给本地人心理上投下了一些阴影），如今台湾和大陆在语言上隔膜起来，就会给分裂造成许多借口。台湾的强硬推行国语政策主要是为了行政管理、贸易、文化教育目的，其间没有审美意识起作用是很清楚的。

但是，强制推行某些语言政策也有许多失败的先例，这里我们暂且不去讨论。另外，强制推行语言政策的成功也并非全部具有美学意义。

第七，语言融合中的审美价值取向

由于跨文化交际的存在，不同语言或彼此吸收对方的某些成分，或同时被某些文化群体的成员根据不同的交际环境来选择运用，或其中的某一种语言被另一种语言所替代，从而产生不同程度的互相融合。所以，语言成分的借用、双语现象、语言替代都是语言融合过程中必然要产生的，产生的背景是多方面的。以产生背景而论，有物理层面的，制度层面的，也有心理层面的。现在我们感兴趣的是，语言融合的心理背景中是否与审美价值取向有关。

某一个民族的统治者及上层人士的爱好与风尚往往影响全民族的价值取向

和审美情趣，语言问题上也是如此。上层人士所运用的某种语言或语言特点会使普通人民趋之为荣，以此为雅，进而加以仿效；这样就会造成语言融合中的审美价值取向。中古时期的英国国王多是诺曼底（法国之一部）公爵，与法国有血统关系，因而1066年至1399年300多年间英国的国王都说法语，造成这样的审美趣味：以能说一口流利的法语为荣为雅。仅在1250年至1400年这150年内就有约一万个法语单词进入英语词汇，其中75%沿用至今（秦秀白，1983，第四章）。

民族的审美情趣有改造外来语的倾向。一个民族向外来语言借词时，先用民族的审美情趣"染"一道"色"。汉族对外来语的审美改造是语言融合中民族审美价值观念起导向作用最生动的事实。外来语汉化过程首先就碰上了汉民族崇尚简约的审美观。先看音节的简化。汉语词汇以单音节和双音节为主，而以拼音文字为来源的外来语，大多为多音节，因此经过了减音的"染色"改造。改造的途径有三：译简称，如TOEFL全译"作为外语的英语的测试"，中国人谁也不爱这么说，后简取"托依福尔"，音相近，后来却只简称"托福"——"托"这种考试的"福"（出国留洋之义）。相同的例子有OPEK——欧佩克，MIG——米格，此其一。其二，简缩音译外来语的音节，如：菩提萨埵——菩萨，阿罗汉——罗汉，Gram——克，metre——米。其三，用简单的音译词取代无法简缩音节的音译词，即取消这些音译外来语的资格，如早年大家熟知的democracy——德谟克拉西，现在只叫"民主"。相同的简约例子有Penicilin——盘尼西林——青霉素，intelligentsia——印贴根追利亚——知识分子，inspiration——烟士披里纯——灵感。再看书写形式的删简和统一。由于译者的方音因人而异，引入渠道不同，汉字同音字多等原因，一个外语词在引入汉语后常有多种书写形式，用字很不一致，这就极大地妨碍了信息的传播。因此，对混乱的书写形式删繁汰冗，来一番美的改造。例如chocolate原有"朱古律""勺古力""查古列""巧克力"等十余种写法，后来定型为"巧克力"；与"茉莉"并行的有"末丽""抹利""没利"等多种写法，后定型为"茉莉"。书写形式筛选的一般规律是，符合汉化规律者得以保存。还有，外来语的书写取引起美感的汉字（汉字作为表意文字，具有很强的审美意味，早已单独成为艺术品了）。根据这个审美原理，"和尚"取代"乌社"，"太妃"取代"拖肥"，"师利"取代"尸利"（梵语，尊敬、吉祥之意）。前者均比后者的美感效果好。译女人名字时，常用"莎""娜""娃""娅""丽""芭""嘉"，一看（汉字供看，看它的表意与审美意味）就给人以俏丽之感，如好莱坞女演员Vivien Leigh译时写作"费雯丽"比最近有人译作"维维恩·利"俏丽爽眼得多（参见陈榴：《汉语外来语与汉民族文化心理》，《辽宁师大学报》1990年第5期）。给外来语加以美的"染色"还有一法，那便是"音译兼寓意"，即"字音相似，字意关物"。汉语借词，不大能接受纯音译出，而喜欢接受"字音相似字意示物"这样的方式。原因有二，一是传统文化心理不喜欢一个字没有意义，名不正则言不顺。二是审美心理，字音相同不算，要字意求美。如Esperanto（世界语，原意"希望者"）译成"爱世不难读"，字音相似，这不成问题，尤其是字意关物，关联得极美，点出了世界语最突出的一个优点：简明易读易学。具有"字音相似，字意关物"特点的外来语还有"味美思"（一种酒），"幽默"、"奔驰"（轿车）、"可口可乐"（饮料）。也许，本来不需借用外来语的口语借用"拜拜"（bye-bye）的风行（也常出现在刊物和报纸上）和京味化是最能说明汉民族对外来语借词的审美情趣的追求和改造。bye-bye作"再见"讲时，稍早一点的英文词典上可见这样的注明："儿语"与"俗语"。可是20世纪80年代开始，随着中国改革开放大潮，bye-bye（写成"拜拜"）迅速在一些城乡使用起来。男女老少，也无论是哪个文化层次，在正式或非正式场合，都出现了用"拜拜"取代"再见"的情形。最开始是青少年，尤其是儿童，在分别时用它，后来中老年也用起来。开始时确实带点俗语性质、玩笑性质，后来正式场合都用上了。对自己人用惯了之后，对外国人（无论是否英语国家的人，也无论是不是儿童）也用起bye-bye。一般地说，会说英语的中国人对外时用"Good-bye!""See you later"或其他表再见的说法，现在却也顺口bye-bye了。我亲身耳闻目睹一事，德国应用语言学会名誉主席G. Nickel与广州外国语学院语言所所长陈楚样会见结束，互道再见时双方都用bye-bye，谁都不觉得是俗气或轻慢对方，而是极其自然。论音节数目，"拜拜"与"再见"一样多，并没简约化，可是，"拜拜"音节嘹亮，开放音，便于延长，老远都还能让对方听到、听得清楚，听起来亲切，正适合再见的场景。可是"再见"以前鼻音收尾，延长的程度和响亮程度都不如"拜拜"，送别双方走远了就不易听到。这显然是从语言形式美的角度来作出选择的。再按中国字义解释，"拜"字有拱手相合作揖之状态揭示，正与道再见时手势相近或相同（有些年纪大的人之间道再见便是拱手作揖之状）。有的北京人开口就是"拜拜您啦"，京味十足，外来音北京化——这也是一种审美情趣的民族"染色"。我们不能说"拜拜"会完全在口语上取代"再见"，但"拜拜"的音韵与汉字字义相关的情状相结合，确有"再见"所不及的审美价值。这是审美意识干涉语言发展的一个例子，这也是汉民族审美观念在语言融合中的顽强表现的一个例子。

趋雅、求新、好异域风味之奇的审美趣味和社会心态也会在语言融合中起作用。所谓"雅"，是以上层社会的爱好和崇尚为雅，以代表较高文化的语言及其用法为雅，以受过教育的人的言行规范为雅。这些"雅"的标准都可能成为时尚，从而影响到语言的运用（周建民：《语言融合的文化背景》，《文化语言学》）。原来只是在研究生、大学生、中年知识分子中间流传的托福考试用语，也向全社会推广开来。连普通工人和老太婆询问别人是否参加"托福"考试也戏语为："你'托福'啦？"广州街道（香港地区更甚）有些小店铺也写上这样的招牌"士多"（store，店铺），有些小店主自己并不清楚"士多"的来龙去脉，招牌上居然写"士多店"，不免遭人嘲笑（这里也包含对那种盲目趋外的心态的批评），可见语言融合中的趋洋尚异之普遍，这里既有健康的审美观念，也有不健康的心态，要区别对待。

有些国家和地区存在双语，甚至三语现象，很难说这些语言比别的更美才挤进了并存圈子。双语现象中起作用最甚的是对本民族语的忠诚心态（对母语的特殊感情）、语言认同心理以及对并非本文化群体的语言的抵抗力。以上几点原因形成了自己母语与另一（或二）语言并用的局面。鼎足二分（三分）天下的语言都有自己的忠诚者。能够鼎立的语言不一定是比另一方更美的，究其原因，多数语言学家认为，是政治、经济、文化等非语言形式的力量长期较量的结果。

第三节
民族审美观念对句段结构的影响

民族审美观念与语言形式（比如说句段结构）之间有一定的对应关系。对语言形式的美学评价也往往取自一定民族的审美观念。比如说，这个民族偏爱这种语言形式，那个民族偏爱那种语言形式。又比如说，同一个语言形式，这个民族认为美，那个民族并不如此认为，甚至认为不美。这期间的对应关系可能是：

第一种：（从民族出发）

A民族偏爱A种（或几种）语言形式（如汉民族偏爱对偶句式，等等）

B民族偏爱B种（或几种）语言形式（如某些英语国家的民族偏爱长长的定语从句）

第二种：（从语言形式出发）

X语言形式

- A民族认为美（因而多用）
- B民族可以接受
- C民族认为不美（因而不用，少用）

这两种对应关系是相互联系的。在第一种对应关系里，偏爱某种语言形式是由民族审美观念导向的。在第二种对应关系里，对同一种语言形式的美或负美的两级感受，也是由民族审美观念导向的。人们本来可以追求各式各样的美的语言形式，那些具有不同审美功能的语言形式都会或多或少地被运用，被用得多的就是倚重程度大的，被用得少的就是倚重程度小的，倚重程度的差异形成定势，就是民族审美情趣的外现。

第一，汉族偏爱对偶句段的美学渊源

汉族偏爱对偶句段已是人家公认的事实了。本节不再供给这些事实，只讨论这些事实的美学渊源。中国建筑（如宫殿、四合院、神庙、民房，等等）铺排显示了很工整的对称美。街道、城市的铺排同样显示了对称格局。中国书法艺术（非语言的文字意义上的研究对象）也体现了对称美：间架结构左（中）右对称，上（中）下对称（皆以中——看不见的中轴线——为对称轴），不仅讲单个字的间架对称，墨笔在白纸上或直行或横行书写时，还讲字与字、行与行、黑与白、大与小、正与斜之间的顾盼与呼应，揖让与补救，以求匀称效果。中国音乐里的对称颇露痕迹，尤其是民歌，一问一答，上行音阶与下行音阶，都是追求对称之美。从上述中国艺术里看汉民族对对称美的欣赏，就不难看出汉民族偏爱对偶这一语言形式——正对、反对和串对；词类对应，句式对应；从口语到诗、文、格言与楹联；从甲骨卜辞时代到今天的相承之脉气——来自何处了。从艺术到语言是相沿相承、一脉而通的。

与上述相对，西方语言中对偶的运用就少得多，虽然不是没有。他们也会用对偶，你可以从西方语言中找到对偶辞格，但显然不如汉族这样普遍、这样执著与这样历久。也就是说，这样的语言形式唤不起他们特别的美感。原因何在呢？我们仍然可以在他们的审美心态与审美传统中找到美学渊源。西方的建筑，如希腊的神殿、伊斯兰庙宇、歌特式教堂、各类高塔，都追求高耸入云，指向神秘的上苍，这就是想突破对称，不安于对称。西方的园林艺术给人以流动的美感，大块大块的草坪，一览无余，这不像是对对称的追求。西方人（尤

其是美国人）追求冒险、刺激，是他们的心理常态，而我们的心理常态是平衡与中庸，两者反差极大。

当然，除了审美心理差异之外，语言结构的差异也是构成对偶的重要条件。汉语是以语素为单位的单音节语言，构成对偶的条件多而充分，西方语言是以词为单位的多音节语言，构成对偶的条件少而不充分。汉语句法弹性大，各种语序只要意思通达都能得到承认，容易调整成对偶，西方语言句法弹性小，语序格式严格，难以调整成对偶。这些在普通语言学、词汇学、句法学、修辞学里已经讲得很多了。

第二，汉语重意合、略形态与西方语言严于形式：从民族审美观念的差异上考察

中国汉族重领悟、重意会的审美习惯迁移到句子（段落）结构上去了。中国文学"诗言志"的口号几乎贯彻各种审美领域，"诗言志"是物我合一、主客体统一的美学观念。中国画法"遗形似而尚骨气"（略于形式重内涵），反对涂满空间，如画竹，反对"节节而为之，叶叶而累之"，提倡淘汰繁枝冗节。提倡留白的美学主张，中国画贯彻得最为形象。一个大画面，只画一个茶壶和一个茶杯，画面题字是"陆羽高风"（可是不见陆羽其人）。如果只画一个酒壶，一个酒杯，便可题："陶潜逸兴"（不画陶潜）（启功，1997：13）。画面留了白，意与神就大有奔驰的余地。中国印章，据留传至今的汉印来看，平正方直而填满，屈曲如带子而填满的印文都只是汉印中的一部分，而很多凿印、将军印和部分铸印、私印，并不填满，甚至也不平正方直（参见周正平，《缪篆名实考》，上海大学学报，1989，2期）。铸印字形多平整填满，但玉印平整而不填满，尤其是西汉早期的凿印，许多印文都很错落（参见周正平，同上）。印章的美学思路就是打破"四角全封"的不透气状态，使之疏通，使它既丰满又空灵，有虚（空白、错开）有实。这种注重线性的流动转折，追求流动的韵律、节奏，不滞于形，而是以意统形，心凝形释，削尽冗繁。削尽冗繁的审美趣味在中国建筑、园林、戏曲里更为淋漓尽致地得到表现。戏曲中，"实景清而空景现"，一个筋斗就从这个山头翻到了那个山头，一提脚就进了门坎；园林中的遮掩、错落、不让一目了然；上述中国艺术中的以意统形、略于形式、遮掩错落、留下空白的美学追求在汉语中得到了一一的印证：汉语重了悟，不重形式，意群、成分通过内在的联系贯串，不一定用关系词来明白交待关系，结构上也没有很多的限制，"尤其在表示动作和事物的关系上，几乎全赖'意会'，不靠'言传'。汉语真正的介词没有几个，解释

就在这里。"（吕叔湘：《语文常谈》，北京：三联书店出版社，1980年）汉语句子是否合格，几乎只看意思是否流畅就可决定。上面说的"陆羽高风"画和"陶潜逸兴"画。"就像汉语的句子组织，没有人，人们却可以意会到施事语；没画茶或酒流入杯中的过程，人们却可意会到动作语；杯中不画各色的茶和酒，人们却可以意会到宾语；壶口并不一定向着杯，甚至壶柄向着杯也不要紧，这又很像句子语序灵和，词语组合方便，只要语义上配搭，事理上明白，就可以粘连在一起。"（申小龙：《论中国语文传统的现代化》，《晋阳学刊》1988年第6期）

汉语语法的意合性越是发展，就越是限制了语法形式的相对独立的发展。心领神会成了确立语法关系、理解句子的重要方法。这样的悟性在艺术中早就培养了，早就渲染过了。中国古代戏曲直到现代戏剧，演员面对空白舞台（台上不放置真物真景），就训练了观众面对空白舞台（就像读者面对汉语句子）。观众凭演员的手脚比划（抽栓、开门、跨门等一连串动作），凭演员的身段演示（上马、驭马、落马等一连串动作），悟得了并欣赏了剧情（就像读者读通了汉语句子了）。

上面已提到过对中国画的领悟与欣赏。画上有山，但并不画庙，只见画角露出半个人体担着的一只水桶和另一半扁担以及飘拂的法衣，赏画人心目中就设想出山上有一座庙以及有关和尚的种种事情。画面画了太阳含山或山含太阳，山一半，太阳一半，但观画者却已在脑海中现出了全山全太阳。"踏花归去马蹄轻"的画，你也可作如是的联想。由领悟感受美的意境过渡到由领悟感受句子的意义，是一脉相承的，是审美思维习惯的相承。

汉语的"以意统形""以神摄形""遗形写神"（有人说"得意忘形"），实在不只是汉语的事，也是中国哲学、文学、音乐、舞蹈、美术、中医、中华气功、禅宗等的性格特征。以禅宗为例，禅宗的语言哲学，与汉族审美习惯迁移到句段结构上，有着惊人的雷同。禅宗在语言的理论与实践上重悟的表现是轻视文字甚至是完全排斥文字、废弃文字。禅师们以为，真正的悟是不需要文字的，皓首穷经仍不是悟，即使是为了教化，也万万不可执著于文字经论，慧能把迷和悟这两极归纳为求文字与见本心的对立，那么，排斥义字甚至废弃文字自然就成了"自见本心"自识本性"的必要条件。后代的禅发展到"狂禅"的地步，谤佛法、骂佛祖、毁经教。禅宗的语言哲学重意，"出语尽双""出没即离两边"，其实就是仅借用言语，绝不滞留于言语。禅宗拓展语言范畴，说"佛祖拈花，迦什微笑"是创造新的交流工具；"德山棒，临济喝"是动作语言；作圆相、引女人礼、打哑谜、翻筋斗、扇耳光、学虎吼驴叫是教化手段。禅宗的创造是把常规的语言范畴（文字与言语）从外延上拓展了，它虽是向人类第一语言阶段（即动作语言阶段，另外三个发展阶段是言语阶段、文字阶段与特殊的人工语言阶段）的复归，但绝不是简单的重复。（顾瑞荣："记禅宗语言哲学"，《文科学报文摘》1991年第3期）禅宗的重悟与重意，与汉民族审美习惯上的重悟与重意，汉语句法上的重悟与重意，绝不是偶合，是我们民族素质的立体的、凸形的表现或全息图景。

那么，西方语言严于形式是否也能在西方人的审美观念那里找到几丝渊源呢？西文传统油画，填满画面，诉诸数理关系或心理与物形的某种相形的秩序，即形式与心理同构。古希腊西文哲学认为形式美是"直线和圆所形成的平面形和立体形"（柏拉图：《文艺对话录》朱光潜译，北京：人民文学出版社，2000年）"美的主要形式、秩序、匀称与明确，这些唯有数理诸学优于为之作证"（亚里士多德：《西文美学家论美和美感》，北京：商务印书馆，1980年）。西文把理想的形式美全然归于数学和几何的关系，拿这种形式美观念移植于语言形式，就是形态上丰满、外露，句子成分的结合都用连接词和介词固定卡死，因而严谨，少弹性，表达精确、形式化，可以验证。判断句子是否合格的一个重要依据是形态是否严谨。有一个例子可作为审美观念影响语言构造的佐证：阿拉伯长诗的段落和韵律结构与阿拉伯常用的帐篷的布局和构造相吻合（黎巴嫩诗人J. Sayech，转引自何安平，《现代外语》，1990/4）。

第三，汉族以圆形为美在章法上的观照

汉人以圆形为美，以圆满为吉祥的审美心态反映在句法上是蟠蛇章法。钱锺书先生发现一种文法，起结呼应衔接，如圆之周而复始。他称之为"首尾呼应——蟠蛇章法"。他举例以明此理；楚子欲辱晋，大夫莫对，远启强曰："可！苟有其备，何故不可？……未有其备，使群臣往遗之禽，以逞君心，何不可之有？"首言有备则可，中间以五百余字敷陈事理，末言无备则必不可，而反言曰'何不可'，阳若语绍，阴则意违。钱先生指出，此节文法，有的首句尾句全同，重言申明。有的圆形句掉尾收合，稍出以变化，显出跌宕。有的圆形句回环而颠倒之，顺下而逆接，兼圆与义，章法句法，尤为致密。有的蟠尾章法是顺次呼应。善于谋篇者，线索皆近圆形，结局与开场复合。或以端末钩接，类蛇之自衔其尾，名之曰"蟠蛇章法"（la composition—serpent）。文章亦应宛转回复，首尾俱应，乃为尽善（钱锺书. 1990：卷4：285 — 87）这样的句段章法在现代人的言语活动中也常常出现，无须复申。欧美人也认为图形中的圆形为美，尤其是椭圆形为美，但不像中国人如此普遍地形成了以圆形为美，以圆满为吉祥的浓烈的审美趣味。花园造型中，圆门、圆花坛、圆水池；居家摆宴的大圆桌；八卦图外围为圆；太极图阴阳两个部分合围成圆形；占星家和风水先生用的圆罗盘；八月十五月圆吃圆形的月饼；帐篷是圆锥形；女人的脸以近圆形为美（"圆圆的脸蛋"几乎是漂亮小女子的专用语）：梳妆台上的圆形镜；大家闺秀与小家碧玉都喜欢的圆形纸扇。还有由圆相（形状）生成的心理上的团圆、圆满结局，如各种戏曲多以大团圆收尾。每年岁末在外游子赶回家吃团年饭（年饭），和尚长老结束一生称为圆寂，等等。这些中国人钟爱的"圆相圆满"审美趣味与钱锺书说的"蟠蛇章法"是一脉相通的。句法、章法就是心理的写照。

第四，英式孔雀型序列与汉式雄狮型序列的美学观照

有人认为，思维模式的异同，表现在语言线性序列上的差异是，英语把最着重的事物放在句首先说出，然后把各种标志，一条条补述，一步步交代，形成头短尾长的线性链，谓之孔雀序列：I saw Mr. Smith at the gate of the college at 2 0'clock yesterday afternoon, whom I have not seen three years. 汉语语序头大尾小，先交待环境与附带标志，最后是信息中心，谓之雄狮型序列，举的例子是：昨天下午两点钟，在学院大门口，我看见了三年未曾谋面的史密斯先生（贾德霖）。其实所谓雄狮型序列并非汉语的典型的句式。我同意其中一点，便是汉语有一部分句子是最重要的信息殿后。如果说这是雄狮型，不妨也可以由此想到汉族的一些审美习惯：喜欢压轴戏排尾，偏爱稳定结构；西方的塔高耸入云，中国的塔并不追求高，只追求内含丰富、造型奇巧、底座大而稳。上面说过，以圆形为美，以圆满为吉祥也可以与偏爱稳定结构有联系。

第五，SVO框架与"流水句"框架的不同的审美心理

SVO框架是以动词为轴心的，有人说英语万变不离SVO型（刘宓庆），是有道理的。有人说这是"以自然空间为对象的焦点思维方式"（申小龙）。上面讨论过，西方绘画注重空间的几何布局（数理根据，所谓"焦点"），西方的音乐注重严密的和声对位，就是空间分布的对位。这种焦点透视反映在句子框架上就是以动词为轴心控制先后运动。中国汉族艺术重心理流动，请联想戏剧舞台的手脚比划总是一连串动作的流动——抽栓、开门、跨门或上马、驭马、落马（详见上面第二点），中国章回小说情节主线也是一贯连底的连接（顺着流动），中国画的构图不看重焦点，汉族音乐自古以来不讲和声对位（那是空间的分布），却特别讲究旋律的流畅，以这样按时间流动的审美定势

对待句子，形成了大量的按事理顺序铺排（无所谓"横向"，也无所谓"向左""向右"，句子的线性只有时间先后）的流水句（所以上面说雄狮型序列并非汉语的典型句式），即一个主题加多个连续的评论句式。

第六，以含而不露为美与以直露为美在言语行为上的不同观照

这一点说的不是句段结构，是言语行为，作为民族审美观念不同引起句段结构差异的旁证。

以求婚这一言语活动为例看中西语言中不同的言语行为。中国汉族表达爱情自古以来没有条件让男女面对面地执行下列言语行为："我爱你！"（直陈）"做我的妻子（丈夫）吧！"（请求）"嫁给我吧！"直到前几年才有条件学西方人的求婚语言。作为过渡，有些男女面对面说过"我跟你！……""我跟你走！"

"你跟我吧？""咱俩做一家人吧。"这些方式最明显的特点是含蓄，以言外之意而现之。中国人的园林建筑就是含而不露的：一切按掩映与遮拦布局。垂柳、竹子、蘑菇亭、桥栏、假山石，布置得错落参差，总的原则是不让你一眼见底。长廊，不是直通一条，而是弯弯曲曲；飞檐和窗户，形状与线条都具备暗示特征；进门之后绝不让你一眼窥见，让你一步一个惊奇，一步一个天地，从小见大，从大见小，这便是遮掩的初衷。

英美人的花园，大大的草坪，一望一大片无遮无拦，开阔、坦然，花卉、篱栅、树木，摆布得整齐、规范。从大铁门外就可一览里面的风光。这种坦露的审美定势迁移到求婚这一类言语活动上，便有这样的对话：I love you.（我爱你）Marry me.（嫁给我吧）一派的直陈行为、请求行为。更为袒露的话说出也绝无红脸、害羞之态。

以含蓄为美与以直露为美的审美心理定势在许多言语行为上见出，求婚只是其中一例而已。这两种美无高低之分，前者是汉族文明成熟的标志，后者是开朗、追求发展的精神积淀。

第四节
词语是民族审美观念的一面镜子

词语像台录音机录下了一个民族的文化与历史，它"忠实地反映了一个民族的各种游戏和娱乐，各种信仰和偏见"（Sapir 1921）。当我们鉴定、鉴别某个民族文化的灿烂历史，或发达的物质文明，或成熟的美的观念的时候，我

们不正是部分地根据这个民族使用的书面话记录吗？典籍中词语的构成规律，不仅仅是该民族的思想规律，也是包括审美心态在内的文化心理和观念。虽然并非每一个词语都是这样的镜像，都有审美观念作背景，但是，词义的产生、变化确有着不同民族的审美价值取向。

第一部分：词语系列（几个例子）

第二部分：成语系列（几个例子）

现在讨论**第一部分：词语系列的几个例子**

中国是梅的原产地，梅类资源丰美。梅花以其形色高雅、刚毅、圣洁，被汉族用以比德况神，逐渐成为中国人（汉族为主）的审美对象，进而形成梅文化现象。历代梅文、梅诗、梅画、梅乐、梅戏等层出不穷。这些词的搭配与组合同时也经常出现在人们的口头中，如"梅林""赏梅""咏梅""松竹梅三友""寒梅""红梅""腊梅""梅花三弄""梅雨"……本来是喜鹊登梅枝而生的"喜上梅梢"衍化成"喜上眉梢"。"竹梅双喜"，竹喻夫，梅喻妻，是人们常用的口头贺词。以梅为题为由为对象的诗与画不计其数，深深地影响了汉族的言语活动。成语"摽梅之年"出自《诗经》中写梅佳作《摽有梅》（描述少女抛梅求爱）。《梅苑》（宋人黄大舆选编）是中国文学史上第一部咏梅专集。故宫博物馆藏画中写梅之作数以百计。梅花与音乐与戏剧结缘极深，"梅花三弄""咏梅"等古曲至今流传（参见娄恩慈、姜中卫，《梅花与中国梅文化》，《中国文化报》1991-12-18）。

桃花（果、树）给中国文化增添了一分奇丽的景观，人们在它身上寄寓着众多美好、怪谲的想象。本节中关于桃的描述主要根据罗漫先生所著《桃·桃花与中国文化》一文（《中国社会科学》，1989/4）和W·爱伯哈德（美国）所著《中国文化象征词典》（中译本，长沙：湖南文艺出版社，陈建宪译）中的peach条目以及《辞海》有关条目而得。

中国人对桃有种种特殊的感情，视桃为鲜美的佳果，把许多并非桃类的佳果也美称之为桃（言语里概括过头的又一种现象）；核桃（胡桃）、樱桃（莺桃）、猕猴桃（羊桃）、柰桃（《齐民要术》称苹果的一种，即俗名花红或沙果的柰子为柰桃）、蒲桃（《汉书》称葡萄为蒲桃，但"蒲桃"又是一种味甜而香的淡绿色或淡黄色浆果，我国海南岛有野生，华南地区有栽培）、金丝桃、桃金娘、桃花鱼（即"鱲"，又"桃花水母"俗称），等等。

神话传说中虚构了：仙桃、玉桃、碧桃、蟠桃……

突出桃、褒扬桃的谚语与俗话："桃饱李饥""桃饱杏伤人""宁吃鲜桃一口，不吃烂杏一筐""桃李满天下""人面桃花相映红""桃李不言，下自成蹊"（比喻实至名归，尚事实不尚虚声，蹊，径道，言桃李非有所召呼，而人争趋，来往不绝，其下自然成径）。

沾"桃"字给地方取名以为美传：仙桃市（笔者家乡，湖北），桃源县（湖南），桃江（湖南），桃园（台湾），桃源山（湖南），桃花潭（安徽泾县）……，据台湾段木干《中外地名大辞典》载，带"桃"字的地名共92个，蔚为壮观。

与风流韵事有关的特殊意义的词语：桃花运、桃色事件（新闻）、轻薄桃花逐水流、青桃花（指情人们秘密约会的处所）、一朵桃花染红了裙子（表示一个处女童贞的丧失，《中国文化象征词典》第253页如是说，笔者怀疑有讹）、桃花病（指青春期的冲动弄得昏头昏脑）。

以桃为题作诗、吟赋、著书：桃花源忆故人（词牌名），又名《虞美人影》等，双调48字，仄韵，上下阕起句押韵。宋王安石：《元日》：最后一句为：总把新桃换旧符。唐李白：桃花流水窅[yǎo]然去，别有天地非人间。《诗经·周南·桃夭》：桃之夭夭，灼灼其华，之子于归，宜其室家……又，李白：《赠汪伦》：桃花潭水深千尺，不及汪伦送我情。桃花泉棋谱：围棋书谱（清代范西屏著），等等，在此列举者，挂一漏百矣。

治病、镇鬼、驱邪、祈福的与桃有关事物称谓：桃枭（经冬未落地的干桃）、桃板、桃符（桃木板上画着神荼、郁垒两位门神）、桃拔（辟邪神兽）、桃花女（古戏中，一位能破除一切凶神恶煞的女子）、桃弓、桃印、桃……、桃茢、桃戟、桃橘、桃人（桃梗）、桃橛（即桃木桩、桃木钉）、桃弧棘矢（桃木制的弓、棘枝制的箭）。

以"桃"描写美的事物或与女子有关的事物：桃花水，桃花汛、桃花浪（均指春水），桃花眼（女演员的水灵灵的迷人的眼睛），樱桃小口（很美的口形，女人的），桃花坞木版年画（中国江南一带民间木版年画），桃李年（女子青春期），桃花粉（女子使用的胭脂），桃花妆（用胭脂化的妆）。

女性以"桃"取名和美丽女性的代名词：杏桃，春桃，秋桃，雪桃，红桃，金桃，银桃，桃叶（晋代书法大家王献之的美妾），蓓桃（北宋名相的爱妾），桃花夫人（春秋时代息夫人）。

文艺作品取名带"桃"和桃花以彰其美：《桃花扇》（清孔尚任作，明末名妓李香君反抗奸臣，血染桃花扇）等历代64部戏曲（庄一拂，《古典戏剧存目汇考》）之名均带"桃"，《在那桃花盛开的地方》（中国20世纪80年代早期流行的歌曲，歌颂边塞军人的情操），《桃园结义》（《三国演义》之一章），《桃花源记》（陶潜），《桃花庵歌》（唐寅，在一片红艳的桃林中，在异端文人的理想天国）。

凡此种种，证明桃和桃花无不象征着美好和吉祥，进而形成为吉庆、热烈、美满、和谐、繁荣、幸福、自由等理想境界的象征。桃和桃花在心理上、精神上也是中华民族的一种保护和慰藉。把桃花和桃当成审美对象在词语上的外化，是中华民族独有的，世上其他民族对桃的观念不一定有相应的如此深广的外化。

由此，我们受到启发：一个民族特别欣赏某种花外化在词语上是丰富纷繁的，中国有以上的"桃花词语系列"，那么别国别民族是否也应该有类似的"花词语系列"呢？

日本人以樱花为美，是否也应该有"樱花词语系列"呢？

印度，又比如说吧，举国以莲花为国花，富有浓厚的宗教色彩，据吠陀文献记载："莲神生于莲花，站在莲花上，头戴莲花环。"婆罗门教则传说，创造之神是从莲花中钻出来的。佛教则认为，莲花代表美丽、吉祥、光明，是圣洁之花。（王国荣等：《世界成语典故辞典》，上海：文汇出版社，1989年）埃及也尊莲花为国花。埃及神话说，智慧与魔术之神托特曾接受其妻埃赫·阿幕纳奉献的一束莲花，它代表妻子对丈夫的忠贞与爱情，罗马尼亚的国花是白蔷薇。据传酒神艾罗特在一次宴会上，不小心泼翻了香汁而变成了白蔷薇，它代表纯洁与高尚（同上书）。墨西哥的国花是仙人掌（另一国花为大丽菊）。据传他们的祖先在仙人掌繁盛的地方（特诺奇蒂特兰）定居，建成了今日的墨西哥城（同上书）。按照汉语有庞大的纷繁的桃花词语系列推测，印度语、埃及语里应有莲花词语系列，罗马尼亚语里应有白蔷薇词语系列，墨西哥语里应有仙人掌词语系列。

"喜鹊"一词在中国有喜庆与吉祥的象征意义。俄语中的copoka转义为多言的人，好喊喊喳喳的人。有俗语сорбка на хвосте принесла为证，"喜鹊尾巴上捎来的消息或东西"，比喻意外听到而未必可靠，不易得到。常说Откуда у тебя будут деньги? Сорока что ли на хвосте принесет?（你的钱会从哪里来呢？难道喜鹊尾会给捎来？）又说：Эту весть ему, сорока на хвосте принесла.（这个消息未必可靠）童话中сорока — воровка是指"好偷东西的喜鹊"（刘泽荣：《俄汉大辞典》，北京：商务印书馆，1961年）。英语magpie转喻为person who chatters very much（多话的人），还有"喜欢收集东西的人"一义。看来俄、英词里，喜鹊借喻（象征）意义与中国人认它为喜庆与吉祥之义相去甚远。这是从词语里反观民族审美情趣之异一例。

汉语里，"乌龟"（又俗称王八）转义可为倒霉、晦气的人（当然，它又象征高寿）。某人的妻子有外遇，他会被讽为"做了王八还蒙在鼓里"。比赛中最后一名往往称为当了乌龟。俄语中черепаха没有太倒霉的转义，却有Тащи ться как черепаха!（像乌龟爬似的慢走），这一点和汉语类似说法相同。英语中tortoise 一词没有汉语中那个倒霉的转义，相反，因为海龟甲用来制梳扇、烟盒（见Oxford Dictionary），倒会引起人们好感。

狗与"狗"系列词语的对比。汉语里带狗的词语当鄙视语、骂人话用，已是大家都知道的事实，不必赘述。狗是中国生肖中排行十一的动物，但这并无补于狗在中国人（瑶族等要除开）审美观念中受轻贱的地位。但是：少数民族并非都是如此。在西南民间故事中，狗给人带来稻种。在西藏的民间传说中，狗给人带来黍种。在广东有一个流行故事，讲的是狗的忠诚，这是对狗的那么多贬斥中少有的褒奖。在瑶族，狗作为该民族的祖先而受到崇拜。（参见W.爱伯哈德：《中国文化象征词典》，陈建宪译，长沙：湖南文艺出版社，1990年）。中国汉族，从传统看来，对狗的丑感多于美感，所以狗系列词（"狗尾续貂""狗屎堆""狗吃屎""狗屁""狗崽子"……）中贬词贬用极多，几乎可以称为"国骂"。俄语中，对собака的贬义贬用，较之中国汉族，稍有减轻。как кош ка с собакой., "极端不和，不能相处"。как собаки（живут, относятся к кому）"老像狗那样吵闹骂街地，行事"。собака собакой（с кем—чем）凶狠地对待（某人）；虐待"。Устать как собака（俗语），"累得精疲力尽"。但俄语里也有瞧得起狗，拿狗还当一回事儿的俗语，如собаку съесть（на нём）. Он на этом соба ку съел. "这件事他很有经验"。С собаками не сыщешь（кого—что）戏谑之语，"即使带着狗你也找不到（谁或什么）"。经常说的口头禅Вот где собака закрыта! "问题原来在这里！原来是这样的事啊！这就是症结所在！"对狗也并非一味斥责、厌恶。（见刘泽荣主编：《俄汉大辞典》，北京：商务印书馆，1961年）

但总的说，俄语里，狗词系列中的贬义用法仍然多于褒义用法，即人们对狗的丑感多于美感。从dog系列看英语国家的人对狗的看法是饶有兴味的。有人说，英美人对狗的看法极有好感（批评"走狗"汉译英"running dog"不正确即来源如此）。其实，英美人对dog抱有三种情感：誉之、毁之、不毁不誉。有词语为证。誉之者如：to help a lame dog over a stile，助人于危难。love me, love my dog. （谚）爱我者必敬我狗（相当于汉语"爱屋及乌"）。be top dog，居于高位。a lucky（gay）dog，幸运儿（快乐的人），等等（参见 Oxford Dictionary）。the dogs，美国俚语中当绝妙的事物，如Wouldn't it be the dogs to be treated like that?得到那样的款待岂不美哉？a folly dog，俚语，酒友，快活的家伙。like a dog with two tails. 高兴得什么似的，A good dog deserves a good bone. 论功行赏。A living dog is better than a dead lion. 死狮子不如一条活狗。An old dog barks not in vain. （谚语）老狗绝不白叫（老手绝不出空招）（以上*Анго-русский фразелогический словарь*，Москва，1956）。有这么多的词语对狗许以嘉奖，这当然出于人的好感。毁之者如：go to the dogs，毁灭。die like a dog，die a dog's death，潦倒而死。lead a dog's life，过困苦生活，a dog in the manger狗占马槽（不让别人享受对自己无用之物的人）be under dog，永远居于他人之下。Dog's-body，做苦工的人。Dog-days，酷热的暑天（七、八月）。dog转指禽兽般的人，卑鄙小人（以上参阅*Oxford Dictionary*）。dog（与the dogs完全相反）在英国俚语中指蹩脚货，如That used car you bought is a dog. 你买的那辆旧车是蹩脚货（陆谷孙主编：《英汉大辞典》，上海：上海译文出版社，2007年）。dog eat dog（美国用语），人与人相残，一报还一报。the dog returns to his vomit，狗又闻食自己吐出来的东西，人又重新染上戒掉的恶习。不毁不誉者如：let sleeping dogs lie（谚语）勿惹睡狗。Dog-ear，dog's-ear，指书的书页卷角状态……上面三组英语实例，作为镜子，反映出英美人对狗的愉悦感、厌恶感和中性态度。狗—собака—dog分别为中心的系列词语，各自映射出汉族、俄罗斯人、英美人对同一动物的同中有异的审美观念。

玉与"玉"系列词语。中国人很看重玉的美而洁，对它寄托了许多象征意义，玉系列词多彩多姿，形成鲜明对照的是，英、俄语类似的系列词并没形成。在中国，白玉和墨绿色玉有较高的实用价值和更高的审美价值。玉雕像和玉雕品在中国珠宝店里占相当大的比重。玉的手感平滑清凉，因此漂亮女人的皮肤也被形容为玉。有关的赞美之词何其多——玉颜、亭亭玉立、玉照、玉音、玉臂、玉腿、弄玉（暗指两性关系）、玉浆，这是一组。另有赞美词是：玉版纸、玉版宣（以上为优质纸，以玉美之）、玉帛、玉成（成全好事）、玉皇大帝、玉洁冰清、冰心玉壶、玉兰、玉色、玉石俱焚（玉代表美好的东西）、玉碎、玉兔（指月亮）、玉玺、玉宇、玉簪。而以jade为中心的英语词，除了a jade ornament（玉石饰物），几乎再也不多见其他用法。俄词

нефрит系列词也尚未形成。

月与"月"系列词语。中国人眼里，月怎么看也是美的。弯月配小桥流水，弯月美。满月金黄照朦胧大地，满月美。秋月美，八月十五的月亮最美，以至专设节日赏之。有意思的是中秋节的英译，有好几个，只有the Moon Day是受外国人青睐，理由是它点到了中秋节的核心：月亮，the Moon Day成了审美媒介（第二层次的言语美），引起了美的意象。中国人钟爱月亮，与嫦娥奔月的神话故事不无关系。人们熟悉的赞美词是月宫、月饼、月光、月桂树、月华、月季（花）、月月红、月琴、月色、月下老人、月夜。同一个天底下，俄罗斯人对月亮却没有这般雅兴，лунный серп，月牙儿。лунатик，月夜狂患者（何以月夜狂？莫名其妙如此，对月亮就不存什么美感了）。同一个天底下的英美人对月亮的赞美之词稍多一点，但似乎也不如汉族这样着迷。如moonbeam，月的光线。moonflower，牛眼菊。moonlight，月光。a moonlit scene，月夜景色。moonshine in the water，水中月光，空好。而且还有一些说法对月亮"颇有微词"，中国人看来有些"不三不四"，如boast above the moon，大吹大擂过了分寸；cast beyond the moon，胡猜乱道；cry for the moon，作非分之想；jump over the moon，处于惊恐情绪之中；The moon does not heed the barking of dogs，狗吠月，风吹过；The moon is a moon whether it shines or not. 无论放光不放光，月亮终究是月亮；The moon is not seen where the sun shines. 太阳放光明，月亮失颜色；praise above the moon，（夸奖某人）捧上了天。（以上见Англо—русский фразеологический словарь, Москва, 1956）并非英美人故意与中国人抬杠而"亵渎"美丽的月亮，民族的审美情趣有不同而已。

春和"春"系列词语。俄语里，以весна为核心的常用固定说法不多，如ранная весна（早春），весна（чьей）жизни（某人的青春时代），весновспашка（春耕地）；算上普希金的весны моей золотые дни（我的青春的黄金时代），固定说法也是不多的。英语里头，spring系列词语好像也不那么景气：spring flower（春天的花），spring weather（春天天气），spring time，spring tide（春潮），season of spring（春季）；英语里spring往往朝"力量，源泉"方向取它的引申意义：take its spring（河流从哪儿发源），spring up like a mushroom（像蘑菇一样冒出地面），Where do you spring form?（口语，你从哪儿冒出来的？）上述俄语、英语里的情况与汉语"春"系列词语相差甚远。中国人爱春天的阳气上升，爱春天的欣欣向荣，爱生命的复苏，这方面的词语是大量的：春季、春饼、春卷儿（食品）、春绸、春地、春肥、春分、春风、春风化雨、春风满面、春灌、春光、春晖、春假、春节、春兰、春联、春令、春梦、春秋、春色（春天景色）、春天、春意（春天的气象）、春装。从深层文化内蕴考虑，中国人认为大自然、人类在春天繁殖生育，生命力正旺盛，由此涉及伦理上微妙的问题：春情、春色（暗示性活动），还有春播、春小麦、春菇、春花作物、春华秋实、春笋。还有人的繁殖与性活动：春宫、春情、春色（专指年轻人特别是女孩子被异性吸引而泛红之喜色）、春心（春意）、春药、春宫图。这一组词语暴露了性观念上的遮掩与曲折，中国人审美观和伦理道德有时是结合着的。

以上，我们以"梅"以及"桃"、"狗"、"玉"、"月"、"春"系列词语为例（也只是语海拾贝而已），说明了词语对审美观念的镜像作用。像"莲花"、"鸳鸯"、"太极"、"茶"等极富中国文化审美个性（外国没有）的词语，比较价值不大，我们就不讨论了。

第二部分：成语系列的几个例子

在语库中，也许要算成语（典故）最能表面化地反映出某一民族的文化（包括审美观念）了。成语是了解一个民族审美情趣最直接的窗口，是接近他们审美理想的最引人入胜的通道。它们以不同的方式构句，却赋于语言以精辟的哲理与审美的感受。本书从《世界成语典故辞典》（主编王国荣等，上海：文汇出版社，1989年）摘取例子若干，以展示各国各民族的审美观念怎样"摄制"了他们的语言。

例（1）녀식이 나거든 웅천으로 보내라

（朝，生了女儿送到熊川）

熊川位于朝鲜庆尚南道镇海以东。相传此地以妇女的品德美著称。此语表达做父母的都想把女儿养育得贤惠有德的良好愿望。

看来朝鲜人崇尚品德美，且愿意将美与善联系起来，这一点与中国审美观念相同。

例（2）Eine Wespentaille besitzen（德，马蜂身段）

早在古代，细腰就是妇女所追求的理想身段。为了使自己粗大的腰身变细，许多妇女宁愿用腰带扎紧腰部，遂使身体的上部看上去几乎同下部相脱离，形状胜似马蜂，后"马蜂身段"便成了细腰女人的代名词。

中国古代女人以杨柳细腰为美，与德国古代妇女相同。看来，细腰是妇女追求的理想的身段。以细腰为美，在现代欧洲也是如此。

例（3）Аркадская идиллия（俄）=Arcadia（英，阿卡迪亚式的田园生活）

阿卡迪亚是古希腊伯罗奔尼撒半岛中部山区。古代居民的牧歌式生活，使它在古罗马的田园诗和文艺复兴时期的文学作品中被描绘成希腊的世外桃源。这里群山环抱，绿草如茵，居民终年丰衣足食，生活无忧无虑，自由自在。快乐的人们在优美的大自然怀抱里，过着与世无争的幸福生活。因此该成语表示田园式或牧歌式生活、"世外桃源"。

向往优美的大自然环境，向往田园式或牧歌式生活，看来不仅仅是中国古代独有。当然，这不仅仅是对大自然的美的肯定，也是人们将与世无争的幻想当成人文理想在追求。这样的美的趣味——既是人文的，也是自然的——至少有三个民族或国家（俄罗斯、英语国家、中国）认同。

例（4）Ворона в павлиных перьях（俄，插着孔雀毛的乌鸦）

把乌鸦攀附的对象——孔雀当成美的化身，把弄巧反成拙的乌鸦当成丑的化身，与中国一样。

例（5）Всё пройдёт к лучшему в сем лучшем из ми ров（俄，世界尽善尽美）

尽管尽善尽美是不存在的，可世上的人们还是企望这种境界。前者是辩证法的规律使然，后者是人们追求美的不灭不止的愿望。

例（6）beau comme le jour（法，像日光一样美丽）

法国18世纪作家圣•西门爱用日光一词形容美丽。他认为女性美就在于女性本身发出的光照亮了自身。对于"日光的美"，法语与汉语有异。汉语的口头禅是"像月光一样美丽"，汉语中崇拜日光照亮世界的威力与恩泽的说法很多，却不多见"日光美丽"的说法。

例（7）découvrir le pot aux roses（法，发现了玫瑰花盆）

用花之美象征爱情是世界各民族共同的，但选择什么花去象征，却有偏爱的不同。汉语有说"走桃花运"的。法语选择了玫瑰，另有一法语成语Roman de larose（玫瑰传奇），喻指少女的传闻，又是以玫瑰为寄托。但是，拉丁语成语subrosa告诉我们，古罗马人把玫瑰视为秘密的象征："在玫瑰花下"所说所做的一切，均不能公开。西班牙有两成语，Acabó como el rosario de Amozoc（结局如同阿莫索克的《玫瑰经》），Estoy en un lecho de rosas?（难道我躺在玫瑰床上吗？）却藏着杀机与抱怨，与爱情相去甚远。

例（8）Cycnea vox（拉，天鹅之声）

Cantus cycneus（拉，天鹅之歌）

KYKNEIO AΣMA – TPAΓOY△I（希，同上）

SWAN SONG（英，同上）

le chant du cygne（法，同上）

四个不同语种的成语同时说一件事（天鹅之歌），都表现天鹅之死的壮美。还有(the) Dying Swan（英，天鹅之死）Лебединая песня（俄，天鹅之歌，喻最后杰作、绝笔），从天鹅之歌（喻最后杰作、绝笔）里，我们想到"凤凰涅槃"（参见郭沫若《女神》），源出埃及神话，凤凰生活到一定年龄之后会预知自己的死期，临终前，它自己用香料筑成巢，在其中放干柴，扇动翅膀燃起熊熊烈火，把自己烧成灰烬，一只雏凤就又从灰烬之中冉冉升起，得到再生。

例（9）言わぬが花（日，含而不露才是美）

原意是说：凡事不说出口要比明说的好，沉默之中自有兴味。这一日本成语正与东方人、中国人的审美观相合。

例（10）Mas feo que Picio（西班牙语，比皮西奥还要丑）

皮西奥，其丑无比。中国人眼中的丑男，武大郎算一个。丑人也有典型。丑人典型是否真实，并不重要，重要的是与美对比的价值观念。法国《巴黎圣母院》卡西摩多，其丑无比，却又被塑造成灵魂美的典型。丑的典型人物的出现是很自然的，对认定美有鉴别与对比价值。负美典型人物的普遍认同与成熟，说到底，还是植根于美的典型人物的普遍认同与成熟。

例（11）A szépseg múlandó, az crény maradandó

（匈牙利语，美貌一去不返，美德留芳百世）

对美貌与美德的关系的看法，匈牙利人与中国人并无不同：道德之美是根本的，相貌之美是次要的。

例（12）Woods borrowed plumes（英，借来的漂亮衣服）

人们用这个成语表示"借来的好衣裳"，"假借别人的声望"、"借别人的光"，鄙视虚假的美，崇拜真正的美，这是各个民族都能接受的。

从以上十二例的考察看来，对成语的美学评价具有方法论的意义，那便是审美镜像法——以成语典故为镜子照出各民族的审美情趣与观念的方法，是美学语言学的方法之一。

以上两个系列（词语系列与成语系列）所映照出来的审美观念说明，各民族的言语活动受该民族整个审美心态、风俗时尚的影响。这是以言语活动为线索反观民族的审美情趣与心态。另外，也可以以已知的民族的审美观念为线索，大致上可以在语言实体上发现相应的民族审美观念的外化。

第二条线索（从已知的民族审美观念出发，大致上可以在语言实体上发现相应的民族审美观念的外化）简要介绍如下：如东方民族强调美与善的统一，这是一个出发点，我们据此注意东方民族语言的实体（词、词组、成语、句子，等等，都是语言实体），果然，从例（1）（朝鲜成语，生了女儿送到熊川）看到这个观念的外化；要求美与德统一；又如，东方民族强调美是含蓄的、内向的，这又是另一个出发点，我们据此去寻找，果然发现日本成语（例（9），含而不露才是美）是外化了这个民族审美观念的；又例如，西方人欣赏壮死之美，这又是一个线索（或者说我们已知这个线索），从这里出发找相应的实体，果然找到例（8）拉丁语成语"天鹅之声"、希腊语成语"天鹅之歌"、英语成语"天鹅之歌"，法语成语"天鹅之歌"，就是歌颂壮死之美的外化；又如，我们已知中国人欣赏桃花之美，日本人欣赏樱花之美，印度——莲花，罗马尼亚——白蔷薇，墨西哥——仙人掌，从这样的已知事实出发，寻找相应的审美观念在语言实体上的外化，果然发现汉语"桃"系列词语异彩纷呈，我们可以推测日语里的"樱花"系列词、印度语里的"莲花"系列词，等等，一定是多层次、多方面地外化相应的审美观念的。

第七章
美学语言学与语言变异

第一节
语言小宇宙与自然大宇宙

我们曾在第一章导论（第四节）"美学语言学的研究对象与任务"中指出：实用的和审美的两个层次的要求（伟大的"癖好"）共同创造了一个色彩万千的语言体系（语言小宇宙）。另外，在第四章第三节"言语活动的乐音趋向"的十六个证据的最后一个证据中，我们指出："太空飞船'旅行者二号'代表地球人向宇宙发出信息，第一组60种语言的'问好'，第三组能代表地球上丰富多采的27首乐曲，话语与音乐的天然联盟，意在代表人类的信息、情感、情绪与感受。话语与音乐的联盟成为人与宇宙联系的桥梁。"其实，这里说的"宇宙"具体指"外星人"（地球人企望发现外星人）。本章所讨论的语言小宇宙与自然大宇宙是指这两者有某种关系。其关系表现在：语言小宇宙与自然大宇宙有和谐统一的相通相同之处。

那么，语言小宇宙和自然大宇宙的和谐统一的相通相同之处表现何在？

"语言在结构和组织上与任何形式的社会行为都相似。"（罗兰·巴特，1987）我不敢由此而推论，语言在结构和组织上与自然大宇宙相似。这是我的能力所不能企及的课题。对自然大宇宙的结构和组织，我知之未及皮毛，更不敢拿语言结构和组织与之比附了。但我感觉到这两者的相通之处是：

（1）声音是大自然的实体之一，语言有声，语言是大自然中声音的杰

作，是仅次于音乐的优美声音

太空飞船"旅行者二号"带向宇宙的第二组东西是"各种声音，共用18分钟，表达了地球45亿年的历史，可谓长话短说。"（余飞编译：《唱片飞宇宙，天外觅知音》，《人民日报》1989-12-17）这就给人启示：代表地球人向外星人显示自己面貌的三组东西里面，有一组是各种声音，可见声音是地球45亿年的历史的最本质的部分之一。山崩地裂声，电闪雷鸣声，涓涓细流声，耳膜感受不到的声音，等等，它是自然界看不见的维（或度）。看得见的自然界的维（或度）是长、宽、高。声音是大自然的实体之一。最有趣的是，音乐与语言是天然的联盟军，两者同时被选用来由"旅行者二号"带上天空代表地球人去见外星人。语言里的乐音性质，本书已在第三章第七节花了大量的篇幅论证（语音的审美选择）。语言的声音有自然成分———声带振动、口腔控制，也有乐音成分（详见第三章第七节），于是，语言便成了大自然中声音的杰作———自然与人工共创的杰作。语言不纯碎是自然的声音，它有生命意识，它有意义，但它确实与大自然相通，它是声音，振动了耳膜，振动了话筒（因而能变成电脉冲传导）。语言是自然大宇宙和声中的仅次于音乐的优美声音。

（2）自然大宇宙的运行有节奏，语言的运行也有节奏

生命运动（自然界中的主体）有节奏，地球运动有节奏，海水运动有节奏，植物生长有节奏，月亮运行有节奏，太阳运行有节奏，语言也有节奏。语言的节奏在第三章第七节（语音的审美选择）已经论述，不再及。也就是说，自然的节奏与语言的节奏之间并没有鸿沟。两者都是运行流动的时间规律。

（3）自然宇宙美的表现形式与语言美的表现形式相同

宇宙的运行，在时间上表现出节奏，在各个天体之间（空间）位置上表现出有序与和谐。其有序与和谐到了这般程度，以致好些人都被这种奇妙的有序弄糊涂，说天体、大自然是上帝有意安排。我们这里且不说大自然的这种有序的根源是什么，我们感兴趣的是有序的本身。而大自然的美与语言的美，两者都表现为：

- 统一性
- 多样性

- 简单性
- 复杂性

秩序、和谐与整一

对称性

自然大宇宙的美的上述表现被自然科学证明了，还在被证明，且将被进一步证明（徐纪敏，1987）。而语言结构的美的上述表现，本书第三章从符号——渠道——变体——语体——交际类型——言语行为——语音——词——句子——语篇这十个层次上一一分析过，不再重复。

第二节
人对语言变异的审美干涉

语言处在变异、变化和发展之中，这是事实。语言变异、变化和发展，有它自己组织的原因。20世纪50年代起，我国语言学家从斯大林那里接受了一个观点："语言的发展有它自己内部的规律。"这从原则上来说，是正确的。一强调过头，便不对了。耗散结构的发现启发了人们，语言体系的变化如果完全从自己内部寻找原因，便会发现这与事实不符合：不和外部交换能量和信息，体系自己便会趋于死寂。语言体系事实上经常地不断地在和人类及人类社会交换信息，这就是我把它称之为"模仿生命的动态平衡系统"的原因（见第二章第四节"言语美的生成机制"）。人和人类社会对语言的发展显然有干涉。语言以外的因素对语言变化有重要影响。在诸多干涉和影响里有一个因素是人的审美意识。人的审美意识干涉和影响语言的发展的现象，可称之为人对语言变异的审美干涉。其表现，仅举数例以说明之：

第一例，从人类语言发展趋势里看这种审美干涉

有人认为，21世纪仅存几种世界性语言（英、汉、俄、法、西班牙）并不代表未来的人类语言。未来的人类语言，必将是统一流行的"国际通用语"，且应有以下特点：（1）国际性；（2）丰富性；（3）通用性；（4）科学性。（它既精确又能抽象概括，具有高度逻辑性）（倪明亮：《人类语言的发展趋势及未来展望》，《未来与发展》1988年第3期）有人认为，人类为了迁就和机器对话，和外星人对话（假若有外星人存在的话）……语法规则将趋向简约……（肖国政，《文化语言学与当今社会》，《文化语言学》）还有更多的预测，如有人提出"世界共同语方案"，（侯永正：《大连教育学院学报》1989年第2期），其特点中有一条是：读写方便、简明规范。绝大部分人的预测与展望，未来理想的语言应是简单明了、科学规范。这是秩序与和谐的基本形态，也是美的基本形式之一。英国的威廉·奥卡姆认为，在知识领域中，若无必要，不应增加实体的数目。这就是后来被称为"奥卡姆剃刀"的科学美学原

则。

　　我认为，人类社会越是朝文明发展，调节语言发展方向的两股力量——实用性调节力量和审美调节力量——中，审美调节力量将变得越是不可缺少。也就是说，语言的发展受形式美规律的支配的记号越来越明显。

　　第二例，从音节强迫对等规律看人对语言的审美干涉

　　第五章小引"什么是言语求美律"讨论过这样的现象：为了求得语音形式对称（匀称）之美，说话人好像是"被迫"将几组相对称的音节流的时（间）值调节成一样大小。"话语是由一连串紧密相连的节奏组组成的，这是英语的一个特征……值得注意的是话语的节奏组的节拍是等时值的。"（A. C. Gimson，An Introduction to the Pronunciation of English，1980）也就是说，话语是由一连串节奏组构成，每一个节奏组所用的时间是相等的（isochronous），念起来才匀称合拍。这样一来，在一个节奏组内音节越少，各音节的音长也就相应增加了，这一长，收到的强调的效果也就越大。试比较下面这两个都正确的句子的不同效果：

　　A.　This was ｜ torture ｜ to her ｜ （这对她真是个折磨）
　　　　 ●　　○　　　●○　　　○●

　　B.　This was ｜ a torture ｜ to her ｜ （这对她是个折磨）
　　　　 ●　　○　　○　●○　　　○●

　　（Ruby Goldberg: Art for Heart's Sake）

　　A句与B句不同之处是A句省略了一个不定冠词a/an，A句中的torture念起来比B句中torture要稍长一些，因此强调了"折磨"的意义，也就是说，你可以省掉不定冠词，但付出的回报，是你得把名词稍为拖长一点（强调了名词）；你也可以不省略不定冠词，但你必须把a torture读快一点儿。在一个句子内，每个节奏组所用的时间大致相等，读起来便有匀称押拍之感。节奏组的节拍等时原理起源于追求匀称与和谐的审美心理与意识，这种追求一旦形成定势，这就是人对语言的审美干涉。

　　第三例，从句子成分共占时等值看人对语言的审美干涉

　　我们听到VOA广播员常说出这样的句子：An official of the government of the U.S.A says...读完所有的主语成分（An official of the government of the U.S.A）总共花的时间——主语共占时——大大超过读完所有谓语成分（只有一个says）总共花的时间——谓语共占时。这显然是严重的失调：主语太长，谓语太短（只有一个音节），而且没有办法把谓语的音节加长。人们似乎有无

穷的办法作出努力改变句子结构的失调，追求新的平衡、和谐的美。我发现广播员是用这些办法干涉这个不协调的句子的：（1）把says[sez]音节拖长；（2）在says之前、尤其是之后多停一些时候（ᵛ是停顿换气符号），再把says以后的句子成分读完；（3）主语成分读得很快。请读者诸君用这三个（尤其是第二个）办法试念：An official of the government of the U.S.A ᵛ says ᵛ…这样，花在谓语成分上的共占时大致上与主语共占时等值，至少让人感到广播员要求两者等值的努力。我把这个现象叫做：要求句子成分共占时等值。这种要求的心理前提是以平衡为美。如果不是以平衡为美，何必努力让句子成分共占时大体趋向等值呢？换句话说，要求句子成分共占时等值就是人对语言的审美干涉。

第四例，守恒的审美心理对句法结构的干涉

在科学美学中，守恒美的意义是指事物运动变化时，那些不发生改变的物理量所具有的美。我们要认识客观事物，就必须认定能够代表事物客观存在的一些必要特性。如果这些必要特性是变化无常的，那么就会使我们对事物的认识发生很大的困难。守恒美的存在，给我们对客观事物的认识带来了极大的便利（徐纪敏，1987）。

英语句子框架中，SVO语序就是一个"必要特性"。三者（主+动+宾）位置排列相对固定，就是变化，也有一定理据。在疑问句中，要问宾语，代表宾语的特殊疑问代词提到句首，那么宾语原来的位置就成了空位。这个空位给人的心理造成了失衡，怎么处理呢？

a．Who do you want to beat?（你想打谁？）

b．Who do you want to win?（你希望谁取胜？）

a句可以说成a'：

a'. Who do you wanna beat?

want to缩合成wanna，b句里的want to可以采取同样的缩合办法wanna吗？

b'．Who do you wanna win?

b'句被认为不能接受。为什么？Who的守恒位置在want之后，但它同时是to win的发出者，所以应在to win之前，即

you want who to win（深层结构）

变成问句，who原来的位置空了（用e代表）出来：

Who do you want e to win?

就是这个空语类（e代表）阻止了want和to的合并！

空位置是说话人心理上假设存在的。事实上并没有空位置。可是追求守恒美的人们认为who原来的位置应当是守恒的，应该空在原处。正好像方程3+X=9，空位项（未知数X）留着才守恒，否认X的存在，岂不是出现了3=9的荒谬吗？这样的情形（例如Who do you want to win?）就是守恒的审美心理对句法结构的干涉。

第五例，各民族对外来语按各民族的审美情趣加以改造

吸收外来语是语言发展的途径之一。但各民族（比如汉族）对外来语一定要按各民族（如汉族）的审美情趣染一道色。这个问题，本书第六章第二节第七点"语言融合中的审美价值取向"已有讨论，现提纲挈领地略取数例说明这种审美干涉的概貌：简约化，TOEFL——作为外语的英语的测试——托依福尔——托福，Penicilin——盘尼西林——青霉素（兼意译）；对混乱的书写形式删繁汰冗，Chocolate有十余种译法，最后取"巧克力"，符合汉化规律者得以保存；外来语的书写取引起美感的汉字（汉字可以单独作艺术品），如以"和尚"取代"乌社"，等等；译女人名字时，常用草字头（莎，等）、女字旁（娜，等）兼响亮音（丽、嘉、芭、娃，等）取字，一看（一听）就给人以俏丽之感；汉语借词时，不喜欢纯音译还要字意，如Esperanto译成"爱世不难读"（世界语）。这样的改造就是人对语言的审美干涉。

第六例，世界语的诞生是人对语言进行审美干涉的又一典型例子

世界语最突出的优点是简单。而简单性是美的形式之一。

（但是，作者对世界语的前景不想作出猜测。世界语的背后没有专一的文化背景，没有专一的文化背景的语言是不可能被有专一文化背景的人选择来做最亲近的文化工具的）

第七例，从俄语的变化看语言变化趋向的美学干涉

В.Т.Костомолов（柯斯托马罗夫）和В.В.Славский（斯垃夫金）在《现代俄语标准语的发展——变化的趋向和因素》中指出："……语言变化。俄语失去了复杂的时间体系，字母'ЯМВ'的消失，变格类型的变化等，很难用'好'或'坏'一字来评价。总的说来，这可能是好的，因为语言变得简单而正规了。——这是一种相对的进步。"语言变化趋向简单而科学，这就是审美意识，不管是自觉的或是不自觉的。

第八例，对言语行为的审美干涉

详细的注解是本书第三章第六节，整个第四章、第五章。第一个层次的言语美（以语言形式美为外显特征）和第二个层次的言语美（以话语当审美媒

介，创造出意象美等，但语言形式美特征隐退）都可以看成是言语行为的审美干涉，但最典型的言语行为中的审美干涉是第三章第六节——言语行为的审美选择，恰当的语境、言语的生命意识的可见部分的配合，用一种言语行为去间接地执行另一种言语行为等因素，结合起来选择的言语行为，才是既有实用价值的又有美学价值的。

以上八个例子是人对语言审美干涉的部分见证。事实上，本书第三章（语言结构和层次上的审美选择）、第四章（言语活动的美）、第五章（言语求美律）、第六章（民族的审美观念与语言）都是人类对语言进行审美干涉的适当的见证。

长久以来，有一种观点认为，个人对语言的发展作出影响是无能为力的、应该禁止的。事实上，人人都不曾放弃对语言的任何一次影响的机会，抓住别人制造的微小变异，自己也去试图创造微小的变异。但是，只有那些既有实用价值又有美学价值的变异才能得到第二人、第三人的重复。重复就是支持。重复就是社会的公认。重复的数量足够之后，这个变异就会相对固定下来成为规约。另外一种含糊的观点认为，语言的发展有它自己的规律，不知道这种说法（"它自己的"）是否把人排除在外？如果把人排除在外，那么，我这整部书就成了对这种观点的反驳；如果把人包括在内，这本书就变成对这种观点的支持。我的想法是：

人总是用美的尺度来构建、改造语言事实的，所以，语言会向尽善尽美无限接近。到了那个时候，整套语言理论更易于用美学理论来阐释了。上述这个想法如果正确，下面这个推论也是正确的：

语言发展方向是可以预测的。影响语言变异的因素来自人的干涉，即两股调节力量——实用的调节力量和审美的调节力量——的结合。语言的发展受形式美（规律）的支配的记号将越来越明显。本书第一章第七节中有过这样的强调，人要追求和实现言语美和语言的美，却又阻止不了丑的出现，这一深刻的矛盾会促使语言的变化受到越来越清醒的、越来越自觉的审美意识的干涉。这个矛盾不完结，审美意识对语言变化的干涉便不会完结。我愿意在此再次强调这一观点。

第三节
克罗齐美学与语言学重合论的哲学根源

[克罗齐的结论]那位集康德、黑格尔以来的唯心主义美学之大成者贝·克罗齐（Benedetto Croce，1866 — 1952，意大利哲学家、历史学家和美学家）在其颇享盛名的《作为表现的科学和一般语言学的美学》一书中，郑重其事地写道：

艺术的科学与语言的科学，美学与语言学，当作真正的科学来看，并不是两事而是一事。世间并没有一门特别的语言学。人们所孜孜寻求的语言的科学，普通语言学，就它的内容可化为哲学而言，其实就是美学……语言的哲学就是艺术的哲学。（Croce. 1922）

美学与语言学是一回事。普通语言学就是美学。这便是克罗齐的结论。在我们讨论美学与语言学结合之前，克罗齐就是这么说的。上面引的这段文字，是在"语言学与美学的统一"这个标题下叙述的。我们为着叙述的方便，姑且把克罗齐的结论简化为"美学与语言学重合论"。

"重合论"就这样第一次被克罗齐提出来。这对于语言学与美学都有着深刻的意义。不过，我们得首先考虑，要么"重合论"无懈可击，于是美学与语言学的结合问题到此为止；要么，美学与语言学只是结合的问题，于是我们得找出两者的对立与统一并由此生发开去，发现美学语言学是另外一门新的研究领域，并且来猜想一番（正如本书所示）。

"重合论"的启示

克罗齐提出两者重合的理由是什么呢？

他给的理由归纳起来是：

（一）任何人在研究普通语言学或哲学语言学（的问题）时，他也就是在研究美学问题；研究美学的问题也就是研究普通语言学。

（二）如果语言学真是一种与美学不同的科学，它的研究对象就不会是表现（特别请读者注意：克罗齐所谓的表现与一般人所谓的表现，大有区别，下面详述）。表现在本质上是审美的事实；说语言学不同于美学，就无异于否认语言为表现。但是发出声音如果不表现什么，那就不是语言。语言是声音为着表现才联贯、限定和组织起来的。从另一方面说，如果语言是美学中一门特别的科学，它就必须有一类特别的表现。但是表现不能分类。

（三）语言学所要解决的问题和研究它的时候常犯的错误，也正和美学所要解决的问题和研究它时常犯的错误相同。克罗齐甚至说，把语言学的哲学问题化成美学的公式，有时虽不容易，却总是有可能。

（四）关于语言学的性质的争辩也和美学的性质的争辩相同。例如克罗齐时代与此前的人们常争辩：语言学是一种历史的训练，还是一种科学的训练？"历史的"与"科学的"当然有分别，于是人们又问：语言学属于自然科学，还是属于心理科学（所谓心理科学，同时指经验的心理学和关于心灵的各种科学）。这后一个问题，当代的人们还经常提起。美学也有这样的争论：有人把美学看成是自然科学，又有人把它看成是心理科学，又有人把美学看成只是历史事实的集结。

第一点等于是重合论的同义反复，目的在于强调。第二点理由是带根本性质的东西。它明明白白地公布了克罗齐美学与语言学重合论的根本思想与根本推理思路。这便是："语言为表现"（语言就是表现），"美就是表现"，顺理成章，美学和语言学是一回事。这就启发了我们，要弄清楚克罗齐的重合论，就要倒转过去，先把这两个命题弄清楚。对于这两个命题，我们将在下面详细讨论。第三点理由是从属第二点的。在论证"美就是表现""语言为表现"的同时，必然会附带讨论到语言学所要解决的问题和研究它时所常犯的错误和美学相同的问题。第四条也是在讨论两个命题中可以顺带解决的问题。

克罗齐在《美学原理》的最后一章的最后一节说：

"语言学的一切科学问题和美学的问题都相同；两方面的（研究所表现出来的）真理与错误也相同。如果语言学与美学似为两种不同的科学，那是由于人们把语言学看作文法，或一种哲学与文法的混合，一种牵强的备忘表格，一种教书匠的杂凑，而不把它看作一种理性的科学，一种纯粹的语言哲学。文法……也在人心中引起一个偏见，以为语言的实在性可以在分散（而可合并）的单字上见出，而不在活的言语文章上（即于理为不可分划的表现有机体上）见出……在科学进展的某一阶段，语言学就其为哲学而言，必须全部没入美学里去，不留一点剩余。"（参见朱光潜，1988：第15章）

真是够彻底的合二为一了："不留一点剩余地"将美学与语言学化为一门科学。为了让人们加深美学与语言学重合的印象，他打了一个生动的比喻：语言学家在这头掘地道，到了快挖通的时候，听到地道的另一头也有人在掘，原来是语言学家的伙伴——美学家。

我们也想挖一挖，看能不能发现一条语言学处处与美学重合的路线来。

[**美就是表现**]克罗齐所谓的"表现"（Expression），与一般人所谓的

"表现"大有区别。我们一般人用表现是意为"传达"、"表达"之类。克罗齐用这个词意指事物触到感官（感受），心里抓住它的完整的形象（直觉），这完整形象的形成，就是表现，即直觉，亦即艺术。克罗齐常常用"艺术"去代替"美学"。其他美学家亦如此。'这一点是克罗齐的基本原理，对于了解他的美学极为重要。正因为重要，我们要较详尽地描述他在什么意义上使用"表现"一词才能使一般读者消除摸头不知脑的懵懂感觉。

一般人心里有个意思，把它说出来（用其他媒介也行），叫"表现"。某人在演说中"表现"了什么情绪和主义；某人面红耳赤，"表现"了羞愧；某人声色俱厉，表现了愤怒，等等，把藏在心里的东西"现"在"表"面上。这就是我们所理解的"表现"。可是克罗齐认为，事物刺激感官，所起作用叫"感受"（Sensation），感受所得为印象（Impression）。感受与印象都还是被动的，自然的，物质的。心灵观照印象，于是印象才得到形象，这个形象克罗齐称为形式（与我们一般所说的"内容与形式"的"形式"不同），形式为心灵所掌握。这个心灵的活动即直觉，印象由直觉而得到形式，即得到表现。可见克罗齐所谓的"表现"是在内心完成的工作。一般人以为表现是把在心里的经过心灵综合掌握的印象（即直觉产物）外射出去，即借文字等媒介传达于旁人。克罗齐不以为然。他以为印象经心灵观照了，综合掌握了，并赋予了形式（即形象），那就是得到了表现，传达是另外一回事，是下一步的事。

关于上述由感受到表现形成的审美活动，朱光潜有个很好的解释：

> 克罗齐把"表现"和"传达"分开，前者是艺术的活动，后者是实践的活动。他把"传达"叫做"外射"即一般人所谓"表现"；他所谓"表现"完全在心里完成，即一般人所谓"腹稿"。胸有成竹，竹已表现；把这已表现好的竹写纸上，这是"传达"和"外射"，是实践的不是艺术的活动，它有"给别人看"或"备自己后来看"那一实践的目的。

（朱光潜，1988: 117）

朱先生用"腹稿"二字很能说明"表现"是在心里完成这一结果。"成竹在胸"就是"腹稿"打成了，也即克罗齐所谓直觉，其意义等于"表现"。"画竹在纸"是克罗齐所谓传达，而一般人却又说是"表现"或者"作品"。中国有这样的说法："意内言外"，"意在言先"，将审美过程和言语表达的阶段作了划分。直觉（意）在先在内心，表现（言）在后在外边——这对于讨论美学与语言学的关系大有启示。我们在后面还要提到"意内言外"与"意在言先"的问题——照此看来，审美活动分成两个阶段，先有完成在内的直觉，后有完成在外的表现。克罗齐反驳问道：内外既绝不相同，什么东西可做沟通的媒介以使在内的转为在外的呢？无文字的诗，无声音的乐，无形象颜色的画可以想象的么？既是"成竹"便不是一种无形象无颜色的竹。意中之竹是有形有色的。这正是一般读者难以接受的说法。若想通了"意中之竹是有形有色的"这一点，克罗齐的"美就是表现"就可能由此而全盘通解。接下来，意中之竹既有形有色，竹便已得到表现，便已是"作品"，已是画中之竹。画中之竹不过是为意中之竹留下痕迹，并不是"表现"意中之竹，那原已在心中"表现"过了的。所谓"表现过"（expressed）就是"对象化过"（objectified），或"意象化过"（imagined），换句话说，就是"直觉过"（intuited）"（朱光潜，1988）。

这就是说，审美的产物（克罗齐叫"表现品"）或艺术作品的完成完全在作者的心里，它完全是一种心灵的活动。诗人在心中找到说出那意境的语言文字，他的诗就已完成了。至于把那首诗念出来给人听，写出来或印出来给人看或给自己看，那就犹如把歌曲灌上唱片，有博旁人赞赏、使旁人得益、备自己遗忘那些实用目的，所以只是实用的活动而不是艺术的活动。这实用活动叫做"外现"（externalization）或"传达"（communication）。传达出来的东西，一首写出来的或印出来的诗，被人称为"艺术品"，朱光潜先生说此是"误称"（朱光潜，1988: 335），其实只是一种"备忘录"（aid to memory），站在艺术的地位或从审美活动的角度看，一个真正的诗人只是一个自言自语者。——依克罗齐"美就是表现"这一命题看，我们只好如是说。"传达固然不一定就减低艺术的价值，它本身既有实益，也不应受轻视，不过我们须认清它的本性，它只是实用的活动，这名称毫无褒或贬的意味。"（朱光潜，1988: 117）

这正如克罗齐所述：

"审美的事实在对诸印象作表现的加工之中就已完成了。我们在心中作成了文章，明确地构思了一个形状或雕像，或是找到一个乐曲的时候，表现品就已产生而且完成了，此外并不需要什么。如果在此之后，我们要开口——产生意志要开口说话，或提起嗓子歌唱，这就是用口头上的文字和听得到的音调，把我们已经向我们自己说过或唱过的东西，表达出来……这都是后来附加的工作，另一种事实，比起表现活动来，遵照'另一套不同的规律……艺术作品（审美的作品）都是'内在的'，所谓'外现的'就不是艺术作品。"（克罗齐，1958: 第六章）

很清楚，"开口说话"，"提起嗓子歌唱"，伸手弹琴，拿雕刀雕刻，等等，等等，都不是艺术作品。表现品是心中的产品。表现是心灵的审美活动。

克罗齐所说的表现，和直觉、审美的活动、心灵的审美的综合、艺术创作等词实际上都是同义的。他对于"表现"一词的解释，有很长一段文字，这里再择其要引用如下：

人们把审美的活动混为有用的或愉快的活动……把审美的表现混为自然科学意义的表现……在日常语言中，有时只有诗人的文字，音乐家的乐曲或画家的图形，叫做"表现"……事实上，一个人因盛怒而流露的怒的自然表现，和一个人依审美原则把怒表现出来，中间有天渊之别……

自然科学意义的表现之中简直就没有心灵意义的表现，这就是说，它没有活动性与心灵性，因此就没有美丑两极。它只是抽象的理智所定的一种因果关系。

紧接着，他写下了使他的学说得以简单明了的一段文字：

审美的创作的全程可以分为四个阶段：一、诸印象；二、表现，即心灵的审美的综合作用；三、快感的陪伴，即美的快感，或审美的快感；四、由审美事实到物理现象的翻译（声音、音调、运动、线条与颜色的组合之类）。

任何人都可以看出真正可以算得审美的，真正实在的，最重要的东西是在第二阶段，而这恰是仅为自然科学意义的表现（即以比喻口气称为"比现"的那种方便假设）所缺乏的。"（克罗齐，1958：105）

我们现在在本节只是要解决"表现"与美的关系问题，对其他问题暂且搁在一边。克罗齐美学在这四个阶段的叙述中表述得非常直观，所以这段叙述至关重要。但对于它的评论我们将在以后进行。

依克罗齐的说法，我们不能说：什么东西可以用颜色"表现"，什么东西可以用词语"表现"；却可以说：什么东西可以用颜色"外射"，什么东西可以用词语"外射"。颜色和语词是物理的事实，而表现是心灵的审美的事实，两者之中没有通道。关于两者之中是否没有通道，以后我们还要谈到。

关于"表现"（克罗齐的表现）我们的说明到此暂告一段落，现在看看克罗齐对美学如何下定义，以便彻底弄清"美是表现"这一命题。

"美学只有一种，就是直觉（或表现的知识）的科学。这种知识就是审美的或艺术的事实。"（克罗齐，1958:第二章）

上述定义，可分述为：美学就是直觉的科学；美学就是表现的知识的科学。

我们本来是在论证"美就是表现"，现在却多出来一个"美学就是直觉的科学"这一命题。那也就是说"表现"与"直觉"在这一命题中可以互换。那我们还须把"表现即直觉"这一命题弄清楚。不能绕开它。它是克罗齐美学思想重要的支柱。弄清"表现即直觉"对于"美就是表现"极为重要。

　　见到一个事物，心中只领会那事物的形象或意象，不要问为什么、怎么样（不必推理），也不加以区分，不察其详（问它有何意义），不要抽象与分类，这是认知活动的最初阶段，叫做直觉。直觉是一切认知的基础，谓之直觉的知识（Intuitive knowledge）。见到形象，若进一步确定它的意义，寻找这一事物与其他事物的关系，寻求分别，在形象上作推理的活动，所得的就是概念（Concept）或逻辑的知识（Logical knowledge）。正如克罗齐所说，"知识有两种形式：不是直觉的，就是逻辑的；不是从想象得来的，就是从理智得来的；不是关于个体的，就是关于共相的（共同属性，普遍性——本书作者注）；不是诉诸个别事物的，就是关于它们中间关系的，总之，知识所产生的不是意象，就是概念"。（克罗齐，1958：7）

　　直觉的知识就是意象性的。

　　一切知识都以直觉为基础，直觉就是想象，或意象的构成。比如说：This is a table.这已经是判断，把this放到table那个概念中去想，肯定this与table的关系，说明this的意义；这个判断所表示的知识已经是逻辑的了。但是在作判断以前，我们是经历过一个浑然的阶段的。this、table的形象悬在眼前观照，不肯定或否定它是什么，不追问它的意义和关系，甚至不想到我们是认知的主体而它是认知对象。这就是所谓凝神状态。不过心灵处在恒常的运动之中，很难长久在凝神状态留连与停滞，大半不久就有推理活动跟上来，所以一般人因习不察，或疑心没有这种心境。其实它是极普遍的现象，没有它就不能有理解或概念的知识，因为各种事物关系的认知按道理必依据个别事物形象的认知。这个别事物形象的认知便是直觉。

　　这直觉不是被动的感受，而是主动的创造。

　　按朱光潜先生的意思，"直觉即表现"的基本原则在克罗齐的美学中最为重要，也为一般人所难于理解，其原因有二：第一，一般人都以"传达"为表现。这一点上面已反复解释过，在此不再赘述。第二，一般人都以为直觉多于表现，即直觉并不是都可以表现。我们常常觉得有许多可歌可泣的经历和故事，许多绝妙的意境，可以写成诗或小说，或是画成图画，谱成曲子，只可惜自己不是诗人或艺术家，没有本领去"表现"它。我们在企图创造艺术作品时，也常自觉明于心却不明于口（笔），即所做成的不能完全表现心里所感觉到的。克罗齐以为，问题不在是否生活经历过，而在是否直觉过，凡是生活经历过的，不尽可成直觉过的。至于直觉过的则必为表现过的。我们通常误以为模糊隐约的无形式的"感触"为诗的意境。我们想要抓住而抓不住的并不是直觉，而是直觉以下的那种混沌杂乱的感触，那些感触即未成意象，就不能算是诗的意境。不妨追问一下：对于你所谓"诗意"看清楚了没有？如果没有，你凭什么断定它是"诗意"？如果看清楚了，它就已有形式。请回忆"成竹在胸"的竹，一定是有形有色的，不然何以叫"成竹"？有了形式，已成为可观照的对象，那就是已表现了。所谓"表现"的困难根本还是直觉的困难。

每个人都经验过，在把自己的印象和感觉抓住并且表达出来时，心中都有一种光辉在焕发与升腾；但是如果没有抓住和表达它们，就不能有这种内心的升华。所以感觉或印象，借文字的帮助，从心灵的浑然处提升到凝神观照境界。"在这个认识的过程中，直觉与表现是无法可分的。此出现则彼同时出现，因为它们并非二物而是一体。""无论表现是图画的、音乐的，或是其他形式的，它对于直觉都绝不可少；直觉必须以某一种形式的表现出现，表现其实就是直觉的一个不可缺少的部分。"（着重号是引者所加）（克罗齐，1958：15）

所以，直觉即表现。正如克罗齐所说：

"如果在要表现时，这些思想好像消散了或是变得贫乏了，理由就在它们本来不存在或本来贫乏……画家之所以为画家，是由于他见到旁人只能隐约感觉或依稀瞥望而不能见到的东西……一个人对于自己的思想和意象的财产（即积累——引者注）存着错觉，在逼得要跨过表现那一道"鸿沟"时，也就会恍然大悟……直觉的知识就是表现的知识。……直觉或表象，就其为形式而言，有别于凡是被感触和忍受的东西，有别于感受的流转，有别于心理的素材；这个形式，这个掌握，就是表现，直觉是表现，而且只是表现（没有多于表现的，却也没有少于表现的）。"（克罗齐，1958：18）

克罗齐真不愧为彻底的唯心美学家。

好了，现在我们终于走到"美就是表现"的本体面前，看看克罗齐对美（注意不是"美学"）的定义：

"在流行语言中与在哲学中，占势力的倾向是把"美"字的意义限用于审美的价值，所以我们觉得以"成功的表现"作"美"的定义，似很稳妥；或是更好一点，把美干脆地当作表现，不加形容字，因为不成功的表现就不是表

美学语言学

现。"（克罗齐，1958：89）

"美就是胜利的表现活动。"（克罗齐，1958：129）

这个命题里的"胜利"不过是"成功"的同义词，因此和"美就是成功的表现"是同义命题。

这一节可以结束了，因为我们已得到克罗齐"美就是表现"的推理过程，于是也容易理解他关于美学（不是"美"）的定义了：

"美学只有一种，就是直觉（或表现的知识）的科学。"（克罗齐，1958：21）

"美学是表现（表象、幻想）活动的科学。"（克罗齐，1984：1）

[语言就是表现]克罗齐对于语言就是表现的叙述是这样的：

"如果语言学真是一种与美学不同的科学，它的研究对象就不会是表现（A）。表现在本质上是审美的事实；说语言学不同于美学，就无异于否认语言为表现（B）。但是发声音如果不表现什么（C），那就不是语言。语言是声音为着表现才联贯、限定和组织起来的（D）。"（克罗齐，1958：153）

我们可以推演出：

第一，语言学研究的对象是表现。（由A得）

第二，语言就是表现。（由B得）

第三，发声音就是表现什么。（由C得）

第四，语言是为着表现才联贯、限定和组织起来的。（由D得）

这就使人如坠云雾了。克罗齐一再说"表现是心灵里的审美活动"，一再说说话、唱歌、画画等是不同于审美活动的实用活动，两者之中没有通道；审美创作的全程的第二个阶段（表现，即心灵的审美的综合作用）恰恰是仅为自然科学意义的表现所缺乏的；批评别人把审美的表现混为自然科学意义的表现；开口说话或提起嗓子歌唱这就是用口头上的话语和听得到的音调把我们已经向我们自己说过或唱过的东西表达出来，比起表现活动来，遵照另一套不同的规律，怎么在这里又说"发声音就是表现什么"呢？怎么在这里又说"语言是为着表现才联贯的"呢？

推演之三"发声音"应算是克罗齐所谓的"物理的事实""实用的活动"，怎么又能同时是克罗齐所谓的"心灵里的审美活动"呢？这不是自相矛盾吗？

如果说（A）、（B）里的"表现"（Expression）是用在审美的意义上，（C）、（D）里的"表现"（Expression）是用在自然科学意义上，这岂不是逻辑不能允许的偷换概念吗？一段文字里同一个词表示两个大为相异的概念，这不是引起逻辑混乱吗？

如果说（A）、（B）、（C）、（D）里的"表现"（Expression）都是用在自然科学意义上，那显然不是克罗齐的本意。克罗齐的本意在这同一段文字里就有注解："表现在本质上是审美的事实。"可见，这一段里的"表现"都应作如此解释，可是说到（C）、（D）部分时，他却犯了偷换概念的逻辑错误。

如果把推演之三（发声音就是表现什么）和推演之四（语言是为着表现才联贯、限定和组织起来的）里的"表现"一词当成一般人所谓的"表达""传达""表示""外射"，那倒是成立的。可是这样一来，等于是反对了他自己，反对了"表现即心灵的审美综合作用；表现即心灵的审美活动；表现是在内心里完成的"彻底的唯心美学。

朱光潜在解释克罗齐美学与语言学重合时，似乎也有矛盾。请看朱光潜（1988）在《全集（4）》，克罗齐哲学评述，第三章：美学》里解释重合论时也没有排开这种矛盾：

"艺术作品的成就完全在作者心里，它完全是一种心灵的活动……在心中找到说出那意境的语言文字，他的诗就已完成了。至于把那首诗念出来给人听，写出来或印出来给人看……只是实用的活动而不是艺术的活动……一个真正的诗人只是一个自言自语者。"（着重号是引者所加）

"直觉（即表现）完全是心灵的活动，艺术存在于创造者与欣赏者的创造与欣赏的那个活动中，不存于传达出来的文字或其他符号。"（着重号是引者所加）

可是后面在评述艺术的普遍性时，却显出了矛盾：

"在克罗齐看来，艺术是尽人皆必有的极原始而普遍的活动，是人就是艺术家。有一点最能证明艺术的普遍性，就是语言。人人都运用语言，而语言就是表现，说话和做诗，根本是一个道理。所以克罗齐把语言学和美学看成同一科学。"（着重号是引者所加）

朱先生先是把"念出来给人听，写出来或印出来给人看……不算是艺术活动"的，后面又将"运用语言"（即说话和做诗）混同于"表现"，即艺术活动了，岂不是前后矛盾？如果朱先生把"语言就是表现"里的"表现"看成是运用，那岂不是像克罗齐那样把概念暗中转换了？

我们再仔细地看看克罗齐另外的有关论述中有没有前后矛盾和暗中转换概念的错误。那时我们再作出美学与语言学是不是一回事的结论。

克罗齐在《美学原理》第十六章的《审美的判断，它与审美再造的统一》小节中说：

"某甲感到或预感到一个印象，还没有把它表现，而在设法表现它。他试用种种不同的字句，来产生他所寻找的那个表现品（表现所得的产物——引者），那个一定存在而他却还没有找到的表现品。"（克罗齐，1958：129）

我们要问："试用种种不同的字句来产生他所寻找的那个表现品"，是自言自语地试，还是试出声来？自言自语地试，那还在心灵里形成表现品，仍属克罗齐式的表现，或审美的表现。一旦试出声来，就是一般人所说的表现，却不是克罗齐所指的心灵综合掌握，那也就得不到"语言就是表现"的命题了。因为克罗齐自己说，外射（说出声音来）是物理的事实，而表现是心灵的审美的事实，两者之中没有通道。

按克罗齐的意思，语言是跨过了表现那一道鸿沟的，这有辩不掉的证据在：

一个人不明白自己有多少物质的财产所引起的错觉，可以被数学纠正，数学载明了它的确数；一个人对于自己的思想和意象的财产存在着错觉，在逼得要跨过表现那一道"鸿沟"时，也就会恍然大悟。两事道理实相同。让我们向前一位说："数着看看。"向后一位说："说出来。"或是："这里有笔，写出来。"（着重号是引者所加）

请看，"说出来"或是"写出来"与表现之间隔一道鸿沟要跨。把上面这段叙述翻译成下面这道公式便是：

语言≠表现

好像有两个克罗齐。这一个克罗齐说：语言不是表现。前面那个克罗齐说，语言就是表现。让我们相信哪一个克罗齐？

克罗齐在论述审美的创作的全过程（1958：105 — 106）时，将"表现，即心灵的审美的综合作用"算在第二阶段，他还强调说，"真正可以算得审美的，真正实在的，最重要的东西是在第二阶段。"由审美事实到物理现象的翻译（声音、音调、运动、线条与颜色的组合之类），算在第四阶段。从第三阶段（快感的陪伴，即美的快感，或审美的快感）起，就算不得是真正的审美的阶段了。克罗齐把声音、音调都认作是"物理现象的翻译"，即我们现代人说的言语活动。克罗齐在此明明白白地把言语活动算成心灵的审美的综合作用之后的东西。"语言就是表现"刚好应该读成"语言不是表现"才符合他自己的审美创造四阶段论的。

克罗齐把美学和语言学当成是一回事，是有他自己的一系列的依据的。上面讨论过，他认为："美是表现"，"语言是表现"，所以"美学与语言学是一回事"，我们根据他的依据推不到它的结论，原因在于"语言是表现"并不能成立。

下面我们将逐一对其他语句进行讨论。

[**"语言始终是心灵的创造"**]克罗齐作出美学与语言学重合的结论，很重要的一条根据是：语言始终是心灵的创造。他说："他们（那些语言学家）以为语言在起源时是一种心灵的创造，但是后来借联想而扩充光大。这分别并不确实……如果语言是心灵的创造，它就应永远是创造；如果它是联想，它也就应从始就是联想。"他在此之前就"驳倒了联想说"，他是主张语言始终是心灵的创造，以完整的声音组织起来表现某种思想情感的整一的情景——"语言是诸种意象的整一体，不是诸种意象的复合体"——情景变化了，语言的意义也随着变化。我们开口说一个词时，往往变化和增加旧词的意义；但是这过程并非联想而是"创造"新意义。瞧，语言是常新的无限的，审美活动也是常新的无限的，这是两者相同之一；语言的创造是心灵的，审美活动完成也是在心灵内部的，这是相同之二。据此两点相同也可以得到美学与语言学只是一回事的结论。

我们暂时撇开"语言始终是心灵的创造"这一判断本身不谈，且问语言的心理性质是否就一定与审美的心灵性质是一回事呢？音乐也具有心灵的性质，画画也具有心理性质，能说关于音乐作为一门专门知识研究、作画作为一门专门知识的研究就与美学是一回事？如是这样，那美学的研究不就取代了对语言、音乐和作画的各自独特的研究了吗？克罗齐就是这样看的：艺术只有一门，艺术不能分类。我们知道，这上述三门学科的独立的研究对象、范畴、方法、分支等可以开出长长的一串串的名目来，都不曾在克罗齐时代（1866—1952）和克罗齐之后的时代被美学代替过。即使我们拿了这长长的名目去给克罗齐看，也无济于事。他鄙视科学分类。因为他的彻底的唯心主义哲学作了他美学的根基。要说服他，不等于是彻底地葬送了他的唯心主义哲学吗？——"使一切都化成心灵的创造"；"心灵就是全体真实世界，除心灵之外，没有另一个真实世界"；"一切知识都是心灵的活动的产品"；心理活动是一个自给自足无待外求的圆圈，我们所知的真实世界就止于此。（参看朱光潜，1988）

尽管我们明知不从根儿上触动克罗齐美学理论，就不可能让他动摇美学与语言学重合论，我们还是要从具体问题上看看他重合论的另外一些论据。他的这些论据时不时地闪烁着真理的光芒。

[克罗齐的语言哲学观]克罗齐说："人们所孜孜寻求的语言的科学，普通语言学，就它的内容可以化为哲学而言，其实就是美学。任何人研究普通语言学或哲学的语言学，也就是研究美学的问题；研究美学的问题，也就是研究普通语言学。语言的哲学就是艺术的哲学。"（克罗齐，1958：153）

他提出了普通语言学化为哲学的问题。这似乎与我们所说的"语言哲学"不完全相同。但我们还是要把他的"语言哲学"作一番探究，才能搞清他的"化为哲学的普通语言学其实就是美学"的命题。

在《美学的历史》中，克罗齐先是赞扬语言哲学研究中刮进一股新鲜空气应归功于赫尔德和哈曼，他提到法国、英国、德国、意大利的许多著作家。但是，他又说上述所有的人没有一位能从下述观念中解脱出来：语言或是自然和机械的东西，或是粘附在思维上的符号。"如果他们不抛弃'符号'的概念和发现积极的、表现的幻想，言语的幻想，作为直觉表现而非知性表现的语言，那么，在那些著作中就不可能解决为之争论的难题。"（克罗齐，1986:98）他所说的争论的难题是：一般语法和特殊语法的关系是什么呢？为什么逻辑学只有一个，而语言却有很多呢？语言的多样性难道是从唯一的模式中产生的语言偏差吗？如果不是偏差和游离，那又如何解释呢？语言是什么？它是如何产生的？如果语言与思维不相干，那为什么思维又存在于语言中呢？

要解决这些难题，就得：

（1）抛弃语言是符号的观念——可是，现代语言学正是从这个观念中看到了语言学的一个大进步。

（2）同意语言是直觉表现（即他一直强调的心灵的审美综合作用）而不是知性表现。

这就是克罗齐的语言哲学的第一部分重要观点。

第二，这些观点在他先是赞扬赫尔德和哈曼后来又批评他们时作了进一步的点化：语言是人的反思和深思熟虑，只有他反思，他就有着自身的语言；语言不是感知的呼叫，语言不是摹仿；语言也很少是人为的约定俗成。语言是心灵和它自己的契约。语言是创造性的活动和人类精神活动的第一次肯定。赫尔德的著作没能得出一个确实的结论，但他的著作是一个重要的标志和提示。哈曼考察了他朋友的理论，否认了发明说和人为说，强调了人的自由。但哈曼却使语言成了某种人和上帝的语言共通（communicatio idiomatum）的神秘之物。克罗齐断言，"如果不把语言问题转向心灵问题之首，那么，对语言神秘认识的这种方式是不会被说清楚的。"（克罗齐，1984：99）

再进一步简化他的语言哲学，可得：语言问题是心灵问题之首。转去转来又转回到原地：语言始终是心灵的创造。

第三，克罗齐在评论洪堡特和斯坦因哈尔的时候，再一次地表明了他自己的语言哲学观。

他很失望，洪堡特和斯坦因哈尔发动的改变旧语言学概念的思想运动并没有给美学科学带来卓有成效的帮助。他称他们为"特殊的美学家"，表明了他顽强的取消语言学而用美学代之的企图，说洪堡特他们没有把语言学研究同美学问题联系起来，把他们的研究称之为"语言学狭小的范围"，断言他们的研究失去了生命力。

克罗齐批评洪堡特没有从"两个偏见"之中解脱出来。他所说的第一个偏见是，逻辑思维和语言之间存在着本质上的一致性和纯粹历史的、偶然的不同性。第二个偏见是：语言存在于个体的讲话者之前，是从他那里分开的、独立于他的某种客观的东西，语言一经使用，才有生命。

我们还记得，依克罗齐的观点，语言是为着心灵的审美活动才生发的，不是与逻辑思维联系在一起的。直觉就是表现（克罗齐式的表现），直觉产生的就是审美活动。逻辑思维在他的直觉说里没有多大地盘。

洪堡特被克罗齐称为"新人"时，是因为洪堡特的下列叙述正合克罗齐的心意：

"语言不是作品，而是活动……是不断重复于外的、使有节的音调成为思维表现的心灵的工作。"（洪堡特，1997: 54 — 56）"把语言破碎成词和规则是科学分析的人为的死亡"（同上），这与克罗齐否认分类和具体的科学分支是一致的。克罗齐对洪堡特的下述新发现也大加称赞：语言的内部形式，即非逻辑的概念，也非身体的声音，而是人们对事物的主观见解，是幻想和情感的产品，是概念的个体化。把语言的内部形式同身体的声音结合起来是内部综合的作品。尤其是下述看法更接近克罗齐语言即心灵审美综合的结论，"语言在其进展的较深刻的、难以表明的方式上都更类似于艺术"（洪堡特，1997: 105—18）。

洪堡特认为，艺术家的程序和讲话人的程序用类比法总是能够比较的，但克罗齐觉得这两种程序不是比较的问题，而是"真正地等同起来"（克罗齐，1984: 169）。这岂不是要求审美活动的程序和言语活动的程序等同起来吗？

洪堡特认为言语是思维（逻辑的）发展工具，可是克罗齐说这是"过分片面强调"（同上页），他还说"洪堡特的美学观念含混不清和不总是确定的，这妨碍他发现语言和艺术的同一性。"可见克罗齐眼中的"同一性"是"等同"。克罗齐怀疑洪堡特并没有清楚地认识到或坚定地保持这样的看法："语言总是诗，散文（指科学——并非指与诗相对的"散文"，引者注）不是审美形式的而是内容的特质，或更确切地说是逻辑形式的特质。"（克罗齐，1984：170）我们得注意克罗齐这里又提了"语言就是心灵审美综合作用"另一个变换形式——"语言总是诗"。

第四，克罗齐语言哲学观的另外一个重要部分是在"语言的本质和起源问题的一致性"上表现出来。他赞同斯坦因哈尔和他的老师洪堡特抓住了"语言不属于逻辑学而属于心理学"的命题。这一命题对于他的美学和语言学重合论至关重要。没有心理学作基础，重合论无法确立。克罗齐也赞同他们两人这样的看法：语言起源问题就是语言本性问题，就是它的心理学创生问题，或说得更确切些，是语言在心灵的进展中所取的位置问题。"人为了能讲话，他还缺少什么呢？缺少一样东西，然而是一样最重要的东西：身体的反映运动和心灵兴奋的有意识的结合。如果感觉已经是意识的话，那他还缺少意识的意识；如果感觉的意识是直觉的话，那他还缺少直觉的直觉；总而言之，他缺少语言的内部形成、言语和这个形式的结合。人不选择声音，声音已提供给他了，由于必然，他本能地、无目的地、非人为地采用了它。"（斯坦因哈尔《语法、逻辑学和心理学，它们的原理和相互关系》，1855年）克罗齐发现，上面论述所反复强调的东西——直觉和语言的内部形式——正是他感兴趣的。内部形式是什么呢？上面已经提到，它是主观见解，是幻想和情感的产品，是概念的个体化，不是声音。

在上述的四个部分讨论中，较为集中地表现了克罗齐语言哲学观中的核心部分——语言在心灵的进展中所取的位置问题（参见第四点），语言问题是心灵问题之首（参见第二点）。

现代语言学成果并不排斥语言的心理学性质。

语言也是整个人类和单个的人适应社会的工具或媒介。（它虽然可记录，但说话声音短暂，即说即逝）语言的适应功能表明了一种非对立的两重性质。这个两重性质可用这两个术语来显现：一是"心智"（mind），二是"社会"（society）。这两者并不是互相排斥的，所以我们可用"社会中的心理（心智）"或"社会心理（心智）"称之。不能否认，一切社会性的东西都是通过个别人的心智体现推进的。从这个意义上来说，语言的心智性质是第一位的东西。但另一方面，儿童的文化积累功能先是社会层次的，然后才是个人层次的。所谓社会层次的，就是人与人之间即人际心理层次的（interpsychological）；所谓个人层次的，就是儿童内部的即内部心理层次的（intrapsychological）。语言的好多功能都来源于个别的人与人之间的实际关系。从这个意义上来说，语言的社会性质是第一位的。克罗齐的唯心主义彻底得很，语言的心灵性质被他强调到极端。

现代语言学也谈语言的内部形式，那是谈语言与思维这个大题目时，谈到了内部言语和外部言语的区别，却不像克罗齐那样绝对地与声音不搭界（语言的内部形式即非逻辑的概念，也非身体的声音，而是主观见解，是幻想和情感的产品，是概念的个体化。参看本节第三点）

出声的言语叫外部言语，不说出声来的言语叫内部言语。内部言语是一种对自己的、供自己思考问题而不直接发生交际作用的言语，所以它在结构上具有片断性、简缩性、不完备性等特点。但外部言语与内部言语之间的联系是有实验可考的：把细针状的电极装在受试者的舌头上或下唇肌肉内，然后命令他算一道算术题。一次用口算，一次用心算。结果在两种情况下言语器官的动作的电位变动记录完全相同。（黄弗同：《理论语言学基础》，武汉：华中师范大学出版社，1988年，第33页）这说明，虽然两者不同，一种是外观的，出声的言语；一种是内隐的，不出声的言语，但把语言的心灵性质看成不可捉摸的意象活动是不确实的：心算时言语器官的动作的电位变动是可以捉住的。可是克罗齐认为内蕴语言与外现语言不仅仅是经验不同的分别，还是两种不同的直觉表现产物，各自有着不同的心理因素。（克罗齐，1958: 32）这样，克罗齐把语言的潜存性完全化为心灵性质了。语言在哪里？有人说语言存在于言语作品中，如果"言语作品"指的是书籍和录音带，这其实不准确。说到底，语言存在于每个人的脑子里。社会里的人，每个都在脑子里潜存着一套相对完整的语言符号系统，是通过长期的言语活动（母语的习得与外语的学习）而储存的。交际时，通过脑神经和发音器官，从潜存的语言系统中选词造句，这就是克罗齐所谓的外射。"对语言来说，言语具有表现性；对言语来说，语言具有潜存性。"（黄弗同：《理论语言学基础》，武汉：华中师范大学出版社，1988年，第54页）这里不存在两种不同的心理因素。

关于克罗齐语言哲学观的这几个问题：语言的起源与本质、语言与思维的关系（内蕴语言与外现语言），在现代语言学里，是放在心理语言学里面研究的。在这儿就不详细讨论了。

克罗齐的"把普通语言学的内容化为语言哲学等于艺术的语言学"的命题讨论至此，我们也似乎很难认同：他把语言问题摆到心灵问题之首，这样强调，是为了他哲学上的需要：他要打倒心物二元论（实际上并未成功），完成彻底的唯心主义历程。从这一基本的错误出发，又把单纯感觉的直觉混为艺术形象思维式的直觉，又过分强调直觉为心灵活动。这两个强调的逻辑发展必然会在语言哲学观上不承认美学与语言学各有其特殊性了。

[语言学的性质的争辩也和美学的性质的争辩相同]这是克罗齐美学与语言学重合论的又一依据。他所说的争辩曾是：语言学是一种历史的训练，还是一种科学的训练？历史的与科学的既有分别，于是人们又问：语言学属于自然科学，还是属于心理科学？所谓心理科学同时指经验的心理学和关于心灵的各种科学。美学也有这种情形。有人把美学认成一种自然科学（把"表现"一词的审美的意义和物理的意义混淆起来），又有人把它认成一种心理科学（把就普遍属性而言的表现和各种表现产物的经验的分类混淆起来），又有人把美学看成只是历史事实的结集。

就是在这些争辩的同时，人们已经并一直是把美学和语言学当成不同的学科进行研究的。争辩的问题相同并不能改变这个事实。如克罗齐在评述德国以洪堡特和斯坦因哈尔为代表的语言学的进步时，以异常失望的心情指出他们并没能把语言学和美学等值性地统一起来。这是因为，主要是克罗齐把语言学和美学都纳入"心灵的哲学"。既如此，除了两者重合，我们就不能指望他有别的结论。

[文法、词类、字根等是不存在的]如果有人指出语言学也和美学一样明明有它自己研究的对象，如文法、词类、词根等之类，就是语言学的研究对象，克罗齐则说这些分别是"牵强的""杂凑""偏见"。这是他的重合论的第四部分依据。克罗齐反驳说：如果语言学与美学看似为两种不同的科学，那是由于人们把语言学看作文法，或一种哲学与文法的混合，一种牵强的备忘表格，一种教书匠的杂凑，而不把它看作一种理性的科学，一种纯粹的语言哲学。文法，或是与文法不无关系的东西，也在人们心中引起一种偏见，以为语言的实在性可以在分散的单字上见出，而不在活的言语文章上（即不可分划的表现有机体）见出。（克罗齐，1958：18章）这些反驳中确有闪光的东西。

如果把运动或动作叫做"动词"，人物或物体叫做"名词"；说词的种类由这些名词、动词等组成，那也错了。克罗齐这样认为的根据是：语言是表现品（表现的产物），"表现品是一个不可分的整体。名词或动词并不存在于这整体里，而是我们毁坏唯一的语言实在体——句——以后所得的抽象品。"（同上）

我们顺便指出克罗齐的一个老是出现的不能自拔的矛盾：一会儿说"语言就是审美心灵综合"，一会儿说语言是反射活动（物理事实）不属于审美活动。在否定词类存在的时候，这个矛盾又缠住了他。他说我们看一幅画，描写一个人在乡间路上走。我们可以说话了："这幅画表示一个运动……动作……物体……人物"，我们就得到"动词""名词""专门名词""普通名词"之类的概念。他说我们"不过是把原来只是以审美形式出现的东西，加以逻辑的阐明；这就是说，我们毁去了审美的东西，来换上逻辑的东西"（克罗齐，1958: 156）。那幅画，"是审美的东西"；说话（描述这幅画）是"换上了逻辑的东西"。那么，说话就不是表现（克罗齐式的表现），就又与他自己的"语言就是表现"相悖了。

我们再回到原来的话题。

克罗齐说语文的分类是不存在的。语言学肯定了，词就是从口里说出来的东西，没有两个字真正相同，同时也就发现审美事实的不可简化的特性。因此，同义词、同音异义词、翻译都证明为不可能。

规范文法是不可能有的。克罗齐正确地指出，凭意志来勉强创造语文是不可能的。他援用两个例子。有人曾经向一个罗马皇帝说过：你：凯撒，你能公布法律于民众，却不能公布语文于民众。伏尔泰据说也说过："文法活该倒霉"都是反抗规范文法的例证。"这种不可能性有一个科学的理由：'认识活动的技巧'是一个自相矛盾的名词。规范文法不正是语文表现的技巧（即认识活动的技巧）吗？"（克罗齐，1958: 159）克罗齐认为，认识是没技巧的。审美的心灵活动是一种基元的认识活动，在实践活动之先，是理性认识，它没有目的，也就没有要达到目的的手段即技巧。

语言学论著是含有教学意味的东西，没有哲学的真理。克罗齐说，这类书什么都谈一点，有一大堆零乱的观念，只是带经验性质的。语文看成表现品的这些观念——终于要化为美学的观念。"美学供给关于语文性质的知识，经验的文法供给为教学而设的方便法门，此外就别无讲语文的学问，除非算上语文的历史"。（同上）

词根、单音的分法是错误的。把较长的声音组合分为较短的声音组合——单音、母音（元音）、子音（辅音），如果单提出来，都没有确定的意义。克罗齐认为，都不能叫做"语言的事实"，都只是声音。"字根"说就犯了同样的错误。这样推下去，最古的最原始的语言必定是单音。还要推下去，最初的人类所构思的语文表现品也许不是一种声音，只是一种模仿的生理的反射动作；也许不外射为一种声音，而只外射为一种姿势。所以音节的界限和词根的界限一样是完全勉强的。接着克罗齐作了一个很中肯很重要的判断：并没有真正的语音学规律，只有凭趣味与方便所定的规律，那就是审美的规律，"（克罗齐，1958：16）这一块"砖"，我们曾用它建造过我们美学语言学的"大厦"。（参见本书第三章第七节：语音的审美选择）

模范语言是不存在的。迷信美的事物可凭一个理性的标准去测量，这就是错误的审美的绝对性。生生不息的新表现品是由生生不息的新印象产生音与义的持续不断的变化而得。克罗齐的这一看法无疑是正确的。"寻求模范语言，就是寻求动的不动。每个人都说话，而且都应依照事物在他的心灵中所引起的回响（即他的印象）去说话。"（克罗齐，1958：161）

克罗齐上面所说的文法、词类、字根等的不可能存在，总结起来就是说：克罗齐鄙视科学的分类。这种对分类的偏见已经到了离奇的程度。

科学把客观世界分为若干片段，各踞一隅，条分缕析，分门类，下定义，找规律，好处是可实用于一个方面的目的，得到一些经验的知识，作实用活动的依据。但也有缺陷。恩格斯讲生物每一瞬间既是它自身也是别的什么（恩格斯，1971）。这里面的自然辩证法的意义是很丰富的。每一事物在每一顷刻都有新的因素，科学分析对流动发展中的事物加以分类和定规律，犹如解剖了尸骸，生命早已逃遁。这是分类分割的缺陷。但是克罗齐把美感的传达看作物理事实，把媒介（语言是其中之一）看作物质，把古今中外所公认的艺术类别完全推倒，也可能是偏激之举。每种艺术和科学总有它的特殊性。特殊性是"推"而"不倒"的。

克罗齐还特别迷信哲学的概念是"纯概念"，"最高概念"（只有不受时空限制的上帝才知道这"最高概念"是什么）。纯概念还在继续发展，现在所谓纯概念还可能只是片面的抽象的真理，还有待于较高的综合，所以我们很难说它们比科学概念更具体。朱光潜先生指出：

> 就事实说，"性质""存在""演变"之类概念倒很抽象，而"人""马""白""三角形"之类概念倒很具体，克罗齐以为真实界（现实的客观外界——引者注）常在演变，每时每境中每一事物都是一个新局面，世间没有两个绝对相同的事物，所以科学所建立的类型与公式不能精确地适用。

他似乎忘记应用"性质""演变""美"之类纯概念于个别事例也还是如此。……如果变异中没有同一，概念就根本不能存在，无论其为纯（概念）为假（概念）。

总之，克罗齐对于科学概念的歧视不免是一种偏见。（朱光潜，1988：305 — 376）我们认为，科学分类之所以能成立，就是它承认事物的特殊性，具体性，承认变异中有同一性，承认事物此时此境相对地"有规律"，承认事物某时某刻"是它自己"的那一面。克罗齐否认科学的分类已经到了很宽的程度：他说历史就是哲学，就像说语言学就是美学一样。

[从克罗齐的哲学看他的美学语言学重合论]

克罗齐美学理论的核心论点是"直觉即表现"。从这里出发，他得出了一系列的结论：直觉就是抒情的表现，直觉就是美，直觉就是艺术，美的创造和欣赏之间并没有本质的区别，语言学和美学等同；审美活动不是物理事实，不是功利活动，不是道德活动，不是概念或逻辑的活动，审美表现品不能进行分类。这样，从五个肯定的方面和五个否定的方面界定了"直觉即表现说"。（参见张德兴：《表现主义美学》，《二十世纪西方美学名著选》（上），上海：复旦大学出版社，1987年）

本章的最后部分，将试着从哲学上分析克罗齐的美学的五个问题（根据朱光潜《克罗齐哲学评述》而写：朱光潜，1988：305 — 376），相信只有这样做，才会从根本上观照他的重合论：整体意义上的失误，个别意义上的功绩。

克罗齐接受了黑格尔的辩证法。但就辩证法的发展观点而论，克罗齐却持绝对价值论，例如美没有程度上的比较．是美就是美，没所谓"更美"，就没有再向前进展的可能。因此，克罗齐哲学中并没有真正的发展观点。

克罗齐运用辩证法说明他的系统中美、真、益、善四大相异概念，这四种正价值都内含它们的相反者丑、伪、害、恶。因为客观世界常在发展中，他又把心灵分成直觉、概念、功利、道德四阶段。他把发展的原理运用到这四阶段上。辩证法的发展借正反对立冲突达到克服冲突与调合冲突的综合，这是合逻辑的也是合事实的。但他的四阶段论彼此并没冲突，只有高者依据低者的必要（如概念依据直觉，功利依据概念，道德又依据功利），却无低者发展为高者的必要。克罗齐自己答复说：低一度要发展为高一度，只因为心灵活动原是发展的，不能静止的。这无异于说：它发展因为它发展。这答复并不圆满。

克罗齐原要完成彻底的唯心论，抛弃二元论。二元论者以心与物（精神与物质）对立，心之外有物；你要将物质纳入精神里去，说物质是精神的创造品，你就得圆满解释：心如何创造物？依据什么创造物质？你说物质不是客观存在，无论如何在常识上通不过，太离奇。你把有目共睹的东西摆到哪里去呢？克罗齐把它摆到直觉以下。直觉是审美的心灵的综合与创造，创造必须有材料，这材料就是物质。物质是无形式的，我们所看到的物质有形式是直觉给它的，它才成为认知的对象，单是物质是不可认知的。它对于心灵活动是一种刺激。既然它是心灵活动以下的东西，当然没有真实的存在。心灵只假设它为一个"限界的概念"（limiting concept），意思是说：心灵活动到此为止，过此便不能有心灵活动。克罗齐对物质的解释大抵如斯。那么，这物质从何而来？这物质是在心灵之内还是在心灵之外？这物质本身有无质的分别呢？——他的世界还是离不开这个"物质"基础。他想要抛弃的二元论却还是缠着他。

审美感是对孤立的形象的直觉，是忘却一切意义，不经理性思考判断，不要逻辑关系的联想。克罗齐这种说法的可取之处在于，强调审美感首先是对形象的直接感觉，审美的一刹那间产生美感，似乎确实来不及经过理性思考判断，只是专注于形象，似乎物我两忘，但是，这个直觉是有理性思考能力的人，在对这一类事物早就积累了理性认识的基础上，对这一类形象的美的性质早有理解的基础上产生的直觉。审美是感性直觉，但不等于只是感性直觉。克罗齐的片面在于不要那感性直觉背后、在里面暗中起着作用的理性。

克罗齐屡屡强调，直觉是最基层的知解活动，它对于无形式的物质的感触加以审美综合，赋以形式，使它显现为可观照的意象，于是那感触便算得到了表现，心灵的审美活动便完成了。这直觉便是艺术，便是美感表现。那么，这里就有几个问题：

第一，"形式"是指事物呈现于意识的任何形状呢，还是指艺术作品所必具的完整的形式？

这两者是有分别的。一点绿色的形状、一片绿叶的形状和一棵绿树的形状，这可能都不是艺术而言的"形式"。克罗齐郑重声明想象与幻想的分别，想象（imagination）产生完整的意象，幻想（fancy）产生杂乱的意象。然而，所谓"形式"可能有完整的（想象产生）与不完整的（幻想产生）的区别，审美的形式应该是完整的：那就是说，直觉就应该既有审美（性）的，也有非审美（性）的。如果克罗齐注意到有这两种不同性质的"形式"，就会相应地在语文表现品上发现既有审美性的，也有非审美（性）的，这两次区分（形式有完整的与不完整的区别，直觉有审美性的与非审美性的区别，相应地，语文表现品既有审美性的，也有非审美性的）的意义是重大的。如果克罗齐作了这样两次区分，他就不会下这样两个判断：一是"一切直觉无区别，都是表现，都是艺术"，二是"语言即表现，即艺术"；也就不会有下面这个结论——美学与语言学是一回事。

第二，"表现"（与"形式"相连带）的问题。

个别事物形象的直觉（一般人所谓"知觉"）与发现某意象表现某情绪的直觉不能是一件事，这就是说，艺术的直觉（审美的直觉）与一般的知觉有区别。艺术的直觉可称为"表现"，一般知觉也称为表现未免牵强。克罗齐根本没有认清这个分别。把一般知觉也称为审美表现，那岂不是说人凡启动思维就在进行审美活动？这一下子就抹掉了许许多多学科的必要：心理学、逻辑学……心灵的学问几乎就只剩下美学了。（这不是与他把心灵的学问写成四部书又有抵触了吗？）其实，艺术的直觉的主要功用是想象，是融情于景，是形成完整的形式，它与单纯地意识到某某事物的形状（即感觉或知觉）大不相同。这个看法不但符合常识，也符合一切艺术的事实。

第三，审美活动的传达问题。

克罗齐以为直觉得到一个意象，那意象便已表现了心中的感触或情感，至于把它传达（出来）在一个外在的作品（一首诗、一部文学作品、一座雕刻像、一座建筑物……）里，是实用活动，并非艺术活动；传达与艺术无关（可是他又说"语言即表现"，自相矛盾，已在前面讨论过）。传达所用的媒介不同（诗用语文，画用图形与颜色，乐用声音），也不影响艺术本身的性质。艺术只是直觉，直觉都是一律。那么，还要不要传达的技巧？克罗齐将技巧一笔抹煞未必正确。想象与把所想之"象"凝定于作品之中还有距离。口不从心或手不从心，说吟与雕琢与心里想象相差太远的事司空见惯，不然人人都将成为艺术家。艺术家之所以为艺术家，不仅在能直觉（这是一般人能办到的事），尤其在能产生"作品"。传达与想象能截然分开吗？克罗齐说传达已不是艺术，只是"物理的事实"（与"语言即表现"相悖）。其实，传达也是审美活动的一部分。画家想象"小桥流水人家"时，要连着线条、颜色、光影一起想；诗人想象"小桥流水人家"时，要连字的音调与意义一起想。这岂不证明想象之中就或多或少包含传达在内了么？媒介不同，艺术风格就不同。同是使用语言，文言诗与现代语文诗就有风格的不同。同是审美活动，媒介不同，有没有特殊性？有没有艺术类别的不同？克罗齐把古今中外所公认的艺术类别完全推倒（他说文学、图画、雕刻、音乐、建筑等等的分类是为着实用的目的，没有逻辑的基础），怕是谁也不能接受的。这个问题已在前面讨论过，不再赘述。

第四，关于艺术价值的问题。

美是艺术的正价值，丑是它的负价值。克罗齐心目中的艺术只能有正价值，不能有负价值。"美是表现。因为不成功的表现就不是表现。"丑就是不成功的表现……美现为整一，丑现为杂多"，美是整体完整融会贯通，丑是全体不一致，有些部分美，有些部分丑。因此，"美并没有程度上的差别，所谓较美的美，较富于表现性的表现，较恰当的恰当，那是不可思议的。丑却不同，有程度上的差别，从颇丑到极丑。"莎士比亚的某一首短诗和他的某一部悲剧，如果都是成功的表现，就都只是美，没有价值上的比较。

事实上，美也是可以比较的。这种比较并非毫无根据。艺术是内容与形式的一致与融合。一个艺术作品完美，不仅是指它把不拘深浅的内容表现得恰到好处，成为完美的形式，同时也注意到那内容的深浅。较深的内容使我们对于人生世态有较深的认识，而且它得到完美的形式也比那较浅的内容得到完美形式要难得多。我们问一个作品（包括小到一句隽语、一段小故事，大到史诗性的大作）所问的不仅是它是否把那内容表现圆满，尤其是表现了多少真实的人生，它打动了我们心灵深处还是浅处？经得起前一个问题的考试的创造者是容易找到的，经得起后两个问题的考试的创造者在任何民族、任何时代都很稀少。克罗齐没有注意到这个分别，所以有美无差别的议论。这也许是形式主义的毛病。

第五，科学概念的真实性问题。

最令人惊异的是，克罗齐把科学看作功利性的活动而不是科学认识的活动，说它只有实用价值而不能得到真理。这个问题的观点我们已在讨论克罗齐"语文的分类是不存在"这个断言时有所展开。这里，用克罗齐的哲学观照他的美学与语言学重合论时，再稍加补充。

克罗齐认为经验科学概念不真实，起源于纯概念与假概念的分别。纯概念（例如"存在""属性""本体"，等等）既普遍而又具体，所以是"哲学的概念"。科学概念有的具体而不普遍（如"人""白""水"，等等），有的普遍而不具体（如"自由运动"、"直线"，等等），这两种都是"理智的虚构"，不能普遍具体地应用于真实世界，不能给我们知识。其实，知觉的判断必须依据假概念。如"这是水"、"这是白的"之类知觉的判断虽然也须依据"本体""属性""存在""真实"那些纯概念，可是在下这些判断时，那些纯概念并不存在意识之中，存在意识之中的只是"水""白"等类名。这就是说，知觉的判断所依靠的正是所谓假概念。不能说根据经验得来的科学没有认识的价值；如果它不能算是对于真实世界的一点认识，则一切经验都不真实，而历史也就可能是虚构的了。这能想象吗？克罗齐只看到假概念必须依靠纯概念，却没有看到纯概念也必依靠假概念。说得明白一点，思想不能离开假概念，因为"个别的判断"（克罗齐认为是唯一真正的判断）往往必须运用类名；这就无异于说哲学还是离不开科学，科学对于真理的发现是有贡献的。

现在，我们对克罗齐哲学和美学作一个概述。

笛卡儿以来的许多哲学家把宇宙一切归纳到两个并立的原则：心与物（精神与物质）。唯心派哲学家从康德起，都想把这两个原则并成一个，就是把物质纳入到精神里去，形成一个封闭的圆圈。物在心的感知中得到它的存在，这是唯心派的主要论点。康德开了唯心主义的路，而却没有走通。他还须假定心之外仍有物。黑格尔企图推倒二元主义，走了许久，还是回到二元主义。克罗齐还是蹈了这个覆辙。他的美学仍须假立物质，艺术不能完全创造它的内容，而它的形式也好像是外加的。他把心灵看成只限于有意识的活动，把情绪、本能、潜意识等都一笔勾销，他的世界只是某时某境那一点"直接经验"所组成的，因此哲学家们只能坐井观天。唯心派大师对于真实世界整体的见解尽管尚待斟酌，对于整体中的部分却有可能比常人有深刻的洞察。我们在考察美学与语言学重合论时常常见到这样的光辉在闪烁。本书作者虽不持重合论，但在构建自己的结合论时却得到了重合论的启发，这一点是毫不含糊的。

自从克罗齐断言（1902）美学与语言学是一回事（表现主义美学的基本观点之一）以来，多年过去了，既没有他本人的下文，也没有别人响应。这事实本身就是意味深长的。倒是有个相反的事实：美学与语言学不但没有重合为一，反而各自有了十分显著的发展。

小结：克罗齐重合论的认识与哲学根源：

克罗齐认为语言学与美学是一回事，理直气壮，毫不含糊。从最终来说，他这样的立场有着深刻的认识根源与哲学根源。

第一，他眼中的"语言学"与我们现代人眼中的语言学不是一回事。他理解的语言与语言学是什么呢？

——"语言学内容可以化为哲学"（1）

——"语言的哲学就是艺术的哲学"（2）

——"语言学研究的对象是表现（表现在本质上是审美的）"（3）

——"语言就是表现"（"美就是表现"）（4）

——"语言始终是心灵的创造"（5）

——"语言学和美学都是心灵的哲学"（6）

请看，他眼中的语言学和我们现在所理解的语言学压根儿就不同。另一方面，他理解的语言学与美学——请看上述论点（2）、论点（3）、论点（4）和论点（6）——倒刚好是惊人的一致；语言学和美学都是哲学，且是心灵的哲学，语言是心灵的创造（主观感受）。既然这样，他坚持两者的重合在唯心主义的认识论与哲学观上倒是自然的、有理的。

第二，作为唯心主义的哲学家、美学家的克罗齐，眼里只有语言的审美功能（他不考虑语言的交际功能等）。语言的表现可以得到美感效应，审美的表现（克罗齐的"表现"是心灵的审美综合）可以得到美感效应，既然两者都可以得到美感效果，说它们是一回事，也是自然的、有理的。

对于克罗齐将语言表现一律当作审美性的做法，朱光潜先生有一个分析（朱光潜，1988：305—376）：克罗齐不区别"形式"是有完整的与非完整的（审美的形式应该是完整的），也就是说，直觉就应该既有审美性的，也有非审美性的；注意到上面这个区分，就会相应地注意下面这个区分：语文表现品既有审美（性）的，也有非审美（性）的。克罗齐不作这个层次的区分，主张"一切直觉无区别，都是表现，都是艺术"，又主张"语言即表现，即艺术"，所以紧接着下结论"美学与语言学是一回事"，便顺理成章了。

结束语

美学语言学是所有语言学门类的理论粘合剂。它使各个语言学门类形成一个融合的整体。各门类的理论构建，只要它是科学的，就是一个美的整体。这里，我说的不是语言理论能引起美感，我指的是科学的语言理论构建也是一种科学美。科学美是存在的（详见徐纪敏，1987）。

但是，绝对美的自然界本身是不存在的——自然界是一个不断发展、变化、运动的自然界——所以绝对美的科学理论当然也是不存在的。不过，每一个在当时的科学水平看来是正确的科学理论，它无一例外地含有绝对美的颗粒。我当然希望这本书也包含美的颗粒。我在这本书里所作的工作基本上是（企图）将美学与语言学结合成一门新学科。为此，在细节上，我处理了如下问题：

（1）两个层次言语美及其生成机制；

（2）语言结构、层次上的审美选择（语言的结构、层次是按美的尺度建造的）；

（3）言语活动的美及求美规律（策略）；

（4）民族审美观念与语言互为镜像；

（5）人对语言变异的审美干涉。

我认为这些问题是前人没有处理过的。既然不是引用现存的结论，就可能犯错误，犯这样的错误也是有价值的。如果有这样的错误，也会为后人铺平通向正确的路——这是我引以为自慰的事业。

再版后记：
摘取我够得着的葡萄

从1986年发表第一篇论文《语言冗余信息的容忍度》到出版四本专著《美学语言学》《汉语文化语用学》《语言全息论》及2004年的《语言：人类最后的家园》，大约经历了18年。但是开始正式接触语言学文献还要从1986之前的三四个年头（大约是1982）算起，我学习与研究本真意义上的语言学的历史就应是22年左右。忝列语言学研究者之中，那得承认，是一个无助与自助的过程。研究学问的人与朝圣者有所同，也有所不同。同者，都必须虔诚，每一步都得五体投地；不同者，朝圣者早已锁定了圣地作为他既定的目标，而研究学问的人却要在路途中反复摸索，才能定下目标。

因此，下面的叙述与回忆，在任何意义上都不是"范例"，这只是外语学者的许多路了中的一种。

我的学养与准备，是逐渐接近语言学的，无意中走了一个由博（博学、博涉）到专（外国语言学）的路子，也属必由之路。现在回忆起来，人的一生干什么，不干什么，是由个人素质与社会需要的磨合（密合，也叫"走合"）、偶然与必然的关系、输入与输出的配对诸种状态决定下的。如果说这里有什么"天意"，个人的素质准备与社会的需要、偶然与必然、输入与输出的状况便是天意之一种。

1939年，我出生在湖北江汉平原的一个水乡泽国：仙桃市（过去叫沔阳县）沙湖镇。境内是一个湖连着另一个湖，一条河串着另一条河。故乡因其荒野而神秘，因其生态的多样而富饶。我的父亲是一个商人，但并非是一个全心全意的商家。生意上，他不算叱咤风云，在读书上却有割不断抛不开的兴趣。他对唐诗宋词、《三国》《水浒》，极为熟悉，我在少年时代得其益，应在点点滴滴的浸润之中。更为幸运的是，家乡父老特别喜欢开办各种文化盛事。常年不断的戏班子唱戏、各种节日的精美宏大而且美轮美奂的街头表演，伴随我渡过了如痴如醉的童年。在月光下进行的街头巷尾的激烈、狡诈、狂热的"巷战"中，往往我是一方的"司令"，这让我习得了人生的游戏规则。童年时代的五大项——吃喝玩乐睡——就在这样的气氛之下完成。不消说，故乡的每一项文化活动，都成为其子孙吸取灵气的源泉。在我日后的学术专著甚至是纯演绎的理论著作中，下意识地、时不时地冒出一两处鲜活与生动（不少读者都发现了这一点），大概是无意中释放了仅仅属于故乡早年的那种丝丝灵气。这就是为什么直到现在仍然对故乡魂牵梦萦，对父母常常缅怀的缘故吧。

我在当地读完了完全小学（四年为初小，六年为完小）。数学成绩并不太妙，四年级期末考试，只得了62分。作文成绩一直不错，好多文章都被先生当作范文点评。记得有一次区政府在乡村召开一次土地改革的动员大会，我还被老师推上台代表小学生在会上讲了话，没有带讲稿，居然还未闹出乱子。

如今，我教课尚能抓住学生，大概是因为从六岁就开始起步锻炼当众"演说"的缘故吧。读小学时，不仅喜欢语文，甚至更喜欢自然、地理、历史、音乐等课程。从四年级起，每个学期总成绩，必是前三名，但从未上过榜首，皆因记忆力不怎么好。语文课老师吴玉清（从夫姓杨，专教一年级新生，一口漂亮的北京话，娓娓动听地讲述着牛郎与织女）、肖寿喜与杨元公、自然课老师戚名儒、音乐课教师岳松云诸位先生，都给我留下了极深印象。自然课的上课铃声，是令我们最雀跃的召唤。戚先生鼓励我们每一个人勇于提问，勇于发言，他说："提不出问题的学生不是好学生。"于是我问："那么小的瓦片，丢在河里要沉，那么大的轮船[1]，为什么不沉？"于是课堂上争得一塌糊涂，然后由他作总结。在他的课堂上受到的启发，与我日后读到的马克思名言"对人类的一切知识我都感到兴趣"有异曲同工之妙。如今的读者大都能在拙著中发现语言之外的知识结构，这得益于从小学起这些高水平老师的指引。这是我1953年前所受到的小学教育。

1953 — 1955年，我在县城读初中。这个学校，便是如今高考率屡上全国榜首（虽然以高考论英雄是全局性的失误）的沔阳中学。在这所学校里，我因为家庭境况变得困难，时常被通知"停伙"（不给开饭了），却对功课非常投入。我的成绩一直平常，在年级算不了佼佼者。个头不高且耐力不好，一登高心就发慌，体育活动我上不了场。虽然音准是强项，但歌喉并不嘹亮，于是音乐方面也没有我的份儿。但是，语文课成绩一直很好。记得有一个小个头姓蔡

1　故乡有一条河叫通顺河，每年涨水季节，从汉口到沙湖镇，可通行轮船，一种当地人叫"草鞋板"的小火轮。我的问题由此而来。

的同学问我："伙计，你怎么一考就考个90分以上？"作文经常是受夸奖，而且，我还能提前猜中自己某一篇作文一定要受表扬。有一次自由命题，我描写了家乡经常闹水灾的荒凉景象，戴深度眼镜的刘老先生在评语中有一句话至今记忆犹在："语言像蜂蜜。"当时年少，不知这是老师在鼓励，还把这句话当真了，偷偷乐了好长的时间。后来的朱大勋先生执教语文，他那神秘的渲染，欲擒故纵的教学艺术，令人神往。由此，我老想当作家。这个作家梦，梦了好久好久不醒。先是当语文课代表，后来还当俄语课代表。教俄语课的老师身躯高大，第一次上课，就在黑板上写了三个大字：周斯宁。他以略带沙哑的四川普通话说道："周恩来的'周'，斯大林的'斯'，列宁的'宁'"。"就从他那里，我迷上了外语，如今我吃上了外语这碗饭，就此发端。帮他当辅导员的是一个流落在我们当地的一个白俄女人（当地人背后叫她为"俄国婆子"），她一上课就开始带我们朗读，一直念到我们口吐清水，饥肠辘辘。这样，我们从小就学到比较地道的俄语腔，后来上大学时，我在全系朗读比赛中得第二名，班上有事总是派我与苏联老帅周旋，与此不无关系。周先生一开始根本不教发音理论，一上来就教课文，到了下学期，回过头来教拼音规则，竟势如破竹般地顺利。那学期开头第一次课，他在先未教读的情况下点我的名，让我读出ПИСЬМО，我竟然能脱口而出，这也不算奇怪，因为他让学生积累了相当多的音感，学生多少能自己摸到一些拼音规律。在初中三年，我的数学还是不太好。这个时期，我更喜欢物理等课程。有一次物理期中考试过后评讲，罗老师在评述到怎样增加摩擦力这一道题目时，说了这样一番话："这个题目满分是5分，你们都答了书上说的两个方法，本来都可以得5分，但钱冠连却多答出了一个办法：以加大物体本身的重量来增加摩擦力。那你们只好得4分了。"还有一件很有趣的事，我一直记着并引以为荣：1954年发大水，在政府的领导下，我们逃水灾集体转移到了天门县杨林乡，有一次我和弟弟去买米，回来时，为抄最近距离，走下了汉水大堤的一个很大的河湾，不知道那是一片沼泽泥潭，越陷越深，终于惶恐起来。可是，我想起物理学上压强与接触面积成反比的道理——接触面积大，则加在单位面积上的压强变小。我们弟兄俩便开始平趴于地，以增加身体与沼泽淤泥接触的面积，匍匐前行，单位面积上的压强变小，终于安然通过。这一次经验，让我记住了知识就是力量。知识岂止是力量，还是求生的必备条件。从此以后，我对知识、学问、难题的渴求、钻研与攻克，仿佛变成了一件赏心悦目的人生乐事。后来在1993年，我徜徉在安得卫普街头（那时我受国际语用学会之邀作合作研究），看见一家家公司或者企业或者大学的电脑面前，晃动着一个个神气十足的白领人物，我的脑子里立即跳出一句话：这个世界是不公平的，它的办公室，它的交椅，只是为有智力的人准备下的。这种对知识对学问对难题的乐观心态，直接导致了55岁之后还决定深入探究西方语言哲学这样的学术冒险，好像真正有"自信人生二百年，会当水击三千里"这么一回事。

　　1955—1958年，是我在湖北荆州中学（原来称为江陵高中）读书的三年。这三年是我继童年幸福时光之后的另一段美好时光。荆州是一座古城。城墙、城垛、美丽的夕阳，本身就是一首诗。不需要感叹，如血的夕阳被满天的红霞浸泡得扁扁的，在傍晚时分沉入云海，这就是一个美丽的感叹号。长身体长知识的时候，上一所好中学，遇上一个好校长．得几个好老师，是人生第一大幸事，都让我遇上了。在那所学校里，几乎感受不到高考的压力（只是在高三时，老师让我们做好升学与劳动的两手准备，那时的流行口号是：一颗红心，两种准备），我们躲过了应试教育这一劫，是我们的幸运。我们可以完全凭着兴趣与志向来安排自己的学习，塑造我们自己。重视知识结构的平衡发展，同时不忘对擅长的项目加大钻研的力度。从高中开始，我已经尝试"研究"性的学习了。我的"研究"意识唤醒得较早，这起始于一次讲座。当时的教导主任傅源远先生教导我们今后读书（他不敢要求青年学生"做学问"，这三个字是那个时代的避讳词，那时正处"反右"运动的前后）要善于联想。我后来发现，正是这个"联想"，使我追求原创性思考时，有了一种可行的思考路径。在仅仅解释别人的东西时，不需要联想。只有在企图突奔出一个新的出路的时候，才会有联想的要求。联想导致悟性，导致开窍，导致突破。什么是悟性好？在很短的时间之内找出一事物与另一事物之间联系的能力，便是悟性好。好的悟性一定是建立在浩博厚实的中西学理与各种横直的联系中。

　　一次作文竞赛中我的散文《暑假日记》与另一位同学的诗作《我多么想变成一只白鸽》双双"蟾宫折桂"。我的俄语学习继续深入，在毕业时，已经有了某种意义上来说是研究性质的练习——总结出俄语动词接格关系一览表，可是并没向老师展示。很巧的是，教我们俄语的，又是周斯宁先生（我考进高中，他亦同时从沔阳中学调到了荆州中学）。他很重视口语训练，我是他常常提问的一个学生，但不敢断定是他的得意门生。后来，在上一个世纪的90年代，我几次看望周先生时，他坦率地问道："你当初读高中时，外语成绩并不特别突出，为什么现在却有成就？"我回答，"成就"二字我实不敢当；但我读书时所有的功课都不偏废，且都不错。这也许就是所谓的有潜在力的素质。现在的高中学生读书就是为了升学，忘记了最根本的能力是创造。在高中阶段，我尝试研究式的学习方法，不止于一门学科。有一次，历史老师熊先生发现我的历史笔记很特殊，把历史事件的线索理得比较清楚。他就向全班学生说，"钱冠连的学习方法值得总结与推广"。在回答昆虫的保护色是怎么形成时，我搜集了一些昆虫标本，并附加了一个说明。这个说明，便有了一点研究的味道。但是数学成绩有一次历险：纯推理性质的"三角学"平时考试时有两次不及格，我很紧张地想：难道要我补考一门才让走出校门吗？静下心来之后，期末考试之前早早地做起了准备，一个题目一个题目地做，在做完全部习题之后，我终于摸到了三角公式推演的规律。在毕业考试中，连班上的数学尖子都未得满分，我却得了满分：5分。同时，我也是语文成绩最好的学生之一。在高中毕业之前，中国的古典名著已经基本读完了。最后，在填写高考志愿表时，许多学生不愿报考文科，班主任在动员大家报考文科时说了这样一番话："你们认为报考文科的人功课都不大好，这不对。钱冠连就挤进了我们江中的前十名，连我也没料到。"他用"挤进"这个词，表示了他的意外与惊讶。我知道他是根据教务处对全部学科成绩的统计说话的：前九名都是报考理工科的学生。我能"挤进"，说明我知识结构还合理，这让我终身受用。但是，我并未刻意追求进入前十名。如果一个学生刻意追求名次，他就会在记忆力上与人死拼，而不会将注意力放到创造力上，到头来就会落入死板的陷阱。当初令我胆怯不敢报考哲学系的唯一障碍是：我的数学不好。如果当初我报考了哲学系，我可能会走上研究中国哲学的道路，就不会在55岁以后才把西方语言哲学当成主攻方向了。

对于今日的语言学研究来说，我在高中阶段所做的最有"后眼"的一件事是，认真地研习了古文。语文先生兼我们的班主任张守先，老是对我们强调背诵古文的长远意义。频繁地把深度眼镜取下又戴上的张先生说："趁你们年轻记忆力强的时候，好的古文篇章一定要背，背了的日后受用无穷，不背是要后悔的。"我听了他的话。好多古文直到现在我都能背诵出来。我的一点点古文功底，就是在这一背景下奠定了。读者从我的四本著述中，会发现我大段地引用孔子、庄子、老子、刘勰、禅门公案、钱锺书《管锥编》及《谈艺录》，也会发现在《汉语文化语用学》中涉及了汉语句法。这样做的胆量，一半来自"即便古文用错了受人批评也是好事"的理念，另一半则是来自面对古文我还不是完全的昏昏然。这里，又触到了我们外语学人的一个痛处：不精通母语的外语学者，往往只能解释外国语言文献，不敢对汉语深入"腹地"或者探其源头（即使愿意以汉语为语料的学者也不太敢引经据典），到头来是不会对语言的规律作出重大发现的。道理很简单：对外语的感受，你天然不及洋学者，于是你的外语研究只能从洋人那里零贩碎运，最终你的研究上不了洋人的船；对汉语的感受，你又不及汉语学者，于是你的语言研究也上不了同胞的船。这样"洋不就、土不成"式的两不沾边基本上就是中国外语学者的现状。像吕叔湘、王力那样的智者，突破了两张皮的局限，英语和汉语都精通且以汉语为主，一举而有大成。赵元任是另一种光辉的典型：作为中国人，先精通了母语，出国后又谙熟了英语以及种种欧洲语言，以自己的出色的理论创造的成就（以英语为工作语言）当上了美国语言学会的会长。这三位先驱给我们提供了这样一种启示：要想从"洋不就、土不成"的困境中解脱出来，外语学者在进行外语研究的同时，必须首先精通自己的母语。"外语学者"在任何时候都不意味着母语水平不高是理所当然的。

我读华中师范大学外语系，是在1958 — 1962这四年间。上的是俄语专业，学过的功课先后有俄罗斯文学、俄语语法、语音学、词汇学、历史语法与教学法。教词汇学的是揭秉让先生（后来他当上了系主任），讲授精致而深入，教材是他自己编的，教材负载着他自己见解，这就无异于告诉学生怎么做学问。教历史语法的是杨隽先生，他在一个一个的英语词、德语词、俄语词、法语词中串门，通过音变找到哪是源，哪是流，令人眼界大开，兴趣盎然。在他的课堂上，尽我所能地迅速笔录下所听到的一切，说明着迷之深。这两位先生开课都只一个学期，却是对我进行了语言学入门导读。语言学在一般人心目中，枯燥乏味，我怎么能如此一往情深？这得力于揭、杨二师的早期引导，让我得其趣，尝其味。我对语言学不经意地闯入，乃由此滥觞。二年级开始课后阅读К ак закалялась сталь（《钢铁是怎样炼成的》），查词典不多，再往后读ВОЙНА И МИР（《战争与和平》），大段的法文读不通，只好丢掉，需要查看的俄语生词并不十分多。至于根据汉语翻译过去的俄语读本，用不着查词典就可以顺利地读下去。阅读上的顺利，得力于初中高中的俄语底子。但是，毕业的那个时代（1962年）没有硕士、博士可读，当然我也就没有受过专门的、严格意义上的linguistics训练。我迟迟不能直奔语言学，这是第一个延误。这样，俄语语法、词汇学、语音学、历史语法与教学法，就算是我学习与研究语言学的原始积累。

我在大学阶段还做了一件有长远意义的事：弄到一份长长的世界文学译著书单，其中以俄国、英国、法国的译著为主。我居然一本一本地读完了，华中师大图书馆的藏书量是不小的。到毕业时，对这几个文学大国的状况，有了一个基本的了解，虽然英语与法语的翻译只是让我触摸了其皮毛（读译文与读原文，媒介不同，给人感受出来的距离，何啻千里之遥），而对俄国的三位大师（Л. Толстой, Пушкин, Чехов）与一个名人（Горький）却有了深入的阅读体验。像这样阅读的学生是要冒险的，果然，我就被内定为走白专道路的学生（我们始终没能弄清红专道路怎么个走法），到了三年级，党总支书记在学生会上点名为我平反，我还有点后怕。其实当初，也感觉到了周围向我扫射过来的批判的目光，但管不了那么多了。世界文学宝库的吸引力确实是巨大的，而任何一个对人类的智慧稍有钟情的大学生，都不能不被吸引。说到大学生活，还有一件温馨的回忆令我常常感怀。上面提到的词汇学教授揭秉让先生，作为系主任，也是我教育实习时的辅导教师，他在总结成绩中给我最高评价的同时，还在背后向团支部书记打听："钱冠连申请过入团没有？你们找他谈过话没有？"现在回想起来，他的潜台词是出于温暖的关怀。后来我被打发到湖北的"西伯利亚"工作之后，他于20世纪70年代初趁出公差之便，还两次看访尚在"炼狱"中接受焙烤的我。2002年大学同窗40年聚会时，一大群老学生去看望他，当着满满围坐的老同学，我以商量的口气问大家：揭老师靠什么受到那么多学生与同事的尊敬？然后又试着回答：在那样的以极左为进步的时代里，他却在实事求是的工作中给出了不露锋芒的人文关怀、人性的关怀。那种悄悄的关怀，没有光芒四射，却深含着暖意。大家赞同着，叹息着。

　　一到大学三年级我就立即采取一项果断措施，挽救了我的现在：将大部分精力转移到选修英语上来。当时，我这样做，还不是预见到了我们与苏联的关系的破裂，虽然那个时候已经有了破裂的迹象；更不敢梦想到会有改革开放这一天，英语是一定会派上用场的（而且，那时我们仍然把英美算作帝国主义，算作头号敌人）；当然，也绝对不是我有先见之明，预见到将来检索语言学文献主要是通过英语。之所以花主要精力学英语，是因为我认了一个死理：只学一门外语不算一个外语学者。必须还学第二种，而且还是通用的语种。最好，有第三种。说到这里，免不了提到一个也许是终身的遗憾：没有趁"文化大革命"十年逍遥的时候学德语。如果学了德语，如今阅读海德格尔时，就可以不假英语而直奔海氏。再说，当时决定全力学好英语的前提条件也具备了：从二年级起，我的俄语方面的功课全是5分，而且，只要是全系的学科竞赛，我都得了名次，作文竞赛得第一、朗读比赛得第二、书法竞赛也是第二名。可是，当时的条件下，那种一不听录音，二不看录像，三不见半个英美教师，四不学英国文学，五未受听说训练，六不强调用英语写作的"英语学习"，可想而知，能给我什么样的结果！唯一对路的是，每天早晨朗读英语的习惯一直不丢（且保持到我50岁——这是后话），才让我两年（1961—1962）下来得到了两个东西：第一，记住了一句话：We must learn from Liu Wenxue. 第二，我把英语音标真正地学牢了。后来，少年英雄的文学我是忘得干干净净，倒是这套英语音标，在我走上工作岗位之后为自学英语时派上了大用场。

以上算是我的童年与学生时代对自己学养的准备。但是，以我学习语言学而论，这样的准备只是一个开始。可以发现，这个历程中，我对各门学科的重视首推外语，而且，极为重视母语。大致上走了先有博后有专的路子。应该说，事实验证，这是一条可行的路子。不相信从小只读外语不要其他就能作一个成功的外语学者。外语学者的艰难之一就在于，他不能从专（外语）到专（外语），只能从博到专。这样，他就要花去相当多的时间走完博读博学博涉这一段长路，没有耐心的，就退出阵去了。外语学者的艰难之二，大学毕业了还不能顺利地过渡到用外语得心应手地写作，还要花相当长的时间练外语写作表达，但是，中文系的学生本科毕业就能写比较漂亮的论文了。在这里，外语学者便输了汉语学者一招儿。没有耐心花相当长的时间过文字表达这一关的人，也只好退下阵去。这就是为什么汉语学者瞧不起搞外语的人，说"他们除了外语什么也不懂"的主要原因。而过文字表达这一关有什么捷径没有？没有。我看没有。外语学者的第三种艰难，将在下面提及。

1962年大学毕业，我被派到人人认为荒凉的所谓"湖北的西伯利亚"——恩施，在第一高中任教，那倒是湖北省的一个重点高中。教俄语，也教过英语，但是，在课余，全部时间却花在自学英语上，用的是许国璋那一套教材。"文化大革命"之前，北外的《外语教学与研究》还没有停刊，我就每文必读。广泛阅读的东西，开始是*Bejing Review*，*China Construction*，后来是英语小说. 从英语侦探小说读起，然后就开始读Mark Twain。还有一件值得纪念的事情，让我永不忘怀："文革"前，每有校外人士来听所谓公开课（即示范课），学校一般派我上场，我培养的首届毕业生中，竟有14人考上了北京、武汉的外语院校，这在一个山区中学也算创造了空前的纪录。"文革"甫始，我受到批判，这一前一后落差何止千丈！通知开会批斗我的前夜，竟然彻夜通读陈昌奉所著《跟随毛主席长征》的英文版*On the Long March with Chairman Mao*，真不知当初何来如此磅礴气势，如此逢辱不惊！人逢绝境时，胆儿变大，可见这是一个事实。

在改革开放之前的1973年，"文化大革命"尚未结束，我从恩施被派到更高更寒的山区（我知道那是一种惩罚）——咸丰师范学校。真是没有意料到的是，在那样的地方，找到了38张英语的碳精唱片和一台手摇式留声机。这简直是不毛之地冒出了绿洲，无法理解啊！原来，教育部向全国每一个地区的重点师范学校配置了全套英语教材上的唱片。既然有了这套东西，便一张一张听，每张唱片少说也是一二十遍。由于我已有了学第一外语的经验，便很自觉地积累音感。我坚信，音感越是清晰、正确与丰富，听说才越有可能准确与流利。当时"不读书可以当造反英雄"、"不学abc，照样干革命"的叫嚣飞扬大地，怎么能让一个人如此明目张胆地听英语唱片？我有一个合法的身份：我在教英语，你怎么能不让我听？那时，还有一个好办法：读英文版的《毛泽东选集》，你能把我怎么样？为了学英语，先将房门关上，有人敲门，先将英语读物压在《毛泽东选集》下边，再起身开门见人。

1978年之初，我调入鄂西大学，即如今的湖北民族学院，教英语。改革开放既行，我的英语学习便从"地下工作"变为"地上工作"。我仍然花了相当多的时间，过英语听说关。我给学生上完了英语课，立即转换角色，像一个大学生那样，又开始我自己的听说训练，听了许多录音带。那时的自我感觉是，我就是一个重新开始读大学的英语学生。我的妻子说："我看这个学校，只有你一个人在拼命读书，像个大学生。""拼命读书"的肯定不只是我一人，但说我"像个大学生"那样地撩开一切读书，确也。

以上就是我语言学研究的准备阶段，这个过程漫长得令人难以置信。这中间最长的延宕是我本科毕业时（1962年）没有硕士或博士接上，尤其是"文革"十年的荒废。

20世纪80年代之初，大概是1982年，我才开始了真正意义上的语言学专题学习与研究。这个时候，抓到了两年的脱产进修，一是在武汉大学，听两个美国人讲了整整一年的美国文学与文化，这个不算我最大的收获，因为这些内容不脱产也可以得到。最大的收获是我扎扎实实地练习了一番英语写作，而那位美国女教师也认认真真地、毫无敷衍地进行了批改；第二年在复旦大学，把那个不满两百年时间跨度的美国文学又抄了一遍，可是正中下怀的还是读了一些语言学文献。当时，当北外、上外与广外等大城市的外语院校的佼佼者（也是最早沐浴着改革开放的春风与阳光的幸运儿）出国留洋时，我仍在大山里苦苦挣扎着，在鄂西大学里（1978—1989）一面教着*Advanced English*（张汉熙主编），一面苦行僧般地听着录音磁带、读着别人介绍过来的有关英语语言学的文献。第一个办法就是啃三家外语学报（北外、上外与广外）上的介绍与评述国外语言学的文章，一篇不落，一网打尽，同时也是生吞活剥。第二个办法，尽量采集英语原文文献，记得其中之一是上外的一个教授根据外国语言学的资料编辑而成的小开本，是用英语写就的*General Linguistics*。印象最深的是，大约在1984年，从北外弄到了Geoffrey N. Leech写的*Principles of Pragmatics*，这既是我接触最早的语言学方面的原文版文献，也是我读的第一本语用学方面的文献。一句一句地读，反复咀嚼，其筚路蓝缕之状，其创业之艰，回想起来令自己感喟万端。最大的障碍是不懂术语。术语是一个学科的结晶体，懂得了主要术语，也就进入了那门学科领域。山区冬日的暖暖阳光下，照着一个在阳台上的读书人，昏昏地，他睡着了，醒过来，又捧起书页。记得为了在山区那样的大学（所谓"第三世界大学"）里用英语开讲语言学的课程，我使了一个小手法：在向教务处说明开课的必要性时，我说："有文件规定，副教授必须不断地开新课，不然的话，你们将来就不要罚我不履行副教授的职责。"这一招儿还真灵，开明的领导就让我对英语教师本科进修班的学生开设了*General Linguistics*。这样，我成了鄂西大学第一个用英语开讲语言学的人，这个进修班毕业之后，有没有人继续开这门课，我就不清楚了，因为我于1989年调到了广外大，这是后话。

　　经过了四五年摸索，我决定着手写作正式的语言学论文。在1986年完成第一篇论文《语言冗余信息的容忍度》，一投不中，于是二投《现代外语》。在等待回音的过程中，我对妻子说："如果这篇论文不能发表，从此我陪你玩到老。"这话听起来是赌气，其实是自我调侃加上内心里的自信。如果一个人做什么事，全无自信，那还做它干什么？这个打赌是认真的，不是说着玩儿的。因为我的写作是认真的。我一向的观点是：可以让人说我做的工作这儿不成熟，那儿不成熟，但不能让人说我做出来的工作是对前人无价值的重复。我十分尊重严肃的高水平的介绍、引进与评述，不吸收别人的介绍与引进，也没有我的今天，但自己的脾性却宁愿开垦生荒。我自信《语言冗余信息的容忍度》不是无价值的重复，是有自己思想的东西。如果这样的开拓工作不被学界接受，我的前面还有什么希望呢？或者说，一个不理睬开拓的学界还有什么值得我去单相思呢？这个东西后来登在《现代外语》（主编张达三先生）首篇，并没有使我神气十足起来，因为一次成功的偶然性太大。我必须让人再次检验我。第二篇东西《言语假信息：兼论Grice合作原则的拯救》（与权威Grice的意见正相反）于次年（1987年）发表在《外国语》（版权页上没有公布编辑部名单）上。这两篇论文的发表，对我个人的"拯救"是不言自明的，否则我真会一玩到老！两篇论文发表这件事说明：第一，社会评价机制对我说话了：你能做语言学这件事。第二，社会评价机制还是肯定创造性工作的。这两点意义影响了我22年来的研究思路，导致的直接结果是：在迄今为止的69篇文章中，大约有2/3以新的思想为主，1/3是解释别人的东西。四本专著，则完全是自己的理论尝试，当然还有许多不成熟。

检讨四本专著的写作过程，可以清楚地窥见个人素质与社会需要的磨合、偶然与必然关系、输入与输出的配对所发生的决定性作用。

第一本书，《美学语言学》的酝酿是在山区开始的，它得力于徐纪敏著《科学美学思想史》的引发。这是偶然。但是，能不能被激发，并能不能最终输出诸如像《美学语言学》（1993年）一类东西，却是由个人的知识结构（此前的积累即输入）决定的，这是必然。这本书中，动用了物理、数学、化学、生物、天文、文学、美学、艺术以及系统论等门类的知识，当然这一切都寄生在语言学这棵树上。出版之后，逐渐引起反响：《光明日报》主编的《文摘报》1993年某日发表书讯并评论；《外语教学与研究》1994/2发表了Herman Parrat（国际语用学会研究中心顾问、比利时鲁汶大学和布鲁塞尔大学两校哲学兼语言学教授）的短篇评论；在国际语用学会会刊*Pragmatics*（1 993/12）上，国际语用学会中心教授Yan Nuyts逐一介绍了本书的大意并有短评；《羊城晚报》1994年7月31日发表介绍文章；广东电视台岭南台1994年12月31日的专栏《每周一书》介绍了此书；广东电视台珠江台1995年1月1日再次介绍；光明日报主编的《书摘》1994/2摘发了本书的第三章《语言交际渠道的审美选择》；香港（地区）中国语文学会会刊之一的《词库建设通讯》1993/2转载此书一个章节《民族审美观念对外来语的"染色"》；美国国会图书馆收藏此书；1994年8月荣获海天出版社中国第七届城市出版社优秀图书评奖一等奖（最高奖）；具有权威性的《新华文摘》94/10发表摘要《民族审美观念对句段结构的影响》；1994年12月5日，本书作者在中国英汉对比研究会首届学术年会（长沙）的闭幕式上，应与会者要求和大会执行主席之邀，在会上对《美学语言学》的构思作了介绍，回答了问题；南京《服务导报》1994年6月4日摘录此书一节：《语言交际的审美选择》；《外国语》1995/2发表评论文章；拙文《美学语言学说略》先在《外语与外语教学》1996/3期发表，然后又被上海外语教育出版社的《论文选萃》（1997年）收入。出一本书，十年以后有人读算是幸运。十多年来，不断有读者打听寻购，很多汉语界的学者认识我就是通过这一本书。现在高教出版社决定再出第二版，这也是作者的小小幸运。

第二本书《汉语文化语用学》更是个人素质准备与社会需要的呼应、偶然与必然的关系的调整结果。1992—1993年我在国际语用学会作合作研究时，查到成千上万的英语文献，就是没有一本以汉语为语料的语用学。这种羞愧式的刺激，是偶然的，这是老天把一个中国学者从老远唤来体验这种羞愧。但是，如果这不合这个人的写作理念（开荒不是这个人喜欢和能做的事），就不会接受这样的挑战。另外，当清华大学出版社同意为我出一本语用学方面的书时，初衷只是把过去发表过的论文整理整理，想不到一上手，便想起在国外的那个见不到中国人写的语用学专著的遗憾，一条主要思路冲撞而出，不吐不快：写一部有独立汉语文化语用学理论框架的书的时机到了。十年的学习与思考（输入），七个月工夫写成（输出）。这当然得力于电脑的便捷。但是，世界需要倾听中国人的声音，中国需要自己的声音被倾听——这就是社会需要，这种需要刚好与自己的知识储备与长期的理念耦合，于是有了这样的产出——《汉语文化语用学》。它逐渐在海内外引起热烈反响：被教委推荐为硕士与博士教学用书，迅速再版；日本、韩国，中国的台湾、香港广泛介绍并出了光盘版；美国国会图书馆收录。台北中心大学的语用学教授陈界华先生在邀请我到台湾作学术访问时，在电话中告诉我，是胡壮麟先生为他们推荐了这本书并作了高度评价。有一个时期（大约在2002年前后），在国内的网上图书馆推荐的书目中，它不是第一就是第二，在北京大学中文系的语言文字学推荐书目（2297种）中，它在第617号。史封尘与崔建新合著的《汉语语用学新探》上使用了"钱氏语用学"、"三带一理论体系是一种创新的语用学体系"[1]等评价语。这些刚好说明了社会的需要是一种理论出现的推动力。窃以为，此书是西方语用学在中国的转世脱胎，是本土化的开始。在这个问题上，我得感谢季羡林、王宗炎先生对我的直接鼓励，感谢吕叔湘、许国璋先生关于"两张皮合成一张皮"的论述对我的影响。

《语言全息论》更是一件偶然促成的事。写成《汉语文化语用学》以后，我正在写作《家园》，1998年春节期间的某一天，我在武汉归元寺附近一个巷子里的书店里淘书，发现了一本讨论生物全息律的专著。书还未看完便立即猜想地得到了另一个命题：语言结构也是全息的。于是放下手中正在写作的《家园》，完成了《语言全息论》且在《家园》之先出版。而且，整个写作尝试性地采用了中国语言学学者所不那么熟悉的演绎推理，即证伪法所主张的猜想与

1　天津：天津古籍出版社，2002年，第9页。

被反驳。由商务印书馆出版之后，第一版只用了一年的时间就售罄，立即再版。一种纯理论专著有这么多读者，真是我意外的幸运与安慰，出版社也为之欣然。这本书中所运用的其他学科知识比《美》更多，所用的西方语言学的文献更多。由于本书的责任编辑冯华英博士孜孜矻矻，颇花心血，到现在为止，读者尚未指出书中的印刷错讹（暂且不论观点上的不同）。如果不是作者从学生时代起就注意各科知识平衡发展（输入），就不能胜任其事（输出）。对理论上的拓荒，作者有一种偏爱，但从不敢奢求别人对自己的工作"掌声响起来"。一切由历史评说，个人是微不足道的。关于《家园》，其写作由头与经历、停顿与完成，我已经在本书的自序中详细地提到了，余不再赘。

一个人的不同阶段的研究成果，内容可以是很不相同的。但是，学术风格、研究特点与学术理念恐怕是有内在联系、一以贯通的。理清学术风格、特点与理念这三项，让自己时时检讨，是必要的。重要的问题在于，清理学术风格、研究特点与学术理念，脱离不了做人。

首先说风格，西方著名义艺理论家布封说："风格却是本人。"[1]做人的风格便决定了作文的风格。我们中国人认定其文如其人，是有见地的。为了把这三点（学术风格、特点与理念）与做人的关系梳理清楚，不妨在这里联系一下我们读书人的两位楷模，学问泰斗：陈寅恪与钱锺书。这两位人物身上的东西，有些是可学的，有些是难学的（几乎学不到），有些是不必学的。倒过来，先说"不必学的"，比如他们学问所达到的高度，你越是比照（想学才会去比照），就越是气馁，学到最后自己就没有心情活在世上了，不如做一点力所能及的事也罢；二说"难学的"，比如他们的知识之深之厚之宽，他们掌握外语之多之精之活。还有一项最难学的事：1940年3月24日，从不过问政治的陈寅恪，专程到重庆去投票选中央研究院的继任院长，当蒋介石指定他的秘书顾孟余为继任院长时，包括他在内的许多学人大为不满，坚决不投顾的票[2]。他为学术争自由的硬骨，"柳家既负（一作"自有"）元和脚，不采苹花即自由"[3]的勇气，恐怕是我们难以企及的。伟大的发明与发现无不来源于自由的探索。为学术争自由，不是为了自由而自由，"学校不能追求自由最大化，而

1　吴定宇：《学人魂：陈寅恪传》，上海：上海文艺出版社，1997年第二版，第172页。

2　同上，第131页。

3　《陈寅恪诗集·答北客》，北京：三联书店，2001年，第100页。

再版后记

应该追求创造知识、为社会贡献最大化。"[1]另外，钱锺书于抗战胜利后每月要到南京汇报工作，一次回家说："今天晚宴，要和'极峰'（蒋介石）握手，我趁早溜回来了。"[2]1974年，钱锺书参加翻译毛主席诗词五人小组，江青两次传话，让钱与杨绛住到钓鱼台去，他们的回应是：两人都呆着脸，一言不发。1975年的国庆日，钱锺书得到国宴的请帖，他请了病假。晚上江青备了小车接两位去游园，钱的回答是："我国宴都没能去。"[3]中国的文人，历来多有（当然不全是）攀附权贵的心理，权贵偶有青睐，便受宠若惊。这与爱国完全是两码事。知识分子爱国与依靠祖国是光明的心态，只有国家发达与富强了，他们才会获得更多的发展自己的机会，这是不言而喻的。攀附却是自己对自己毫无信心，一方面害怕自己的学问成不了气候，另一方面却又企求个人的高升、虚荣与金交椅，因而攀附是无骨之耻。"没有研究成就奉献社会，就只能用头衔闯江湖"[4]攀附者还口悬种种借口，如"为了学术"云云，好像不攀不附，就做不成自己的学问了。有了这种不自信的心理，就会延伸到崇洋迷外，因为攀权附贵与攀洋附外共享一种心理病根。这些年来，外语界在理论上过多地依傍国外，这还比较易于理解，也易于接受，因为借鉴国外的好东西总是好事（我是首先从介绍与引进得益的，并且自己也写过外国语言学的评述），但是，历史反复证明，如果挟洋理论以自重，甚至挟洋人以自重，不但不能"自重"，反而会"自轻"。对比之下，像陈、钱这样，离权贵远远的，甚至躲权避贵像躲灾避瘟一样，这种令人惊异的自尊与自爱，是多么可贵的刚强。这种自尊与自爱实在是中华民族文人太需要的一种高贵了。自尊与自爱，便有了心如止水的平静。平静必仗内刚。没有平静而刚强的心，绝不会有高境界的学问。宁静生智。内心安宁、虔诚、祥和、单纯者，必生刚，亦必生智，陈寅恪与钱锺书式的智慧由此而来。身心空明，感官松弛者最易纳入纷至沓来的讯息。空谷必响，响则必远。人品与学问在这里，实现了高度的统一。最后，我们说说他们身上"可学的"东西。如陈寅恪积之厚厚，从容薄发，尤其

1 张维迎：《学术自由、"官本位"及学术规范》，《读书》2004年第1期，第91页。

2 杨绛：《我们仨》，上海：三联书店，2003年，第121页。

3 同上，第152—153页。

4 张维迎：《学术自由、"官本位"及学术规范》，《读书》2004年第1期，第93页。

是他坚持"独立之精神，自由之思想"的学术态度，都是可以学习的。钱锺书的打通中西的方法，也是多少可以学习的。

现在，我们回到原题：清理学术风格、研究特点与学术理念三个方面脱离不了做人的问题。他们那样做人，便有那样做学问的风格、特点与理念。比如，为了赶上两个月以后评职称的机会而写东西，我们能做到陈寅恪那样的"积之厚厚，从容薄发"吗？又比如，我们为了一个具体的、立刻要兑现的功利目标而完成一个什么项目，我们能像钱锺书那样，在查阅了浩如烟海的外文、中文与历代古文的资料过后再来一一比较，点点打通，滴滴展开地进行中西对比吗？又比如，我们心中明明想的是尽快凑够篇数赶快参加某项评选的时候，我们还能够耐得住寂寞，静得下心来进行原创性的劳动吗？在如此急急功，蝇蝇利的驱使下，我们还能坚持什么风格，讲究什么特点，主张什么理念呢？这些问题时时都在这22年的过程中，拷问着我，撞击着我的心。非分的功利、虚荣以及可以理解的生存欲望为一方，人生的真意与学问的本真为另一方，这些年来，时时在我的心里摆开了战场。当后者战胜前者，或者后者前进一分的时候，我的学问就进步一点。当前者战胜后者，或者前者一时得势时，我的学问就掺了一分假。22年来，让我惊讶不已的是，每当我的人生道路逼仄，不指望天堂对我开门，不得不静下心来读书写作的时候，我做的事就扎实地前进了一步，写的东西也比较经得起时间的推敲与打磨。

如果允许我有自己的研究信条的话，我不过是在努力争取避免重复性劳动，即尝试着创造。创造一般是指创造（新的）知识，创造（新的）概念，创造（新的）范畴，创造（新的）命题，创造价值。坚信新的知识是可以创造出来的。创造当然是非常不容易的。我们不是每天都在享受着前人创造出来的知识吗？如果我们只是重复劳动，那么，我们的后人还能学习到什么呢？

创新的能力，就是无中生有的能力。这里所说的"无"，是指你创造的某个东西之前"无此东西"。"无中生有"不可避免地吸取前人的成果，创造出世界上不曾有过的东西来。赵元任、罗常培、吕叔湘、王力分别写出了在他们之前"无"的东西。这些都是无中生有。"有中生新"也是创造。J. L. Austin创造性地提出了speech act理论，是无中生有；Searle改善了Austin这一理论，成功地归纳出言语行为分为五大类，这可算是有中生新。

如果允许我有自己的研究理念的话，我比较注意一个"重视"三个"立足"：重视学习西方语言学理论，立足理论建设，立足母语语料和立足原创性。上述四本书大约就是这样的试验，当然，我的大部分文章也是这样的尝试。所谓外语学者艰难之三，也就在这里。怎样既借鉴国外的好东西而又不发展到挟洋理论以自重甚至挟洋人以自重？窃以为，如果心里想着"立足理论建设，立足母语语料和立足原创性"，就会往西学的本土化上发展。一旦往本土化方面发展，外语学者就会成功地摆脱"二传手"的宿命，成为独立的研究者。虽然这是非常艰难的，却又是能够做到的，也是必须做到的。因为"一个真正强大的国家，不可能是一个没有自身学术传统，从而在精神上仰赖他人的寄生者"。[1]每一个学者不做精神上仰赖他人的寄生者，才会造就出一个国家不做精神上仰赖他人的寄生者，这个问题，无论是由谁提出来，都是一个关系到一个民族、一个国家是否会在精神上真正强大起来的问题。一个外语学者，既要介绍外国的，又要做到有独立自主的研究，必须花双倍的努力。但是，一旦克服了这个双倍的艰难，他就会有重大的发现。只钻研一门语言就会有重大的发现，几乎是不可能的。"任何一个孤立的系统中，存在着一种动能不断减少的趋势，这是一种不可逆过程，而且最终导致宇宙趋向死寂。""耗散结构具有与总的死亡相对抗的特异性质。对抗能量从何而来？一是不断地从外界汲取，二是结构自身吐故纳新，这样就完成了与外界交换能量的过程。"（参见《美学语言学》第二章第四节）

一个系统（一门语言）必须和另一个系统（另一门语言）交叉，才能使两个系统都活起来。先精通了外语然后转向汉语研究而对汉语作出顶梁式贡献的赵元任、吕叔湘、王力等，是这方面最有说服力的榜样。他们是西学本土化的榜样，也是克服双重艰难的榜样，当然也是一个重视三个立足的榜样。

一个外语学者的艰难，总结下来是由三个方面导致的。第一，由博（学）到专（外语），需要花很长时间；第二，大学毕业之后，还要花另一段相当长的时间练习外语写作，否则一切思想无以植根；第三，由纯介绍纯引进纯解释到三个"立足"，又得花更长的时间。

常常有人问：这样写，这样研究，累不累？如果要让我说出一个不真实的答案，我可以装出一副不容易的样子说：累。如果要真实的回答，我得说：未必累。一个人东抄西摘地凑成一篇东西，永远说别人说过了的话，把写作当成一种包袱，他会感到没兴趣，于是，他感觉累；一个人走上发现之路时，找到

1　李猛：《大学改革与学术传统》，《读书》2004年第1期，第101页。

美学语言学

一个新命题，创造一个新概念，发现一个新范畴，他只会有不断的惊喜，这是乐趣，窃以为不会有累的感觉。到目前为止（今后更会是如此），我还没有一次为赶写专著或论文而通宵达旦或熬更守夜。相反，我的工作节奏是不紧也不慢，生活有规律，甚至每天散步的时间与路线都会一样。而且，越是工作繁重需要动脑子的那一天，反而会增加散步的次数。因为我打定的主意是：这一辈子，工作能做到什么样就是什么样。愿意不断地超越自己，但从不拼命，不垫起脚来充高个儿。如果我头上悬着的葡萄太高，实在是够不着了，我就走开，走开的时候，我也不说葡萄是酸的。我的哲学是：摘取我够得着的葡萄，是酸是甜，我自个儿慢慢品尝吧。

我能够做出一两件事，的确是有"天助我也"的成分。本文开始的时候，说过"个人的素质准备与社会的需要、偶然与必然、输入与输出的状况便是天意之一种"。这是天助之一。

天助之二，是前面提到的那些小学、中学与大学的老师给我的珍贵的教导与训练，那是老天送给我的礼物。

天助之三，我这一辈子碰上了许多帮助过我的人。首先是张达三先生。是他首先采用了我的处女作，让它刊发在《现代外语》的首版位置，使我明白了自己能够做什么，这已经是对我颇有分量的帮助了。不仅如此，他还主动来函邀我调入广外大，这是我一生中生存条件与研究条件的重大改观。在另一个重要转折关头帮助过我的是校长徐真华（博士、教授）和同事王初明教授（博士）。在进入60岁那一年（1999），我已经为退休做好了准备。校长徐真华坚决地留住了我，为我此后意料不到的发展铺平了道路，准备了必要的条件。就在同时，我校申报国家文科重点基地成功，外国语言学及应用语言学研究中心的领军人物王初明主动邀请我加盟，而且，后来为我做博士生导师工作做了我事先不知情的铺垫与准备，当他告知校外的五个评委鉴定结果一致通过以后，并在我面前长长地松一口气。从此，我的研究条件有了进一步的改善。比这个更有意义的是，学生们不仅会继续我的工作，相信还会超过我，也应该会超过。另外，在我五十岁以后困难的时刻，给予我温馨帮助、支持、关心的，还有我的前辈陈楚祥、张后尘先生，同辈人杨自俭先生。要特别一提的是，张达三、宋诚、宁友权、冯华英及贾魏这几位先生，在帮助我之前，都不认识我，我们没有任何私交；其他的几位先生，在帮助我之前，我们没有任何利益交换关系，相交也是淡如水。诚如陈楚祥先生所说："要说帮助了你，换成别人也得这么做。"我在鄂西山区时期，经常在学术上与之切磋并帮助过我的朋友有刘作焕、孙光耀、汤贤均、张国辅、李植玙等先生，是他们援手相扶，帮我度过了难忘的岁月。正是人间的这些真善美，堆垒出一个值得留恋的世界。

我所谓的天助之四，指的是时代。这有两层含义。一是时代对个人的磨炼，一个人遭遇困境的敲打，总的来说，是他成长过程中的必要"课程"。罗素（在述及11世纪的教会改革时）说得好：Before going to heaven, however, he would have to spend some time —— perhape a very long time —— suffering the pains of purgatory.[1] 我们往往在理论上承认品尝痛苦是人生的必要的体验，可是痛苦真的来了，谁也无法平静地接受，总以为是老天唯独对自己不公。二是这个改革开放的时代，给了很多人宝贵的机遇。比如说，正是改革的不断深化，才造成了全国100所重点文科基地出台的必要性与可能性。研究条件与生活条件进一步改观，正是时代发展给我们带来的实惠。我们不断地听到各个高校谁谁谁，得到了多少研究项目和相应的资助，这样的好事，也终于降临到中国知识分子的头上，这不能不说是时代的大进步。机遇落到谁头上，天助是不可少的，自助当然也是根本的因素之一。

一个人总是有自己的弱点的。我亦明白自己的短处何在。失败与挫败虽然不必时时挂在嘴上，但是，不能忘记。

做出什么工作，一图现世功利，二图做事的意义，还隐隐约约地图身后留名。可是地球总有不再转动的那一天，一切终归烟灭。可是，有了这种宇宙观的人并不会消极厌世，因为活着并品尝做事过程本身的"意义"还是有意义的。我们不敢说，在科学的道路上，奋斗了就一定会成功；但我们最有把握地说，奋斗了就一定会体味到人生的意义。

摘取我够得着的葡萄，品尝酸甜，也是在品尝摘取本身的意义吧。对于别人，这不是一个精彩的阶段总结或者下一个目标，但对于我来说，这可能是一个既不好高又不骛远的阶段小结或者下一个目标。

于羊城冬收斋

1　Russell, B., *A History of Western Philosophy*, New York 10020: Simon& Schuster, 1972: 408，这句话的意思是："进入天国之前，他可能还要在炼狱中经受一段时期——也许是一段很长的时期的熬煎。"

主要参考书目

Chomsky, N. *Aspects of the Theory of Syntax*. Cambridge, MA: MIT Press, 1965.

Croce, B. *Aesthetics as Science of Expression and General Linguistics*. London: Macmillan&Co., Ltd, 1922.

Croce, B. *Estietica Comme Scienza Dell' Espressione Et Liguistica Generale*. Baria: Storia. Isenburg, A. 1973. Contemporary Aesthetics. Boston: Matthew, Lipman, Allyn and B acon, Inc. 1986.

Кунцн, А. В. *Англорусский Фразеологический словарь*. Москва: Госу—да рственное Издательство Иностранных и Начиональных Словарей, 1956.

Leech,G. *Semantics*. Penguin Books, second edition, 1983.

Martinet, A. *Realism Versus Formalism in A Functional View of Language*. Oxford, 1962.

Newmeyer, F. J. *The Politics of Linguistcs*. Chicago, 1986.

Halliday, M.A.K. *Language as Social Semiotic*: *the Social Interpretation of Language and Meaning*. London: Edward Arnold, 1978.

Humboldt, W. V. *On Lan.ugage: On the Diversity of Human Language Construction and Its Injluence On the Mental Development of the Human Species*, ed. by Michael Losonsky; tr.by Peter Heath. Cambridge, UK: Cambridge University Press, 1999.

Roland, B. *Elements of Semiology*. New York: Hill and Wang Press, 1884.

Sapir, E. *Language: An Introducton to the Study of Speech*. New York: Harcourt, Brace and World, 1921.

Толетов, А.С. *Родная лчмерамура*. Москва: Министерства просвещения РСФСР, 1948.

Verschueren, J. *Pragmatics As ATheory of Linguistic Adaptation, in IPrA Working Document 1*, Antwerp: International Pragmatic Association, 1987.

陈建民："语言与文化面面观"，载《语文建设通讯》，1992年第36期。

陈寿民："广西民族的分布与语言的分析"，载《语言学研究》，1986年第2辑。

恩格斯：《自然辩证法》，中共中央马克思、恩格斯、列宁、斯大林著作编译局，北京：人民出版社，1971年。

范文澜：《文心雕龙注》，北京：人民文学出版社，1958年。

怀瑾、蔡策：《老子他说》，北京：经济日报出版社，1992年。

洪堡特：《论人类语言结构的差异及其对人类精神发展的影响》，姚小平译，北京：商务印书馆，1997年。

卡西尔：《人论》，上海：上海译文出版社，1985年。

克罗齐：《美学原理：作为表现的科学和一般语言学的美学》，朱光潜译，北京：作家出版社，1958年。

克罗齐：《美学的历史》，王天清译，北京：中国社会科学出版社，1984年。

刘宓庆："汉英对比研究的理论问题"（下）。《外国语》1991第5期，上海：上海外语教育出版社，1991年。

陆俭明："80年代现代汉语语法研究理论上的建树"，载《世界汉语教学》，1991第4期。

陆侃如、牟世金：《文心雕龙译注》，济南：齐鲁书社，1997年。

骆小所："修辞格与变态心理"，载《昆明师专学报》，1989年第1期。

骆小所："略论变异修辞语言产生的心理基础及其美学意义"，载《昆明师专学报》（哲社版），1989年第4期。

罗兰·巴特：《符号学美学》，董学文、王葵译，沈阳：辽宁人民出版社，1987年。

马克思：《资本论》，郭大力、王亚南译，北京：人民出版社，1963年。

马克思：《1844年经济学哲掌手稿》，刘丕坤译，北京：人民出版社，1979年。

马克思、恩格斯：《马克思恩格斯全集》，第1卷、23卷，中共中央马克思、恩格斯、列宁、斯大林著作编译局，北京：人民出版社，1965年。

普列汉诺夫：《普列汉诺夫美学论文集》（中译本），第1册，北京：人民出版社，1983年。

启功：《汉语现象论丛》，北京：中华书局，1997年。

钱冠连："音感召唤"，载《外语学刊》，1990年第5期。

钱冠连："言语的生命意识"，载《现代外语》，1991年第4期。

钱冠连："语言符号的局限性与语用学"，载《外语研究》，1991年第4期。

钱学森、于景元、戴汝为："一个科学新领域：开放的复杂巨系统及其方法论"，载《自然杂志》，1990年第1期。

钱锺书：《钱锺书论学文选》，第2卷、第3卷、第4卷、第5卷、第6卷，广州：花城出版社，1990年。

钱锺书：《管锥编》，第1册、第2册、第3册、第4册，北京：中华书局，1994年。

钱锺书：《钱锺书散文》，杭州：浙江文艺出版社，1997年。

秦秀白：《英语简史》，长沙：湖南教育出版社，1983年。

邵汉明、陈一弘、王素玲：《〈老子〉译注》，见《百子全书：庄子、老子》，沈阳：辽宁民族出版社[1]，1995年。

孙雄飞："钱锺书、杨绛谈《围城》改编"，载《文汇月刊》，1990年第3期。

---

1   找遍全书，没有年号，没有版权页，但有条码号：9787805275857，ISBN 7—80527—585—8. 此处年号是根据作者后记所标的年号。

王充：《论衡注释》，北京大学历史系《论衡》小组，北京：中华书局，1979年。

王力："中国古典文论中谈到的语言形式美"，见《龙虫并雕斋文集》，第1册，北京：中华书局，1980年。

王世德：《审美学》，济南：山东文艺出版社，1987年。

王宗炎：《英汉应用语言学词典》，长沙：湖南教育出版社，1988年。

伍铁平："世界上哪种语言最美？"，载《世界》，1983年第5期。

许国璋：《许国璋论语言》，北京：外语教学与研究出版社，1991年。

徐纪敏：《科学美学思想史》，长沙：湖南人民出版社，1987年。

徐盛桓："变异的语言和技巧的语言"，见《华南师大学报（社科版）》，1988年第4期。

周振甫：《文心雕龙选译》，周振甫译注，北京：中华书局，1980年。

朱光潜：《朱光潜全集》，第4卷，合肥：安徽教育出版社，1988年。

重点参考书目

Croce, B. *Aesthetics as Science of Expression and General Linguistics*. London: Macmillan&Co., Ltd. 1922.

Croce, B. *Estietica Comme Scienza Dell' Espressione Et Liguistica Generale*. Baria: Storia. 1986.

克罗齐：《美学原理：作为表现的科学和一般语言学的美学》，朱光潜译，北京：作家出版社，1958年。

克罗齐：《美学的历史》，王天清译，北京：中国社会科学出版社，1984年。

钱锺书：《钱锺书论学文选》，第2卷、第3卷、第4卷、第5卷、第6卷，广州：花城出版社，1990年。

钱锺书：《管锥编》第1册、第2册、第3册、第4册，北京：中华书局，1994年。

钱锺书：《钱锺书散文》，杭州：浙江文艺出版社，1997年。

王力："中国古典文论中谈到的语言形式美"，见《龙虫并雕斋文集》，第1册，北京：中华书局，1980年。

徐纪敏：《科学美学思想史》，长沙：湖南人民出版社，1987年。

朱光潜：《朱光潜全集》，第4卷，合肥：安徽教育出版社，1988年。

钱冠连学术著述目录

语言学论文

1 对中学外语教学的几点意见，《湖北民院学报》，1982/1。

2 两个公式，两个大量：中学外语教学法的探讨，《湖北民院学报》，1982/2。

3 培养大学生创新能力的探索，《湖北民院学报》，1983/17。

4 语言冗余信息的容忍度，《现代外语》（广州外国语学院学报），1986/3。

5 言语假信息——兼论Grice合作原则的拯救，《外国语》（上海外国语学院学报），1987/5。

6 "不合作"现象，《现代外语》，1989/1。

7 语用学概论，《现代外语》，1989/2。

8 面相身势与话语必须和谐：一条会话合作原则，《外语教学》（西安外语学院学报）1989/2。

9 语用学在中国的起步与发展，《现代外语》，1990/2。

10 论维索尔伦的元语用选择，《外国语》，1990/4。

11 音感召唤，《外语学刊》（黑龙江大学学报），1990/5。

12 语用学：语言适应理论——Verschueren语用学新论评述，《外语教学与研究》（北京外国语学院学报），1991/1。

13 语言符号的局限和语用学，《外语研究》（南京解放军国际关系学院学报），1991/4。

14 Pragmatics in China *Pragmatics*, JUNE, 1991, The IPrAo

15 《理论语言学基础》的两个特色（第二作者为赵宏），《现代外语》，1991/3。

16 言语的生命意识《现代外语》，1991/4。

17 从文化共核看翻译等值论，《中国翻译》，1994/4。

18 一位西方学者评《美学语言学》，《外语教学与研究》，1994/2。

19 论构建语用推理模式的出发点，《现代外语》，1994/3。后全文转载于中国人民大学复印中心语言文字卷1994/11。

20 The Tolerance of Native Speakers for Pragmatic Failures. Committed by Chinese Learners of English in Intercultural. Communication, Qian Guanlian & Li Jiq. HUST Press, Wuhan, China 1994, July.

21 文化共核对翻译的调剂意义，《中国翻译百论》，重庆大学出版社1994年。

22 新语用机制，新在哪里？《外国语》，1995/1。

23 语言学家不完备现象，《外语研究》（南大），1995/2。

24 语言功能不完备原则的启示，《外语学刊》（黑大），1995/1。

25 英汉对比研究的理论目标《首届英汉对比研讨会论文选》，湖南科学技术出版社1995年。

26 "阅读时尽量不查词典"辨，《外语界》（上外大），1995/2。

27 粤方言进入普通话，《语文建设》（社科院），1995/6。

28 词语的"化石"功能，《词库建设通讯》（香港中国语文学会），1996/8。

29 美学语言学说略，《外语与外语教学》（大连外院），1996/3。后又收入《百期纪念：论文选萃》，上海外语教育出版社，1997。

30 语言理论框架的跨国对比，《第二届英汉对比研讨会论文文选》，青岛出版社，1996年。

31 语用学：人文网络言语学，《读书》，1996/11。

32 翻译的语用观，《现代外语》，1997/1。

33 语言学的非语言现象，《语言学论文集》，华南理工大学出版社1997年。

34 第五届语用学会：前瞻与后顾，《外语与外语教学》，1998/1。

35 方言特权不可鼓励，《语文建设》，1998/8。

36 证实或证伪：语言规定思想论，《语言学论文集》，华南理工大学出版社，1998年。

37 语言与文化的全息关系，《语言与文化研究》（第一卷），中国人民大学出版社，1998年。

38 语言全息律，《外语与外语教学》，1998/8。

39 从汉语实际出友，语用学会怎么样？《语用·认知·交际》，东北师范大学出版社，1998年。

40 认知自返现象，《福建外语》，1999/1。

41 一个新思路：美学语言学，《外语研究》，1999/2。

42 对比语言学者的一个历史任务，《外语研究》，1999/3。

43 语用学的哲学渊源——西方语言哲学研究之三，《外语与外语教学》，1999/6。

44 哲学轨道上的语言研究（上）——西方语言哲学研究之一，《外国语》，1999/6。

45 哲学轨道上的语言研究（下）——西方语言哲学研究之一，《解放军外国语学院学报》，2000/1。

46 外语研究创新略论，《外语与外语教学》，2000/1。

47 Pragmatics九年首文研究，《现代外语》，2000/3。

48 语用学统一理论框架：J. Verschueren的*Understanding Pragmatics*述评，《外语教学与研究》，2000/3。

49 为非功利语言理论辩护——兼论语吉理论三分类，《外语与外语教学》，2000/10。

50 语用学基本原理与选题建议，《外语教学新视角丛书》，汪榕培、杨自俭主编，广西教育出版社，2001年。

51 外语学者对母语的建树：厦门会议主题报告，《厦门会议论文选》，上海外语教育出版社，2001年。

52 语言的递归性及其根源，《外国语》，2001/3。

53 语言的离散性，《外语研究》，2001/1。

54 不当交际工具使用的语言——西方语言哲学研究之二，《外语与外语教学》，2001/2。

55 中西哲学的不同语言走向，——西方语言哲学研究之四，《解放军外国语学院学报》，2001/6。

56 外语研究四难与学者个人素质，《福建外语》，2001/4。

57 语用学：中国的位置在哪里？《外语学刊》，2001/4。

58 西方语言哲学三个问题的梳理——西方语言哲学研究之五，《现代外语》，2001/3。

59 有理据的范畴化——语言理论研究中的原创性，《外语与外语研究》，2001/10。

60 认知模块的选择与淘汰——"荒谬"句法的语用解释，《暨南大学华文学院学报》，2001/4。

61 学派与学派意识——西方语言哲学研究之六，《语言文化教育研究》，2002/2。

62 何谓语言全息论？《外语研究》，2002/2。

63 证伪论与语言研究——西方语言哲学研究之七，《现代外语》，2002/2。

64 语用学的大格局，《外国语言文学》，2003/1。

65 从科学走向语言哲学，《语言学：中国与世界同步》，外语教学与研究出版社2003年。

66 论工具性语言的扩展式——西方语言哲学研究之八，《语言科学》，2003/3期第2卷。

67 语言哲学翻译论——兼论工具性语言扩展式，《中国翻译》，2003/5。

68 语言哲学修辞论：一个猜想——西方语言哲学系列研究之十，《福建师范大学学报》，2003/6。

69 证伪法的改造与语言研究——西方语言哲学研究之九，《外语学刊》，2004/4。

专著

1　《美学语言学：语言美和言语美》（第1版），深圳：海天出版社1993年；（第2版），北京：高等教育出版社2004年。

2　《汉语文化语用学》（第1版），北京：清华大学出版社，1997年；（第2版），2002年。（教委推荐：全国研究生教学用书）。

3　《语言全息论》，北京：商务印书馆，2002/2003年。

4　《语言：人类最后的家园——人类基本生存状态的哲学与语用学研究》，北京：商务印书馆，2004年。

译著

《语用学诠释》作者：Verschuere, J. 译者：钱冠连、霍永寿，北京：清华大学出版社，2003.